Marita Schröder

Erst Reife, dann Reichtum

Marita Schröder

Erst Reife, dann Reichtum

Roman

Bibliografische Information Der Deutschen Bibliothek
Die Deutsche Bibliothek verzeichnet diese Publikation in der
Deutschen Nationalbibliografie; detaillierte bibliografische Daten
sind im Internet über http://dnb.ddb.de abrufbar.

MP-Schröder Verlag, Zerbst
Internet:htt://www.mp-schroeder-verlag.de
© Marita Schröder 2012
Alle Rechte vorbehalten

Umschlagbild: Marita Schröder
Covergestaltung: Julia Pflug, Zerbst

Herstellung:
LEWERENZ Medien+Druck GmbH
Gewerbestraße 2
06869 Coswig (Anhalt)

ISBN 978-3-9811573-2-1

Meiner Mutter
Evamaria Ströhl
in liebender Erinnerung

Nur ein erneuter Glaube an Gott kann die Wandlungen herbeiführen, die unsere Welt vor der Katastrophe retten können. Wissenschaft und Religion sind dabei Geschwister, keine Gegensätze. (Wernher von Braun)

JUNI

Es ist Donnerstag und der dritte Tag in dieser Woche, an dem ich Überstunden machen muss. Ich sprühe Haarspray aus einiger Entfernung auf den frisch frisierten Kopf meiner Kundin und betrachte das missmutige Gesicht dazu im Spiegel. „Wir hätten doch die Kupfersträhnen nehmen sollen", sagt die etwa sechzigjährige Dame und dreht dabei den Kopf vor dem Spiegel hin und her.

„Ich finde, das Honigblond steht Ihnen ausgezeichnet, Frau Groß. Sie werden sehen, Ihr Mann wird begeistert sein." Obwohl Freundlichkeit zu meinem Naturell gehört, wie meine Kolleginnen meinen, fällt es mir bei dieser Kundin sehr schwer, diese Eigenschaft zu zeigen. Geradeso bringe ich ein gequältes Lächeln zustande.

Frau Groß war für Schneiden und Waschen angemeldet. Sie ist schon zu spät zum Termin gekommen und hat dann noch verkündet, dass ihre Haare heute unbedingt Farbe brauchen. Wieder einmal habe ich mich über mich selbst geärgert, weil ich nicht den Mut hatte, die Kundin auf die Öffnungszeiten hinzuweisen. Außerdem hat Marlies Weber, meine geldgierige Chefin, sofort „hurra" geschrien. Das hörte sich dann so an: „Kein Problem, Frau Groß. Lea kriegt das noch hin. Es geht zwar über die normale Öffnungszeit hinaus, aber der Kunde ist bei uns König." Mit dieser Andeutung versuchte Marlies, der

Frau klarzumachen, dass das Trinkgeld etwas reichlicher ausfallen sollte. Meine Chefin tut sich schwer damit, Überstunden zu bezahlen.

Ich nehme den Handspiegel und zeige der Kundin ihre Frisur aus anderen Perspektiven. Sie nickt schwach, aber ihre Miene bleibt düster. Die Frau ist nicht zufrieden, doch das habe ich auch nicht anders erwartet, denn Frau Groß ist mit sich und der Welt nicht zufrieden, und daran kann eine neue Frisur auch nichts ändern.

„Bin gespannt, ob mein Mann überhaupt merkt, dass ich beim Friseur war", brummt sie.

„Aber sicher, Frau Groß, der neue Farbton fällt doch sofort auf", entgegne ich gespielt begeistert.

Wir gehen zum Tresen. Sie zieht ihre Geldbörse aus der Handtasche.

„Neunundvierzig fünfzig", sage ich schnell und öffne die Kasse. Wie erwartet beläuft sich das Trinkgeld auf fünfzig Cent, wofür ich mich höflich bedanke, als wären es fünfzig Euro. Für diese übertriebene Freundlichkeit könnte ich mich selbst ohrfeigen. Hoch erhobenen Hauptes verlässt Frau Groß den Friseursalon. „Einen schönen Abend noch, Lea", ruft sie mir zu und lächelt sogar kurz.

‚Was für einen schönen Abend denn?', schreie ich stumm.

Wir haben Ende Juni. Draußen pulsiert noch das Stadtleben. Man hat das Gefühl, der Abend wäre noch unendlich lang. Aber es ist eben nur eine Täuschung. Außerdem zählt der Heimweg für mich nicht wirklich zum Feierabend, denn Heimweg bedeutet, eine Straßenbahn zu bekommen, dann zwanzig Minuten durch Dresden zu gondeln und schließlich einen fünfminütigen Fußmarsch zu absolvieren. Wenn ich Pech habe, muss ich mich auch noch um das Abendbrot kümmern, weil mein Tom noch nicht dazu gekommen ist, oder weil er im Kühlschrank nichts nach seinem Geschmack gefunden hat. Ich stecke das Trinkgeld von zwei Tagen – elf Euro fünfzig – ein und mache mich frustriert und erschöpft auf den Heimweg. Meine Beine sind bleischwer und die Füße schmerzen. An diesem Abend bestätigen sich alle meine Befürchtungen. Von der Straßenbahn sehe ich nur die Rücklichter – die nächste kommt fünfzehn Minuten später –, und Tom hat kein Abendbrot vorbereitet, sondern sitzt mit einem Stapel Bücher vor dem Fernseher. Es sieht nach Arbeit aus. An manchen Tagen habe ich über das Alibi geschmunzelt. Aber heute bin ich bereits so frustriert, dass dieses Bild das Fass zum Überlaufen bringt. „Tom, das ist jetzt nicht dein Ernst. Wenn ich um diese Zeit nach Hause komme, erwarte ich, dass du den Tisch gedeckt und etwas Essbares darauf platziert hast!"

Tom lässt sich von meinem scharfen Ton nicht aus der Ruhe bringen. „Keine Zeit, muss für die Prüfung lernen. Außerdem ist der Kühlschrank leer."

Ich lehne mich im Türrahmen an. „Und jetzt wartest du auf mein Trinkgeld, damit du den Pizza-Service anrufen kannst?"

Tom dreht sich um und schenkt mir sein entwaffnendes Lächeln, das mich fast immer zum Nachgeben bringt.

„Du darfst dir die Pizza auch selbst aussuchen, und es wäre gut, wenn du die Bestellung übernimmst", sagt er zuckersüß.

Ich stoße laut die Luft aus, plumpse in den Sessel und lege die Füße auf dem Couchtisch ab. „Ich bin völlig fertig, zehn Stunden stehen und das zum dritten Mal in dieser Woche."

Tom zieht unter meinem Fuß ein Buch hervor. Er scheint wirklich zu arbeiten. „Du darfst dir das nicht mehr gefallen lassen. Sag deiner Chefin, dass du keine Überstunden mehr machen willst", antwortet er, ohne den Kopf zu heben.

„Ja, ja, als ob das bei ihr überhaupt ankommen würde. ‚Lea, du weißt, dass wir uns über jeden Kunden freuen müssen. Die Zeiten sind hart, die Konkurrenz schläft nicht'", imitiere ich den Tonfall meiner Chefin. Tom tätschelt meinen Fuß und liest dabei weiter. Ich betrachte meinen arbeitenden Freund. Er hat seine braunen, schulterlangen Haare zu einem Pferdeschwanz gebunden, wie er es meistens tut. Für mich gibt er das Bild eines typischen Studenten ab: ausgewaschene Jeans, schlabberiges T-Shirt und einen Drei-Tage-Bart, der seinem knabenhaften Gesicht etwas Männliches und Intellektuelles verleiht.

Tom sieht zu mir auf und sagt mit Nachdruck: „Du hast deinen Friseurmeister gemacht, du bist gut und würdest jederzeit einen neuen Job bekommen. Lass dich nicht immer von Marlies ausnutzen und herumkommandieren."

Ich seufze nur. Ständig bekomme ich von ihm zu hören, dass ich zu gutmütig sei und mich nicht durchsetzen könne, womit er ja auch recht hat.

„Wenn ich nur die nötigen finanziellen Mittel hätte, würde ich mein eigenes Studio aufmachen", rutscht mir als Antwort heraus. Ich muss an den frei gewordenen Laden in der Stadtmitte denken. Die Leute wollen achttausend Euro Ablöse. Dazu kommt noch die Miete und zwei Monatsmieten Kaution, dreitausend Euro insgesamt. Es ist ein angemessener Preis, schließlich handelt es sich um das Zentrum von Dresden. Doch es sind für mich utopische Zahlen. Immer wenn ich an meinen eigenen Friseursalon denke, komme ich ins Träumen. Doch wenn ich in die Realität zurückkehre, schüttele ich verständnislos den Kopf über solche Wunschvorstellungen und ermahne mich: ‚Lea Sommerfeld, bleib auf dem Teppich. Du bist zwar Friseurmeisterin, aber mit einem Gehalt von knapp siebenhundert Euro kannst du dich nicht selbständig machen. Außerdem bist du Vollwaise, hast auch keine Geschwister und Großeltern, also keine Finanzquelle, die du anzapfen kannst. Aber wenn Tom erst seine Prüfung bestanden hat ... Er hat das Fach dreimal gewechselt ... Prüfungen sind sein schwacher Punkt, sein Alptraum. Du musst dafür Verständnis haben.'

Ich atme tief durch und wünsche mir sehnlichst, dass er das Informatik-Studium bald abschließt, sich einen Job sucht und hoffentlich mehr als dreihundert Euro in die Wirtschaftskasse legt. Bei dem Gedanken an unsere Finanzen stöhne ich leise auf.

Nun, da Tom keine Anstalten macht, sich um das Abendbrot zu kümmern, raffe ich mich auf und laufe barfuß in die Küche. Ich inspiziere den Kühlschrank und entdecke einen Becher Quark, zwei Eier, eine Packung Milch und mehrere Flaschen Cola. Mir fällt eine Fernsehsendung ein, in der man aus Resten ein tolles Essen gezaubert hat. Was würde ich aus diesen Zutaten machen, wenn ich in der Sendung wäre? Eierkuchen. Die halbe Tüte Mehl bestärkt den Entschluss. Während die Pfanne heiß wird, leere ich den Briefkasten. Werbung und Briefe lege ich ungesehen auf dem Esstisch in der Küche ab und fülle die Pfanne mit Teig. Innerhalb von zehn Minuten habe ich sieben Eierkuchen gezaubert und freue mich, dass ich das Trinkgeld sparen kann. Der Erste ist am Dienstag, und bis dahin sind es noch fünf Tage.

Der Juni geht zu Ende, und ein gewisses Datum nähert sich. Ich mag den Sommer, aber der 18. Juli fühlt sich für mich immer wie ein grauer Novembertag an, auch wenn es draußen sehr heiß ist. Vor siebzehn Jahren sind meine Eltern tödlich verunglückt. Ich war also mit zehn Jahren von einem auf den anderen Tag Vollwaise. Von da an habe ich bei meiner Großmutter gelebt. Sie starb vor drei Jahren an Krebs. Kurz vor ihrem Tod habe ich Tom kennen gelernt. Er half mir, die Wohnung meiner Großmutter auszuräumen und diese Zweizimmerwohnung hier einzurichten. Dann ist er einfach geblieben. Wir haben nicht groß darüber nachgedacht, ob wir bereit sind zusammenzuziehen. Wir taten es einfach. Ab und zu denke ich, dass er nur aus Mitleid geblieben ist. Manches Mal kommt der Gedanke auf, wir sind eher eine Zweckgemeinschaft. Zusammen kommen wir nämlich finanziell zurecht. Tom hat keinen Anspruch auf BAföG. Seine Eltern verdienen genug, sind aber ziemlich verschuldet. Mehr als vierhundert Euro im Monat können sie ihm nicht geben. Dreihundert legt er in die Wirtschaftskasse.

Tom ist nicht gerade ein gefühlvoller Mann, oder besser gesagt, er kann seine Gefühle nicht zeigen. Damit haben ja viele Männer Schwierigkeiten. Ich habe mich damit abgefunden, dass eine Liebeserklärung von Tom etwa so klingt: „Lea, du bist eine tolle Frau" oder „Du hast eine gute Figur und schöne blaue Augen." Es geht auch ohne große Liebesbekundungen und ohne Leidenschaft. Schließlich zählt für mich: Er ist da, und ich bin nicht allein.

Mit diesen Gedanken decke ich den Tisch. Die Post, die mir jetzt im Weg ist, lege ich immer noch ungesichtet auf den Kühlschrank. Meine Küche ist eine Wohnküche: altmodisch, aber zweckmäßig und gemütlich eingerichtet. Mir ist es sehr wichtig, in der Küche essen zu können. Das erinnert mich an gemütliche Abende mit meinen Eltern. Zum Abendbrot gehört eine Kerze, ob es nun Sommer oder Winter ist. Eine Kerze signalisiert Entspannung und Genuss. Eine Kerze wertet unser meist einfaches Essen auf.

„Tom, Abendessen ist fertig. Kommst du?", rufe ich und zünde die Kerze an. Als Antwort kommt zunächst ein leises Knurren, dann kommt Tom.

„Ist der Pizza-Service schon da gewesen?"

„Ich habe unsere Pizza heute selbst gebacken: Eierkuchen mit Quark oder Zucker habe ich im Angebot." Mit einer galanten Handbewegung weise ich auf den gedeckten Tisch.

„Das ist doch kein Abendessen. Wer soll denn davon satt werden?", knurrt er enttäuscht.

„Wir werden jedenfalls nicht verhungern." Widerwillig nimmt sich Tom einen Eierkuchen, streut Zucker darauf und rollt ihn zusammen. „Sieht es so schlimm mit unseren finanziellen Mitteln aus?", fragt er kauend.

„Mein Konto ist leer, dein Konto ist überzogen, und das Trinkgeld von heute und morgen brauche ich für den Wochenendeinkauf; Brot, Butter, Kartoffeln, Nudeln, die einfachste Fassung." Ich sehe auf den Zettel, der an der Pinnwand über dem Tisch klebt. „Und Waschpulver."

Tom stöhnt auf. „Lass dir endlich mal die Überstunden bezahlen und fordere eine Gehaltserhöhung. Schließlich bist du Friseurmeisterin. Wozu war dieser ganze Aufwand gut, wenn dabei nichts herauskommt?"

Sein beleidigender Tonfall und meine eigene Frustration sind wohl schuld daran, dass ich vorwurfsvoll sage: „Wie wäre es, wenn du endlich mal dein Studium beendest, einen Job annimmst und unsere Haushaltskasse etwas auffüllst! Dann würde diese Knappserei nämlich aufhören."

„Ein Studium dauert nun mal seine Zeit. Dafür werde ich später mehr verdienen als du", verteidigt er sich.

„Ich frage mich nur, wann später ist."

„Kann ich etwas dafür, dass du den Beruf gewählt hast, der am wenigsten Geld abwirft?", schießt er zurück. Ich hasse diese Diskussion um die Bezahlung meiner Arbeit. Und ich kann nichts dafür, dass Friseure unterbezahlt sind. Die plötzlich aufsteigende Wut kann ich nicht mehr bezähmen: „Es ist aber mein Traumberuf, und wenn mein Freund endlich mal arbeiten würde, dann würde es auch reichen." Den letzten Satz hätte ich nicht sagen dürfen. Tom kann eine Menge verkraften, aber nicht den Vorwurf, er sei zu faul zum Arbeiten. Er ist ein intelligenter Kerl und vielseitig begabt. Nur leidet er unter Prüfungsangst, und dafür erwartet er von seiner Partnerin Verständnis. Heute ist aber nicht der Tag, an dem ich dieses Verständnis aufbringen kann. Heute finde ich meinen Vorwurf berechtigt. Außerdem hat er einen wunden Punkt bei mir getroffen. Ich habe meinen Meister von der kleinen Erbschaft, die mir meine Großmutter hinterlassen hat, gemacht, und nun ist doch alles beim Alten.

Tom lässt die Gabel fallen, schiebt den Stuhl zurück und funkelt mich an. „Mir reicht es, ich muss hier raus." Er hat nur einen halben Eierkuchen gegessen. „Wo willst du denn hin?", rufe ich panisch und laufe ihm nach. „Ich habe das doch nicht so gemeint. Tom, komm zurück!" Im nächsten Moment fällt die Tür ins Schloss. Mein Hunger ist mit Tom verschwunden. Die übrigen fünf Eierkuchen decke ich ab und stelle sie in den Kühlschrank. Die würde es morgen zum Frühstück geben. Nachdem ich das Geschirr abgeräumt habe, setze ich mich frustriert ins Wohnzimmer. Der Knopfdruck auf der Fernbedienung lässt die Werbung verschwinden und gleichzeitig die Tränen aufsteigen. Ab und zu überkommt mich dieses entsetzliche Gefühl der Einsamkeit. Und nun ist die Zeit wieder reif für ein ausgiebiges Bad im Selbstmitleid. ‚Oma, warum musstest du so früh sterben? Du warst doch erst dreiundsiebzig. Manche Leute werden neunzig. Warum habe ich keine Geschwister oder wenigstens eine Cousine? Mama und Papa, ihr hättet mich nicht allein zurücklassen dürfen. Einzelkinder in die Welt zu setzen, müsste verboten werden. So und nun? Hört ihr mich jetzt da oben? Könnt ihr nicht was tun, dass ich endlich meinen eigenen Laden bekomme und nicht mehr von diesen Almosen leben muss? Das ist doch kein Geld, siebenhundert Euro, und guckt euch doch mal um. Was ist das für eine erbärmliche Wohnung?' Ich suche nach einem Taschentuch und putze mir die Nase. Dann betrachte ich das Zimmer mit den Augen eines Fremden, der zum ersten Mal zu Besuch kommt. Die altmodische Couchgarnitur meiner Großmutter habe ich mit hellen Überwürfen aufgepeppt. Die dunkle Schrankwand aus Presspappe stammt aus DDR-Zeiten und ist einfach nur zweckmäßig. Der graue Teppichboden ist abgetreten und hat Flecke. Lediglich die orangefarbenen Vorhänge von IKEA bringen Farbe und eine moderne Note in den Raum. Die Einrichtung, kombiniert mit Toms Unordnung, lässt traurige Gefühle aufkommen und bis zur Depression anschwellen. Doch genauso schnell, wie diese Stimmung gekommen ist, verschwindet sie auch wieder. Ich atme ein paar Mal tief durch und gebe mir den Befehl: ‚Reiß dich zusammen, Lea!'

Es ist eigenartig und ein bisschen verrückt. Doch immer, wenn ich mit meiner Verwandtschaft da oben im Himmel geschimpft habe, geht es mir besser. Ich raffe mich auf, ordne die Kissen und gehe in die Küche. Ein drittes Mal nehme ich die Post in die Hand. Als ich die Werbung auseinanderfalte, fallen drei Briefe auf den Boden. Ich bücke mich und bleibe in der Hocke sitzen. Jetzt erst wird mir klar, dass es sich nicht um drei Rechnungen handelt, wie ich glaubte. Ich erhebe mich, lege den Brief zur Seite, der mit Sicherheit eine Rechnung ist. Die anderen beiden Umschläge haben Absender. Der erste ist von einer Maria Schmidt. Zunächst kann ich mit dem Namen nichts anfangen. Dann steigt eine Ahnung in mir auf. Frau Schmidt ist die Haushälterin von Onkel Alexander. Sofort wird mir bewusst, dass ich doch nicht ganz allein auf der Welt bin. Es gibt ja noch den Bruder meiner Großmutter. Das letzte Mal habe ich ihn vor drei Jahren bei Omas Beerdigung gesehen, davor waren es wohl zwei Jahre gewesen, bei der Beerdigung seiner Frau. Wie hieß sie doch gleich? Marianne. Die Erinnerung kehrt zurück. Onkel Alexander ist ein erfolgreicher Psychologe, vielbeschäftigt, und ist nicht sonderlich mit seiner älteren Schwester klargekommen. Komisch, denke ich, da gibt es nun doch noch einen Verwandten, und zu dem habe ich in all den Jahren kaum Kontakt gehabt. Dabei sehe ich Familie als ein heiliges Gut an, das man pflegen und schützen sollte. Familie ist für mich eine Auffangstation für Probleme, ein Nest, in dem man seine Krankheiten auskuriert, und eine

Bank, bei der man Kredit bekommt, ohne Zinsen zahlen zu müssen.

Das alles ist mit dem Tod meiner Großmutter verschwunden und Tom füllt diese Leere nur zum Teil aus. Ich betrachte den zweiten Brief. Er kommt aus einer Anwaltskanzlei, auch aus Hamburg. Eine Vorahnung beschleicht mich. Jetzt reiße ich den Brief der Haushälterin auf und sacke beim ersten Satz auf den Stuhl.

Liebe Frau Sommerfeld,
muss Ihnen heute die traurige Nachricht überbringen, dass Ihr Großonkel, Dr. Alexander Hoffmann, verstorben ist. Die Beerdigung findet am Samstag, dem 30. Juni, um 13 Uhr auf dem Ohlsdorfer Friedhof statt.
Mein herzliches Beileid.
Wenn Sie kommen wollen, können Sie natürlich im Haus Ihres Onkels übernachten. Hier meine Telefonnummer ...

Der Brief rutscht mir aus der Hand. Meine Gedanken überschlagen sich. ‚Übermorgen ist die Beerdigung. Ich muss nach Hamburg. Aber wie?'

Ich öffne schnell den nächsten Brief. Ein gewisser Martin Sander, Rechtsanwalt, informiert mich über denselben Sachverhalt und fügt noch den Zeitpunkt der Testamentseröffnung hinzu: *Wenn Sie mir mitteilen, mit welchem Zug Sie kommen, hole ich Sie vom Bahnhof ab ...* Ich starre ins Leere und versuche zu begreifen, was man mir da mitgeteilt hat. Mein Großonkel Alexander ist gestorben. Der letzte Verwandte meiner Mini-Familie ist tot. Jetzt bin ich wirklich mutterseelenallein auf der Welt. Diese Erkenntnis treibt mir wieder die Tränen in die Augen. Ich versuche mich an das zu erinnern, was ich über Onkel Alexander weiß.

Zunächst fallen mir Kindheitsgeschichten ein. Alexander und Inge sind erwischt worden, als sie beim Nachbarn Äpfel gestohlen haben. Die einzige Meißner-Porzellan Vase ist bei einer Kissenschlacht zu Bruch gegangen. Danach hatte es einen Monat lang Hausarrest gegeben ...

Alexander ist auch in Dresden geboren, kommt mir in den Sinn. Mitte der fünfziger Jahre ist er nach Hamburg gegangen. Erst arbeitete er auf dem Bau, später studierte er Psychologie. Beim Studium hat er seine Frau kennen gelernt. Die Ehe blieb kinderlos. Marianne ist vor fünf Jahren an einem Schlaganfall verstorben.

Ich werfe noch einmal einen Blick auf den Brief des Anwalts: *Wenn Sie mir mitteilen, mit welchem Zug Sie kommen* ... Wie um alles in der Welt soll ich von Dresden nach Hamburg kommen? Mein Bargeld beläuft sich auf elf Euro fünfzig. Ich blicke auf die Telefonnummer des Mannes, erwäge kurz, ihn anzurufen, und verwerfe den Gedanken gleich wieder. Was würde er von mir denken, wenn ich ihm sage, ich habe kein Geld, mir eine Fahrkarte zu kaufen? Er könnte womöglich glauben, ich wäre nur auf das Erbe scharf. Aber vielleicht gibt es gar kein Erbe, sondern nur Schulden und Kredite. Oder gibt es doch etwas zu erben? Wenn ja, wäre das die Chance für mein eigenes Haarstudio? Ein Schauer läuft mir über den Rücken. Vielleicht hat meine Verwandtschaft im Himmel mein Gebet erhört. Und nun? Ein Vorschuss auf das Erbe kommt zwar nicht infrage, aber Vorschuss ist trotzdem eine Möglichkeit. „Ich werde Marlies fragen", sage ich laut. „Sie muss mir einfach helfen, mir einen Vorschuss geben und mir einen Tag Urlaub wegen der Testamentseröffnung bewilligen."

Wie ein aufgescheuchtes Huhn springe ich nun von einem Zimmer ins andere. Die Müdigkeit, die Erschöpfung, die schmerzenden Beine, der Frust, die Einsamkeit, alles ist weg. Mein Entschluss steht fest: Ich will meinem Onkel unter allen Umständen die letzte Ehre erweisen und an seiner Beerdigung teilnehmen.

Zuerst brauche ich die Zugverbindung. Toms Laptop ist noch eingeschaltet. Ich sortiere kurz die Möglichkeiten. Der Zug am Samstag würde gegen halb elf ankommen. Das erscheint mir zu knapp. Vielleicht benötigt die Haushälterin meine Hilfe. Außerdem weiß ich nicht, wie weit der Friedhof vom Bahnhof entfernt ist. Ich suche nach einem früheren Zug und komme zu dem Entschluss, dass ich Freitagnachmittag fahren sollte. Marlies wird nicht begeistert sein. Ich höre schon ihren üblichen Einwand: „Wer soll deine Kunden übernehmen, Lea?"

Wenn sie sich quer stellt, lasse ich mich krankschreiben. „Ich muss das alles mit jemandem besprechen. Wo steckt Tom eigentlich?", sage ich laut und wähle dabei seine Handynummer. Doch ich erreiche nur die Mail-Box. „Verdammt, Tom, wenn man dich mal braucht!"

Angela, ist mein nächster Gedanke. Wozu hat man eine beste Freundin? Vielleicht hat sie zufällig zweihundert Euro. Das ist zwar so, als wenn ich Tom diese Frage stelle, aber immerhin ist es einen Versuch wert.

Ich mache mir nicht die Mühe, mein Kommen anzukündigen, stürze aus dem Haus und springe in die erste Straßenbahn. Draußen ist es immer noch hell und angenehm mild. Die Straßencafés sind noch geöffnet und gut besucht. Es herrscht ein reges, doch friedliches Treiben auf den Straßen. Menschen genießen einfach den schönen Sommerabend bei Schaufensterbummel und Cappuccino. Mein Innenleben ist das Gegenteil von diesem Straßenbild. Völlig aufgekratzt klingle ich bei Angela an der Wohnungstür. Der fünfjährige Wilhelm öffnet und strahlt mich an: „Lea ist da", ruft er freudig. Angela kommt aus dem Wohnzimmer und sieht mich verwundert an „Woher weißt du...?" Ich falle ihr ins Wort, will gerade losrattern, als ich durch die geöffnete Wohnzimmertür Tom erblicke. Er liegt auf dem Fußboden und setzt mit der zweijährigen

Sina Bausteine. „Ach hier bist du", sage ich überrascht und auch etwas erleichtert, natürlich auch eine Spur verärgert. „Dein Handy ist aus. Ich wollte dich erreichen."

„Ich dich aber nicht", sagt er bissig und lächelt der Kleinen zu.

„Na, dann eben nicht ... Angela, ich muss etwas mit dir besprechen. Mein Onkel ist gestorben." Erschrocken halte ich mir den Mund zu, weil mir die Todesnachricht als freudige Mitteilung über die Lippen gekommen ist.

„Welcher Onkel denn?"

„Na, Onkel Alexander, Omas Bruder."

„Der Psychologe?", ruft Tom. „Vielleicht erbst du was"

Ich ignoriere ihn und ärgere mich, dass er bei der Vorstellung von Erbschaft wieder gesprächig wird.

„Ich will zur Beerdigung nach Hamburg fahren, Samstag um 13 Uhr, und brauche wenigstens zweihundert Euro für die Fahrt und für den Kranz."

Tom erhebt sich und kommt in den Flur. „Wo willst du denn zweihundert Euro hernehmen? Vielleicht können sie die Beerdigung um eine Woche verschieben. Da sind wir wieder flüssig."

„Tolle Idee", sage ich ironisch.

„Wie wäre es, wenn du dir ein Auto ausleihst?", schlägt Angela vor.

„Erstens fehlt mir die Fahrpraxis, aber wenn Tom fahren würde ..."

„Ich kann keine Beerdigungen ausstehen, und außerdem muss ich zur Uni", sagt er schnell.

„Am Samstag?", fragt Angela grinsend.

„Ich muss sowieso bis zur Testamentseröffnung am Montagvormittag bleiben."

„Toll, dann erbst du!", ruft Tom begeistert.

„Vielleicht erbe ich seinen Hund oder seine Katze."

„Das fehlt uns gerade noch, bei meiner Tierhaarallergie."

Angela geht in die Küche und kommt mit dreißig Euro zurück. „Mehr habe ich leider nicht." Sie drückt mir das Geld in die Hand. „Mein Konto ist schon überzogen. Frag doch mal deine Chefin, ob sie dir nicht einen Vorschuss geben kann."

Der Gedanke widerstrebt mir völlig. Aber offenbar gibt es keine andere Möglichkeit.

„Oder du fährst einfach nicht. Man wird dir schon mitteilen, was du geerbt hast." Dieser Vorschlag konnte nur von Tom kommen.

„Nein, er war mein einziger Onkel, und ich fahre zur Beerdigung. Ich werde erwartet, und irgendwie treibe ich das Geld schon auf."

Nach einer kurzen Fahrt durch die Stadt und einiger Überwindung klingle ich an der Haustür meiner Chefin. Joseph Müller, ihr Lebensgefährte, hustet in die Sprechanlage: „Wer ist denn da?"

„Hier ist Lea, ich muss Marlies dringend sprechen."

„Hat das nicht Zeit bis morgen?"

„Nein, hat es nicht." Er knurrt, drückt aber auf den Knopf. Ich laufe die polierte Steintreppe hinauf ins erste Stockwerk. Joseph steht in der Eingangstür und versperrt mir den Eintritt. Ich frage mich jedes Mal, wie Marlies an diesen Brummbär geraten ist. Er ist um die sechzig, kahlköpfig, hat etliche Kilo Übergewicht, und was noch schlimmer ist, ich kenne ihn nur schlecht gelaunt. Offensichtlich verärgert über die Störung um diese Zeit knurrt er mich an: „Wo brennt's denn?"

Ich nehme meinen ganzen Mut zusammen. „Das muss ich mit Marlies besprechen."

Joseph dreht sich um und ruft sie. Kurz darauf tritt Marlies im weißen Bademantel aus dem Bad. Das Weiß bildet einen starken Kontrast zu ihren feurig roten Haaren. Für meine Begriffe ist der Farbton etwas zu frech für ihr Alter. Der Bob-Schnitt steht ihr aber gut.

„Was ist denn, Lea? Hat es Probleme mit Frau … Groß gegeben?", fragt sie ungehalten und fährt sich mit der Hand durch die feuchten Haare.

„Marlies, ich muss dich dringend sprechen. Kann ich reinkommen?"

„Ja, natürlich."

Mit einem verächtlichen Schnauben lässt Joseph mich eintreten. Marlies führt mich in das beeindruckende Wohnzimmer mit Erker und Balkontür. Eine weiße Sitzecke in weichem Leder und nussbaumfarbene Schränke dokumentieren den Wohlstand ihrer Besitzer. Das Gefühl, das ich plötzlich verspüre, kenne ich eigentlich gar nicht. Neid. Dazu gesellt sich eine gewisse Wut, dass man sich so etwas leisten kann, wenn man die Überstunden seiner Angestellten nicht bezahlt. Aus diesem Gefühl heraus verstärkt sich meine Entschlossenheit, Freitagmittag zu fahren. Wenn Marlies mir den Vorschuss nicht gewährt, werde ich sie an meine Überstunden erinnern.

„Setz dich, Lea!" Marlies zeigt auf den Sessel. „Was gibt es denn so Dringendes?"

„Mein Onkel ist gestorben?", platze ich heraus.

„Seit wann hast du denn einen Onkel?" Ich höre die Belustigung in ihrer Stimme.

„Der Bruder meiner Oma, Alexander Hoffmann, wird Samstagmittag in Hamburg beerdigt. Dort wird meine Hilfe gebraucht. Ich muss Freitagnachmittag fahren."

„Das geht nicht", fährt Marlies mich an. Sie hat sich gerade auf die Couch gesetzt und springt nun wieder auf. „Wer soll denn deine Kunden übernehmen? Ich muss schon für Vivien einspringen."

„Ich rufe meine Kunden an und verlege die Termine. Die ersten vier kann ich noch übernehmen."

„Das wird den Leuten nicht gefallen, so kurzfristig."

„Dann haben sie Pech gehabt", sage ich schnippisch.

„Dann haben *wir* Pech gehabt, meine Liebe. Der Kunde ist König." Den Spruch kenne ich zur Genüge, verkneife mir aber einen Kommentar. „Du hast doch deinen Onkel kaum gekannt, und er kann es dir nicht mehr verübeln, wenn du nicht zur Trauerfeier kommst. Wann hast du ihn denn das letzte Mal gesehen?"

„Vor drei Jahren bei Omas Beerdigung", gebe ich schuldbewusst zu. „Ich hatte keine Zeit, ihn zu besuchen, wegen der Meisterschule."

„Das verstehe ich doch. Aber du musst auch mich verstehen. So kurzfristig kannst du nicht freibekommen. Ich muss doch planen."

„Todesfälle sind nicht planbar." Marlies verfällt in Schweigen. Sie geht in ihrem eleganten Wohnzimmer auf und ab. Vor einem großen Bild mit abstrakter Malerei bleibt sie stehen und betrachtet es. Nach einer Weile sagt sie: „Na gut, dann verlege die Kunden." Ich fühle mich kurz erleichtert, muss dann aber allen Mut zusammennehmen, um zur nächsten Frage anzusetzen: „Und noch etwas. Ich brauche zweihundert Euro Vorschuss, um eine Fahrkarte und einen Kranz für meinen Onkel zu kaufen."

Marlies schnappt nach Luft. Durch meine Arbeit kenne ich zwar auch geizige Kunden, aber meine Chefin ist die Spitze, so etwas wie die personifizierte Form des Geizes. „Wie denkst du dir das? Da kommt die ganze Buchhaltung durcheinander. Das Steuerbüro überweist die Löhne."

„Dann borg sie mir doch einfach, und ich gebe sie dir in der nächsten Woche zurück." Ich sehe ihr förmlich an, wie ihre Gehirnzellen nach einer Ausrede suchen. Sie läuft wieder aufgeregt hin und her. Mir ist klar, dass sie nicht bereit ist, mir einen Cent vorzustrecken. Deshalb sage ich schnell: „Vielleicht kann ich dir das Geld schon am Dienstag zurückgeben, wenn ich meinen Onkel beerbe. Er war ein erfolgreicher Psychologe und hatte ein eigenes Institut." Wie erhofft, verfehlt diese Information ihre positive Wirkung nicht. Marlies setzt sich auf die Lehne der Couch. „Du erbst? Viel?"

„Keine Ahnung. Ich muss jedenfalls noch am Montag zur Testamentseröffnung bleiben. Habe eine Vorladung von einem Rechtsanwalt bekommen." Ich ziehe den Brief aus der Tasche und zeige ihn ihr.

„Na, wenn das so ist, muss ich dir natürlich das Geld vorschießen. Meine Güte, Lea, wenn du eine Finanzspritze bekommst, dann könnten wir vielleicht zusammen etwas machen. Ich denke an den Laden in der Stadtmitte. Es wäre mein Traum. Du könntest als Teilhaberin einsteigen, und wir würden den Laden gemeinsam führen. Ich bin über fünfzig, und in zehn, zwölf Jahren könntest du allein weitermachen. Ich wäre dann nur noch anteilmäßig am Gewinn beteiligt." Bei dieser Vorstellung wird mir ganz komisch zumute. Der Laden in der Stadtmitte ist mein Traum und eine Chance, von Marlies wegzukommen.

„Warten wir's erst mal ab. Vielleicht erbe ich einen Hund oder eine Katze; oder eine riesige Bibliothek; Bücher, mit denen ich nichts anfangen kann." Ich verziehe meinen Mund zu einem schiefen Lächeln. Plötzlich springt Marlies auf, läuft zur Tür und ruft: „Joseph, hast du mal zweihundert Euro, oder lieber dreihundert?!" Meine Augen weiten sich bei der überraschenden Wendung. „Zweihundert genügen", wispere ich.

„Du musst deinem Onkel einen vernünftigen Kranz kaufen, außerdem stehen dir noch hundert Euro für die Überstunden zu." Ich nicke und merke, dass mir vor lauter Überraschung der Mund offen steht. Marlies läuft aus dem Raum und kommt nach zwei Minuten mit dreihundert Euro und einer Flasche Wein zurück. „Darauf müssen wir trinken."

„Worauf?", frage ich irritiert. „Auf den Tod meines Onkels?"

„Auf dein Erbe, auf unsere Zusammenarbeit …" Panik steigt in mir auf. „Oh … ich muss aber los, du verstehst … noch packen und so." Gleichzeitig sehen wir auf die große Standuhr, dessen goldene Zeiger sich auf 22 Uhr zubewegen.

„Ja, du hast recht. Das müssen wir verschieben." Ich eile hektisch in den Flur und suche den Ausgang. „Da!", ruft Marlies strahlend und zeigt auf die Wohnungstür.

„Lass dir am Montag ruhig Zeit mit dem Zurückkommen. Kläre alles in Ruhe, damit du nicht noch einmal fahren musst. Ich übernehme deine Kunden. Ach, ich rufe auch für dich an und bestelle die Freitagnachmittagskunden um. Wenn sie sich beschweren, egal. In der Innenstadt werden wir uns vor Kunden nicht retten können." In diesem Augenblick wird mir erst bewusst, dass ich die Freistellung für Montag gar nicht erwähnt habe. Sie ist plötzlich selbstverständlich. „Danke", rufe ich und stürze hinaus. Draußen lehne ich mich an die Hauswand, atme tief durch und sortiere meine Gedanken. Ich habe dreihundert Euro, nein dreihundertdreißig, muss jetzt nur noch die Termine verlegen … nein, das macht ja Marlies. Aber ich muss eine Fahrkarte kaufen und einen Kranz besorgen. Außerdem muss ich den Rechtsanwalt und die Haushälterin anrufen. Was ziehe ich an?

Als ich nach Hause komme, sitzt Tom an seinem Laptop. „Na, hast du Geld aufgetrieben?!", ruft er.

„Ja", antworte ich knapp. Mir ist nicht danach, ihm von Marlies' Expansionsplänen zu berichten.

„Ich habe mal die Fahrzeiten für dich gecheckt. Hier wäre noch ein Zug kurz nach 16 Uhr. Dann bist du gegen halb zwölf in Hamburg und könntest noch zwei Kunden mehr übernehmen."

„Ach, du sprichst wieder mit mir? Hat das damit zu tun, dass ich eventuell erbe? Das Wort Erbschaft scheint Wohlwollen bei anderen zu fördern." Tom antwortet nicht darauf.

„Die Eierkuchen stehen im Kühlschrank", füge ich hinzu.

„Ich bin satt, habe bei Angela Bratkartoffeln gegessen."

Warum kümmert es mich eigentlich, ob Tom etwas gegessen hat? Er ist alt genug, um sich selbst zu versorgen. Schließlich habe ich das nächste Problem zu lösen. Was ziehe ich morgen, und was zur Beerdigung an? Es ist halb elf. Ich beschließe, mich nur noch um die Kleidung zu kümmern und die Telefonate in die Frühstückspause zu verlegen. Mein Kleiderschrank beherbergt einen engen schwarzen Rock, den ich eigentlich nicht mag, einen schwarzen Jeansanzug, eine schwarzweiße Bluse und zwei schwarze T-Shirts. Winterkleidung besitze ich mehr in schwarz, aber im Sommer trage ich lieber hellere Farben. Ich probiere den Rock und die Bluse. Bei der Arbeit würde ich das nie anziehen. Meine asymmetrisch geschnittenen Haare stehen in starkem Kontrast zu dieser Kleidung. Modern trifft auf Altmodisch. Von Natur aus bin ich dunkelblond. Doch davon sieht man nicht mehr viel, denn ich habe breite Streifen in hellblond, rot und kastanienbraun einfügen lassen. Die rechte Seite ist auf Kinnlänge geschnitten, die andere schulterlang.

Tom kommt mit einem Computerausdruck ins Schlafzimmer.

„Hier, deine Fahrzeiten. Wird ganz schön teuer." Er betrachtet mich und zieht einen Flunsch: „Wie siehst du denn aus?"

„Das ist doch passend für eine Beerdigung oder?"

„Wie 'ne Oma. Lea, du bist siebenundzwanzig und nicht siebzig." Fast beleidigt ziehe ich den Rock aus. Er grinst. „So siehst du jedenfalls besser aus. Du hast so tolle Beine. Warum versteckst du die?"

„Soll ich im Minirock bei der Beerdigung aufkreuzen? Guck mal auf die Uhr! Diesen Rock zu kürzen, schaffe ich heute Abend ganz bestimmt nicht mehr."

„Zieh doch an, was du willst." Er winkt ab und verlässt den Raum. Mir ist klar, dass Kleidung für Tom kein Thema und schon gar nicht ein Problem ist. Er wäre vermutlich in seinem ausgefransten T-Shirt bei der Trauerfeier aufgekreuzt. Ich probiere den schwarzen Jeansanzug mit einem schwarzen T-Shirt und fühle mich gleich wohler. Der Anzug ist sportlich geschnitten, nur leider schon etwas ausgewaschen. Ich lege die Sachen in den Koffer und gehe unter die Dusche.

Marlies ist am nächsten Tag mir gegenüber die Freundlichkeit, Hilfsbereitschaft und Großzügigkeit in Person. Ungläubig beobachten Vivien und Sarah das verdächtige Getue unserer Chefin. Da es so etwas noch nicht gegeben hat – „Lea darf ich dir Frau Schneider am Mittwoch um 17 Uhr eintragen?" –, blicken die beiden sich an und fragen sich, was da wohl im Busche ist. Ich habe meinen Kolleginnen nur gesagt, dass ich heute früher Feierabend machen würde, um nach Hamburg zur Beerdigung meines Onkels zu fahren. Sie zählen wohl eins und eins zusammen und ahnen, dass es hier um mehr als um eine Beerdigung geht.

Gegen zwei Uhr schnappe ich meinen kleinen Koffer, wünsche ein schönes Wochenende und eile zur Straßenbahn. Den am Vormittag bestellten Kranz hole ich im Blumengeschäft am Bahnhof ab. Im Zug krame ich die beiden Briefe heraus, denn ich bin noch nicht dazu gekommen, die Haushälterin und den Anwalt anzurufen. Zunächst wähle ich die Nummer der Kanzlei. Eine freundliche Frauenstimme sagt schwungvoll: „Kanzlei Sander, Schulze, guten Tag. Was kann ich für Sie tun?"

„Hier ist Lea Sommerfeld. Ich hätte gern Herrn Sander gesprochen."

Welchen Herrn Sander möchten Sie denn, Rudolf oder Martin?" Ich sehe auf den Brief. „Martin Sander, bitte." Die Sekretärin stellt die Verbindung her. Ich habe den Eindruck, dass die Stimme des Mannes etwas kühler wird, als er begreift, wer am anderen Ende der Leitung ist. Seine Bemerkung, als Frage ausgesprochen – „Ach, *Sie* kommen?" – setzt sich in meinem Kopf fest und löst eine Art Schuldgefühl aus. „Ich hole Sie ab", fügt er noch hinzu und da klingt sein Ton etwas freundlicher.

Wie werden wir uns erkennen?, überlege ich nach Beendigung des Telefonates. Auf dem Briefbogen steht die Nummer der Kanzlei, aber keine Handynummer. Nun, im Notfall müsste ich mir ein Taxi nehmen. Als nächstes rufe ich die Haushälterin an. Der kühle Ton der Dame lässt mich fröstlen. „Ich war mir nicht sicher, ob *Sie* kommen würden. Ich richte Ihnen das Gästezimmer her." Auch Frau Schmidt hat wie Herr Sander das *Sie* betont. Die mögen mich nicht, schießt es mir durch den Kopf. Aber warum? Ich kenne doch die Leute gar nicht. Oder hat mein Onkel etwas Negatives über mich erzählt? Vielleicht sind sie auch enttäuscht, weil ich ihn nicht zu Lebzeiten besucht habe. An diesem Versäumnis habe ich gerade selbst zu knabbern.

Das Geräusch des fahrenden Zuges beruhigt mich. Weitere Erinnerungen an meinen Onkel steigen auf. „Was willst du einmal werden, Lea?", fragte er mich, als ich vierzehn war. Und meine Antwort lautete schon damals: „Friseurin, so wie Mama." Er hatte freundlich genickt und gesagt. „Schön, dass du dein Ziel kennst." Dann kam eine ähnliche Frage nach der Beerdigung meiner Oma. „Genügt es dir, den Leuten die Haare zu schneiden?" Ich erinnere mich, dass ich darauf geantwortet habe: „Ich schneide ja nicht nur die Haare. Meine Kunden brauchen jemanden zum Reden, um ihre Probleme zu lösen. Dadurch ist der Beruf äußerst interessant und abwechslungsreich." Ich weiß noch, dass Onkel Alexander bedächtig nickte. „Das war eine gute Formulierung, Lea. Komm nicht auf die Idee, die Probleme der Menschen lösen zu wollen. Das müssen sie schon selbst tun." Komisch, dass mir das gerade jetzt einfällt. Alexander Hoffmann war eine beeindruckende Persönlichkeit, groß und kräftig, gütig und konsequent zugleich. Oma hat einmal gesagt: „Alexander kann hart wie Stahl sein, aber auch weich wie Butter. Wenn er sich für etwas entschieden hat, können ihn keine zehn Pferde mehr davon abbringen." Als Jugendliche konnte ich mit der Aussage nicht viel anfangen. Jetzt habe ich eine vage Vorstellung von diesem Charakterzug. Doch nun gibt es Alexander Hoffmann nicht mehr. In Hamburg warten zwei Fremde, die ihn wahrscheinlich besser gekannt haben als ich, und die mir bislang das Gefühl geben, nicht willkommen zu sein.

Die Grübelei macht mich müde. Ich verschlafe den Rest der Fahrt und träume sogar von Alexander und Inge. Sie waren Kinder und mussten voneinander Abschied nehmen. Inge rannte auf dem Bahnsteig dem Zug nach und rief: „Alexander, bleib hier, geh nicht weg." Der Schmerz der Trennung bleibt als Erinnerung wie ein Fetzen eines alten Kleidungsstücks zurück – Traumfetzen; vielleicht werde ich in der nächsten Zeit noch mehr davon sammeln. Ein Blick auf die Armbanduhr verrät mir, dass wir in wenigen Minuten den Hamburger Hauptbahnhof erreichen werden. Ich ziehe einen Handspiegel aus der Tasche, zupfe meine Haare zurecht, lege etwas Makeup auf und ziehe die Lippen mit einem dezenten Lippenstift nach. Mein Augen-Make-up ist verschmiert und muss ebenfalls korrigiert werden. Ein junger Mann auf der anderen Seite beobachtet mich und blinzelt mir zu, als ich den Spiegel zuklappe. Ich drehe mich zur Seite, habe keine Lust auf Konversation. In dem Maße, wie der Zug langsamer fährt, nehmen meine Aufregung und meine Unsicherheit zu. Bin ich richtig angezogen? Ich trage meine blaue Lieblingsjeans und ein dunkelblaues T-Shirt. Statt Jacke habe ich meinen schwarzen Sommermantel mitgenommen. Den ziehe ich jetzt über und lasse ihn offen. Das Wetter in Hamburg ist regnerisch und windig, eigentlich nicht kalt, und doch zu kalt für Ende Juni. Ich steige aus dem Zug und sehe mich auf dem überdachten Bahnsteig um. Wie soll ich in dieser dichten Menschenmenge einen Herrn Sander finden? Ich beschließe zu warten, bis die Leute aus- und eingestiegen sind. Im linken Arm halte ich den Kranz und in der rechten Hand den kleinen Koffer. Die Handtasche hängt über meiner Schulter. Vor mir verabschiedet sich ein älteres Ehepaar von einer jungen Frau. Sie drücken und küssen sich. Die ältere Dame verspricht anzurufen, sobald sie zu Hause sind. Es werden Grüße bestellt. Wie aus dem Nichts überfallen mich Einsamkeit und Zweifel. Vielleicht ist es doch keine gute Idee gewesen herzukommen. Mein Onkel ist tot, und die anderen wollen mich sicherlich gar nicht sehen.

Alexander hat sich nach dem Tod seiner Schwester auch nicht mehr gemeldet, sich nicht um *mich* gekümmert. Er wollte es nicht. Er wollte die Verbindung zu mir nicht.

„Frau Sommerfeld", höre ich eine angenehme männliche Stimme sagen. Ich zucke zusammen.

„Oh, Entschuldigung, ich habe Sie erschreckt", sagt jemand einfühlsam. Kluge braune Augen blicken mich durch eine randlose Brille forschend an. Der Mann hat ein sympathisches Gesicht und eine höfliche Art an sich. Als Nächstes fallen mir seine dunkelblonden, perfekt geschnittenen Haare auf. „Ich bin Martin Sander", stellt er sich vor. Seine Stimme klingt viel freundlicher als am Telefon.

„Lea Sommerfeld." Ich stelle meinen Koffer ab und strecke ihm die Hand entgegen. Das Gefühl von Einsamkeit verfliegt genauso schnell, wie es gekommen ist. „Wir hatten unsere Handynummern gar nicht. Ich habe schon überlegt, wie wir uns erkennen", stammele ich herum.

Er zeigt auf den Kranz. „Daran habe ich Sie erkannt." Ich komme mir plötzlich richtig dumm vor. Weit und breit sind keine anderen jungen Frauen mit Kränzen zu sehen. „Na klar, habe ich vergessen. Es ist ja wohl so ähnlich wie Kennzeichen Rose bei einem Date." Er nickt und lächelt kurz. „Kommen Sie." Herr Sander nimmt mir den Koffer ab.

Die Bahnhofsuhr erinnert mich daran, dass meine letzte Mahlzeit schon ein paar Stunden zurückliegt. „Haben Sie Hunger?", fragt mein Begleiter.

Ich lache kurz auf. „Können Sie Gedanken gelesen?"

„Nein, ich habe gerade mit Frau Schmidt telefoniert. Sie hat Ihnen eine Kleinigkeit zubereitet, und wie ich die gute Maria kenne, ist diese Kleinigkeit eine ganze Menge. Aber wir fahren noch etwa eine halbe Stunde. Wenn Sie wollen, können Sie hier auf dem Bahnhof etwas essen."

„Nein, nein, auf eine halbe Stunde kommt es nicht an."

„Wie Sie wollen." Wir gehen schweigend bis zum Parkplatz und steigen dort in einen schwarzen BMW, der tadellos gepflegt ist. Auch sein Besitzer gibt in seiner dunklen Kombination mit Hemd und Krawatte eine vornehme Erscheinung ab. Zu ihm passt diese Kleidung. Tom würde im Anzug herausgeputzt aussehen und sich steif darin bewegen.

Herr Sander startet den Motor, und ich frage: „Haben Sie meinen Onkel gekannt?"

Er nickt ernst. „Ja, sehr gut sogar, seit meinem fünfzehnten Lebensjahr. Wir waren befreundet. Sein Tod ist ein schwerer Verlust für uns, für meine Familie und für mich." In seiner Stimme schwingt echte Trauer mit.

Ich fühle mich sofort wieder schuldig. Er war *mein* Onkel und ich kann keinen wirklichen Verlust, keine Trauer fühlen, weil wir keinen wirklichen Kontakt hatten.

„Ich habe ihn das letzte Mal zur Beerdigung meiner Großmutter gesehen", sage ich tonlos und sehe geradeaus.

„Ich weiß. Es ist schade, dass die Menschen keine Zeit mehr füreinander haben."

Mir bleibt die Ausrede im Halse stecken. Ich habe es noch nie so bedauert, wie in diesem Augenblick.

„Ja, es ist wirklich sehr schade", sage ich erst nach einer Weile und seufze. Herr Sander sieht kurz zu mir herüber. „Und er war noch dazu mein einziger Verwandter", füge ich versunken hinzu. Ich glaube, er spürt, dass ich mich einsam fühle, denn er fragt mitleidig: „Sie haben wirklich keine Verwandten mehr?"

„Sie sind alle tot." Der Satz klingt fast wie ein Witz. So etwas gibt es doch eigentlich gar nicht. „Ich habe nur einen Freund, Tom. Wir leben seit drei Jahren zusammen. Dann ist da noch Angela, meine beste Freundin, mit ihren beiden Kindern." Er sagt nichts dazu, sondern nickt nur und wirkt nachdenklich. „Wie läuft die Trauerfeier morgen ab? Kann ich bei den Vorbereitungen helfen?", frage ich nach einer Weile.

„Es ist alles organisiert. Ach, ich habe etwas vergessen. Ihr Onkel hat sich gewünscht, dass keine schwarze Kleidung getragen wird."

„Was? Warum das denn? Ich habe nur einen dunklen Hosenanzug eingepackt."

„Dann besorgen Sie sich noch eine farbige Bluse", sagt er ohne weitere Erklärung.

Ich erkundige mich nach der Krankheit meines Onkels und erfahre, dass er Bauspeicheldrüsenkrebs hatte. Der Krebs wurde wie bei meiner Oma – sie hatte Leberkrebs – zu spät erkannt. Es hatten sich bereits Metastasen gebildet. Interessant ist, dass beide nach der Diagnose nur noch ein halbes Jahr zu leben hatten.

Wir schweigen den Rest der Fahrt über. Ich habe die Krankheit meiner Oma wieder vor Augen: Krankenhausaufenthalte, Gespräche mit den Ärzten, die Chemotherapie. Sie hat bis zum Schluss gekämpft – meinetwegen. Sie wollte mich noch nicht alleinlassen. Aber der Krebs siegte. Ihr einziger Trost war, dass ich Tom kennengelernt hatte.

Ich achte nicht weiter auf den Weg, merke aber, dass wir von der Umgehungsstraße abbiegen und durch eine Wohnsiedlung fahren. Kurz darauf erreichen wir die Einfahrt des Grundstücks. Obwohl ich vor fünf Jahren schon einmal hier war, überrascht mich der Anblick des Anwesens. Vielleicht liegt es am Lichteinfall. Die Abendsonne verleiht dem Haus eine friedvolle, fast märchenhafte Stimmung. Die Villa ist um 1900 herum erbaut worden, reichlich verziert und in einem cremefarbenen Ton gestrichen. Anscheinend hatte ich damals für Häuser noch keinen Blick. Jetzt bin ich beeindruckt. Der BMW fährt um das aus Natursteinen gemauerte Hochbeet herum und hält direkt vor der breiten Eingangstreppe. Ich steige aus, gehe ein paar Schritte zurück und betrachte staunend die Villa. „Es ist ein wunderschönes Haus", spricht Herr Sander meine Gedanken aus. Wir stehen einen Augenblick schweigend nebeneinander und lassen das Haus auf uns wirken. „So habe ich es gar nicht in Erinnerung", sage ich verträumt.

„Damals war es noch nicht gestrichen. Die Farbe hat es zu einem Schmuckstück gemacht."

Die Haustür aus Eichenholz und bleiverglastem Fenstereinsatz wird geöffnet. Eine ältere, schwarzgekleidete Dame mit grauer Kurzhaarfrisur kommt uns langsam entgegen. Ob es nun Trauer ist oder Ablehnung, das kann ich auf den ersten Blick nicht erkennen. Sie sieht mich ernst an und sagt förmlich: „Willkommen im Hause Ihres Onkels, Fräulein Sommerfeld." Dann wendet sie sich in einer ehrfürchtigen Haltung an meinen Begleiter. „Dr. Sander, die Wegners sind auch eingetroffen. Wollen Sie sie noch begrüßen und einen Tee mit ihnen trinken?" Herr Sander hat also einen Doktortitel. Wer um alles in der Welt sind die Wegners? Ich fühle mich etwas unwohl bei dem Gedanken an fremde Leute im Haus und bei dem strengen Blick der Haushälterin. Fast flehend sage ich zu meinem Begleiter: „Es wäre schön, wenn Sie noch einen Moment bleiben könnten." Hoffentlich hat er mir meine Angst nicht angesehen. Der Mann zögert kurz, sagt dann aber zu. Er nimmt die Sachen aus dem Kofferraum. „Der Kranz muss gleich in den Keller und etwas befeuchtet werden, Frau Schmidt." Wir betreten den großzügigen Eingangsbereich der Villa. Für mich ist es mehr als eine Diele, eher eine kleine Halle. Frau Schmidt bringt den Kranz in den Keller. Dr. Sander nimmt mir den Mantel ab und hängt ihn an die Garderobe. In dem Moment klingelt sein Handy. Er gibt dem Anrufer Auskunft über die Beerdigung. Ich sehe mich in der Zeit um. Da die Haustür etwas eingerückt ist, ergeben sich zwei Nischen links und rechts neben der Tür, die mit bleiverglasten Fenstern geschmückt sind. Auf der einen Seite befindet sich die Garderobe, auf der anderen eingebaute Dielenmöbel aus Eiche. In der Mitte des Raumes liegt ein großer orientalischer Teppich in den Hauptfarben rot, creme und blau. An der Decke hängt ein siebenarmiger Messingkronleuchter. Eine geschwungene Eichentreppe führt ins obere Stockwerk. Die Wände sind in hellem Gelb gestrichen, die hohen Türen in strahlendem Weiß. Ich erinnere mich jetzt, dass sich in dem Zimmer links die Bibliothek befindet und die zweiflüglige Tür unter der Treppe ins Wohnzimmer führt. Auf der rechten Seite gibt es zwei geschlossene Türen und eine Glastür. Ich werde aus meinen Betrachtungen gerissen, als die Glastür etwas derb aufgestoßen wird. Eine kleine vollschlanke Frau in den Fünfzigern kommt herausgestürmt. „Lea, Kind, es tut mir ja so leid, dass du nun auch noch deinen Onkel verloren hast." Ich habe keine Ahnung, wer da vor mir steht, und spüre, dass Dr. Sander mir meine Unwissenheit ansieht. „Guten Tag, Frau Wegner. Hatten Sie eine gute Fahrt?", fragt er höflich, doch etwas steif. Er gibt ihr die Hand. Wer um alles in der Welt ist Frau Wegner? Durch die Tür kommen noch zwei Personen, ein älterer Mann und eine junge Frau in meinem Alter. Es ist mir klar, dass es Vater und Tochter sind. Die Tochter ist groß, gertenschlank und hat wunderschöne lockige braune Haare. Sie steht in vollem Kontrast zu ihren etwas fülligen Eltern. Ich bringe trotz meiner Verwirrung neben einem Händedruck ein „Hallo" und ein Lächeln zustande.

„Es ist ja so schrecklich, dass Alexander auch so früh sterben musste. Unsere Tante Marianne hat nur ihren Siebenundsechzigsten erreicht und Alexander den Vierundsiebzigsten. Wie schnell doch das Leben zu Ende sein kann", plappert Frau Wegner. „Ich bin Corinna, kennst du mich noch?", sagt die junge Frau und umarmt mich. Jetzt erst dämmert es mir. Ich habe diese Seite der Verwandtschaft nur einmal vor fünf Jahren bei der Beerdigung von Tante Marianne gesehen, aber völlig vergessen, dass es sie gibt. Schlagartig wird mir klar, dass, wenn es etwas zu erben gibt, wir teilen müssen. Im nächsten Augenblick schäme ich mich für meine Gedanken, weil mein Onkel noch nicht einmal beerdigt ist. „Entschuldige die Spätzündung", sage ich kläglich. Sie lächelt mich an. „Wir sind alle durcheinander."

„Kommen Sie doch ins Wohnzimmer", ruft Frau Schmidt, die gerade aus dem Keller gekommen ist. „Sie haben doch sicher Hunger nach der langen Fahrt." Wir betreten den eindrucksvollen Raum, den man mit einer Schiebetür in zwei Zimmer verwandeln kann. Zwei Vitrinen aus dunklem Holz und ein passendes Sideboard bilden zusammen mit dem Tisch und den acht Stühlen die Esszimmereinrichtung. Auf der linken Seite dominiert die helle Couchgarnitur in weichem Leder, die mich an Marlies' Einrichtung erinnert. Große Blattpflanzen, ein TV-Schrank mit überdimensionalem Fernsehapparat und ein kleiner alter Bücherschrank gehören außerdem zur Einrichtung. Teppiche und abstrakte Bilder in Pastellfarben geben dem Raum eine moderne und edle Note. Die seidig schimmernden hellblauen Vorhänge rahmen die bodentiefen Fenster ein. Kurz erhasche ich einen traumhaften Blick vom Garten, bevor ich mich mit dem Rücken zum Fenster an den Esstisch setze. Ich bin mir sicher, dass Wohn- und Esszimmer größer sind als meine gesamte Wohnung. Es ist eine Dimension, die ich nicht kenne und in der ich mich etwas verloren fühle. Frau Schmidt hat zwei Platten mit belegten Broten vorbereitet. Sie bietet uns kalte Getränke und Tee an. Die Haushälterin setzt sich erst zu uns, nachdem Dr. Sander sie aufgefordert hat. Frau Wegner hält beim Essen das Gespräch im Fluss. „Ich hätte nicht gedacht, dass es so schnell gehen würde. Als wir vor vier Wochen hier waren, hatte ich Hoffnung, dass er sich noch einmal erholen würde. Die Chemotherapie war doch gut verlaufen. Corinna, du hast doch auch gedacht, dass Onkel Alexander es schaffen würde." Sie sieht Dr. Sander an und erklärt stolz: „Meine Tochter hat vier Semester Medizin studiert, bevor sie mit dem Jurastudium begonnen hat." Der Mann bekommt keine Gelegenheit, darauf einzugehen, denn Frau Wegner setzt ohne Pause fort: „Aber er muss es gespürt haben, Alexander, meine ich, ansonsten hätte er seine engsten Verwandten nicht so kurz vor seinem Tod noch einmal herbestellt." Sie schüttelt fassungslos den Kopf. „Trotzdem, sein Tod kam völlig unerwartet und … ungünstig. Wilfried hat so viel Stress in der Firma und es ist Monatsende. Ich muss die Buchhaltung fertig machen." Herr Wegner räuspert sich vernehmlich. „Das ist doch nun mal so wie es ist, Hanna. Wichtiger ist doch, dass wir Onkel Alexanders letzten Willen erfüllen. Wir sind seine einzigen Verwandten." Schuldbewusst schweigt seine Frau einen Moment.

„Was machst du eigentlich beruflich, Lea?", meldet sich Corinna zu Wort und sieht mich von der Seite an.

„Ich bin Friseurin."

„Aha, deshalb die Frisur", meint Frau Wegner und mustert mich genauer. „Ich meine, ich würde so etwas nicht hinbekommen, jede Strähne so extra."

„Das würde dir auch gar nicht stehen, Mama." Corinna lacht, und ich spüre die Blicke der anderen. So viel Aufmerksamkeit wegen meiner Frisur verunsichert mich.

„Man verdient ja nicht viel als Friseurin. Wie kommst du denn da zurecht?", will Hanna Wegner voller Neugier wissen.

„Es geht so", sage ich lässig und bin nicht gewillt, weitere Auskünfte zu geben.

„Ich habe mal gehört, dass die Trinkgelder höher sein sollen als das Gehalt", platzt Herr Wegner dazwischen.

„Schön wär's", entgegne ich und nehme mir die dritte Schnitte, denn ich bin mehr als hungrig.

„Na, Onkel Alexander wird ihr sicher auch etwas vermacht haben, auch wenn sie nicht zu unserem letzten Treffen ..."

„Hanna, bitte." Herr Wegner stoppt seine Frau scharf.

Ich werde hellhörig. „Welches letzte Treffen?", frage ich vorsichtig.

„Du bist nicht gekommen, als sich Alexander von seiner Familie verabschieden wollte."

„Wann?!", rufe ich entsetzt und springe auf.

„Na, vor vier Wochen."

Nun schaltet sich Frau Schmidt ein: „Ich habe Ihnen doch geschrieben und für die Fahrt zweihundert Euro in den Brief gelegt."

„Hörst du, Wilfried, die haben wir noch nicht einmal bekommen."

„Das ist ja auch nicht nötig", tut ihr Mann ab.

„Aber Corinna verdient noch nichts. Wir müssen das ganze Studium für sie finanzieren. Das wusste Alexander."

„Mama."

Dr. Sander wendet sich stirnrunzelnd mir zu. „Sie haben den Brief nicht erhalten?"

„Nein." Ich setze mich wieder hin. „Ansonsten wäre ich doch gekommen. Ich habe gar nicht gewusst, dass er so krank war. Nach Omas Tod hatte ich so viel zu tun: die Wohnung wechseln, meine Schule, die Arbeit. Dresden liegt auch nicht gerade um die Ecke. Ich wäre doch aber gekommen, wenn ich es gewusst hätte. Wieso haben Sie mich nicht angerufen?"

„Es existiert kein Telefonanschluss", sagt der Mann ruhig. „Sie hatten zum Glück nach dem Umzug Ihrem Onkel die neue Adresse mitgeteilt." Ich erinnere mich. Mit dieser Mitteilung hatte ich ein paar Fotos von Omas Grabstätte geschickt. Er hatte auch darauf geantwortet. Der Brief muss noch irgendwo liegen. Also bin ich schuld, dass die Verbindung abgebrochen ist. Wenn ich ihm wenigstens meine Handynummer gegeben hätte. „Stimmt, ich habe keinen Hausanschluss. Das Handy genügt mir, aber ich hätte es Onkel Alexander …" Plötzlich werde ich von Verzweiflung gepackt und schlage die Hände vors Gesicht. „Mein Onkel wollte mich noch einmal sehen?"

„Ja", sagt Martin Sander leise. Meine Augen füllen sich mit Tränen, als ich den Mann ansehe. „Und ich hatte keine Ahnung." Die andern starren mich an. Ich kann diese mitleidigen Blicke nicht ertragen, renne aus dem Zimmer, durch die Diele und reiße die Haustür auf. Die frische Luft tut mir gut. Eine Weile stehe ich nur da, atme tief ein und aus und versuche, die Tränen dadurch zu unterdrücken. Nach dem ich mich etwas beruhigt habe, wasche ich mir im Gästebad das Gesicht. Ich setze mich auf den Toilettendeckel und fühle mich elend. Wie konnte ich vergessen, meinem Onkel die Handynummer zu schicken? Schuldgefühle überfallen mich wie ein Schwarm Mücken. Ich hätte ja mal anrufen können, um nachzufragen, wie es ihm geht. Doch ich habe es nicht getan, hatte ja keine Zeit. Welch eine erbärmliche Ausrede! Mein einziger und letzter Verwandter ist ohne Abschied von mir gegangen. Und er *wollte* sich von mir verabschieden. Das Klopfen an der Tür reißt mich aus meiner trüben Gedankenwelt. „Kann ich etwas für dich tun, Lea?" Corinnas Stimme klingt mitfühlend.

„Nein, danke, ich komme gleich." Ich wische mir die verlaufene Schminke aus dem Gesicht und gehe zu den anderen zurück.

Inzwischen steht Wein auf dem Tisch. Frau Schmidt fragt mich überraschend freundlich, ob ich ein Glas haben möchte. Schlagartig wird mir klar, woher die Unfreundlichkeit rührte. Sie dachten sicher, ich hätte das Geld verjubelt. Die Krankheit meines Onkels wäre mir völlig egal gewesen.

Ich lasse mir Wein einschenken und lausche den Gesprächen. Frau Wegner lässt durchblicken, dass sie eine Finanzspritze für ihre Firma ganz gut gebrauchen können. Frau Schmidt macht sich Sorgen, dass sie aus ihrer Einliegerwohnung ausziehen muss, wenn das Anwesen verkauft wird. Corinna spricht von einer eigenen Kanzlei. Frau Wegner fragt mich, was ich mit meinem Anteil anstellen würde. Mich macht die Frage wütend. „Habe ich die Testamentseröffnung verpasst?", frage ich bissig. Schuldbewusst senken alle die Köpfe, nur Dr. Sander verzieht kurz den Mund zu einem geheimnisvollen Lächeln. Der Mann weiß Bescheid, will oder darf die Katze noch nicht aus dem Sack lassen. Er hält seine Tasse Tee in der Hand und beobachtet die Erben von Alexander Hoffmann. Corinna erkundigt sich nach seiner Doktorarbeit, die er vor kurzem erst verteidigt hat. Ich erfahre bei diesem Gespräch, dass der Mann vierunddreißig Jahre alt ist und in der Kanzlei seines Vaters arbeitet. Er ist nur sieben Jahre älter als ich. Aber durch sein Auftreten und seine Kleidung kommt er mir älter, jedenfalls reifer vor, obwohl er gar nicht älter aussieht. Er erklärt Corinna seine Arbeit, die mit Erbrecht zu tun hat. Ich überhöre das Juristendeutsch und betrachte die andere Großnichte von Alexander. Corinna hätte mit ihrer Größe und ihrer Figur als Model arbeiten können. Ihr brauner Teint verrät den regelmäßigen Besuch im Solarium. Sie hat schöne geschwungene Lippen und große braune Augen, die etwas traurig wirken. Das hat gewiss nichts mit dem Verlust unseres Onkels zu tun. Ihr grüner Hosenanzug stammt nicht von der Stange, ist elegant und gleichzeitig modisch. Sie kommt mir nicht wie eine Studentin vor, sondern wie eine Modepuppe. Äußerlich ist sie genau der Typ, der zu Dr. Sander passen würde. Vielleicht ist sie auf der Suche nach einem Partner und findet bei dieser Gelegenheit ihren Traumprinzen. Deine Fantasie geht mit dir durch, Lea, ermahne ich mich. Ich versuche, meine Gedanken zu stoppen. Trotzdem läuft vor meinen Augen ein Film ab, wie sie ihre E-Mail-Adressen tauschen und Corinna sich Rat holt zu fachlichen Dingen. Dabei empfinde ich so etwas wie Eifersucht und wundere mich darüber. Martin Sander erhebt sich unerwartet. Wir stehen ebenfalls auf und begleiten ihn zur Tür. „Ach, bitte denken Sie daran, Ihr Onkel wollte, dass keine schwarze Kleidung bei seiner Beerdigung getragen wird", erinnert er noch einmal. Hanna Wegner schüttelt verständnislos den Kopf. „Ich kann doch nicht im roten Kostüm da erscheinen. Das sieht ja aus, als hätte er mir gar nichts bedeutet."

„Mama, es ist sein letzter Wunsch. Wenn du es brauchst, kannst du ja zu Hause noch schwarz tragen."

Hanna Wegner verzieht das Gesicht. „Ich habe noch nie eine Beerdigung in Bunt erlebt. Wissen das die anderen Trauergäste?"

„Ich habe es bekannt gegeben", sagt der Rechtsanwalt wieder mit dieser Ruhe, um die ich ihn beneide. Er gibt mir die Hand und mustert mich kurz. „Meine Schwester müsste Ihre Größe haben. Sie würde Ihnen sicher eine Bluse leihen." Nun komme ich mir wirklich vor wie der arme Schlucker aus dem Osten. „Nein, danke, ich werde mir morgen etwas Buntes kaufen." Meine Stimme klingt trotzig.

„Wie Sie wollen", sagt er höflich und geht.

Frau Schmidt bittet uns nach oben, um die Zimmer zu verteilen. Im ersten Stock stehen das Schlafzimmer des Onkels und die beiden Gästezimmer zur Verfügung. Frau Wegner ziert sich, als es heißt, sie und ihr Mann sollen im Schlafzimmer übernachten. Sie weiß zwar, dass Alexander im Krankenhaus gestorben ist, aber der Mann war monatelang krank gewesen, und der Gedanke daran behagt ihr nicht. Das sagt sie ganz offen. Wir betreten den Raum. So ein riesiges Schlafzimmer habe ich in meinem ganzen Leben noch nie gesehen. Hier könnte man Tanzunterricht geben, kommt mir in den Sinn. Neben der Tür stehen zwei Kommoden. Darüber hängen Familienbilder. Ich erkenne meine Großmutter als junge Frau. Die Bilder wecken mein Interesse, und ich entscheide mich spontan für dieses Zimmer. Frau Schmidt ist offensichtlich erleichtert, dass das Problem so schnell gelöst ist. Die andere Fassung wäre wohl gewesen, dass ich mir mit Corinna ein Zimmer teile. Damit hätte ich auch kein Problem gehabt. Die anderen gehen, und ich mache eine Bestandsaufnahme: Achttüriger Kleiderschrank aus Birkenholz, fliederfarbene Bettwäsche und passende Übergardinen, ein etwas höheres Bett, dass man wohl als altersgerecht bezeichnet. Vor dem Fenster mit zugezogenen Vorhängen stehen ein Schreibtisch und rechts daneben ein Eck-Bücherregal. Ich setze mich auf das Bett und stelle fest, dass man von hier aus eine Zeitreise machen und das Leben von Alexander Hoffmann in Bildern verfolgen kann. Das gefällt mir. Doch im Augenblick bin ich dazu zu müde. Der Vorteil dieses Raumes ist das angrenzende Badezimmer, das für mich Luxus pur bedeutet. Hochmoderne Badmöbel – weiße marmorierte Fliesen an den Wänden und schwarze auf dem Fußboden – zeugen vom ausgefallenen Geschmack meiner Tante Marianne. Ich dusche nur kurz, schlüpfe in meinen Lieblingsschlafanzug und falle sogleich ins Bett. Vor dem Einschlafen schießt mir noch die Frage durch den Kopf: Wo ist der Brief mit den zweihundert Euro geblieben?

Am nächsten Morgen erwache ich aus einem tiefen, traumlosen Schlaf. Ich brauche einen Augenblick, um zu begreifen, wo ich bin. Dann springe ich aus dem Bett und ziehe die bodenlangen Vorhänge zur Seite. Ich habe weder einen Balkon erwartet, noch diesen traumhaften Ausblick. Vor Überraschung stockt mir der Atem. Etwas ungeschickt öffne ich die Balkontür und trete ins Freie. Dichte hohe Bäume am Ende des Grundstücks und in den angrenzenden Gärten geben mir das Gefühl, mitten in der Natur zu sein. Auf dem linken Nachbargrundstück plätschert hinter Sträuchern versteckt ein Brunnen. Die linke Grundstücksgrenze wird von einem Drahtzaun und einer mannshohen Hecke markiert. Auf der rechten Seite stehen Obstbäume Spalier. In der hinteren Mitte lädt eine weiße Bank unter einem Walnussbaum zum Verweilen ein. Der Rasen ist frisch gemäht, saftig grün und erinnert mich an ein Fußballfeld. Er bildet einen Kontrast zu den bunten Blumenbeeten, die die Terrasse unter mir umsäumen. Ich kann mich von diesem Anblick kaum losreißen. Die Vögel begrüßen mich mit ohrenbetäubendem Gesang. Es gibt nur ein Wort für das, was ich sehe und höre: Paradies. Wieder frage ich mich, warum das Haus bei meinem letzten Besuch nicht den gleichen Eindruck auf mich gemacht hat wie heute. Der Blick auf die Uhr sagt mir, dass es Zeit ist, mich fertig zu machen. Ich dusche, wasche mir wie jeden Morgen die Haare und bringe sie mit Gel und Haarspray in die gewünschte Form. Ich schminke mich sorgfältig, ziehe wieder die gleiche Jeans an, aber ein frisches T-Shirt. Meine Sachen sind nicht gerade neu und kommen mir hier in dieser Umgebung schäbig vor. Sogar meine Frisur scheint mir unpassend. Wenn ich an Corinna denke, fühle ich mich sogar übergewichtig, obwohl Tom immer meint, ich habe eine ideale Figur. Tom meint auch, dass meine Frisur mir ein besonderes Charisma verleiht. Doch heute und hier fühle ich mich nicht wie eine charismatische Persönlichkeit. Ich wünsche mir plötzlich dezente blonde Strähnchen und halblange Haare. Dazu würde ein Designerkostüm passen, und so würde ich die ideale Großnichte des berühmten Psychologen Dr. Alexander Hoffmann abgeben. So wie ich jetzt aussehe, passe ich in einen Friseursalon und in meine Zweizimmerwohnung mit den Überwürfen und der DDR-Schrankwand, aber nicht in dieses Haus und nicht zu diesen Leuten, die mit meinem Onkel zu tun hatten. ‚Stopp! Was soll das?', frage ich mein Spiegelbild. ‚Du bist Lea Sommerfeld. Du bist jung, hast schöne blaue Augen, eine ideale Figur und mit einem Meter sechsundsechzig auch eine ideale Größe. Du bist gesund, hast deinen Traumberuf bekommen und wirst demnächst dein eigenes Haarstudio eröffnen.' Ich spüre, wie mein Selbstwertgefühl langsam wieder zurückkehrt.

Mit ein paar Handgriffen räume ich mein Zimmer auf, greife nach meiner Umhängetasche und gehe hinunter in die Küche.

Niemand ist zu sehen. Ähnlich wie beim Schlafzimmer staune ich auch über die moderne Kücheneinrichtung. Ich habe in einem Möbelkaufhaus mit Angela ein ähnliches Modell etwas genauer begutachtet; cremefarben, Hochglanz, die Arbeitsplatte in einer dunklen Holzmaserung. Wir haben unseren Spaß damit gehabt, stellten uns vor, wie wir in dieser Küche Kuchen backen und kochen würden. Ein Verkäufer war auf uns aufmerksam geworden. Selbstbewusst hatten wir erklärt, dass wir uns noch andere Modelle anschauen wollten, bevor wir uns entscheiden. Das war natürlich gelogen und hat mir eine ganze Weile ein schlechtes Gewissen beschert. „Lügen haben kurze Beine", hat mir meine Oma eingeprägt.

Ich betrachte den für vier Personen gedeckten Küchentisch, die weiße Tischdecke und die dezent gemusterten Stoffservietten. Eine Thermoskanne steht bereit, der Duft von Kaffee schwebt im Raum. Verschiedene Käsesorten liegen auf einem Holzbrett. In den blauweißen Keramikgefäßen befinden sich vermutlich Marmelade und Butter. Es fehlt nur noch das Brot. Vielleicht ist Frau Schmidt zum Bäcker gegangen. Ich werfe einen Blick durch das Küchenfenster. Auf dieser Seite befindet sich der Flachbau, in dem Frau Schmidt wohnt. Er ist etwa vier oder fünf Meter vom Haupthaus entfernt. Ich habe die Eingangstür im Blick. Links und rechts stehen Steintöpfe mit roten Geranien. Da höre ich eine Tür klappen, und kurz darauf steht Frau Schmidt tatsächlich mit einem großen Beutel Brötchen in der Tür. „Guten Morgen, Fräulein Lea", sagt sie freundlich und ein wenig erschöpft. Nun, die Jüngste ist sie nicht mehr. Ich schätze sie auf siebzig. Sie sieht blass aus. Vielleicht liegt es an der schwarzen Kleidung. „Guten Morgen, Frau Schmidt. Sie können mich Lea nennen, Fräulein sagt niemand."

„Haben Sie gut geschlafen, Lea?"

„Wie im Himmel, und dann habe ich, als ich den Vorhang aufzog, das Paradies entdeckt."

Ein Lächeln huscht über ihr Gesicht. „Da haben Sie recht. Vom Schlafzimmer hat man den schönsten Ausblick. Ihre

Tante hat gerne auf dem Balkon gefrühstückt, und Ihr Onkel hat dort in den Sommermonaten abends gelesen." Mit einem Seufzer zieht sie das Schubfach auf und nimmt einen Brotkorb heraus.

„Die anderen schlafen wohl noch?", erkundige ich mich. Sie zuckt nur die Schultern. Wir blicken beide zur Küchenuhr, halb neun. „Ich will noch in die Stadt. Wo kann ich mir etwas zum Anziehen kaufen?"

Sie legt die Brötchen in den Korb und hält dabei inne. „Wenn Ihnen unser Stadtteil genügt, dann können Sie zu Fuß gehen, nach vorn zur Hauptstraße und dann rechts, eine Viertelstunde Fußmarsch, dann finden Sie mehrere kleine Läden, auch Boutiquen."

Boutique ist nicht gerade das, was ich mir leisten kann. Aber vielleicht finde ich etwas Reduziertes. „Gut, dann werde ich gleich in die Stadt gehen." Wenigstens brauche ich kein Geld für die S-Bahn.

„Aber erst müssen Sie frühstücken." Frau Schmidt stellt den Brotkorb auf den Tisch und schenkt mir Kaffee ein. Ich bemerke, dass ihre Hände zittern. „Ob es den Wegners recht ist, dass ich in der Küche gedeckt habe?", fragt sie ängstlich.

„Warum denn nicht? Das ist doch eine sehr schöne, gemütliche Küche. Es sieht alles so neu aus."

„Ihre Tante hat kurz vor ihrem Tod alles neu renovieren lassen, als hätte sie es geahnt ..." Die Frau versucht, ihre zitternden Hände zu beruhigen, indem sie mit dem Lappen die Arbeitsfläche poliert. Dann wirft sie ihn abrupt in die Spüle. „Ich darf gar nicht dran denken, die Beerdigung heute", stöhnt sie. Ich stehe auf, umarme sie, weil sie mir plötzlich leid tut, und ziehe sie dann auf einen Stuhl. „Für Sie muss es doch am schlimmsten sein. Sie sind hier zu Hause. Sie haben meinen Onkel täglich gesehen", sage ich behutsam und setze mich ebenfalls. „Schön, dass daran mal jemand denkt. Ich habe gerne für Ihren Onkel gearbeitet. Aber in letzter Zeit ist es mir doch zu viel geworden. Seit einem Jahr war es nicht mehr dasselbe. Die Krankheit Ihres Onkels, das Haus in Ordnung halten, die Besucher bewirten. Ich bin ja nur drei Jahre jünger als er und meine Hüfte macht mir zu schaffen. Eigentlich hätte ich mich längst zur Ruhe gesetzt, aber nachdem ich wusste, dass Dr. Hoffmann krank war, konnte ich ihn doch nicht im Stich lassen. Und nun weiß ich überhaupt nicht, wie es weitergehen soll. Was wird mit diesem Haus …?" Sie bricht in Tränen aus und schluchzt laut. Der ganze Jammer scheint mit einem Mal durchzubrechen. Ich lege ihr behutsam die Hand auf die Schulter und reiche ihr ein Taschentuch. Als sie sich beruhigt hat, sage ich: „Erzählen Sie mir von meinem Onkel."

Frau Schmidt sieht mich verwundert an. „Er war zwar mein Onkel, aber ich hatte doch kaum Kontakt", begründe ich. Sie nickt verstehend.

„Er hatte immer so viel um die Ohren, das Institut, die Vorträge, seine Bücher. Sein Arbeitstag war oft mehr als vierzehn Stunden lang. Und das in seinem Alter. In letzter Zeit hat er viel über seine Kindheit und Jugend gesprochen; von Ihrer Großmutter, Lea. Sie waren wohl als Kinder wie Hund und Katze, aber gleichzeitig auch ein Herz und eine Seele." Ein verträumtes Lächeln huscht über ihr Gesicht. „Dann sprach er wieder von der Zeit, als er in den Westen kam. Er hat als Hilfsarbeiter auf dem Bau gearbeitet und nebenbei studiert. Sein erstes Zimmer war nicht größer als die Abstellkammer nebenan. Aber diese materiellen Umstände spielten eigentlich keine Rolle für ihn. Worunter er wirklich gelitten hat, war die Trennung von seiner Schwester, nicht die Trennung durch die Grenze, sondern die Trennung durch die unterschiedlichen Ansichten, Weltbilder, wie er es nannte. Ich konnte das nicht wirklich nachvollziehen. Schließlich waren sie Bruder und Schwester. Was machte es da schon, wenn sie verschiedene

Ansichten hatten? Für Ihren Onkel aber war das sehr bedeutsam."

„Für meine Großmutter auch", werfe ich ein. „Aber ich kann das Problem auch nicht verstehen."

Nach kurzem Schweigen fährt sie fort: „Er hat es sehr bewundert, dass seine Schwester nach diesem schrecklichen Unfall Sie, Lea, allein aufgezogen hat. In letzter Zeit hat er öfter gesagt: ‚Maria, ich hätte Inge mehr unterstützen müssen. Ein Kind großzuziehen ist keine leichte Aufgabe.' Soweit ich weiß, hatte er ihr nach dem Tode Ihrer Eltern angeboten, hierher umzuziehen. Doch Ihre Großmutter wollte Dresden nicht verlassen. Und die Möglichkeit, dass Sie, Lea, hier bei Ihrem Onkel und Ihrer Tante aufwachsen, kam wohl für Ihre Großmutter überhaupt nicht infrage."

„Das habe ich nicht gewusst. Tante Marianne hat zum Geburtstag und zu Weihnachten Pakete geschickt. Ich habe mit acht Jahren mal eine Barbie-Puppe bekommen. Die habe ich gehütet wie ein Heiligtum." Wo ist die Puppe eigentlich abgeblieben? Wir hören jemanden die Treppe herunterkommen. Frau Wegner im Bademantel mit zerzausten Haaren und geschwollenen Augenlidern betritt die Küche. „Guten Morgen", sagt sie mürrisch. „Wir frühstücken im Esszimmer, Frau Schmidt."

Die Frau benimmt sich wie eine launische Hausherrin. Bei der Vorstellung, Wegners werden hier demnächst einziehen, sträuben sich meine Nackenhaare.

„Ja, natürlich", sagt Frau Schmidt unterwürfig und beginnt sofort umzuräumen. Hanna Wegner geht voraus, ohne einen Finger zu krümmen. Ich helfe Frau Schmidt, die Sachen hinüberzutragen. Meine Tasse und ein Brötchen lasse ich in der Küche zurück. Mir ist nicht nach einem ausführlichen Frühstück und schon gar nicht mit den Wegners. Außerdem finde ich dieses Verhalten unmöglich. Madame setzt sich und lässt sich bedienen. „Frau Schmidt, ich hätte gern ein gekochtes Ei, sechs Minuten bitte. Gibt es denn hier keine Morgenzeitung?" Ich halte eine davon stürmende Frau Schmidt auf und hole die Zeitung selbst aus dem Briefkasten. Herr Wegner bringt bei seinem Erscheinen die gleiche mürrische Begrüßung zustande wie seine Gattin. Er trägt wenigstens Hemd und Hose und ist rasiert. Ohne ein weiteres Wort greift er sich den Sportteil der Zeitung und taucht dahinter ab. „Hast du Corinna gesagt, dass das Bad frei ist?", fragt seine Frau.

„Ja ... ist noch müde ... kommt später." Herr Wegner scheint um diese Zeit die Kommunikation nur auf den Telegrammstil zu beschränken. Ich weiß nicht, warum ich in der Tür stehe und wie ein Butler auf die nächste Anweisung warte. Erst als Frau Wegner sagt: „Lea, setz dich doch", fällt es mir auf.

Ich sehe auf die Uhr. „Keine Zeit, ich will noch in die Stadt, mir etwas Buntes kaufen."

Die Frau stöhnt auf. „Ja, auch das noch. Das ist wieder mal eine verrückte Idee von unserem Onkel Alexander, eine Beerdigung in bunt, ein Wunder, dass er nicht Abendkleidung verordnet hat."

Ich zucke nur mit der Schulter. Frau Schmidt stellt die Eierbecher auf den Tisch. „Für Ihren Onkel war der Tod ein Übergang ins nächste Leben, er bezeichnete es als freudiges Ereignis." Frau Schmidt hatte es nebenbei gesagt. Hanna Wegner schnaubt verächtlich und schüttelt verständnislos den Kopf. „Er, ein bekannter, erfolgreicher Psychologe, ein Wissenschaftler, und dann so ein Unsinn."

„Er war ein gläubiger Mensch und hat sich sehr gründlich mit allen Religionen beschäftigt", verteidigt ihn Frau Schmidt in einem energischen Ton.

Ich stehe wie betäubt da und kann nicht glauben, was ich da eben gehört habe. Mein Onkel gläubig? Das war ja gerade der jahrelange Streitpunkt zwischen Bruder und Schwester gewesen. Meine Oma war diejenige, die an Gott geglaubt hat, und er war stolz darauf, es nicht zu tun. Er hielt sich für einen vernünftigen Menschen, der nur das glaubte, was er sah.

Frau Wegner legt die Zeitung zur Seite und mustert die Haushälterin mit einem sonderbaren Blick. „Er stand Ihnen wohl näher, als es üblich ist?"

„Was meinen Sie damit?", fragt Frau Schmidt und runzelt die Stirn. Sie stellt den Salzstreuer auf den Tisch.

„Waren Sie mehr für ihn als seine Haushälterin?" Frau Wegner streicht Butter auf ihr Brötchen und sieht die Frau dabei misstrauisch an. „Waren Sie seine Freundin?"

Erbost dreht sich Frau Schmidt um. „Ich war die Haushälterin Ihres Onkels und eine Vertraute. Vielleicht war ich wirklich so etwas wie eine gute Freundin, aber nicht das, was Sie mir unterstellen wollen."

Frau Schmidt verlässt mit rotem Kopf den Raum. Ich eile ihr nach und will sie trösten: „Nehmen Sie sich das nicht so zu Herzen, Frau Schmidt."

„Diese Anspielung ist eine Unverschämtheit." Sie stützt sich auf der Arbeitsplatte ab. Ich lege meine Hand auf ihre und versuche es auf die spaßige Tour: „Die haben Angst um ihr Erbe." Frau Schmidt lächelt gequält. „Gott bewahre mich vor einem Erbe wie diesem. Wenn ich allein an die Bücherwände denke. Ich will in Ruhe meine letzten Jahre verbringen, reisen und ins Theater gehen."

„Wenn wir das heute überstanden haben ...", setze ich an.

„Ach du meine Güte, ich habe noch so viel Arbeit", unterbricht mich Frau Schmidt. Der Empfang nach der Beerdigung findet hier statt. Dr. Sander hat zwar einen Partyservice bestellt, aber ich muss das Wohnzimmer noch herrichten, dekorieren ... Darum habe ich doch hier gedeckt." Frau Schmidt schlägt die Hände vors Gesicht, und wieder rollen die Tränen.

Ich begreife, dass die Wegners mit ihrem gemütlichen Frühstück im Wohnzimmer den ganzen Ablauf blockieren.

Ich lege ihr tröstend den Arm um die Schulter, verspreche ihr, mich zu beeilen und ihr nachher beim Umräumen zu helfen.

Im vierten Geschäft entdecke ich draußen bei den Angeboten ein knielanges Sommerkleid, rote und gelbe Rosen auf dunkelblauem Untergrund, angeschnittene Arme, mit extravaganten Raffungen und einer schwingenden Rockform. Das gefällt mir gut und es sitzt perfekt. Die Preissenkung von neunundachtzig auf fünfunddreißig Euro hilft mir bei einer schnellen Entscheidung. Wenn Onkel Alexander es schon farbig haben will, dann können es wenigstens Rosen sein.

Auf dem Heimweg fallen mir Frau Schmidts Worte ein: „Für Ihren Onkel war der Tod ein Übergang ins nächste Leben, er bezeichnete es als freudiges Ereignis." Ein freudiges Ereignis? Das gilt vielleicht für die Verstorbenen, aber für die Hinterbliebenen trifft das bestimmt nicht zu. Für mich ist der Tod Verlust, Schmerz, Trauer, Einsamkeit. Eine Frage drängt sich in meine Gedanken. Wie hat mein Onkel zum Glauben an Gott gefunden? Meine Oma hat immer gesagt, wer nicht an Gott glaubt, landet in der Hölle. Sie war der Meinung, dass Alexander dort landen würde. Und das pflegte sie mit einer solchen Überzeugung zu sagen, als wäre sie der Pförtner da oben. Der Gedanke daran verursacht bei mir ein schlechtes Gewissen, denn ich bin seit dem Tod meiner Großmutter nicht mehr in der Kirche gewesen, mehr noch, ich habe das Thema Gott aus meinem Leben verbannt. Nun wird mir bewusst, dass ich das Gegenstück von Alexander bin. Ich, die im Glauben an Gott erzogen wurde, habe mich abgewandt und Alexander, der Ungläubige, hat zum Glauben gefunden.

„Ich bin zurück", rufe ich durchs Haus. Frau Schmidt antwortet, ihre Stimme kommt aus dem Wohnzimmer. Wegners stellen Tische und Stühle zusammen, die der Partyservice gebracht hat. Frau Wegner trägt jetzt ein schlichtes braunes Sommerkleid und hat sich die Haare gekämmt.

Frau Schmidt hantiert mit weißen Tischtüchern. Von Corinna ist immer noch nichts zu sehen. Es ist mittlerweile kurz vor elf Uhr. „Wo kann ich helfen?", frage ich.

„Sie können das Geschirr aus dem Schrank nehmen, die zweite Vitrine", weist Frau Schmidt an. Die Frau hat einen roten Kopf und wirkt erschöpft. „Frau Schmidt, wir machen das hier, ruhen Sie sich ein bisschen aus", schlage ich vor. Frau Wegner hält inne, stützt sich auf einem Stuhl ab und sagt mürrisch. „An so einem Tag kann sich niemand ausruhen."

„Ich will mich ja gar nicht ausruhen. Nur würde ich gerne eine Kleinigkeit zu Mittag machen. Kartoffelsalat ist schon fertig. Es fehlen nur noch die Buletten."

„Meine Tochter ist Vegetarierin", bekommt sie als schnippische Antwort.

„Wo ist eigentlich Corinna?", erkundige ich mich.

„Sie hatte eine anstrengende Woche."

„An so einem Tag kann sich niemand ausruhen", antworte ich mit den Worten von Hanna Wegner und bin mir völlig bewusst, dass ich jetzt ins Fettnäpfchen getreten bin. Aber die Art und Weise, wie sie mit Frau Schmidt umspringt, macht mich wütend.

Frau Wegners Augen funkeln zornig. Sie lässt alles stehen und liegen und eilt davon, vermutlich, um ihre Tochter zu wecken.

Die Haushälterin geht leicht humpelnd in die Küche. Corinna erscheint zehn Minuten später im Bademantel mit Mutter im Schlepptau. Das Geschirr ist platziert, nur die Servietten fehlen noch. Ihre Mutter besteht auf eine aufwändige Falttechnik. Corinna übernimmt diese Aufgabe mit wenig Begeisterung. Ich stelle die vier kleinen Rosensträuße und die silbernen

Kerzenständer mit weißen Kerzen auf den Tisch. Es ist für dreißig Leute eingedeckt. Nun bekomme ich eine Ahnung, was sich nachher hier abspielen wird. Ob mein Onkel das angeordnet hat? Oder ist es eine Idee von Herrn Sander?, frage ich mich.

Eine Stunde später sind wir umgezogen und essen in der Küche Kartoffelsalat und Buletten, mit Ausnahme von Corinna, die ein Spiegelei verzehrt. Es ist absolute Stille. Offensichtlich stellen sich alle gedanklich auf die Trauerfeier ein.

Dr. Sander erscheint kurz nach zwölf im grauen Anzug mit Hemd und Krawatte. Er spricht mit Frau Schmidt über die Anzahl der Gäste, telefoniert mit dem Partyservice und wendet sich dann der Familie zu: „Frau Sommerfeld und Frau Schmidt können bei mir mitfahren. Herr Wegner, Sie fahren mir am besten hinterher. Hier ist sicherheitshalber noch eine Wegskizze."

Wir stehen jetzt abfahrbereit in der großen Diele. Unauffällig kontrolliert er unsere Kleidung. Fast hätte ich meinen Kranz vergessen. Herr Sander erinnert sich daran und holt ihn. Mir fällt auf, dass zwar niemand schwarz gekleidet ist, aber bunt sehen die anderen nicht gerade aus. Nur mein Kleid leuchtet farbenfroh. Frau Wegner trägt ein weinrotes Kostüm und Corinna einen braunen Hosenanzug aus leichtem Stoff. Ihre Haare hat sie zu einem Knoten aufgesteckt, was sie noch größer und schlanker wirken lässt. Ich komme mir plötzlich wieder unpassend gekleidet vor. Im Vergleich zu Corinna wirke ich wie „Lieschen vom Land." Den Ausdruck hat meine Oma immer verwendet, wenn die Kleidung nicht zum Anlass passte.

Frau Wegners kritische Blicke lassen mich frösteln. „Ach, wie reizend. Hast du dir extra ein Blumenkleid gekauft, Lea?" Ihr aufgesetztes Lächeln und dieser unechte Unterton verunsichern mich noch mehr. Dr. Sander kehrt mit dem Kranz zurück und hat die Bemerkung mitbekommen. „Das ist genau nach dem Geschmack Ihres Onkels", sagt er, an Frau Wegner gewandt. Dankbar für seine Unterstützung füge ich hinzu: „Er wollte es doch bunt."

„Genau. Er wollte eine freudige Atmosphäre schaffen."

Hanna Wegner verdreht die Augen und mahnt zum Aufbruch.

Auf der Fahrt zum Friedhof kann ich noch alles bewusst aufnehmen, Geschäfte, Werbung an den Fassaden, das Treiben auf den Straßen. Es ist viel wärmer als am Vortag. Der Himmel ist bewölkt und ein leichter Wind weht. Obwohl die Temperatur über zwanzig Grad liegt und ich die Jeansjacke trage, ist mir kalt. Nach zehnminütiger Fahrt halten wir auf einem großen Parkplatz und steigen aus. Kaum habe ich das schmiedeeiserne Tor des Friedhofs passiert und die ersten Gräber gesehen, da stürmen die alten Bilder wieder auf mich ein, die gleichen Bilder, die mir auch ab und zu Albträume bescheren. Ich sehe die beiden Särge meiner Eltern vor mir. Das ist siebzehn Jahre her, aber kommt mir vor wie gestern, und ich kann es immer noch nicht glauben. Ein zehnjähriges Mädchen darf doch nicht ohne Eltern zurückbleiben. Und doch ist es so. Mein zweites Leben hat bei meiner Großmutter stattgefunden. Am Anfang war es komisch, einsam. Dann wurde es normal.
Aus den zwei Särgen wird einer, der meiner Großmutter. Auch die Beerdigung von Tante Marianne kommt mir kurz in den Sinn. Plötzlich finde ich mich in einem eindrucksvollen Raum wieder, die Friedhofskapelle. Ich blicke auf einen Eichensarg und schnappe nach Luft. Mir wird schwindlig, und ich sehe nur noch Särge. Jemand packt mich am Arm und zieht mich auf einen Stuhl. „Ist Ihnen nicht gut, Frau Sommerfeld?", höre ich Dr. Sander besorgt flüstern. Ich atme tief durch. „Es geht gleich wieder." Klassische Musik erklingt, irgendetwas von

Mozart. Es ist keine traurige Musik, eher leicht beschwingt und feierlich. Ein älterer Herr erhebt sich und spricht mit voller Stimme. Ich bekomme nur Wortfetzen mit: „… großer Verlust … eindrucksvolle Persönlichkeit … Lebenswerk geschaffen …" Der Mann setzt sich wieder und ein anderer ergreift das Wort. Ihm versagt ein paar Mal die Stimme. Wieder erklingt Mozartmusik. Martin Sander steht auf und geht nach vorn. Ich versuche mich auf seine Worte zu konzentrieren, schaffe es aber nicht. Es ist, als hätte die Leitung zwischen Ohr und Verstand eine Störung.

Die gesamte Trauerfeier erlebe ich in einem Zustand, den ich zwischen Traum und umnebelter Wirklichkeit bezeichnen würde. Als Eindruck bleibt das Gefühl, dass es eine würdige Veranstaltung ist und dass sie weniger traurig ist als die anderen Beerdigungen, die ich erlebt habe. Zum Abschluss erklingt der Freiheitschor von Nabucco. Wir stehen auf und folgen dem Sarg. Frau Schmidt schluchzt laut. Herr Sander und ich haken sie gleichzeitig unter und folgen Wegners. Das Übliche geschieht: Sand, Blumen, die Verabschiedung. Nun stehe ich mit der Haushälterin und den Wegners neben der Grube. Frau Schmidt und Frau Wegner weinen. Corinnas große Sonnenbrille lässt nicht erkennen, ob sie auch weinen muss. Ich fühle mich betäubt. So erlebe ich immer Beerdigungen. Fremde Menschen schütteln mir die Hand, drücken ihr Mitgefühl aus und gehen weiter. Ich kann nicht weinen, habe das Gefühl leer zu sein. Vielleicht bin ich durch meine Erfahrungen mit dem Tod abgestumpft, vielleicht liegt es auch daran, dass Onkel Alexander mir nicht so nahegestanden hat. Oder es liegt an der bunten Kleidung.

Herr Sander steht etwas abseits. Er ist in Gedanken versunken. Nach der Zeremonie kommt er zu uns. Wir haken eine noch schluchzende Frau Schmidt unter und gehen zum Wagen.

Während der Fahrt schweigen wir. Immer noch komme ich mir vor wie in einem Traum. Krampfhaft bemühe ich mich aufzuwachen, zwinge mich förmlich, in die Realität zurückzukehren. Als wir die Villa betreten, glaube ich, es geschafft zu haben. Ich muss doch helfen. Eine fremde Frau im Alter von Frau Schmidt hantiert in der Küche. Auf meine Frage, was ich tun kann, schickt sie mich ins Wohnzimmer Kaffee einzugießen. Doch vor der Wohnzimmertür bleibe ich wie angewurzelt stehen, bin unfähig, einen Schritt in den Raum zu setzen. Ich sehe die weiße Tafel mit Kuchen und Häppchen. Da sind Menschen, die ich nicht kenne. Immer mehr Gäste betreten das Haus. Es wird eng und heiß um mich herum. Ein panisches Gefühl erfasst mich. Hanna Wegners dröhnende Stimme fordert die Anwesenden auf, Platz zu nehmen. Als sie mich an der Tür entdeckt, winkt sie mich ins Wohnzimmer. Vor Schreck beginnt der Boden unter meinen Füßen nachzugeben. Ich schwanke und mache auf dem Absatz kehrt. Dabei stoße ich mit Martin Sander zusammen. Er hält mich kurz in den Armen. Sein Griff ist fest, gibt mir Halt und gleichzeitig ein Gefühl des Trostes. So hätte ich den Rest des Tages verbringen können. Doch dann lockert er seine Hände und mustert mich besorgt. „Ist Ihnen nicht gut, Frau Sommerfeld? Kann ich etwas für Sie tun?"

„Ich kann nicht … Ich gehe nach oben", stoße ich hervor und habe das Gefühl, keine Luft zu bekommen.

Er nickt nur und lässt mich los. Hanna Wegner kommt auf mich zugesteuert. „Lea, Kind, du bist ja kreideweiß." Ich antworte nicht, flüchte. „Sie legt sich hin", informiert Herr Sander und hält sie davon ab, mir zu folgen. „Das arme Mädchen, hat schon so viel durchgemacht, erst ihre Eltern, dann die Großmutter und nun der letzte Verwandte", höre ich sie noch sagen. Herr Sander antwortet nicht darauf. „Unsere Corinna ist ja auch ein Einzelkind, aber sie hat uns und viele Cousinen von der Seite meines Mannes."

„Wir müssen uns um die Gäste kümmern", sagt Martin Sander knapp und unterbricht so den Redefluss der Frau. „Ja natürlich, ich bin ja quasi die nächste Verwandte."

Als ich die Tür zum Schlafzimmer geschlossen habe, bin ich froh, allein zu sein, und froh, dass Wegners die Gastgeberrolle übernehmen.

Ich gehe zum Fenster und sehe in den Garten. Der Anblick hat etwas Tröstliches. Plötzlich habe ich die Beerdigung meiner Oma vor Augen. Wir waren nur eine kleine Gruppe, eine Freundin von meiner Oma, zwei Nachbarinnen, eine Kollegin von früher und Alexander. Angela war krank, Tom weigerte sich, den Friedhof zu betreten. Alexander hatte uns im Anschluss an die Beerdigung in ein Café eingeladen. Ich war damals nicht in der Lage gewesen, etwas vorzubereiten. Mein Onkel war auf der Durchreise gewesen, wollte zu einem Vortrag in die Schweiz und bedauerte, dass er nicht länger bleiben konnte. Wir saßen zwei Stunden in diesem Café. Danach ging es mir besser. Worüber hatten wir eigentlich gesprochen? Ich erinnere mich nur, dass die Frauen Geschichten über Oma erzählt und viel gelacht haben, was ich völlig unpassend, aber auch tröstlich fand.

Jetzt übermannt mich die Erschöpfung. Ich fühle mich schwach und beginne zu zittern. Die Beine wollen mich nicht mehr tragen. Ich schleppe mich zum Bett und lege mich quer darauf. Von unten dringt verhaltenes Stimmgewirr zu mir durch und macht mich schläfrig. Ich muss dann wohl eingeschlafen sein. Jedenfalls werde ich von einer kräftigen rauen Männerstimme geweckt, die unten im Flur ruft: „Alles Gute, Frau Schmidt, auf Wiedersehen."

Der Radiowecker verrät mir, dass zwei Stunden vergangen sind und der Empfang anscheinend zu Ende ist. Hanna Wegners schrille Stimme nehme ich als Nächstes wahr: „Schön, dass wir uns kennengelernt haben, auch wenn der Anlass ein trauriger ist."

Es ist vorbei, denke ich. Die arme Frau Schmidt muss jetzt die Küche und das Wohnzimmer aufräumen. Ich raffe mich auf, doch als ich stehe, versagen mir die Beine und ich plumpse wieder auf das Bett. Ich höre Dr. Sander sagen: „Frau Wegner, würden Sie mal bitte nachsehen, wie es Frau Sommerfeld geht."

„Das mache ich", ruft Corinna und kommt die Treppe heraufgerannt. Auch das noch. Die sollen mich einfach in Ruhe lassen.

Sie klopft an meine Zimmertür und drückt die Klinke herunter. Ich habe abgeschlossen. Sie klopft etwas heftiger. Ich antworte mit einem krächzenden Ja, was mich erschreckt. Nicht nur die Beine scheinen zu versagen, sondern auch die Stimme. Irgendwie schaffe ich es bis zur Tür, öffne und halte mich am Türrahmen fest. Sicher sehe ich furchtbar aus, aber das ist eigentlich egal. „Was willst du denn?", frage ich kraftlos.

„Dr. Sander will wissen, wie es dir geht." Ich habe nicht gehört, dass noch jemand die Treppe heraufgekommen ist und auch nicht erwartet, dass er sich selbst ein Bild von meinem Zustand machen will. Plötzlich steht er neben Corinna. Erschrocken und beschämt sehe ich nach unten. „Danke, es wird wieder ... glaube ich. Ich konnte da nicht reingehen. Ich hasse Feiern nach der Beerdigung", erkläre ich verlegen.

„Wollen Sie nicht mit nach unten kommen und eine Tasse Kaffee trinken?"

„Ich weiß nicht, ich fühle mich so schwach."

„Eben, deshalb brauchen Sie eine Stärkung."

„Sind wirklich alle weg?", frage ich und sehe vorsichtig um die Ecke. Er lächelt. „Die fremden Leute sind gegangen."

Ich lasse mich überreden. Eine Tasse Kaffee ist eine gute Idee. Ich halte mich am Geländer fest, aus Angst, dass meine Beine mir wegknicken könnten. Dr. Sander hakt mich ganz selbstverständlich unter, so wie er es mit Frau Schmidt getan hat und geht langsam mit mir die Treppe hinunter.

„Danke für Ihre Hilfe ... für Ihr Verständnis", bringe ich stockend heraus. „Als Gastgeberin habe ich wohl heute völlig versagt. Aber wozu muss man auch nach einer Beerdigung feiern?" Ich räuspere mich, weil meine Stimme immer noch kratzig klingt.

„Haben Sie den Verlust Ihrer Eltern jemals mit einem Fachmann bearbeitet?", fragt er nebenbei.

„Sie meinen, ob mir ein Psychologe erklärt hat, warum meine Eltern so früh sterben mussten?"

„Das kann Ihnen nicht einmal ein Pfarrer erklären, aber vielleicht hätte es Ihnen geholfen, mit jemandem darüber zu reden."

„Meine Oma hielt nicht viel von Psychologen. Sie hat mir erklärt, dass meine Eltern jetzt im Himmel sind und dass sie auf mich aufpassen. Später würde ich sie wiedersehen. Meinen Sie, ein Psychologe hätte dem noch etwas hinzufügen können?" Er hält inne. Ich erwarte, dass er über meinen kindlichen Glauben lacht. Aber er sieht mich überrascht an und sagt ernst: „Ein Psychologe hätte Ihnen wahrscheinlich nicht so viel Hoffnung geben, aber vielleicht etwas gegen die wackligen Beine tun können." Was kann man denn gegen Puddingbeine tun?, überlege ich.

Corinna ist oben geblieben und in ihr Zimmer gegangen. Wir bleiben abrupt unten an der Treppe stehen, weil uns Frau Wegners Stimme erschreckt. Die Tür zur Bibliothek ist halb geöffnet: „Bin ich froh, dass das vorbei ist. Das wäre alles nicht nötig gewesen, nicht nur wegen der Kosten. Wir kennen diese Menschen gar nicht. Aber es gehört wohl zum Erben dazu." Ihr Mann gibt nur ein Brummen von sich.

„Ich bin schon gespannt, was das hier wert ist. Das Haus und das Grundstück müssten doch wenigstens achthunderttausend bringen, und das Institut, vielleicht gehört es zur Hälfte seinen Partnern, aber immerhin, die Hälfte von einer Million sind auch fünfhunderttausend." Man hört die Zeitung rascheln. Wir sehen beide in Richtung Tür und sind wie erstarrt.

„Und ein bisschen Kleingeld wird doch der alte Knabe auch noch gehabt haben, wenn er sich eine Haushälterin leisten konnte", meldet sich nun Herr Wegner in einem abfälligen Ton.

„Wie ist das eigentlich mit den Büchern, die er geschrieben hat? Da muss doch auch etwas abfallen", sagt seine Frau ganz aufgeregt.

In diesem Moment öffnet Frau Schmidt die Küchentür. Die Tür zur Bibliothek wird geschlossen. Unsere Aufmerksamkeit ist auf eine völlig erschöpfte Haushälterin gerichtet. „Ich ruhe mich nur etwas in meiner Wohnung aus. Frau Brenner bleibt, bis der Partyservice die Sachen abgeholt hat", entschuldigt sie sich. „Lea, wie geht es Ihnen?"

„Ich konnte Ihnen leider nicht helfen … meine Beine." Und da knickten sie mir wieder weg. Ich rutsche auf die Treppenstufe. Dr. Sander zieht mich hoch, hakt mich unter und bringt mich in die Küche. „Frau Sommerfeld braucht einen Kaffee", ruft er Frau Schmidt nach, die die Tür des Seiteneingangs öffnet. „Und Sie ruhen sich aus. Bis übermorgen dann." Frau Schmidt dreht sich noch einmal um und stöhnt auf. „Muss ich da wirklich hinkommen?" Der Anwalt nickt und lächelt geheimnisvoll. „Alle, die eine Einladung von mir bekommen haben, müssen zur Testamentseröffnung erscheinen, sonst wird nichts eröffnet."

Frau Brenner schenkt mir Kaffee ein und stellt mir ein paar Häppchen und einen Kuchenteller vor die Nase. Dann räumt sie weiter Teller und Tassen in den Geschirrspüler. „Essen Sie, Mädchen, Sie sind ja kreideweiß. Vielleicht sollten Sie mal einen Schnaps trinken." Ich schüttle den Kopf. Dr. Sander nimmt Platz und gießt sich auch eine Tasse Kaffee ein. Ich knabbere an einem Stück Apfelkuchen. Die Nachbarin sagt beim Aufräumen:

„Das war eine gelungene Feier, Herr Sander. Ich habe zwar nicht viel mitbekommen, aber die Idee, dass jeder etwas erzählt, was ihn mit dem Verstorbenen verbindet, wofür er ihm dankbar ist, die fand ich richtig gut."

„Das war nicht meine Idee. Alexander hat es vorgeschlagen. Statt Trauer Dankbarkeit", erklärt er.

„Er hat diese Feier selbst gewollt?", frage ich verwundert nach.

„Als Feier hat er es nicht gesehen. Er wollte den Menschen eine Gelegenheit geben, Bilanz zu ziehen, über das Leben nachzudenken und Dankbarkeit zu empfinden."

„Er wollte, dass seine Arbeit gewürdigt wird?"

„Nein, er wollte es nicht für sich, sondern für die anderen. Das Leben muss weitergehen, und Dankbarkeit hilft, das Leben im Fluss zu halten."

„So habe ich es noch nicht gesehen, nicht gewusst."

„Es hilft auf alle Fälle dabei, mit Verlust besser fertig zu werden." Ich verstehe diesen Hinweis. Er bezieht sich auf meinen Zustand.

„Probieren wir es aus. Wofür sind Sie Ihrem Onkel dankbar?", fragt er mich.

„Ich hatte kaum Gelegenheit ... weiß nicht ..." Seine braunen Augen sehen mich ruhig an und warten geduldig. Schließlich kommt wieder die Erinnerung an das Gespräch mit ihm.

„Alexander hat mich mal gefragt, ob es mir genügt, den Leuten die Haare zu schneiden. Ich habe darauf geantwortet, dass es in meinem Beruf nicht nur um die Frisur geht. Die Menschen brauchen jemanden zum Reden, damit sie ihre Probleme lösen können. Alexander hat dazu gesagt: ‚Das war eine weise Formulierung, Lea. Man darf nicht auf die Idee kommen, die Probleme der anderen lösen zu wollen, das müssen sie selbst tun.'" Ein Lächeln huscht über sein Gesicht. Es scheint, als sei ihm diese Aussage nicht unbekannt. „Wie haben Sie sich nach dem Gespräch gefühlt?", will er wissen.

Ich überlege kurz. „Sehr gut, ich fühlte mich gestärkt, geachtet, ja größer oder ... wichtiger."

„Ich weiß, was Sie meinen. In Alexanders Gegenwart hatte man das Gefühl zu wachsen. Er sah im anderen immer das, was er sein könnte. Das ist das Geheimnis seines Erfolges."

„Dazu muss man wohl Psychologe sein?"

„In erster Linie muss man die Menschen lieben und an ihr Potenzial glauben."

In diesem Moment kreuzen die Wegners auf. Ich ärgere mich über die Störung. Sehr gerne hätte ich noch etwas über die Geheimnisse eines erfolgreichen Psychologen erfahren. Doch muss ich feststellen, dass ich mich bereits nach diesem kurzen Gespräch besser fühle. Hatte auch Martin Sander die Fähigkeit, Menschen in seiner Gegenwart wachsen zu lassen? Oder ist das die Wirkung der Dankbarkeit?

Hanna Wegner poltert los: „So eine schöne Beerdigung, so würdevoll. Ich habe schon zu Wilfried gesagt, so eine Trauerfeier wünsche ich mir auch. Haben Sie das alles allein organisiert, Herr Sander?" Wir wechseln einen verstehenden Blick.

„Ihr Onkel hat alles festgelegt. Ich führe nur seine Anweisungen aus", sagt er kühl. Ich frage mich, ob Dr. Sander das verborgene Potenzial von Hanna Wegner auch im Blick hat.

Die Anwaltskanzlei Sander befindet sich im dritten Stock eines Bürogebäudes in der Innenstadt von Hamburg. Wegners haben Frau Schmidt und mich in ihrem Auto mitgenommen. Wir parken in der Tiefgarage und fahren mit dem Fahrstuhl in den dritten Stock. Von einem langen Flur aus betreten wir den Eingangsbereich des Büros und werden von der Sekretärin, einer schlanken, adrett gekleideten Frau, in Empfang genommen. Ich erinnere mich an das kurze Telefonat mit Frau Schulze, an ihre schwungvolle, freundliche Art. Doch habe ich nicht erwartet, dass die Frau schon um die sechzig ist. Sie führt uns in den Besprechungsraum, dessen Einrichtung aus einem langen Eichentisch mit zehn schwarzen Lederstühlen und einer rustikalen Schrankwand besteht. Tassen und zwei Thermoskannen stehen bereit. Wir nehmen Platz, Corinna auf der Seite neben ihren Eltern, Frau Schmidt und ich gegenüber. Die Sekretärin schenkt uns Kaffee ein. Ein älterer Mann, den die Wegners mit Herrn Sander anreden, betritt den Raum. Der Senior also. Wegners tun sehr vertraut mit ihm. Trotzdem ist die Atmosphäre angespannt. Mein Blick ist auf die Kleidung der beiden Frauen gerichtet. Corinna trägt diesmal einen hellgrauen Hosenanzug mit roten Knöpfen. Hanna Wegner kann endlich ihr schwarzes Kostüm, das sie extra für die Beerdigung gekauft hat, vorführen. Ich habe meinen dunklen Jeansanzug und die schwarz-weiße Bluse angezogen und finde mich im Vergleich zu den anderen wieder billig gekleidet. Frau Schmidt erinnert mich mit ihrer dunkelblauen Strickjacke und der weißen Rüschenbluse an meine Oma, die auch eine Vorliebe für Strickjacken gehabt hat. Die Tür wird geöffnet, Martin Sander betritt mit Aktenkoffer und Hefter unter dem Arm den Raum. Seine Gesichtszüge sind angespannt, seine Begrüßung ist förmlich. Ihm folgen ein Mann und eine Frau in den Vierzigern. Die auffällige Schönheit dieser Frau – südländischer Typ – wird durch das weiße Etuikleid mit passender

Jacke noch stärker betont. Ihre langen schwarzen Haare hat sie aufgesteckt. Ihre vollen Lippen sind in einem hellen Rosa geschminkt. Obwohl Corinna auch schon recht hübsch anzusehen ist, wirkt sie im Vergleich zu ihr unscheinbar und farblos. Der Mann neben ihr ist groß und kräftig und fällt durch seinen Vollbart auf. Seine dichten braunen Haare sind an den Schläfen ergraut. Er hat ein warmes Lächeln und strahlt auch etwas aus, das ich nicht in Worte fassen kann. Jedenfalls spürt man sofort, dass hier Persönlichkeiten im Raum sind.

Martin Sander begrüßt die beiden auffällig kühl. Sicher ist er auf seine Aufgabe konzentriert und hat keinen Nerv für Konversation. In seinem dunkelblauen Anzug, dem hellblauen Hemd und der dunkelblau-weiß-gestreiften Krawatte vermittelt er das Bild eines seriösen Anwalts. Rudolf Sander ist lässiger gekleidet. Hose und Jackett sind aus unterschiedlichen Stoffarten. Er trägt keine Krawatte. Ein paar Pfunde Übergewicht stehen ihm gut, verleihen ihm eine gewisse Gelassenheit. Die Sekretärin bringt noch Stühle. Ihr folgen vier Fremde – für mich sind sie das. Man begrüßt sich schnell und setzt sich auf die freien Plätze. Ich muss wieder feststellen, dass Wegners die Leute kennen. Also habe ich vorgestern einiges verpasst.

Martin Sander nimmt an der Stirnseite des Tisches Platz und legt die Unterlagen bereit.

Hanna Wegner reibt sich vor Aufregung die Hände. Ich muss daran denken, dass Wegners gestern mit Maßband und Block im Haus unterwegs waren, um die Quadratmeterzahl zu ermitteln und eine Bestandsaufnahme zu machen. Sie zerbrachen sich den Kopf darüber, was sie von den Möbeln gebrauchen und was sie verkaufen würden. Das größte Problem war die Zwischenlagerung der Bücher. Sie planten für Corinna eine Eigentumswohnung mit einer großen Bibliothek, nicht weil Corinna gerne liest, sondern weil sich das für eine zukünftige Anwältin gehört. Dass ich mich eventuell auch für Bücher interessieren könnte, ist ihnen gar nicht in den Sinn gekommen. Ich war froh, als die drei am Nachmittag endlich zu ihrer Hafenrundfahrt aufbrachen. So konnte ich auf der Terrasse sitzen, den schönen Garten genießen und mit Frau Schmidt ein Schwätzchen halten.

Der Gedanke, dass diese wunderschön eingerichtete Villa ausgeräumt wird, bereitet mir seelische Schmerzen. Es ist, als würde jemand ein Kunstwerk zerstören.

Die Gespräche verstummen, die Anwesenden richten ihre Blicke auf Herrn Sander; Junior.

Nur Frau Schmidt schaut nach unten und hält sich an der Kaffeetasse fest. Man sieht ihr an, dass sie sich unwohl fühlt.

Der Anwalt rückt seine Brille zurecht, nimmt eine aufrechte Haltung ein und beginnt: „Guten Morgen meine Damen und Herren. Wir sind hier zur Eröffnung des Testamentes von Dr. Alexander Hoffmann zusammengekommen." Er ruft die Anwesenden auf und hakt die Namen auf seiner Liste ab. Die vier Fremden bilden gemeinsam mit Rudolf Sander die Leitung der Hoffmann-Stiftung. Ich weiß zwar, dass es ein Institut gibt, aber von dieser Einrichtung höre ich zum ersten Mal. Die beiden eindrucksvollen Persönlichkeiten sind Helene und Klaus Bachmeier, die derzeitigen Leiter des Instituts für Persönlichkeitsentfaltung.

„Ich verlese den letzten Willen des Verstorbenen", höre ich Martin Sander sagen.

„Ich, Alexander Hoffmann, verkünde im Vollbesitz meiner geistigen Kräfte, mein Testament.

Frau Maria Schmidt ist nicht nur unsere langjährige Haushälterin, die unser Heim mit viel Liebe gepflegt hat. Sie stand uns auch in schweren Zeiten als Krankenschwester, Assistentin und gute Freundin zur Seite. Ich danke Ihnen, Maria, für Ihre aufopferungsvolle Tätigkeit. Ich wünsche Ihnen einen geruhsamen Lebensabend und hoffe, dass Sie noch viele Reisen und Theaterbesuche unternehmen können. Dazu möchte ich meinen Beitrag leisten und Ihnen fünfundzwanzigtausend Euro vererben."

Frau Schmidt, die schon bei der Nennung ihres Namens in Tränen ausgebrochen ist, schreit nun vor Überraschung auf. Hanna Wegner wirft ihr einen missbilligenden Blick zu. Ich freue mich für sie und tätschle ihr die Hand.

Dr. Sander wartet einen Augenblick, bis alle Anwesenden sich wieder konzentrieren. Dann fährt er fort: *„Meine Nichte, Hanna Wegner, die Tochter der Schwester meiner Frau, erhält den Schmuck meiner Frau, der zum Teil aus dem Familienerbe stammt. Weiterhin bekommt sie die Möbel, die meine Frau mit in die Ehe gebracht hat, den Schreibsekretär im Gästezimmer, den kleinen Bücherschrank im Wohnzimmer, die alte Singernähmaschine im Gästezimmer und den Perserteppich in der Bibliothek."*

Der Anwalt macht eine Pause, sieht Frau Wegner an und vergewissert sich, dass sie verstanden hat. Ich sehe ihr eine gewisse Verwunderung an. Sie verharrt in einer gespannten Haltung, wartet auf das, was da noch kommen wird. Aber es kommt nichts mehr.

Als der Anwalt die Namen der Geschäftspartner aufzählt, wird Hanna vor Empörung blass und will zu einem Protest ansetzen. Doch ihr Mann hält sie davon ab, indem er seine Hand auf ihren Arm legt.

„Das Institut für Persönlichkeitsentfaltung wird zurzeit von meinen langjährigen Mitarbeitern Klaus und Helene Bachmeier geleitet. Für ein weiteres Jahr trifft die Regelung zu, die wir schon während meiner Krankheit festgelegt haben. Ich erwarte, dass Helene und Klaus das Institut weiter in meinem Sinne führen."

Martin Sander sieht die beiden an. Ihr Gesichtsausdruck verrät Überraschung. Frau Bachmeier sagt: „Soll das heißen, Martin, dass wir das Institut nur für *ein* Jahr leiten dürfen? Was kommt dann?"

„Das ist sicher unser Probejahr, Liebling", beruhigt ihr Mann sie lachend und streichelt ihre Hand.

„So in etwa", antwortet der Anwalt und wendet sich seinen Unterlagen zu. „So wie es aussieht, gibt es nach einem Jahr neue Anweisungen, die ich auch noch nicht kenne." Frau Bachmeier will noch etwas sagen, doch Herr Sander liest bereits weiter:

„Nun komme ich zu meinen beiden Großnichten, Lea Sommerfeld und Corinna Wegner. Lea wurde nach dem Verlust ihrer Eltern von meiner Schwester Inge großgezogen. An dieser Stelle meldet sich mein schlechtes Gewissen. Lea, du warst damals zehn und es war kurz nach der Grenzöffnung. Ich hatte meiner Schwester angeboten, zu uns zu ziehen und ihr bei deiner Erziehung zu helfen. Doch sie wollte Dresden nicht verlassen. Trotzdem hätte ich mich mehr um dich kümmern müssen. Aber da waren die Arbeit im Institut, die vielen Vorträge und das Schreiben der Bücher. Erst als ich krank wurde, begriff ich mein Versäumnis. Leider bist du nicht zu unserem letzten Familientreffen erschienen, so dass ich es dir nicht selber sagen konnte.

Corinna, du bist eine kluge, junge Frau, die sich erst in der Medizin versucht hat und nun Jura studiert. Du magst keine Prüfungen, hast du mir bei unserer letzten Begegnung verraten. Gegen Prüfungsangst kann man etwas tun, habe ich dir erklärt.

Nun ist die Stunde gekommen, da ihr beide mich beerben sollt. Was ich euch jetzt mitteile, ist bis ins Kleinste überlegt und ausgearbeitet und dient nur eurem Besten. Es ist ein weit größeres Geschenk als alle materiellen Dinge, die ich besitze.

Mit meiner Methode der Persönlichkeitsentfaltung konnte ich vielen Menschen helfen, ihre Ziele zu finden, ihr Potenzial zu entwickeln und ein erfolgreiches Leben aufzubauen. Nur meine beiden Großnichten haben diese Methode leider nicht kennengelernt. Es ist mein Wunsch, dies nachzuholen. Betrachtet es als ein Studium, das euch ein Jahr eures Lebens begleiten wird. Ihr könnt dieses Geschenk ablehnen, aber dann lehnt ihr auch gleichzeitig mein materielles Erbe ab, denn meine Bestimmung lautet: Erst Reife, dann Reichtum.

Frau Wegner springt auf und brüllt: „Was soll dieser Unsinn?" Dr. Sander sieht sie gelassen an, macht eine Handbewegung, dass sie sich setzen soll und liest weiter: *„Ich hinterlasse meinen einzigen Verwandten gerne mein Erbe, aber mein materielles und mein geistiges Erbe gehören zusammen. Ich habe mir gut überlegt, wie das Ganze praktisch aussehen soll und gebe zu, dass ich ein strenger Lehrer bin. Erfolg will erarbeitet sein. Niemand wird eine Persönlichkeit, nur weil er eine sein möchte. Man wird eine Persönlichkeit durch die Aufgaben, die man erfüllt, durch die Probleme, die man löst. Das erste Problem, das ihr lösen müsst, ist, einmal im Monat für ein Wochenende hierher zu kommen. Ihr dürft in meinem Haus wohnen, maximal erlaube ich euch monatlich zwei Übernachtungen. Am letzten Samstag im Monat um 11 Uhr ist Konsultation in der Kanzlei Sander. Martin Sander, mein Anwalt, Testamentsvollstrecker und engster Vertrauter wird mit euch die Erfahrungen auswerten und die nächsten Aufgaben besprechen. Er ist für diese Zeit euer Mentor. Wenn es Fragen gibt, müsst ihr euch an ihn wenden. Er ist angewiesen, keine Ausreden zuzulassen. Wer zu spät zur Konsultation kommt, verliert den Anspruch auf das Erbe, auf das geistige und das materielle. Martin ist einer der loyalsten und zuverlässigsten Menschen, die ich kenne. Ich vertraue ihm völlig und weiß, dass er die Angelegenheit in meinem Interesse regeln wird.*

Doch ihr wisst auch, dass ich immer alles doppelt abgesichert habe, und da ich nun nicht mehr unter euch weile, möchte ich eventuellen Streitigkeiten vorbeugen. Deshalb wird bei der Konsultation immer jemand vom Stiftungsrat anwesend sein und die Pünktlichkeit meiner beiden Nichten bestätigen. Martin, von dir erwarte ich, dass du beide Frauen gleichberechtigt behandelst. Ich weiß, dass du ein gerechter Mensch bist. Aber oft wird Gerechtigkeit unterschiedlich empfunden. Sollte sich eine der Damen also benachteiligt fühlen, muss die Angelegenheit vom Stiftungsrat und von der Institutsleitung geprüft werden. Sollte sich der Verdacht bewahrheiten, müsste ein anderer die Konsultationen übernehmen. Helene und Klaus hätten dann die Aufgabe, einen Mitarbeiter des Instituts als Mentor zu bestimmen. Die Unterlagen bleiben in deinen Händen, du würdest nur die monatlichen Briefe weiterreichen.

In einem Jahr werden die Leiter des Instituts, Klaus und Helene Bachmeier, der Stiftungsrat und Martin Sander die Prüfung abnehmen. Nach dem Prüfungsergebnis wird sich das materielle Erbe richten. Wer also mein geistiges Erbe nicht ernst nimmt, der wird auch entsprechend weniger vom materiellen Teil zu erwarten haben. Von der Reife hängt der Reichtum ab. Ihr habt es also selbst in der Hand, was ihr als Erbe in einem Jahr von mir bekommt. Merkt euch, ihr seid keine Konkurrentinnen. Jeder hat nur Anspruch auf seinen Teil des Erbes. Martin Sander verwaltet in dieser Zeit mein Vermögen. Frau Schmidt möchte ich bitten, noch für ein Jahr mein Haus in Ordnung zu halten. Sie bekommen Ihr Gehalt natürlich weiter, und Sie können in Ihrer Wohnung bleiben. Frau Schmidt, Sie sind nicht das Dienstmädchen für meine Nichten. Die Mädchen können in meinem Haus wohnen, aber müssen selbst für sich sorgen und Ordnung halten."

Der Rechtsanwalt sieht die Haushälterin an, die gehorsam nickt, als hätte ihr Arbeitgeber persönlich zu ihr gesprochen.

„In einem Jahr werdet ihr dann, wenn ihr euch an die Bedingungen gehalten habt, mein materielles Erbe antreten. Solltet ihr auf halber Strecke aussteigen, fällt euer Erbteil an die Hoffmann-Stiftung."

„Das ist unerhört." Frau Wegner schlägt mit der Faust auf den Tisch und springt empört auf. „Ich werde dieses komische Testament anfechten. Meine Tochter hat Prüfungsangst. Ich lasse nicht zu, dass das ganze Erbe an irgendeine Stiftung fällt."

„Wenn ihre Tochter die gestellten Aufgaben erfüllt, bekommt sie ihr Erbe", sagt Martin Sander sachlich. „Und wenn sie sie nicht erfüllt, dann fällt ihr Anteil nicht an *irgendeine* Stiftung, sondern an die Hoffmann-Stiftung, eine Stiftung, die Ihr Onkel nach dem Tod seiner verstorbenen Frau, Ihrer Tante, gegründet hat."

Nun faucht Herr Wegner los: „Was ist, wenn die beiden durch Krankheit oder Zugverspätung nicht pünktlich um 11 Uhr mittags da sind?"

„Ihr Onkel hat festgelegt, dass ich keine Ausreden zulassen darf", entgegnet Dr. Sander ruhig.

„Das wird ja der reinste Psychoterror", schimpft Hanna Wegner. „Stellen Sie sich doch mal vor, was die Kinder da durchmachen, wenn sie aufgehalten werden."

„Die Kinder müssen sich eben an Pünktlichkeit gewöhnen", antwortet der Anwalt eine Spur schärfer. „Sie haben auch die Möglichkeit, ihr Erbe abzulehnen."

Mit hochrotem Kopf schreit Frau Wegner: „Dafür müssten sie erst einmal wissen, ob sich der ganze Aufwand überhaupt lohnt."

Jetzt mischt sich Herr Bachmeier ein, und sein Ton ist einfühlsam und besänftigend: „Frau Wegner, für ein Seminar in unserem Institut bezahlt man ein paar Tausend Euro. Ihr Onkel bietet seinen Großnichten jeden Monat eine kostenlose Konsultation. Er hat ein Programm zusammengestellt, das auf sie zugeschnitten ist. Das allein ist unbezahlbar. Vielleicht ist Ihnen nicht klar, welche Kapazität Ihr Onkel war."

„Mein Onkel ist tot. Er kann nicht mehr unterrichten."

Martin Sander übernimmt wieder und man merkt ihm an, dass es ihm langsam reicht: „Also noch einmal. Ihr Onkel hat ein Programm für seine Großnichten erstellt, dass ich ihnen häppchenweise monatlich übergeben soll." Seine klare Formulierung und der Nachdruck, den er seiner Stimme verleiht, lassen keinen Einspruch mehr zu.

„Aber Sie haben doch gesagt, dass das Erbe nach dem Prüfungsergebnis bestimmt wird. Wie wollen Sie denn messen, wer mehr oder weniger bekommt?"

„Ihr Onkel hat die Bedingungen genau festgelegt. Ich kenne sie noch nicht. Der Umschlag mit den Prüfungsfragen befindet sich in einem Schließfach in der Bank. Ich kann es nur öffnen lassen im Beisein von einem Mitglied der Institutsleitung und einem Mitglied des Stiftungsrates."

Der Anwalt sieht uns abwechselnd an.

„Ich möchte Sie, Frau Lea Sommerfeld und Frau Corinna Wegner bitten, sich zu äußern, ob Sie zu den festgelegten Bedingungen das Erbe antreten wollen?"

Corinna verzieht ihr Gesicht. „Wie soll ich denn einmal im Monat von Köln nach Hamburg kommen?"

„Mit dem Zug zum Beispiel oder mit dem Auto", sagt der Mann wenig beeindruckt. Dann sieht er mich an.

Meine Stimme klingt kratzig, als ich sage: „Ich will keine Therapie machen."

„Das Programm ist keine Therapie", sagt Herr Sander überraschend ruhig. „Ihr Onkel war der Meinung, man sollte seine Persönlichkeit so stärken, dass man erst gar keinen Therapeuten braucht. Es geht hier um Selbsterkenntnis, um das Erkennen des eigenen Potenzials und seine Entfaltung. Das Programm ist also kein Therapieersatz. Wer ernsthafte Probleme hat, sollte sich in Therapie begeben."

Das ist für mich ein Wink mit dem Zaunpfahl. Wer bei einer Beerdigung weiche Knie bekommt und in einen apathischen Zustand fällt, braucht natürlich einen Therapeuten. Doch ich will keinen. Mein Bedarf ist gedeckt.

Nach dem Tod meiner Eltern hatte ich wochenlang nicht gesprochen. Meine damalige Klassenlehrerin drängte meine Oma, mich in therapeutische Behandlung zu geben. Ich sollte irgendwelche Zeichnungen anfertigen. Die Therapeutin bekam einen Anruf und musste kurz weg. Ob es nun bewusst oder unbewusst war, weiß man nicht so genau. Sie schloss mich jedenfalls im Zimmer ein. Ich drehte durch und klopfte wie wild zehn Minuten gegen die Tür. Meine Oma kam zur gleichen Zeit wie die Therapeutin und machte ein riesiges Spektakel. Von da an konnte ich wieder sprechen und habe die Therapeuten gemieden.

„Ich brauche keine Therapie", sage ich leise, aber entschlossen. „Ich brauche elftausend Euro als Ablöse für den Friseursalon in der Stadtmitte …"

„Sie können mehr als einen Friseursalon bekommen", schneidet Martin Sander mir das Wort ab.

Da sein Ton eine ungewöhnliche Schärfe hat, spare ich mir die Bemerkung, dass ich nicht mehr als die elftausend Euro brauche.

„Man kann niemanden zwingen, seine Persönlichkeit zu entwickeln", setzt Wilfried Wegner wieder an.

Jetzt ist die Geduld von Dr. Sander aufgebraucht. „Haben Sie mir nicht zugehört, Herr Wegner. Dr. Alexander Hoffmann möchte sein Lebenswerk an seine beiden Großnichten weitergeben und sie haben zwei Möglichkeiten: entweder ja oder nein zu sagen. Wenn sie sich nicht entwickeln wollen, brauchen sie das nicht. Es wird niemand zu seinem Glück gezwungen. Ich lasse Ihnen jetzt eine halbe Stunde Bedenkzeit, und dann möchte ich ein Antwort haben." Er steht auf und verlässt den Raum. Bachmeiers und Rudolf Sander folgen ihm, dann der Rest des Stiftungsrates. Frau Schmidt sitzt immer noch fassungslos da. Sie hat fünfundzwanzigtausend Euro geerbt und darf noch für ein Jahr in der Wohnung bleiben und das Haus hüten.

Frau Wegner setzt zu einem neuen Protest an: „Das geht doch nicht, einmal im Monat nach Hamburg fahren. Das wird doch zu viel für dich. Du stehst vor deinem ersten Staatsexamen."

„Mama, würdest du mal für fünf Minuten den Mund halten und mich in Ruhe lassen." Corinnas Stimme droht sich zu überschlagen. Frau Wegner verlässt fluchtartig den Raum, gefolgt von ihrem Mann. „Dann mach doch was du willst!", ruft sie vom Flur aus. Frau Schmidt fühlt sich nun fehl am Platze. Sie taumelt in den Empfangsbereich. Ich höre, wie die Sekretärin sie fürsorglich auffordert, in der Sitzecke Platz zu nehmen. Hanna Wegner tigert lautstark im Flur auf und ab. Ich schließe die Tür, um in Ruhe zu überlegen. Aber was gibt es da zu überlegen? Mein Problem ist das Fahrgeld. Wie soll ich jeden Monat das Fahrgeld von meinem Minigehalt abzweigen? Es ist so schon knapp. Ein ganzes Jahr lang jeden Monat einmal nach Hamburg zu fahren, erscheint mir unmöglich. Aber wenn ich dieses Problem nicht löse, dann wird mein Erbe, von dem ich die Höhe nicht kenne, an die Stiftung fallen. Alexanders Begründungen stolpern durch meinen erhitzten Kopf. Er sah es als Versäumnis an, dass er uns nicht zu Lebzeiten gefördert hat. Sein Konzept hört sich nach einer Wunderpille an, mit der man alles erreichen kann, was man im Leben erreichen möchte. Es ist sein letzter Wunsch, dass seine nächsten Verwandten von seinem Lebenswerk profitieren. Alexander will uns sein materielles und geistiges Erbe anvertrauen. Plötzlich begreife ich. Ich habe nur an meinen Friseursalon gedacht, ich habe klein gedacht. Wegners denken auch klein, nur ans Geld, und Corinna nur an die Unbequemlichkeiten, die diese Sache mit sich bringt. Ich betrachte meine Mitstreiterin, die ihre Stirn in Falten gelegt hat und am Kugelschreiber knabbert. Wir sprechen kein Wort miteinander. Jeder hat mit sich zu tun.

Nach einer halben Stunde kommen die beiden Anwälte zurück, gefolgt vom Rest der Gesellschaft. Die Antwort beider Großnichten auf die wiederholte Frage, ob sie bereit wären, das Erbe von Dr. Alexander Hoffmann zu den gegebenen Bedingungen anzutreten lautet: Ja

JULI

Während der Rückfahrt halte ich den ersten Brief von Alexander in der Hand und wedele ihn wie einen Fächer hin und her. Dr. Sander hat jedem von uns ein Exemplar mit den Aufgaben für die nächsten vier Wochen übergeben und erwähnt, dass er von den Briefen eine Kopie habe. Es könnte also sein, dass wir verschiedene Aufgaben haben.

Ich zögere, den Brief zu öffnen, aus Angst, dass ich die Aufgaben nicht lösen kann, aus Angst, dass der Traum von der Erbschaft wie eine Seifenblase platzen könnte. Corinna hat das Abitur und ist quasi die letzten sieben Jahre eine Dauerstudentin gewesen. Sie hat sich mit Medizin und Jura beschäftigt. Da dürfte es nicht besonders schwierig sein, auch mal einen Blick in die Psychologie zu werfen. Aber was kann ich vorweisen? Ich habe einen erweiterten Realschulabschluss, der für die Friseurausbildung noch nicht einmal gebraucht wurde. Meine Meisterprüfung habe ich mit Auszeichnung bestanden und damit bewiesen, dass ich lernen und Prüfungen ablegen kann. Aber ein Psychologiestudium? Das ist doch ein Spiel in einer anderen Liga. Und wann soll ich überhaupt den Stoff lernen? Ich komme abends um sieben Uhr nach Hause und habe insgesamt drei Wochen Urlaub im Jahr. Tolle Basis für ein Fernstudium, dessen Umfang und Aufwand ich nicht abschätzen kann. Nun ja, wenn es zu schwer werden sollte, muss ich eben aufgeben und auf mein Erbe verzichten. Aber versuchen werde ich es.

Die Finanzierung der Fahrkosten scheint im Moment das größte und dringendste Problem zu sein. In meinem Kopf überschlagen sich Zahlen. Miete, Heizung, Strom, Telefon, die Monatskarte für die Straßenbahn, das knappe Wirtschaftsgeld.

Es ist kein Geld für eine Fahrt nach Hamburg da. Trinkgeld ist nicht planbar. Eine weitere Tatsache ist, dass ich wenigstens für ein Jahr noch Tom durchfüttern muss. Vielleicht kann man billiger reisen, mit BahnCard zum Beispiel. Unser sparsamer Haushalt muss noch einmal umstrukturiert werden. Es geht schließlich um eine Erbschaft. Und was immer am Ende herauskommt, es kann nicht weniger werden, als ich jetzt habe. Ich schiebe den Brief ungeöffnet in die Tasche zurück und hole meine Fahrkarte heraus. Der Schaffner betritt das Abteil. Nach der Fahrkartenkontrolle wickle ich die Schnitten aus, die mir Frau Schmidt mitgegeben hat. Ich kaue nachdenklich an meinem Brot und an meinem finanziellen Problem. Schließlich merke ich, dass mein Handy noch ausgeschaltet ist. Vier Anrufe von Tom, zwei von Angela und drei von Marlies sind auf dem Display. Die scheinen vor Neugier zu platzen. Der Zug fährt gegen 18 Uhr in den Dresdener Hauptbahnhof ein. Auf dem Bahnsteig macht sich Tom lautstark bemerkbar. Er umarmt mich stürmisch und zappelt vor Ungeduld. „Na, wie viel ist es, Lea?"

„Keine Ahnung." Ich muss ihm die doppelte Erbschaft auch doppelt erklären. Vor Wut lässt er den Koffer fallen. „Spinnt der Alte, wir brauchen das Geld jetzt – und nicht erst, wenn deine Persönlichkeit entwickelt ist!"

„Erst Reife, dann Reichtum lautet das Motto. Hast du eingekauft?"

„Wovon denn?"

„Dann hast du also das ganze Wochenende gefastet?"

„Angela musste doch für die Kinder kochen und da habe ich nachgefragt, ob noch was für mich übrig ist."

„Wie gut, dass es immer jemanden gibt, der dich durchfüttert." Ich erzähle ihm von Hamburg und dem Brief, der nicht angekommen ist, vom Familientreffen und schließlich von dem noch ungeöffneten Brief mit der aktuellen Aufgabe. Tom wird kribbelig wie ein Kind vor der Weihnachtsbescherung. Ich habe meinen Spaß daran, ihn zappeln zu lassen.

Bewusst hänge ich zu Hause in aller Ruhe die Sachen an die Garderobe, sehe mich im Wohnzimmer nach einem freien Plätzchen um und öffne den Brief mit einer Nagelfeile. Äußerlich wirke ich völlig ruhig, aber innerlich schlägt mir das Herz bis zum Hals.

Liebe Lea,
im ersten Kapitel geht es um die Dankbarkeit. Wie findest du diesen Satz?
Die beste Art Gott zu danken, ist, einander zu lieben.
Welche Gedanken kommen dir dazu? Schreibe sie auf.
Ich sage dir, wer das Leben liebt, wer sich bedankt, den wird das Leben belohnen. Dankbarkeit ist eine Form des Loslassens und ermöglicht es dem Leben zu fließen, sich zu verändern. Das braucht es, um Ziele zu erreichen. Für mich ist es deshalb eine Grundlage für die Persönlichkeitsentfaltung, ja die Grundlage jedes Erfolges. Dankbarkeit ist ein Ausdruck der universellen Liebe.
Darum beginnen wir unser Programm mit der Dankbarkeit. In den nächsten vier Wochen wirst du jeden Tag aufschreiben, wofür du dankbar bist. Notiere deine Erfahrungen, die du mit dieser Übung machst.
Liebe Grüße, dein Alexander.

Ich zucke zusammen, als Tom mir den Brief aus der Hand reißt. „Was zum Teufel ist das für ein Quatsch?"

„Hast du etwa gedacht, da wären hundert Euro drin?", kontere ich. Beleidigt legt er den Brief zur Seite. „Von Dankbarkeit wird man nicht satt."

„Nicht satt, aber vielleicht glücklicher", sage ich nachdenklich und erinnere mich an das kurze Gespräch mit Martin Sander nach der Beerdigung. Alexander wollte durch Dankbarkeit bei der Trauerverarbeitung helfen.

Mein Handy klingelt und Angela stellt die gleiche Frage wie Tom, als hätten sie sich abgesprochen. Auch sie macht ihre spaßigen Bemerkungen zum Thema Persönlichkeitstraining und Essen. Tom stolziert gestikulierend durch den Raum. „Küche, ich danke dir, dass es dich gibt, dass ich hier ein warmes Mahl zubereiten kann. Bei dir, Kühlschrank, bedanke ich mich auch, weil du meine Wurst lange frisch hältst."

„Der Dank muss echt sein. In unserem Kühlschrank hält sich die Wurst nie lange auf", sage ich gespielt ernst und Tom lacht schallend los.

Wieder klingelt das Handy. Corinna will wissen, welche Übung ich bekommen habe. Die erste Übung ist also gleich, stellen wir nach kurzem Austausch fest.

„Ich musste den Brief sofort im Auto öffnen", berichtet sie mir. „Meine Eltern platzten vor Neugier. Mutti war ganz entrüstet, hat sich ziemlich aufgeregt. ,Wozu soll das gut sein, jeden Tag aufschreiben, wofür man dankbar ist? Als hättest du nichts anderes zu tun.' In dieser Art ging es die ganze Fahrt über."

„Verstehe. Sie dachte eben, du kommst mit 'ner Million nach Hause und nun musst du stattdessen Dankbarkeitsübungen machen", schnattere ich. „Tom hat sich auch schon amüsiert und sich bei der Küche und beim Kühlschrank bedankt." Wir lachen beide.

„Meine Mutter macht sich Gedanken, wie sie dieses Erbe ihren Schwägerinnen erklären soll. Außerdem sorgt sie sich, dass ich pünktlich zur Konsultation komme. Als Ergebnis ihrer Grübelein hat sie mein Taschengeld erhöht und mir ihr Auto versprochen."

„Na, was willst du mehr."

„Papa meint, dass ja alles von dem Rechtsanwalt abhängt. Vielleicht gibt es doch eine Möglichkeit, vorher einen Blick auf die Prüfungsfragen zu werfen. Alles ist doch eine Frage des Geldes."

„Ich glaube nicht, dass er so etwas macht. Außerdem kommt er ja gar nicht an die Prüfungsfragen heran." Mein scharfer Ton überrascht mich selbst. Es ärgert mich, wie sie über Martin Sander spricht. Nun verstehe ich auch die zusätzliche Vorsichtsmaßnahme. Alexander erwartet gleichwertige Behandlung seiner Nichten. Sollte sich jemand ungerecht behandelt fühlen, muss die Angelegenheit von den Leitern des Institutes und vom Stiftungsrat überprüft werden. Auf diese Weise wird nicht nur Martin Sander vor falschen Vorwürfen geschützt, sondern auch der Plan unseres Onkels eingehalten. Ich stelle mir vor, wie Corinna ihm die Prüfungsfragen entlockt. Wenn ich es herausfinden würde, könnte ich mich an den Stiftungsrat und an die Bachmeiers wenden. Dr. Sander müsste das Ruder dann abgeben. Aber unser Programm würde weitergehen.

„Und wie machst du es, Lea?", fragt Corinna, und ich brauche einen Augenblick, um die Frage zu begreifen. „Ich meine, mit dem Fahrgeld jeden Monat. Das kannst du doch unmöglich finanzieren."

„Wir suchen noch nach einer Lösung und müssen zunächst einmal unsere Finanzen sortieren", antworte ich hastig. Meine Oma hat mir eingeschärft, nicht über Geld zu sprechen und schon gar nicht zu jammern. Ihrer Meinung nach war das eine sehr unangenehme Eigenschaft, die dem anderen zeigte, dass man nicht mit Geld umgehen kann.

„Meine Eltern haben sich auch über dich Gedanken gemacht. Sie würden dir gerne helfen."

„Oh danke, aber ich muss erst mal überlegen." Bei dem Gedanken, von Wegners Unterstützung zu bekommen, richten sich meine Nackenhaare auf.

Wir wünschen uns gegenseitig eine dankbare Woche.

Am Dienstagmorgen werde ich von einem Traum geweckt. Jemand hat mich verfolgt und wollte mich um mein Erbe betrügen. Corinnas schadenfrohes Lachen und ihr letzter Satz bleiben mir im Gedächtnis hängen: „Nun musst du für immer und ewig in dieser Wohnung hausen." Ich springe schweißgebadet aus dem Bett. Tom schläft noch tief und fest. Zur Beruhigung mache ich einen Rundgang durch die Wohnung. So schlimm ist sie nun auch wieder nicht. Ich habe ein Bad mit Wanne und Fenster, eine Wohnküche und zwei gleichgroße Zimmer. Der Flur hat eine Nische für Schuhe und Staubsauger, und die Wohnung liegt in der Mitte des Gebäudes, was für niedrige Heizkosten spricht. Aber für immer und ewig kann ich sie mir nicht vorstellen. Das Leben muss doch noch etwas mehr zu bieten haben, außer Haare schneiden, diese Wohnung und drei Wochen Urlaub im Jahr.

Ich dusche, bringe meine Frisur in Form und koche mir Kaffee. Das Wochenende scheint mir jetzt unwirklich. Bin ich tatsächlich bei der Beerdigung meines Onkels in Hamburg gewesen? Ich soll ihn beerben, erst in einem Jahr, und nur, wenn ich zu den monatlichen Konsultationen pünktlich erscheine und die Prüfung am ende des Jahres bestehe. Plötzlich kommt mir die ganze Angelegenheit absurd vor. Warum dieser Aufwand? Warum diese Bedingungen? War mein Onkel vielleicht doch nicht mehr bei Sinnen, als er sich das Programm für uns überlegt hat? Auch den Einstieg in das Programm mit dem Thema Dankbarkeit finde ich jetzt verrückt.

Viertel vor neun betrete ich den Friseursalon. Vivien und Sarah putzen die Spiegel und sehen mich erwartungsvoll an.

Marlies kommt auf mich zugesprungen. „Wie viel ist es, Lea? Können wir feiern? Ich dachte, du rufst mal an. Lässt mich einen ganzen Tag schmoren." Diese Frage höre ich nun zum dritten Mal und sie nervt langsam. „Ich hab noch nichts und es ist fraglich."

„Was ist fraglich?" Der Ton meiner Chefin ist plötzlich eisig.

„Ich weiß erst in einem Jahr, wie viel ich erbe. Mein Onkel hat einige Bedingungen mit dem Testament verbunden. Wir, seine andere Großnichte Corinna und ich, sollen nicht nur sein materielles Erbe antreten, sondern auch sein geistiges."

„Und was bedeutet das?", fragen Vivien und Sarah gleichzeitig und umringen mich.

„Ich bekomme ein Programm für meine Persönlichkeitsentwicklung. Am letzten Wochenende des Monats soll ich nach Hamburg kommen und mir bei seinem Rechtsanwalt die nächste Aufgabe abholen."

„Spinnt der?", sagt Marlies zornig. „Hat der das Zeitalter der Technik verschlafen? Es gibt Internet, Telefon und Fax. Du wirst doch da nicht tatsächlich einmal im Monat nach Hamburg fahren, um dir persönlich einen Brief abzuholen?"

„Genau das muss ich tun. Wenn ich nicht pünktlich am Samstag um 11 Uhr in der Kanzlei Sander sitze, verliere ich den Anspruch auf das Erbe", sage ich und finde es in diesem Moment genauso verrückt wie die anderen. „Mein Anteil geht dann an die Stiftung, die mein Onkel gegründet hat."

„Ach du liebe Sch…", stöhnt Vivien auf und verkneift sich das letzte Wort, weil zwei Kundinnen den Laden betreten. Marlies klatscht in die Hände. „Los Mädels, an die Arbeit. Wir reden nachher weiter."

Ich habe meine Dankbarkeitsübung heute Morgen schon gemacht und bin eigentlich danach in guter Stimmung gewesen. Doch nun, wo ich alles erzählt habe, kommt mir die Frage in den Sinn: Lohnt sich der Aufwand überhaupt? Was ist, wenn das Haus mit einem hohen Kredit belastet ist, der erst abgezahlt werden muss, bevor man es verkaufen kann? Dann die Erbschaftssteuern. Bleibt da überhaupt noch etwas übrig?

Meine erste Kundin, ein sechzehnjähriges Mädchen, möchte die Frisur eines bekannten Models. Ich bin zwar erst siebenundzwanzig und modebewusst, aber mir fehlt die Zeit, um mir irgendwelche Sendungen mit Models anzusehen. Zum Glück hat das Mädchen ein Bild von ihrem Vorbild dabei. Kurzhaarfrisur, Raspelschnitt, Marone mit einem Schuss Mittelbraun. „Kriege ich hin", sage ich zuversichtlich und mache mich an die Arbeit.

Der Tag vergeht langsam. In jeder freien Minute löchert mich Marlies mit Einzelheiten. „Wie viele Personen erben noch? Wie groß ist sein Haus? Wem gehört das Institut? Wie viele Bücher hat er geschrieben? Kann man nicht mal die Verlage anrufen und herausbekommen, wie hoch die Auflage ist und was da so jährlich verkauft wird? Wie willst du die Fahrtkosten finanzieren? Ich bekomme noch zweihundert Euro von dir."

Gegen Feierabend habe ich alle Einzelheiten zur Erbschaft ausgeplaudert und aus einer neugierigen Marlies eine sehr nachdenkliche Frau gemacht. Schließlich werde ich ins Büro zitiert. Ich vermute, dass es um den Vorschuss geht und deshalb sage ich gleich: „Ich gebe dir morgen früh das Geld zurück. Gehe nachher gleich zur Bank."

„Ach, das hat keine Eile." Der Satz, so lässig dahin gesagt und dann ausgerechnet von Marlies, übt auf mich eine signalartige Wirkung aus. Wenn es um Geld geht, heißt es bei ihr eher: „Wer ersetzt mir die Zinsen, wenn ich das Geld einen Tag später bekomme?"

„Lea, setz dich! Wir müssen dein Problem besprechen." Ich wundere mich. Mein Problem?

Gehorsam nehme ich auf der anderen Seite vom Mahagoni-Schreibtisch Platz. Marlies trommelt mit den Fingern auf der Schreibtischplatte. „Finanziell kannst du das nicht schaffen, jeden Monat eine Fahrt nach Hamburg. Du könntest zwar die Karte frühzeitig lösen, auf ein halbes Jahr im Voraus, aber wer weiß, ob die Bestimmungen sich nicht jeden Monat ändern. Eine BahnCard wäre noch eine Alternative. Trotzdem brauchst du Geld. Es gibt zwei Möglichkeiten der Finanzierung: Ich leihe dir das Geld, und du zahlst es mir mit entsprechenden Zinsen zurück. Wenn du dein Erbe verlierst, aus welchen Gründen auch immer, musst du die Schulden abarbeiten. Die andere Variante ist, du gibst mir zehn Prozent von deinem Erbe, und ich trage dann das geschäftliche Risiko. Wenn du also nicht erbst, bekomme ich auch nichts."

Sprachlos starre ich sie an.

„Na, was sagst du? Lass es dir durch den Kopf gehen." Sie lächelt und tätschelt mir die Hand. „Das ist alles ein bisschen viel auf einmal." Ich nicke nur. „Jedenfalls sollst du wissen, dass ich dir helfen werde, dein Erbe zu bekommen. Denn ich möchte mit dir zusammen expandieren. Der Salon in der Stadtmitte ist noch zu haben. Ich war am Wochenende da. Und selbst wenn wir ihn nicht bekommen, mit deiner Erbschaft haben wir noch andere Möglichkeiten. Vielleicht machen wir sogar eine Kette auf."

Oh Gott, welche Aussichten, denke ich und bekomme Gänsehaut. Zum Glück fällt mir die Dankbarkeitsübung ein: „Marlies, ich bin baff, das habe ich nicht erwartet. Ich bin dir dankbar, dass du mir helfen willst. Aber ich muss erst einmal sortieren."

„Ja, tu das. Fahr nach Hause, mach dir einen schönen Abend und dann entscheidest du dich." Sie beugt sich vor und flüstert: „Und vergiss die Dankbarkeit nicht."

Der Überraschungsvorschlag von Marlies hat mir nicht nur die Sprache, sondern auch den Appetit verschlagen, obwohl Tom heute eingekauft und den Tisch vorbildlich gedeckt hat. Das Abendbrot ist fertig, was höchst selten vorkommt. Doch ich bin so mit dem Vorschlag beschäftigt, dass ich Toms Anstrengungen kaum wahrnehme. Er stellt die Pfanne mit Rührei auf die hölzerne Unterlage und füllt grünen Salat in die Glasschüsseln. Dann zündet er die Kerze an und setzt sich. „Na, was sagst du?" Er schaut mich erwartungsvoll an. Ich blinzele irritiert, begreife schließlich, dass er auf ein anerkennendes Wort für seine gute Tat wartet. „Sieht sehr gut aus", sage ich. Doch es klingt nicht besonders begeistert.

„Ich wollte dir eine Freude machen." Er winkt enttäuscht ab.

„Das kannst du jeden Abend so machen, ich freue mich wirklich. Mir geht nur so viel durch den Kopf", entschuldige ich mich.

Beim Essen erzähle ich von Marlies' Angebot. Tom findet beide Fassungen toll. Für ihn ist Geld eine Nebensache. Egal wo es herkommt, Hauptsache es ist da. Mir kommt die Frage in den Sinn, was aus Tom ohne meine Rechenkünste und meine genaue Haushaltsführung geworden wäre, was aus mir geworden wäre, wenn ich das nicht von meiner Großmutter gelernt hätte. Ich bin meiner Oma für meine Erziehung dankbar und nicht nur dafür. Oma hat immer Wert auf einfaches Essen gelegt, nicht weil wir uns kein Mehr-Gänge-Menü leisten konnten, sondern weil es gesünder ist. Der Pizzaservice widerspricht eigentlich meiner Erziehung und ist ein Kompromiss, den ich Tom zuliebe eingehe. Er liebt Pizza, richtige Pizza, und nicht die nachgemachte Fassung von mir.

Das Handy gibt seinen vertrauten Klingelton von sich. Eigentlich hasse ich Störung beim Abendbrot. Ein Blick auf die Nummer verrät einen fremden Anrufer. Ich drücke die Taste und schon flötet mir eine bekannte Stimme entgegen. Hanna Wegner: „Hallo, Lea. Kind, bist du gut nach Hause gekommen?" Ich schaffe es mit ja zu antworten, bevor sie weiterplappert: „Sag bloß, du hattest heute schon einen vollen Arbeitstag. Da bist du ja noch gar nicht richtig zum Nachdenken gekommen. Wir konnten uns heute überhaupt nicht auf die Arbeit konzentrieren. Dieses ungewöhnliche Erbe müssen wir erst begreifen. Ich habe kaum etwas gegessen, war noch total aufgeregt. Und plötzlich ist uns eingefallen, dass du ja als Friseurin so wenig Geld verdienst, dass du unmöglich die Fahrkarte jeden Monat nach Hamburg bezahlen kannst. Abgesehen davon finden wir zwölf Stunden Bahnfahrt jeden Monat, nur um einen Brief abzuholen, eine Zumutung. Was hat sich Alexander nur dabei gedacht?" Ich sehe vor mir, wie sie die Augen verdreht und mit dem Kopf schüttelt. „Wir wollten dir sagen, dass wir dich gerne unterstützen würden. Es ist für uns kein Problem, dir das Geld zu borgen. Du kannst es uns ja zurückzahlen, wenn du dein Erbe bekommst ... mit einem klitzekleinen Zinssatz."

„Danke, aber ich möchte keine Schulden machen", sage ich schnell. Frau Wegner schweigt kurz.

„Oh, das verstehen wir natürlich. Man weiß ja nie, was unser Alexander noch für Klauseln in seinem Programm eingebaut hat. Vielleicht wäre es dir lieber, ein Geschäft abzuschließen. Du gibst uns zehn Prozent von deinem Erbe, und wenn es eben kein Erbe gibt ... Geschäftsrisiko." Ich habe das Gefühl, von Blutsaugern umgeben zu sein. Alle wollen miterben. Bisher hat sich keiner für meine Finanzen interessiert. Marlies hat nicht einmal die Überstunden bezahlt, und die sogenannte Verwandtschaft weiß seit drei Jahren, dass ich allein bin. Nie hat jemand nachgefragt, wie ich zurecht komme. Ich bemühe mich, den aufsteigenden Zorn zu unterdrücken. Ich atme tief durch, bevor ich antworte: „Frau Wegner, es ist sehr nett von Ihnen, dass Sie sich Gedanken um meine finanzielle Lage machen …"

„Ach, Lea, sag doch Tante Hanna zu mir. Wir sind doch verwandt, wenn auch nicht ganz auf dem direkten Weg. Aber in dieser besonderen Situation, da müssen wir doch zusammenhalten."

„Also, Tante Hanna, ich danke dir für das Angebot. Ich werde es mir überlegen, meine Finanzen sichten und die Möglichkeiten überprüfen, wie ich am günstigsten nach Hamburg komme. Ich melde mich, wenn ich eure Hilfe brauche." Hanna will noch weiterreden, aber ich rufe schnell einen Gruß in die Leitung und lege auf. Dann stoße ich die Luft hörbar aus. Tom sieht mich gespannt an. „Sie hat mir das gleiche Geschäft vorgeschlagen wie Marlies, zehn Prozent vom Erbe oder das Geld für die Fahrt borgen und mit einem klitzekleinen Zinssatz zurückzahlen." Tom horcht auf, schiebt den Teller zur Seite und holt Taschenrechner und Notizblock. Dann tippt er wie wild Zahlen ein. „Wenn du Hunderttausend erbst, bekommen sie zehntausend. Zwölf Fahrkarten nach Hamburg sind nicht mehr als zweitausend im Jahr. Du solltest dir das Geld borgen und einen Zinssatz von drei Prozent aushandeln."

„Wenn ich aber nichts erbe, weil ich einmal fünf Minuten zu spät komme, dann schulde ich ihr zweitausend Euro."

„Das Risiko würde ich eingehen."

„Aber *ich* gehe das Risiko nicht ein. Ich möchte mein eigenes Studio haben und werde nicht noch zusätzlich Schulden machen. Mein Gefühl sagt mir außerdem, dass sie nicht von drei Prozent Zinsen spricht. Tom, wir müssen unsere Finanzen überprüfen, einen Plan aufstellen. Ich will keine Abhängigkeit von diesen Leuten."

Tom grinst. „Du solltest dankbar für solche Angebote sein."

Der erste Monat ist finanziell gesehen der härteste, stellen wir einstimmig am Mittwochabend bei unserer Beratung in Angelas Wohnung fest. Die Kinder schlafen endlich. Wir sitzen auf dem Balkon, genießen die Abendsonne und denken angestrengt nach, wie ich die Fahrten nach Hamburg finanzieren kann.

„Lea, du hast weniger als ein Hartz-IV-Empfänger. Dir würde noch ein Zuschuss und Wohngeld zustehen", meint Angela, und die muss es ja wissen, alleinerziehend mit zwei Kindern.

„Stimmt, ich weiß bloß nicht, wann ich zum Arbeitsamt gehen soll. Ich arbeite von neun bis achtzehn Uhr. Außerdem ist meine Wohnung mit zweiundsechzig Quadratmetern zu groß für eine Person, und wenn ich Tom mit ins Spiel bringe, dann …" Ich winke ab, weil ich keine Lust habe, über die Finanzen von Toms Eltern zu reden.

„Fest steht erst einmal, du brauchst die BahnCard. Dann sind die Fahrtkosten nur halb so hoch." Tom kann wirklich auch recht praktisch denken. Nur weiß er nicht, wo ich die zweihundertdreißig Euro für die BahnCard hernehmen soll. Am Ende unserer Beratung ist Angela bereit, mir hundert Euro zu leihen, und ich bin so weit, einen Dispo-Kredit von fünfhundert Euro zu beantragen. Es geht völlig gegen meine Prinzipien, aber es ist mir immer noch lieber, als das Geld von Marlies oder Hanna anzunehmen. Tom verspricht, seine Oma zu besuchen. Erfahrungsgemäß bringt so ein Besuch einhundert Euro ein.

Im Laufe der Woche legt sich meine Unruhe. Ich habe meinen Finanzplan und meinen Haushaltsplan aufgestellt, meinen Dispo-Kredit und eine BahnCard beantragt. Tom ist nicht allzu begeistert von unserem Speiseplan, der fast nur aus Kartoffel-, Nudel- und Reisgerichten besteht. Aber auch er will natürlich Nutznießer des Erbes sein. Schließlich kommen wir noch überein, dass es keine technischen Neuerungen in diesem Jahr geben wird, keine DVDs und keine CDs, auch wenn die Gelegenheit noch so günstig ist. Schuhe und Kleidung sind nur im absoluten Notfall drin.

Am Freitagabend ruft mich Corinna an. „Wie steht es um deine Dankbarkeit, Lea?" Sie lacht laut. „Ich schaffe es gar nicht, mit dem Aufschreiben hinterher zu kommen, so dankbar bin ich."

Dieser ironische Unterton gefällt mir nicht. „Wir müssen das ernst nehmen, Corinna."

„Nehme ich doch, und wie." Sie wirkt auf mich wie jemand, der ein paar Gläschen zu viel getrunken hat. Ihr lautes Lachen klingt übertrieben und unnatürlich. „Na, kommst du klar mit den Finanzen? Mama lässt noch einmal ausrichten, dass sie dir gerne hilft."

Also daher weht der Wind. „Danke für das Angebot, aber ich komme zurecht. Tom ist ja auch noch da."

„Ach so, daran haben wir gar nicht gedacht. Du hast ja einen Freund, der auch Geld verdient und dich unterstützen kann."

Als Verdienst kann man die dreihundert Euro zwar nicht bezeichnen, aber das behalte ich für mich. „Zusammen geht es eben leichter", sage ich locker.

„Machst du täglich die Übungen?"

„Ja", antworte ich etwas zögerlich und bin auf die nächste Keule vorbereitet.

„Ich finde, dass das völliger Blödsinn ist, aber na ja, wenn es um Fünfhunderttausend geht, kann man auch ein paar Dankbarkeitsübungen machen."

„So viel ist das Haus wert?", frage ich vorsichtig nach.

„Das doppelte, Lea, fünfhunderttausend für jeden von uns", stellt sie lachend klar.

„Oh", sage ich nur und kann die Zahl gar nicht begreifen. „Woher weißt du das?"

„Mein Vater hat die Villa und das Grundstück schätzen lassen, sich erkundigt, wie viele Bücher auf dem Markt sind und was ein Autor daran verdient. Da ist zwar nicht so viel zu erwarten, aber es kommt ja sicher noch etwas Bargeld dazu. Es kann also nur noch mehr werden, Lea."

Gibt es wirklich so viel zu erben?, überlege ich nach dem Telefonat. Da ist doch noch die Stiftung. Und wenn ich es richtig verstanden habe, wird erst in einem Jahr die genaue Verteilung des Erbes bekannt gegeben. Woher wollen die Wegners wissen, dass das Haus und die Bücher unser Erbe sind? Vielleicht bekommen wir nur einen Teil des Barvermögens, so wie Frau Schmidt. Herr Sander hat zwar gesagt, dass es mehr zu erben gäbe als einen Friseursalon. Doch was besagt das schon. Ich nehme mir vor, nicht ständig an dieses materielle Erbe zu denken, sondern mich auf das geistige zu konzentrieren. Onkel Alexander wollte etwas nachholen, gutmachen. Er hat ein spezielles Programm für uns entwickelt, obwohl er schon so krank war.

Tom macht es sich vor dem Fernseher gemütlich und ich mit einer Tasse Tee, einem Block und einem Kugelschreiber auf dem Bett. Nach dem Gespräch mit Corinna – die Zahl des geschätzten Vermögens übt doch eine magische Wirkung aus, ob ich will oder nicht – erweitere ich meine Dankbarkeitssätze um den folgenden: „Ich bin dankbar, dass Onkel Alexander sein Erbe für mich vorgesehen hat." Ich lese wieder seinen Brief und stolpere über den ersten Satz. ***Die beste Art Gott zu danken, ist, einander zu lieben.***

Warum spüre ich hier einen Widerstand? Habe ich mich schon einmal bei Gott bedankt? Statt einer Antwort steigt Wut in mir auf. Hier ist ein wunder Punkt. Meine Großmutter hat mich im Glauben an Gott erzogen. Nach dem Tode meiner

Eltern hieß es: „Sie sind im Himmel und passen auf dich auf, Lea." Ich weiß noch, dass mir das immer ein Gefühl von Sicherheit gegeben hat. Mit fünfzehn habe ich dann gefragt, warum Gott mir beide Elternteile gleichzeitig genommen hat. Meine Großmutter hatte in ihrer resoluten Art geantwortet: „Wir haben kein Recht, das zu fragen. Gott tut, was Er will." Ich fand, dass ich ein Recht habe, den Grund dafür zu erfahren. Von da an bin ich nur noch selten in den Gottesdienst gegangen, was mir meine Großmutter schwer verübelt hat. Als sie dann vor drei Jahren verstarb, wollte ich nichts mehr von Gott wissen. Ich muss wieder daran denken, dass Religion ein Streitpunkt zwischen Bruder und Schwester in der Kindheit gewesen war und höre meine Großmutter sagen: „Bewahre dir deinen Glauben an Gott, Lea, damit es dir nicht so geht wie Alexander. Ein Weg ohne Gott ist immer ein falscher Weg, auch wenn es nach außen sehr erfolgreich aussieht. Was kann ein Psychologe einem Menschen schon geben? Er hackt die Probleme klein und redet sie dann tot. Er versucht, die Dunkelheit mit der Dunkelheit zu bekämpfen. Die Menschen brauchen genauso wie die Pflanzen das Licht. Die Religion gibt den Menschen Licht. Sie gibt ihnen Sinn, Hoffnung und Halt. Mehr braucht man nicht, um sein Leben zu meistern." Ich sehe meine Großmutter vor mir, eine bestimmende, aber auch liebevolle Frau, die viel Leid und Verlust in ihrem Leben erfahren hatte. Ihr Vater war im Krieg gefallen. Das Wohnhaus in Dresden fiel in den letzten Kriegstagen den Bomben zum Opfer. Sie hatte Hunger und Armut erlebt. Alexanders Flucht in den Westen war für sie ein weiterer schwerer Verlust. Er hatte sie und ihre kranke Mutter allein zurückgelassen. In den fünfziger Jahren lernte sie ihren Mann Erich, meinen Großvater, kennen. Er war von Beruf Lehrer und war erst Mitte vierzig, als er an einem Herzinfarkt verstarb. Schließlich traf sie der größte Schmerz, der Verlust ihres Sohnes Frank und ihrer

Schwiegertochter Ute. Trotzdem blieb sie eine gottesfürchtige Frau, eine dankbare Frau. Wie hatte sie das nur geschafft?

Ich empfinde es jetzt makaber, dass ausgerechnet Alexander, der Wissenschaftler, der einen falschen Weg ohne Gott gegangen war, mich daran erinnert, dass ich Gott dankbar sein soll.

Mir wird klar, dass ich mich für alles Mögliche bedanken kann. Aber ich kann mich nicht bei Gott bedanken.

Wer das Leben liebt, sich bedankt, den wird das Leben belohnen, hat Alexander in seinem Brief geschrieben. Ist Gott das Leben?

Vielleicht kann unser Mentor darauf eine Antwort geben. Auf meinen Zettel schreibe ich:

Ich kann mich nicht bei Gott bedanken.

Trotz dieses wunden Punktes mache ich interessante Erfahrungen mit der Dankbarkeitsübung. Erst habe ich mühsam nach Dingen gesucht, für die ich dankbar sein kann, dann ist es mir immer leichter gefallen, und nun scheint es kein Ende zu nehmen. Den Brief meines Onkels lerne ich auswendig. Diesen besonderen, dick gedruckten Satz schreibe ich ab und hefte ihn an die Pinnwand. Ich spiele mit den Worten, drehe den Satz um: Wenn ich die Menschen liebe, danke ich Gott. Das erscheint mir leichter. Zu mindestens empfinde ich bei dieser Fassung weniger Widerstand.

Es passieren sonderbare Dinge in diesem Monat, die ich mir nicht logisch erklären kann. Als ich am 18. Juli die Blumen auf das Grab meiner Eltern lege, empfinde ich eine feierliche Ruhe, aber ich vergieße zum ersten Mal keine Tränen. Im Laufe des Monats werde ich immer stiller. Ich kann weder mit Tom noch mit Angela noch mit meinen Kolleginnen über meine Empfindungen reden, die diese Dankbarkeitsübung auslösen. Ich nehme mein Leben, meine Gefühle, die Menschen um mich herum bewusster wahr, so, als würde ich durch eine schärfere Brille sehen. Die Dinge bekommen eine neue Bedeutung, einen anderen Wert für mich. Und das Trinkgeld des Monats ist höher als sonst.

Der Sommer ist nach einigen Anlaufschwierigkeiten endlich in Dresden eingezogen und lockt die Menschen in die Freibäder und an die Seen. Die Stadt ist überflutet von Besuchern. Die Straßencafés sind brechend gefüllt. Auch unser Geschäft wird von etlichen Sommergästen beehrt. Marlies will sich die zusätzlichen Einnahmen nicht entgehen lassen und geizt deshalb mit dem Urlaub. Vivien hat im Juli eine Woche bekommen. Ich darf im August eine Woche nehmen. Sarah muss bis September warten.

Tom hat zum Glück seine Prüfungen bestanden und darf nun seine Diplomarbeit schreiben. Außerdem hat er einen Praktikumsplatz in einer Computerfirma. Das bedeutet, er hat Arbeit, verdient aber nichts. Trotzdem ist es wichtig für ihn, Erfahrungen zu sammeln. Ich bin auch dafür dankbar. Bei Tom scheint es jetzt vorwärts zu gehen. Vielleicht ist unser finanzieller Engpass doch schneller vorbei, als ich gedacht habe. Meine Erfahrungen habe ich notiert und überfliege sie auf der Fahrt nach Hamburg noch einmal.

Diesmal holt mich niemand vom Bahnhof ab. Ich fahre fünf Stationen mit der S-Bahn und dann noch eine kurze Strecke mit dem Bus. Das letzte Stück laufe ich zu Fuß. Dabei werfe ich einen Blick in die Vorgärten der Nachbargrundstücke. Die ganze Straße wirkt sehr gepflegt, eine Villa ist schöner als die andere. Die hohen Bäume am Straßenrand und in den Gärten machen diesen Stadtteil zu einem Naturparadies. Ich nehme mir vor, am nächsten Tag nach der Konsultation die Gegend genauer zu erkunden. Was mir vor vier Wochen als große Last erschien – einmal im Monat hierher zu kommen –, betrachte ich nun als ein Geschenk. Ich darf zwei Tage im Monat in einer Villa in Hamburg wohnen, ein Luxus, den ich mir finanziell nicht leisten könnte und vielleicht nie leisten kann.

Es ist noch hell, als ich am Eingangstor klingle. Die Tür öffnet sich automatisch. Diesmal fällt mir auf, dass der Hof, oder besser der Vorplatz, mit Natursteinen gepflastert ist. Im Hochbeet blühen die Rosen üppig in rosa, gelb und weiß. Ich steuere auf den Flachbau zu. Frau Schmidt hat mir an dem Sonntagnachmittag, als Wegners ausgeflogen waren, ihre Wohnung gezeigt. Der Flachbau – früher ein Stall – wurde vor zwanzig Jahren als Wohnung für Mariannes Mutter umgebaut. Nach ihrem Tod stand er ein paar Jahre leer. Marianne erlitt mit siebenundfünfzig einen Schlaganfall. Daraufhin wurde Frau Schmidt als Haushälterin eingestellt. Seit dieser Zeit wohnt sie dort.

Die Eingangstür liegt dem Seiteneingang der Villa gegenüber. Die Haushälterin kann das Haus durch den Abstellraum betreten. Auch war Abstellraum nicht das, was man eigentlich darunter versteht. Hier bedeutet es, dass zwischen zwei Schrankwänden ein Weg nach draußen führt. Frau Schmidt öffnet ihre Haustür und kommt mir entgegen.

Ich drehe mich um, weil ein Taxi hält. Die zweite Großnichte ist eingetroffen. Die Haushälterin läuft noch einmal zurück, um den Türöffner zu bedienen. Corinna kommt auf mich zu und fällt mir übermütig um den Hals. Der Geruch und das Gekichere zeigen deutlich, dass sie einiges an Alkohol konsumiert hat. „Ich habe was zu … feiern, Leute. Ich habe die Zwischenprüfung bestanden. Nun kann ich mich zum ersten Staatsexamen anmelden." Sie holt eine halbleere Flasche Wein aus ihrer Umhängetasche und nimmt einen großen Schluck.

„Das ist aber sehr leichtsinnig von dir", rutscht mir heraus. „Wenn du unterwegs eingeschlafen …"

„Ja, ja, schon gut, du klingst wie meine Mutter. Weißt du, was das für eine Plackerei ist, diese Abschlüsse. Ich hasse Prüfungen, und deshalb habe ich mir eine Belohnung verdient."

Frau Schmidt und ich werfen uns einen verwunderten Blick zu. Als sie ins Stolpern kommt, hake ich sie unter und schiebe sie durch den Seiteneingang in die Villa. Frau Schmidt überrascht uns mit einer Nudelsuppe und belegten Broten. Das ist eigentlich gegen die Anordnung von Alexander. Doch denke ich nicht weiter darüber nach, weil ich mit Corinna meine Not habe. Ich drücke sie auf den Stuhl, nehme ihr die Tasche ab und versuche, sie zum Essen zu bewegen. Doch sie weigert sich. Angeblich hat sie keinen Hunger. Also bringe ich sie nach oben und helfe ihr beim Ausziehen. Ihrer Unbeholfenheit nach zu urteilen hat sie mehr als diese halbe Flasche Wein getrunken.

Als ich zurückkomme, nimmt Frau Schmidt gerade meinen Teller Suppe aus der Mikrowelle und stellt ihn auf den Tisch. „Nun essen Sie erst mal, Lea." Sie setzt sich zu mir. „Ich frage mich, warum sich die Menschen mit Alkohol belohnen müssen."

„Keine Ahnung, ich habe kein Geld für Alkohol. Danke für die Suppe, Frau Schmidt. Sie sollen uns eigentlich nicht bedienen. Anweisung vom Chef", sage ich gespielt streng. Automatisch gehen meine Augen nach oben. Die Haushälterin winkt ab. „Ich freue mich so, dass Sie gekommen sind. Es ist furchtbar einsam hier. Das Haus ist wie ein Spukschloss. Letzte Woche konnte ich nicht schlafen. Als ich um drei aus dem Fenster sah, da hatte ich das Gefühl, dass Licht in der Küche war, als würde jemand mit der Taschenlampe herumlaufen. Doch traute ich mich nicht nachzusehen. Am nächsten Morgen kontrollierte ich jeden Raum, ob etwas fehlte. Nichts. Also hatte ich mir das Licht nur eingebildet. Ich werde wohl langsam alt." Sie schüttelt den Kopf. „Zuerst habe ich mich gefreut, dass ich noch ein Jahr bleiben darf, aber nun, ich weiß nicht. Es macht auch keinen Spaß, ein Haus sauber zu halten, in dem niemand mehr wohnt", erklärt sie mit einem Seufzer. „Dr. Sander hat zweimal nach dem Rechten gesehen. Sein Vater hat mich auch besucht. Aber trotzdem ist es einsam. Ihr Onkel fehlt." Sie seufzt wieder. „Wie geht es Ihnen, Lea?"

„Danke, gut. Ich hatte einen interessanten Monat." Nun erzähle ich, vom Todestag meiner Eltern und spreche über meine ungewöhnlichen Stimmungen. „Ich bin dankbar, dass ich die Wirkung der Dankbarkeit erleben darf", sage ich bedeutungsvoll. Wir lachen beide über das Wortspiel. „Und als ich vom Bus das Stück hierher gelaufen bin, empfand ich Dankbarkeit, weil ich ein Jahr lang einmal monatlich hier wohnen darf. Komisch, vor einem Monat habe ich diese Fahrt als Belastung gesehen."

„Und ich sollte dankbar sein, dass ich mich jetzt in Ruhe nach einer altersgerechten Wohnung umsehen darf", sagt Frau Schmidt etwas zuversichtlicher. Sie redet nun von den Ereignissen in der Nachbarschaft, von Urlaubsreisen, Trennungen und Geburten. Ihr Redefluss erinnert mich an meine Kundinnen. Manche haben ein starkes Mitteilungsbedürfnis und wollen einfach nur, dass ihnen jemand zuhört. Ich muss dann immer schmunzeln, wenn sie am Ende meinen: „Lea, mit dir kann man sich gut unterhalten."

Frau Schmidt schweigt plötzlich und wartet auf meinen Kommentar zu den Neuigkeiten. Doch ich habe nicht richtig zugehört. Geschickt schwenke ich zu der Frage über, die mich den ganzen Monat schon beschäftigt: „Ach, Frau Schmidt, wissen Sie eigentlich, wie und wann mein Onkel gläubig geworden ist?"

Frau Schmidt faltet andächtig ihre Hände, als wolle sie beten. „Ich kann nicht sagen, wann das war. Er ist nie in die Kirche gegangen. Aber er beschäftigte sich mit Religion. Einmal sagte er: ‚Die Missverständnisse über Religion haben dazu geführt, dass Inge und ich uns sehr verletzt und uns voneinander entfernt haben. Wir hatten beide Vorurteile. Im Grunde handelt es sich um eine Unterscheidungsschwäche." Sie lächelt verlegen. „Ich bin eine einfache Frau, das konnte ich mir zwar merken, aber verstanden habe ich es nicht. Ich traute mich aber nicht nachzufragen. Sie verstehen das doch, Lea?"

„Oh ja, das kann ich sehr gut verstehen."

„Ich weiß nur, dass Ihr Onkel sich mit den Weltreligionen beschäftigt hat." Sie zögert wieder, scheint in ihrem Gedächtnis zu kramen: „Ich erinnere mich an einen Tag, als ich ihm Tee ins Arbeitszimmer brachte. Er saß vor dem großen Schreibtisch und arbeitete an seinem Laptop. Vor sich hatte er einen Berg aufgeschlagener Bücher, zehn, zwölf oder mehr. Ich habe mich gefragt, wie man so viele Bücher gleichzeitig lesen kann. Es gab keinen freien Fleck mehr, um die Tasse abzustellen. Deshalb rollte ich den Teewagen heran. Da stoppte er abrupt, als hätte er eine große wissenschaftliche Entdeckung gemacht. Er nahm die Brille ab und sagte gedankenverloren: ‚Die Psychologie steckt in der Religion, Maria. Das habe ich all die Jahre nicht wahr haben wollen. Man darf Wissenschaft und Religion nicht trennen.'" Sie lächelt. „Komisch, dass mir das jetzt gerade einfällt. Ich weiß aber nicht, wie es gemeint war, sondern hatte nur verstanden, dass es für ihn sehr wichtig war. Oben in seinem Schlafzimmer, ich meine in Ihrem Zimmer, Lea, ist ein Eckregal, da finden Sie diese Bücher, die er damals studiert hat. Ich habe geholfen, sie nach oben zu bringen."

„Warum hat er sie oben untergebracht?"

„Weil er im Sommer gern auf dem Balkon gelesen hat. Das Eckregal stand schon immer da. Dort hatte Frau Hoffmann ihre Bücher untergebracht: Krimis, Liebesromane. Nach ihrem

Tod hat er die Bücher ausgetauscht. Und er hat viele neue Bücher bestellt."

„Neue Bücher?"

„Ja, kistenweise kamen sie hier an. Ich habe mich gefragt, wann er die alle lesen will."

„Wann war das, wann hat mein Onkel diese Entdeckung gemacht?", frage ich höchst interessiert. Frau Schmidt runzelt die Stirn. „Ich weiß es nicht mehr genau. Jedenfalls war es eine Weile nach dem Tod seiner Frau."

„Vor vier Jahren etwa?"

„Ja, ungefähr. Fragen Sie doch Dr. Sander. Er weiß mehr, denn er war oft hier, und sie haben darüber geredet."

Vor dem Schlafengehen notiere ich mir diese Aussage meines Onkels: *Man darf Wissenschaft und Religion nicht trennen.*

Am nächsten Morgen wecke ich gegen neun Uhr eine völlig verkaterte Corinna. „Mein Kopf", jammert sie. Ich gehe schwungvoll durchs Zimmer und ziehe die geblümten Vorhänge zurück. Im Nu ist der ganze Raum lichtdurchflutet. „Es wird heute ein schöner Sommertag. Die Sonne scheint, kein Wölkchen ist am Himmel. Das Frühstück ist fertig", plappere ich wie aufgezogen, um meine Mitstreiterin wach zu bekommen. Corinnas Zimmer ist nur halb so groß wie das Schlafzimmer, stelle ich nebenbei fest. Auch hier steht ein Doppelbett. Doch es gibt nur eine Kommode und einen dreitürigen Kleiderschrank in weiß. Helle Pastelltöne und hübsche Blumenbilder geben dem Raum eine romantische Note.

„Wir werden in einer Stunde aufbrechen, damit wir pünktlich sind." Corinna setzt sich langsam auf und reibt sich die Augen. „Du bewahrst doch Stillschweigen. Ich meine, sag meinen Eltern nicht, dass ich etwas getrunken habe. Ansonsten liefern die mich beim nächsten Mal höchst persönlich hier ab. Und Dr. Sander muss es auch nicht wissen."

„Okay, aber ein bisschen unvernünftig warst du schon. Wenn du hier nicht angekommen wärst …"

„Hör auf. Ich habe das einfach gebraucht, ich habe es mir verdient nach dem ganzen Stress, den Predigten meiner Eltern und dieser entsetzlichen Angst vor der Prüfung." Sie erhebt sich und schleicht über den Flur ins Bad.

Wir fahren mit Bus und S-Bahn und sind kurz nach halb elf in der Kanzlei. Frau Schulze sitzt hinter dem Tresen und arbeitet am Computer. Sie bietet uns Platz in der Sitzecke an.

Zehn Minuten später kommen unser Mentor und ein älterer, etwas untersetzter Herr mit Halbglatze herein. Ich erinnere mich, dass der Mann zum Stiftungsrat gehört.

„Helmut Becker", stellt er sich vor und gibt uns die Hand. „Wir kennen uns von der Testamentseröffnung. Ich bin nur hier, um Ihre Anwesenheit zu bestätigen." Er geht mit Dr. Sander ins Büro und kommt nach fünf Minuten wieder zurück. „Einen schönen Tag, die Damen", ruft er und tapst eilig davon. Dr. Sander bittet uns in den Besprechungsraum. Er nimmt an der Stirnseite Platz, wir links und rechts von ihm. Heute kommen mir der Tisch riesig, der Raum größer und unser Mentor jünger vor. „Hatten Sie eine gute Fahrt?", fragt er höflich. Das *Sie* klingt jetzt verstaubt, altmodisch, weil aus der Autoritätsperson im Anzug ein normaler junger Mann in Jeans und T-Shirt geworden ist. Corinna nimmt eine aufrechte Körperhaltung ein und lächelt gekünstelt. „Ja, der Zug hatte keine Verspätung. Es ist doch gar nicht so schlimm, hierher zu kommen."

Herr Sander nickt nur und sieht zu mir.

„Alles gut gegangen", sage ich knapp, weil ich spüre, dass er die Frage nur der Form halber stellt. Er nimmt aus seinem Aktenkoffer eine Mappe und zwei Umschläge.

„Gibt es Fragen zur ersten Übung?", beginnt er. Wir nehmen unaufgefordert unsere Notizen aus der Tasche. Corinna legt etliche Blätter auf den Tisch, handgeschrieben. „Alles Dinge, für die ich dankbar bin", sagt sie stolz. Ich lege drei Blätter vor, die ich extra noch mit dem Computer geschrieben habe. „Meine handgeschriebenen Notizen befinden sich in diesem Heft. Das ist praktischer für unterwegs. Ich würde es gerne weiter benutzen."

„Das können Sie tun. Für mich müssen Sie Ihre Notizen nicht extra mit dem Computer schreiben." Er wirft einen flüchtigen Blick auf die Blätter. „Sie können das wieder einstecken." Corinna verzieht den Mund. „Sie gucken sich nicht mal an, ob es richtig ist?"

Er schmunzelt. „Frau Wegner, alles wofür Sie dankbar sind, ist richtig. Es steht mir nicht zu, das zu bewerten. Mich interessieren eher die Erfahrungen, die Sie mit dieser Übung gemacht haben?"

„Welche Erfahrungen denn?", fragt Corinna ungläubig.

„Hat sich durch diese Übung irgendetwas in Ihrem Leben verändert?"

„Nein", sagt sie verwundert. „Ich musste mich auf meine Prüfung vorbereiten."

Er sieht mich an, und ich sprudele wie auf Knopfdruck los: „Ja, ich habe Erfahrungen gemacht oder besser gesagt, ich bin mir nicht sicher, ob es mit der Übung zu tun hat." Nun erzähle ich von meinen veränderten Wahrnehmungen, meinen Empfindungen am Todestag meiner Eltern, erwähne, dass die schwierigen Kunden weniger schwierig waren und das Trinkgeld mehr war als sonst. „Kann das sein, dass das alles mit der

Übung …?" Ich beiße auf die Unterlippe. Was rede ich da für einen Unsinn zusammen?

Doch Martin Sander nickt erfreut. „Wenn man die Übung ernst nimmt und wirklich Dankbarkeit fühlt, dann passieren Dinge, die man nicht für möglich gehalten hätte. Ich weiß noch, dass ich damals eine überraschend gute Prüfung geschrieben habe. Das Fach lag mir nicht besonders und ich war auch nicht gut vorbereitet. Aber ich befand mich in einer Stimmung der Leichtigkeit."

Ich entdecke eine ganz neue Seite an unserem Anwalt. Er kann auch Gefühle zeigen. „Sie haben sich nicht geirrt, Frau Sommerfeld. Dankbarkeit bewirkt solche Wunder."

Corinna sieht mich skeptisch an. „Was hast du denn mit deinen Kunden gemacht?"

„Nichts anderes als sonst. Ich war einfach besser drauf. Eine Frau hat sich bedankt, dass ich so gut zugehört habe, und eine andere meinte, sie müsse öfter kommen. In meiner Gegenwart würde sie sich wohl fühlen." Ich höre meine Oma sagen: „Eigenlob stinkt, Lea." Vor Scham senke ich den Blick und spüre, wie Hitze in meinen Kopf steigt.

„Ihr Onkel hätte sich sehr über diese Beispiele gefreut", sagt Dr. Sander und lächelt.

„Aber das ist doch total simpel", protestiert Corinna. Ich habe das Gefühl, sie kann es nicht hinnehmen, dass ich gelobt werde und sie nicht. „Ich meine, man muss doch nicht extra Psychologie studieren, um dankbar zu sein."

„Alexander hat Lebensgesetze, Lebensweisheiten erforscht und bewusst gemacht. Seiner Meinung nach war es das, was den Menschen fehlt, eine Bewusstheit der Lebensgesetze. *Wer das Leben liebt, wer sich bedankt, den wird das Leben belohnen*, heißt es in seinem Brief. Anders gesagt, Dankbarkeit kommt zurück, weil es das Gesetz von Aktion und Reaktion gibt."

Und wenn ich das Leben nicht liebe?", fragt Corinna vorsichtig.

„Es gibt einen Zusammenhang zwischen Liebe und Dankbarkeit. Nur wer über eine genügend große Portion Liebe verfügt, kann dankbar sein. Dankbarkeit ist also ein Ausdruck der Liebe", antwortet Martin. „Wir kommen später noch einmal dazu."

Ich suche nach den richtigen Worten, um meine Frage zu formulieren und beginne zaghaft: „Mit einer Sache komme ich nicht klar."

„Ja bitte, womit denn?"

„Mit dem hervorgehobenen Satz. ***Die beste Art Gott zu danken, ist, einander zu lieben***. Ich kann mich nicht bei Gott bedanken. Könnten Sie sich bei jemandem bedanken, der Ihnen das Liebste genommen hat, was Sie besitzen?" Ich bin selbst überrascht über meine klare Formulierung. Herr Sander sieht mich erstaunt an, wirkt sogar leicht schockiert. Dann nickt er bedächtig und sagt langsam: „Das ist ja sehr interessant. Die gleiche Frage hat Alexander auch gestellt, als er dieses Zitat entdeckt hat."

„Wirklich?" Mir läuft ein Schauer über den Rücken. „Und dann?"

„Dann hat er ernsthaft begonnen, sich mit Religion zu beschäftigen."

„Wie denn?"

„Es gibt Tagebücher über seine spirituelle Entwicklung. Es sind schwarz-rote Hefte im A5-Format. Da können Sie nachlesen."

„Oh ja, das würde mich sehr interessieren. Meine Oma und er haben sich wegen ihrer unterschiedlichen Weltanschauungen in jungen Jahren zerstritten. Meine Oma war immer der Meinung, nicht die Grenze ist schuld an der Trennung von ihrem Bruder, sondern die unterschiedlichen Weltbilder sind es. Er hat sie ausgelacht, weil sie an Gott geglaubt hat. Er meinte, als Wissenschaftler könne er nur über solche Dinge wie Himmel, Hölle, Gebet usw. lachen.

Martin Sander schmunzelt: „Und dann hat er seine Meinung gründlich geändert."

„Wie ist denn so etwas möglich? Schade, dass meine Oma das nicht mehr erleben durfte, dass ihr Bruder ein gläubiger Mensch wird", sage ich versunken.

„Ich denke, das ist ein Grund, warum er dieses Programm für Sie entwickelt hat. Er hatte am Ende seines Lebens den starken Wunsch, etwas gut zu machen, etwas in Ordnung zu bringen, die Familie zu vereinen."

Ich schlucke und unterdrücke die aufsteigenden Tränen. Was will er denn vereinen? Die Familie gibt es ja gar nicht mehr. Nur meine Person ist als kläglicher Rest übrig geblieben.

Corinna räuspert sich und will wissen: „Dr. Sander, waren Sie auch Schüler unseres Onkels?"

„Ja, mehr als das. Ich habe ihm alles zu verdanken, was ich jetzt bin. Ohne ihn wäre ich wohl nie auf die Idee gekommen, Psychologie *und* Jura zu studieren."

„Sie sind auch Psychologe?", fragt Corinna ehrfürchtig.

Er nickt. „Ich wollte Menschen zu ihrem Recht verhelfen und gleichzeitig verstehen, was in ihnen vorgeht. Warum kommt es zu Streitigkeiten, warum lügen oder stehlen sie? Oder warum werden sie von anderen ausgenutzt?"

„Dann könnten Sie auch im Institut arbeiten?", frage ich nun interessiert.

„Ich habe am Anfang ein paar Seminare dort gegeben. Aber wenn man erfolgreich sein will, sollte man sich auf eine Sache konzentrieren. Nach reiflichen Überlegungen habe ich mich für die Kanzlei meines Vaters entschieden."

„Und was sind Sie jetzt für uns, Psychologe oder Anwalt?", will Corinna wissen.

„Gute Frage. Ich bin der Freund von Alexander Hoffmann, der mich gebeten hat, seinen letzten Willen auszuführen. Ich soll für ein Jahr sein Erbe verwalten und sein Lebenswerk an seine Großnichten weitergeben. Letzteres kann ich nur tun, weil ich sein Lebenswerk kenne und Psychologe bin." Er sieht auf die Uhr. „Kommen wir aber nun zum nächsten Brief."

Bedächtig zieht er zwei Umschläge aus der Mappe. Es stehen die Namen darauf und die Zahl Zwei. Dr. Sander wartet, bis wir unsere Umschläge geöffnet haben. Dann nimmt er sein Blatt zur Hand und beginnt: „Bei mir stehen beide Namen. Sie haben die gleiche Aufgabe."

Liebe Lea,
ich hoffe, du hast gute Erfahrungen mit der Dankbarkeit gemacht. Ich fand es immer herrlich zu erleben, wie diese einfache Übung, wenn man sie intensiv ausführt, unsere Sichtweise verändert, wie sie uns ruhiger und glücklicher macht.
Heute geht es darum, deine Ziele herauszufinden oder sie zu bestätigen, je nachdem, wo du gerade stehst. Über diesen Weg kommen wir dann zu deiner Lebensaufgabe.
Wie gefällt dir dieser Text?
Betrachte den Menschen als ein Bergwerk, reich an Edelsteinen von unschätzbarem Wert. Nur die Erziehung kann bewirken, dass es seine Schätze enthüllt und die Menschheit daraus Nutzen zu ziehen vermag.
Notiere die Gedanken, die dir dazu kommen! Wie kannst du diese Aussage in deinen Alltag integrieren? Was verändert sich dadurch in deinem Leben?
Bedenke, dass der Mensch das einzige Wesen ist, das sein Leben planen und gestalten kann. Er kann seine Zukunft bestimmen und beeinflussen. Das bedeutet, dass er einen freien Wil-

len hat, aber damit auch Verantwortung trägt. Nicht die Sterne, nicht unsere Eltern, nicht die ungünstigen Bedingungen sind schuld an unserem Schicksal, sondern nur wir selbst. Präge dir diesen Gedanken gut ein. Er wird deine Entscheidungen beeinflussen.

Wenn ich von der Lebensaufgabe spreche, meine ich damit das Motiv, für das man gewillt ist, sein Äußerstes zu geben, dessen Realisierung den größten Erfolg und das größte persönliche Glück beinhaltet.

Mache eine Bestandsaufnahme deiner Fähigkeiten und Talente. Studiere die theoretischen Abhandlungen in meinem Buch: „Ziele – die Antriebskräfte unseres Lebens." Mache dir Notizen!

Schreibe deine größten Wünsche in den vier Lebensbereichen auf: Körper/Gesundheit, Arbeit/Leistung, Familie/Kontakte, Sinn/Kultur.

Formuliere nun die wichtigsten Ziele für ein Jahr und für die nächsten fünf Jahre.

MERKE: Es ist ein Unterschied zwischen denjenigen, die sich etwas wünschen und denjenigen, die es tatsächlich tun. Erst das Zusammenspiel zwischen Sehnen, Wünschen und Streben bringt den Erfolg.

Ein Mensch mit nur einer einzigen Begabung, der sich ein klares Ziel setzt, erreicht mehr, als einer mit vielen Talenten, der seine Energien verzettelt.

Lege einen Hefter an: MEIN LEBEN/MEINE ZUKUNFT.
Du kannst deine Ziele in Worten und Bildern ausdrücken.

  Liebe Grüße, dein Alexander.

Wir bekommen ausreichend Zeit, um die Aufgabe zu durchdenken und können dann Fragen stellen. „Was ist mit Sinn/Kultur gemeint?", will ich wissen.

„Es geht darum, die nahe Zukunft sinnvoll und optimistisch zu entwerfen. Die Sinnfrage ist an die anderen Bereiche gekoppelt. Dazu muss man seine intuitiven und kreativen Ressourcen nutzen. Auf die Fähigkeiten der Intuition und die sich daraus entwickelnden Bedürfnisse gehen Weltanschauungen und Religionen ein."

Corinna sieht ihn ganz betreten an. „Was soll ich denn da für Ziele finden? Ich bin nicht gläubig. Man kann mir doch keinen Glauben an Gott aufdrängen."

„Das ist auch nicht so gemeint. Alexander hat nie jemanden manipuliert. Es geht nur um ein Nachdenken über Zitate mit religiösem Inhalt. Sie helfen Ihnen, Ihr spirituelles Weltbild zu erweitern. Unsere Lebensvision stützt sich auf unser Glaubenssystem, das sich wiederum aus Wertvorstellungen zusammensetzt. Wertvorstellungen kommen aus unserer Weltanschauung. Aber Lebenswerte sind nicht starr, sondern verändern sich.

Um an unsere Ressourcen zu gelangen, ist es nötig, unser Bewusstsein auf allen Gebieten zu erweitern." Er schiebt jedem von uns ein Exemplar des Buches von Alexander zu. „Hier finden Sie alles, was Sie über Ziele wissen müssen."

„Was ist der Unterschied zwischen Wünschen und Zielen?", frage ich nach.

„Das finden Sie auch im Buch. Alexander war der Meinung, der Weg zu den Zielen geht über die Wünsche. Und wenn Alexander von Zielen spricht, dann meint er persönlichkeitsbezogene Ziele. Was nützt es, wenn Sie eine berühmte Modedesignerin sein wollen, aber gar nicht zeichnen können."

Corinna platzt dazwischen: „Was ist, wenn man das Talent hat, aber niemand erkennt es, und man hat schon viel Zeit und Kraft in einen anderen Beruf investiert?"

Dr. Sander lässt sich Zeit mit der Antwort. Seine bedächtige Art beeindruckt mich.

„Viele Menschen irren sich in ihrer Berufswahl. Es ist nie zu spät, neu anzufangen. Alexander war der Meinung, dass jeder Mensch irgendwann in seinem Leben so weit kommen sollte, dass er das tut, was er tun möchte. Es geht also darum, den roten Faden seines Lebens zu finden. Das Programm, das Ihr Onkel anbietet, hat nur diesen einen Zweck. Wenn Menschen viele Begabungen haben, ist es schwieriger, die Lebensaufgabe zu entdecken. Was will ich wirklich?, lautet die Frage, die sich jeder Mensch stellen sollte." Er nimmt noch einmal den Brief zur Hand und liest daraus vor: „*Wenn ich von der Lebensaufgabe spreche, meine ich damit das Motiv, für das man gewillt ist, sein Äußerstes zu geben, dessen Realisierung den größten Erfolg und das größte persönliche Glück beinhaltet.*"

Corinna zieht es vor, in der Stadt zu bleiben und durch die Boutiquen zu streifen. Sie betrachtet dies als Entspannung nach drei Stunden Konsultation. Meine Gedanken drehen sich nur um die Tagebücher. Wie hat mein Onkel zum Glauben an Gott gefunden?

In der Villa angekommen, muss ich zuerst zu Mittag essen, die Suppe von gestern Abend. Frau Schmidt ist etwas enttäuscht, dass Corinna in der Stadt geblieben ist. Ich schlinge das Essen herunter, weil ich es eilig habe, die Tagebücher zu lesen.

Bei meinem ersten Aufenthalt im Haus habe ich mich in der Bibliothek nur ehrfürchtig umgesehen, einzelne Buchtitel gelesen, aber nicht gewagt, ein Buch zu berühren. Nun bin ich entschlossen, alles genau in Augenschein zu nehmen. Frau Schmidt nimmt mein plötzliches Interesse mit einem besorgten Gesichtsausdruck zur Kenntnis. „Wenn Dr. Sander es erlaubt hat, dann können wir ja die Bibliothek durchsuchen." Der Satz klingt förmlich. Entweder sieht sie nicht gern, dass jemand die persönlichen Sachen von Alexander durchwühlt oder diese Aktion ist für sie eine schmerzliche Angelegenheit. Jedenfalls weicht mir die Frau nicht von der Seite. Der Schreibtisch beinhaltet nur ein paar Schreibutensilien, einen Stapel Beileidskarten und ein paar Blöcke. „Hat mein Onkel den Schreibtisch selbst ausgeräumt?"

„Ja, natürlich. Den durfte ich nie anfassen. Nicht einmal Staub wischen war erlaubt. Er hat zwei Monate vor seinem Tod die Unterlagen sortiert. Eine Kiste mit Papieren ging an seinen Anwalt, eine ins Institut und den Rest musste ich zerreißen und entsorgen." Ich zucke beim letzten Teil des Satzes zusammen. „Waren Tagebücher dabei?"

„Nein, Bücher waren das nicht, eher lose Blätter mit handschriftlichen Bemerkungen. Ihr Onkel war ein ordentlicher Mensch, und er wollte Ordnung schaffen, bevor er geht." Frau Schmidt bekommt feuchte Augen und sucht nach einem Taschentuch. „Es ist, als würde ich spionieren", bricht es aus ihr heraus. Deshalb behagt ihr meine Suchaktion nicht. Ein anderer Gedanke kommt mir in den Sinn. Wie muss das sein, wenn man weiß, dass das Leben in ein paar Wochen zu Ende ist? Was würde ich an seiner Stelle tun? Ich würde alle wichtigen Sachen meinem Rechtsanwalt geben. Würde ich meine Tagebücher meinem Anwalt anvertrauen? Vielleicht, wenn sie für jemanden einen Nutzen hätten. Wenn es zu privat wäre, würde ich sie entsorgen. Ich spüre, wie meine Hoffnung dahinschwindet.

Trotzdem suchen wir die beiden Bücherwände in der Bibliothek gründlich ab. Es handelt sich um die größte private Sammlung, die ich in meinem Leben bisher gesehen habe. Mein Vater hatte auch viele Bücher, vielleicht ein Drittel davon. Plötzlich habe ich das Wohnzimmer meiner Eltern vor Augen.

Der Schreibtisch steht vor dem Fenster, genau wie hier, die gegenüberliegende Wand ist voller Bücher. Die Regale sind aus Kiefernholz und die Bücher liegen kreuz und quer. Als Kind fand ich diese Art von Unordnung sehr gemütlich. Da ist die einfache braune Couch, auf der ich mich immer herumgelümmelt habe und die ausgeklappt wurde, wenn ich krank war. Ich sehe meinen Vater mit Lesebrille, höre, wie er mir vorliest. Das Bild ist überdeutlich. Sogar seine sanfte, einfühlsame Stimme habe ich jetzt im Ohr. Er war ein sehr guter Vorleser, und er hat damit meine Liebe zu Büchern geweckt, die leider in der letzten Zeit etwas eingeschlafen ist. Dann kommt mir eine andere Szene ins Gedächtnis: Das Ausräumen der Wohnung nach der Beerdigung meiner Eltern. Meine Großmutter wusste nicht, wohin mit den Büchern. Sie behielt meine Kinderbücher und ein paar besondere Exemplare. Die anderen wurden verschenkt. In dem Augenblick, als die Bücher abgeholt wurden, verschlug mir ein tiefer Schmerz die Sprache. Da erst war es in mein Bewusstsein vorgedrungen: Meine Eltern sind fort und werden nie wieder zurückkommen.

Die Erinnerungen sind so intensiv, dass ich mich kneifen und tief Luft holen muss, um in die Gegenwart zurückzukehren. Die Regale in diesem Raum sind aus dunklem Holz und reichen bis unter die Decke. Ein Eckteil verbindet die beiden Wände. An der Seite steht eine Leiter. Die Bücher sind nach Themen geordnet, Romane, Orientalische Märchen, die Klassiker, psychologische Fachliteratur, Reisebeschreibungen, Kochbücher, Bücher über verschiedene Wissenschaften. Alle sind sogar noch nach Größen sortiert, stehen vertikal, was überordentlich wirkt. Ich erfasse die Sammlung nur oberflächlich, weil meine Augen die Tagebücher in rot-schwarz suchen. Zwei Stunden bin ich damit beschäftigt, die Bücherwände zu inspizieren. Ab und zu nehme ich ein Buch in die Hand, lese den Covertext und stelle es wieder zurück. Die Bücher, die

Alexander geschrieben hat, lege ich auf den Couchtisch, um später einen Blick hineinzuwerfen. Leicht enttäuscht gebe ich die Suche vorerst auf und lasse mich in einen der braunen Ledersessel fallen. Die Sitzgruppe ist mitten im Raum platziert. Bewusst nehme ich Einzelheiten des Zimmers wahr. Das große Fenster zeigt zur Straßenseite. Seitlich befindet sich ein kleiner Erker, in dem eine Palme, ein Lesesessel und eine Leselampe stehen. Von hier aus hat man den Apfelbaum des Nachbargartens im Blick. Ich sehe mir jede Seite des Zimmers an, finde es optimal eingerichtet, praktisch und gemütlich zugleich. Mein Vater hätte diesen Raum geliebt. Ich stelle mir vor, wie man Kindern hier eine Geschichte vorliest. Eigentlich fehlt nur noch ein Kamin. Ich kann ihn mir zwischen den Bücherregalen vorstellen. Der etwas verschlissene Perserteppich in blau-beige gehört jetzt Hanna Wegner. Ob sie ihn überhaupt abholt?

Frau Schmidt schreckt mich aus meinen Gedanken auf. „Lea, ich habe Ihnen Tee gekocht und ein paar selbstgebackene Plätzchen mitgebracht." Erfreut räume ich den Tisch ab und lege die Bücher meines Onkels auf den Teppich.

„Danke, Frau Schmidt, das ist sehr nett von Ihnen. Wollen Sie mir nicht Gesellschaft leisten und auch eine Tasse trinken?" Ohne ihre Antwort abzuwarten, laufe ich in die Küche und hole ein Gedeck. Frau Schmidt setzt sich auf die Couch. Ich mache es mir im Sessel bequem, ziehe meine Beine an und knabbere an einem Plätzchen. „Ich hatte keine Ahnung, dass mein Onkel neun Bücher geschrieben hat", sage ich voller Bewunderung.

„Zehn", korrigiert Frau Schmidt und nippt versunken an ihrem Tee. „Das zehnte ist noch nicht gedruckt. Ich nehme an, dass es jemand von den Experten gerade liest."

Ich horche auf, setze mich kerzengerade hin und verschütte dabei etwas Tee. „Zehn, wirklich? Wissen Sie, worum es da geht?"

„Ja, er nannte es *Quintessenz*."

„Vielleicht sind seine Tagebücher inhaltlich in dieses Buch eingeflossen, und er hat sie anschließend entsorgt", sinniere ich. „Wie komme ich an das Manuskript?"

„Fragen Sie Martin ... Dr. Sander."

„Er hat mir doch gerade die Tagebücher meines Onkels empfohlen." Frau Schmidt zuckt nur die Achseln. Ich zögere kurz, suche die eingespeicherte Nummer meines Mentors und drücke auf den Knopf mit dem grünen Hörer. Nach drei Klingelzeichen nimmt er ab.

„Lea Sommerfeld hier. Dr. Sander, ich muss leider noch einmal stören. Frau Schmidt und ich haben jetzt die Bibliothek durchsucht, aber die Tagebücher haben wir nicht gefunden. Haben Sie vielleicht noch eine Idee, wo sie sein könnten?" Der Mann zögert. „In seinem Schlafzimmer vielleicht."

„Da hatte ich zwar gestern schon ... Gut, ich werde noch einmal nachsehen."

„Vielleicht hat er sie doch weggeworfen, weil er nicht wollte, dass seine persönlichen Aufzeichnungen gelesen werden. Wir haben darüber nicht gesprochen, und ich habe dazu keine Anweisungen."

„Mhm, was ist mit seinem zehnten Buch? Wer liest das Manuskript?"

Der Mann zögert wieder und antwortet dann mit absoluter Sicherheit: „Es gibt kein zehntes Buch, das wüsste ich."

„Aber Frau Schmidt hat mir doch gerade erzählt, dass das Buch momentan von einem Fachmann gelesen wird und dass es *Quintessenz* heißt."

„Davon weiß ich nichts. Das kann nicht sein. Da muss sich Frau Schmidt irren oder etwas verwechseln." Seine absolute

Sicherheit dämpft meine Hoffnung. Ich beende nachdenklich das Gespräch. „Frau Schmidt, haben Sie das Manuskript gesehen?"

„Nicht direkt. Ihr Onkel hat am Computer gesessen und daran gearbeitet. Und ab und zu hat er davon gesprochen."

„Was hat er denn gesagt?"

„Das es komisch ist, dass er erst am Ende seines Lebens die Wahrheit entdeckt."

Mir läuft ein kalter Schauer über den Rücken.

Welche Wahrheit hatte er entdeckt?

AUGUST

Auf der fünfstündigen Fahrt nach Hause habe ich Zeit, meine Gedanken zu ordnen. Landschaften, Städte, Bahnhöfe ziehen wie Traumbilder an mir vorbei. Mein Onkel hat über dieses Zitat, das auch bei mir inneren Widerstand hervorgerufen hat, zum Glauben gefunden. Gibt es hier eine Gemeinsamkeit? Zu dumm, dass ich diese Tagebücher nicht gefunden habe. Und was hat es mit diesem zehnten Buch auf sich? Frau Schmidt ist sich absolut sicher, dass es ein zehntes Buch gibt, Martin Sander weiß nichts davon. Dabei verwaltet er den Nachlass von Alexander und hat in allem ganz genaue Anweisungen erhalten. Hier stimmt etwas nicht. So ein Buch schreibt man nicht in drei Tagen. Warum ist Martin Sander nicht darüber informiert? Wurde das Manuskript gestohlen? Welche Wahrheit hatte Alexander am Ende seines Lebens entdeckt? Vielleicht wissen die Mitarbeiter des Instituts darüber Bescheid. Ich nehme mir vor, einen Termin mit Bachmeiers zu vereinbaren. Ich möchte ihre Gesichter sehen, wenn ich nach dem Manuskript frage.

Kurz nach drei fährt mein Zug in den Dresdener Hauptbahnhof ein. Hier ist mir alles vertraut. Ich kenne die Geschichte des Bahnhofs und seine Besonderheiten.

Das Bahnhofsgebäude ist in Nordwest-Südost-Richtung ausgerichtet und teilt sich entlang seiner Längsachse in drei Bahnsteighallen mit auffälligen Bogendächern auf. Die Empfangshalle befindet sich östlich der mittleren und größten der drei Hallen, höre ich meinen Vater sagen. Mir fällt ein, dass er in den Sommerferien manchmal Stadtführungen übernommen hat. Ab und zu war ich dabei gewesen. Es ist das zweite Mal an diesem Wochenende, dass die Erinnerung an meinen Vater überdeutlich auftaucht. Mir kommt es so vor, als würde Hamburg Erinnerungen wecken, die ich in entfernte Winkel meines Gehirns abgeschoben habe.

Im Nordwesten liegt der im Stil des Neobarocks errichtete Königspavillon. Ursprünglich diente er zum Empfang von Staatsgästen im Königreich Sachsen. Nach Ende der Monarchie befand sich dort ein Fahrkartenschalter, bevor er im Dritten Reich erneut Funktions- und Würdenträgern vorbehalten war. Nach dem Zweiten Weltkrieg wurde er umfunktioniert zum „Kino am Hauptbahnhof". Die Klarheit, mit der ich meinen Vater jetzt reden höre und gestikulieren sehe, ist fast beängstigend. „So weit ich weiß, steht das Gebäude seit zehn Jahren leer." Ich merke erst später, dass ich diese Information laut und direkt an meinen Vater gerichtet habe. Vorsichtig sehe ich mich um und bin erleichtert, dass niemand von mir und meinem Selbstgespräch Notiz genommen hat.

Vor dem Bahnhofsgebäude bleibe ich stehen. Die Stadt kommt mir vor wie ein guter Bekannter, den man zur Begrüßung umarmen möchte. Ich schließe für einen Moment die Augen und atme so tief, als würde ich damit sämtliche Neuigkeiten von Dresden aufsaugen. In Hamburg hat heute Morgen ein bewölkter Himmel Regen angekündigt. In Dresden empfängt mich ein perfekter Sommertag mit viel Sonnenschein. Ich habe keine Lust, sofort nach Hause zu fahren. Etwas enttäuscht registriere ich, dass Tom mich nicht abholt. Es ist sicher etwas dazwischen gekommen. Ich schlendere durch die Straßen und leiste mir an einem Kiosk zwei Eiskugeln. Heute betrachte ich Dresden durch eine rosarote Brille. Vielleicht muss man öfter verreisen, um das zu schätzen, was man hat. Mein Handy klingelt. Tom will wissen, wo ich bleibe. Angela und die Kinder würden auf mich warten. Wenig begeistert beende ich meinen kleinen Stadtbummel und steige in die nächste Straßenbahn.

„Weißt du nun schon, wie viel du erbst?", lautet Toms erste Frage. Etwas anderes interessiert ihn nicht, und das ärgert mich.

„Was habt ihr denn diesmal für Aufgaben bekommen? Warst du pünktlich zur Konsultation?", hakt Angela ein.

Ich stelle die Kaffeemaschine an, bevor ich auf die Fragen eingehe. Die Kinder sitzen vor dem Fernsehapparat. Ein Zeichentrickfilm hält sie in Schach. So können wir uns in Ruhe in der Küche unterhalten. Tom schneidet sich von dem Topfkuchen, den Angela gebacken hat, ein Stück nach dem anderen ab. Ich rette noch zwei für die Kinder und bringe sie ins Wohnzimmer. Eigentlich hätte ich mich gern etwas ausgeruht. Doch andererseits bin ich froh, dass ich mit den beiden meine neue Entdeckung und die Ungereimtheiten besprechen kann. Tom hat die unmöglichsten Erklärungen dafür: Das zehnte Buch könnte eine neue, noch unbekannte wissenschaftliche Entdeckung sein, könnte die bisherige Arbeit des Instituts in Frage stellen. Vielleicht gefällt es seinen Mitarbeitern nicht, was er da herausgefunden hat, und sie haben es an sich genommen. Oder Martin Sander plant, sein Vermögen damit etwas aufzustocken. Ich protestiere besonders bei der letzten Mutmaßung. Nichts davon kann ich mir vorstellen, aber irgendetwas stimmt tatsächlich nicht. Vielleicht hatte mein Onkel nicht mehr die Kraft, das Buch fertig zu schreiben und hat seine unvollständige Fassung entsorgt oder gelöscht?

Als Angela zwangsläufig gegen sieben Uhr gehen muss, weil ihre Kinder völlig übermüdet sind und nur noch herumschreien, bin ich richtig froh. Diese wilden Spekulationen haben mir alle Energie geraubt. Es gibt sicher eine ganz simple Erklärung für alles, rede ich mir schließlich ein.

Wir telefonieren seit einer halben Stunde. Corinna hat mich angerufen. Ich wundere mich über ihren lockeren Plauderton.

Am Telefon kann ich mich viel besser mit ihr unterhalten als in Hamburg am Frühstückstisch. Meine Unterlagen liegen auf dem Küchentisch verteilt, und ich werde langsam unruhig. Es ist Zeit zu beginnen. Gerade will ich das Telefonat beenden, da sagt Corinna: „Lea, ich habe mein Buch in der Villa vergessen. Kannst du mir deins borgen?" Ich glaube, mich verhört zu haben. Wie kann mich Corinna um ein Buch bitten, das ich selbst brauche. „Wie soll ich denn meine Hausaufgaben machen?", frage ich verwundert. „Ich kann doch nur abends arbeiten, bis auf die letzte Woche, da habe ich Urlaub, aber auch schon einige Termine. Corinna, warum lässt du dir das Buch nicht von Frau Schmidt nachschicken?"

„Ich will sie damit nicht belasten. Und wir können es ja so machen, dass du es mir schickst, denn ich habe in den ersten zwei Wochen Zeit, brauche aber höchsten eine Woche, wenn überhaupt. Das ist doch ziemlich leichte Kost. Die letzten beiden Wochen muss ich lernen, dann komme ich sowieso nicht mehr zu Alexanders Zeug. Und du hast doch erst Ende des Monats Urlaub."

Ich verstehe zwar, dass sie jetzt Zeit hat und sich in zwei Wochen auf die Konsultation vorbereiten muss, aber begreife nicht, warum Frau Schmidt ihr das Buch nicht schicken kann. „Ich rufe Frau Schmidt an und bitte sie, dir das Buch zu schicken, wenn du dich nicht traust. Es ist besser, wenn du dein eigenes Exemplar hast, um Notizen zu machen", sage ich entschlossen.

„Ach, Lea, das Buch ist im Nachtschrank, und ich habe den Schlüssel aus Versehen eingesteckt. Das sieht doch so aus, als hätte ich Angst, dass Frau Schmidt meine Sachen durchwühlt." Das kann man daraus tatsächlich schließen. „Bitte, schick mir dein Buch, nur für eine Woche. Dann bleibt dir noch genug Zeit."

Ich gebe nach, aber mit einem komischen Gefühl im Bauch. Wenigstens schaffe ich es noch, mir am Abend einen Überblick über den Stoff zu verschaffen.

Während ich das Buch in den Umschlag stecke und Corinnas Adresse darauf schreibe, muss ich an die Kiste mit den Briefen und Familienbildern denken. Ein Gefühl sagt mir, dass ich sie mir einmal genauer ansehen sollte. Ich klettere auf den Stuhl und hole sie vom Kleiderschrank herunter. Da oben muss mal wieder Staub gewischt werden, stelle ich nebenbei fest.

Ich lasse mich auf dem Bett nieder und kippe die Kiste aus. Wie immer sind mit diesem Inhalt schmerzliche und schöne Erinnerungen verbunden. Ich tauche in ein Wechselbad der Gefühle ein. Das Hochzeitsbild meiner Großeltern hat eine besondere Faszination für mich. Es berührt mich stärker als das Hochzeitsbild meiner Eltern. Meine Großmutter war eine ungewöhnlich schöne Frau, und mein Großvater eine stattliche, vornehme Erscheinung. Sie wirken auf mich wie zwei Hauptfiguren aus einem alten Film. Ich entdecke noch das Silberhochzeitsbild. Kurz danach ist mein Großvater verstorben. Das ist schon so lange her. In meinen Erinnerungen ist meine Großmutter eine alleinstehende Frau.

Als Nächstes betrachte ich das Hochzeitsbild meiner Eltern. Meine Mutter hat die gleiche dunkelblonde Haarfarbe wie ich. Auf dem Hochzeitsbild hat sie eine Hochsteckfrisur. Der kurze Schleier ist darin befestigt. Bekannte meiner Großmutter haben gesagt, ich sähe meiner Mutter sehr ähnlich. Ich bin nicht ihrer Meinung, denn die Augenpartie und die blauen Augen habe ich von meinem Vater geerbt. Frank Sommerfeld strahlt auf dem Bild Ruhe und Intelligenz aus. Ich finde, man sieht ihm an, dass er Lehrer war. Er hat Geschichte und Geografie unterrichtet und besaß ein großes Allgemeinwissen. Oma war auch der Meinung, dass ihr Sohn einen guten Psychologen abgegeben hätte. Diese Aussage habe ich lange nicht verstanden, denn eigentlich hielt sie ja nichts von Psychologen, *die nur die Probleme zerkauen und die Dunkelheit mit Dunkelheit bekämpfen*. Es gibt nur eine Erklärung für diese Sichtweise. Sie hat ihren Bruder mehr bewundert, als sie zugeben wollte.

Nun fische ich ein Bild von Alexander und Inge im Alter von sechs und acht Jahren aus dem Stapel. Sie stehen vor ihrem Elternhaus, einem Haus mit kleinen Fenstern und blauen Holzläden, und halten sich an den Händen. Das Bild erinnert mich an das Märchen von Hänsel und Gretel. Es gibt noch andere Kinderbilder, aber dieses ist das schönste, das eindrucksvollste, das liebevollste. Jedes Mal, wenn ich es betrachte, fühle ich einen Stich im Herzen. Die beiden Geschwister hatten eine gemeinsame Kindheit, eine gemeinsame Geschichte, gemeinsame Wurzeln. Ich habe mir immer einen Bruder oder eine Schwester gewünscht. Aber es sollte wohl nicht sein.

Ich sortiere meine Lieblingsbilder aus und nehme mir vor, sie bei Gelegenheit zu rahmen und eine kleine Ahnengalerie anzulegen. Dann sehe ich die restlichen Sachen durch. Einladungskarten, Glückwunschkarten, Trauerkarten, ausgeschnittene Zeitungsartikel, mein Vater mit einer Schulklasse, meine Mutter in ihrem einfachen Salon bei der Arbeit. Gerade will ich alles wieder in die Kiste tun, da entdecke ich zwei Briefe von Alexander an Inge. Sie sind mir noch nie aufgefallen. Wie sollten sie auch? Ich habe ja sonst nur die Bilder betrachtet. Der eine Brief ist laut Poststempel siebzehn Jahre alt und wurde nach dem Tod meiner Eltern geschrieben. Ich überfliege ihn. Er drückt Mitgefühl aus und spendet selbst nach dieser langen Zeit noch Trost. Alexander schlägt seiner Schwester vor, mit mir nach Hamburg umzusiedeln.

Der andere Brief ist drei Jahre alt und ungeöffnet. Meine Großmutter war zu diesem Zeitpunkt schon schwer krank. Ich kann mich nicht erinnern, dass sie den Brief erwähnt hat. Wie ist er in die Kiste gekommen? Vor Aufregung schlägt mein Herz schneller. Ich öffne ihn mit dem Gefühl, etwas Verbotenes zu tun.

Liebe Inge,
nun ist es doch soweit gekommen, dass aus mir ein gläubiger Mensch geworden ist. Was sagst du dazu? Die Umstände, einige Vorfälle im Institut, der Tod von Marianne, ein paar interessante Aussagen haben mich etwas gelehrt, was ich bis dahin nicht sehen wollte und daher auch nicht sehen konnte. Eine Wissenschaft ohne Religion ist unvollständig und versinkt, wie ich selbst sehen konnte, im Materialismus. Aber auch das muss man wissen, eine Religion ohne Wissenschaft ist unvollständig und verfängt sich im Aberglauben.
Mein Lebenswerk ist unvollständig, weil ich Vorurteile hatte und nicht zwischen Religion, Kirche und Glaube unterschieden habe.
Mein nächstes Buch wird auf die neuen Erkenntnisse eingehen, wie ich meinen Glauben an Gott gefunden habe und wie ich darauf gekommen bin, dass Religion und Wissenschaft eine Einheit bilden. Ich möchte dir dieses Buch widmen. Ein Leben lang standen unsere unterschiedlichen Weltanschauungen zwischen uns. Lass uns am Ende unseres Lebens Frieden schließen.
Es ist gut, dass du Lea groß gezogen hast und nicht ich. Der Glaube an Gott ist wichtiger als alles Bücherwissen.
In Liebe, dein Alexander

Mein Hals ist wie zugeschnürt. Oma hat diesen Brief nicht mehr gelesen. Sie ist gestorben, ohne zu erfahren, dass aus ihrem atheistischen Bruder ein gläubiger Mensch geworden ist. Das wäre ein großer Trost für sie gewesen. Mir ist elend zumute. Was ist in dieser Familie nur alles schief gelaufen? Wieso habe ich diesen Brief nie zu Gesicht bekommen? Doch neben der verpassten Chance sickert langsam die Erkenntnis in mein Bewusstsein ein, dass ich hier den Beweis für das zehnte Buch habe. Frau Schmidt hat sich also nicht geirrt. Aber wo ist es?

Ich greife nach meinem Handy und rufe Martin Sander an. Es ist mir diesmal egal, wie spät es ist, ob der Zeitpunkt für meinen Anruf günstig ist oder nicht. Ich erreiche nur die Mailbox, aber sage, was ich unbedingt loswerden muss: „Lea Sommerfeld hier. Herr Sander, ich habe den Beweis … ein Brief von meinem Onkel. Es muss ein Manuskript geben. Frau Schmidt hat sich nicht geirrt. Sie müssen es suchen …" Ich lege auf, als ich merke, dass sich meine Stimme zu überschlagen droht.

Es gibt an diesem Abend keinen Rückruf. Ich bin zu aufgewühlt, um mich mit meinen Zielen zu beschäftigen oder noch etwas zu lesen. Die Tatsache, dass Alexander seiner Schwester das Buch widmen wollte, um dadurch eine lebenslange Spannung in dieser Familie aufzuheben, erscheint mir jetzt wichtiger als das Erbe, das Training und alles, was damit verbunden ist.

Am nächsten Tag in der Mittagspause habe ich eine Nachricht auf meiner Mail-Box: *Faxen Sie mir den Brief!* Ordnet Martin Sander kurz und knapp an. Der Befehlston gefällt mir überhaupt nicht. Ich denke gar nicht daran, ein so wichtiges Dokument durch die Gegend zu faxen. Das sage ich seiner Mail-Box überdeutlich.

Mein Mentor erreicht mich schließlich auf der Fahrt nach Hause. Er entschuldigt sich, dass er erst jetzt zurückrufen kann, Gerichtstermine. Es scheint, als hätte er Mitleid mit einer Friseurin, die den ganzen Tag auf den Beinen war. „Haben Sie wenigstens einen Sitzplatz?", fragt er nebenbei, als er mitbekommt, dass ich mich in der Straßenbahn befinde. Dann wird sein Ton förmlicher: „Ich habe gerade noch einmal alle Unterlagen und die CDs durchgesehen. Auch den Laptop habe ich mir vorgenommen. Es gibt kein weiteres Manuskript und auch keinen Hinweis darauf. Ich habe Bachmeiers und die Sekretärin des Instituts instruiert, Alexanders dortige Unterlagen durchzusehen. Sie wissen auch nichts von einem weiteren Manuskript."

„Könnte es sein, dass es sich in den Unterlagen befindet, die er für uns zusammengestellt hat?"

„Daran habe ich auch schon gedacht. Aber selbst, wenn es so ist, ich darf die Umschläge nur nach den Vorgaben öffnen. Es würde gegen die Anweisungen Ihres Onkels verstoßen. Und an die Prüfungsfragen komme ich sowieso nicht heran."

„Gibt es eigentlich etwas, das Sie auch ohne Anweisung meines Onkels machen?", rutscht mir heraus. Ich entschuldige mich sofort für die freche Bemerkung.

„In dieser Angelegenheit muss ich so korrekt sein. Sie wollen doch nicht Ihr Erbe verlieren?", entgegnet er leicht verärgert.

„Und wenn jemand das Buch gestohlen hat?" Jetzt brechen all die Spekulationen aus mir heraus, mit denen ich von Tom, Angela und meinen Kolleginnen gefüttert worden bin. Ich habe nicht damit gerechnet, dass Dr. Sander darüber lachen würde. „Nun geht die Fantasie mit Ihnen durch, Lea."

Sein Lachen macht mich wütend, und das zeigt mir wieder, wie wichtig mir die Angelegenheit ist. „Solange wir keine plausible Erklärung haben, wo dieses Buch steckt, müssen wir alle Möglichkeiten in Betracht ziehen", sage ich fest.

„Gut, dann übergeben wir den Fall der Kripo", meint er eine Spur zu lässig.

„Sie machen sich lustig über mich."

„Nein, mache ich nicht. Aber sehen Sie doch den Tatsachen ins Auge. Ihr Onkel hat vor drei Jahren in einem Brief an Ihre Großmutter ein mögliches Buch erwähnt. Er wollte es vielleicht schreiben, ist aber nicht dazu gekommen. Wenn es so wäre, wüssten wir es, Bachmeiers, der Stiftungsrat, mein Vater und ich."

„Frau Schmidt weiß es", schleudere ich ihm entgegen.

„Frau Schmidt hat da vielleicht etwas falsch verstanden. Ihr Onkel hat Vorträge gehalten. Vielleicht hat er an einem Vortrag gearbeitet und gemeint, dass er so viel Arbeit macht, wie ein zehntes Buch."

Als würde er meine Enttäuschung spüren, fügt er vorsichtig hinzu: „Konzentrieren Sie sich auf Ihre Aufgaben. Damit erfüllen Sie den letzten Willen Ihres Onkels."

Der Brief an meine Großmutter ist eindeutig. Nach kurzem Zögern sage ich entschlossen: „Das Manuskript existiert. Ich werde es finden, auch ohne Ihre Hilfe."

In der zweiten Woche warte ich täglich darauf, dass Corinna mir mein Buch zurückschickt. Wenn ich den Briefkasten leere, bin ich jedes Mal enttäuscht. Sie hat ihr Versprechen nicht eingehalten und hält es nicht mal für nötig, mir eine Erklärung zu geben. Das ungute Gefühl, das ich schon beim Abschicken des Buches hatte, verstärkt sich.

Ich habe meine Bestandsaufnahme an Fähigkeiten und Talenten fertig, die Wünsche und Ziele in den vier Lebensbereichen sind notiert. Nun fehlt nur noch das Studium der Theorie. Dazu brauche ich das Buch. Am Samstag ist meine Geduld am Ende. Halbstündlich wähle ich Corinnas Nummer, bis ich sie endlich erreiche. „Oh, Lea, du bist es." Ich höre das schlechte Gewissen heraus. „Hast du mein Buch abgeschickt?"

„Nein, ich bin noch nicht so weit, ich brauche noch zwei Tage. Es ist mehr, als ich dachte."

„Du hast versprochen, dass du es mir nach einer Woche zurückschickst. Ich habe täglich gewartet."

„Nun, auf zwei Tage kommt es doch nicht an. Mittwoch ist es in der Post, dann kannst du am Wochenende ausgiebig arbeiten und hast noch die ganze nächste Woche Zeit."

Das Buch ist weder am Mittwoch noch am Wochenende in der Post. Beim nächsten Anruf teilt sie mir mit, dass sie es nicht mehr finden könne und verlegt habe. Ist das Absicht? Gönnt sie mir mein Erbe nicht?

Frau Schmidt ist nicht zu erreichen, anscheinend ist sie nicht zu Hause. Welche Möglichkeiten habe ich noch? In die Buchhandlung gehen und zwanzig Euro für ein Buch ausgeben, das in Hamburg im Nachtschrank liegt? Nein. Die Stadtbibliothek. Ich fahre am Donnerstag vor der Arbeit dort vorbei und muss feststellen, dass es das Buch zwar gibt, es aber zurzeit ausgeliehen ist. Warum habe ich Corinna nicht gleich an die Bibliothek verwiesen?

Meine Urlaubswoche beginnt und ich bin völlig frustriert. Nun habe ich die Zeit, mich ausführlich mit Zielen zu beschäftigen, und dazu fehlt mir das Material. Dann gebe ich auf, oder besser gesagt, ich lasse los. Die Prüfungen sind noch nicht in Sicht. Ich werde den Stoff einfach im nächsten Monat nachholen und jetzt Urlaub machen.

Den Montag verbringe ich mit Angela und den Kindern im Zoo. Für Dienstag habe ich Arzttermine vereinbart. Ich bin zeitiger fertig als geplant und entscheide mich spontan für einen Besuch beim Arbeitsamt. Wenn mir noch Geld zusteht, dann ist es einen Versuch wert. Doch meine Entschlossenheit kommt bereits das erste Mal ins Schwanken, als ich den vollen Wartebereich registriere. Der zweite Blick gilt den missmutigen Gesichtern der Wartenden. Die erinnern mich an Beerdigungen, und meine Knie werden augenblicklich weich. Ich suche nach einem Platz und da entdecke ich eine Kundin von mir. Sie ruft laut durch den Raum: „Lea, du hier, bist du etwa arbeitslos?"

Oh Gott, ist mir das peinlich. Wenn Marlies das erfährt. Schnell sage ich: „Nein, nein, ich suche nur jemanden. Aber er ist nicht da. Schönen Tag noch." Dann flüchte ich, als wäre ein bissiger Hund hinter mir her. Hier werden mich keine zehn Pferde wieder herbekommen. Dagegen scheint es mir eine leichte Übung zu sein, Marlies um eine Gehaltserhöhung zu bitten. Den Rest des Tages knabbere ich an der Ungerechtigkeit, dass ich für neun Stunden Arbeit pro Tag weniger bekomme als Leute, die gar nicht arbeiteten. Und was noch viel schlimmer ist, ich schaffe es nicht, daran etwas zu ändern. Der Tag ist Frustration pur.

Am Mittwoch fahre ich mit Angela und den Kindern ins Schwimmbad. Endlich habe ich das Gefühl von Urlaub: Wasser, Sonne, Bäume, Rasen, ein Spielplatz und Imbissbuden, Menschen, die auf ihren Handtüchern liegen und in der Sonne schmoren oder sich im Wasser tummeln. Mehr braucht man nicht als Urlaubsflair. Das Schwimmbad ist bei diesem herrlichen Sommerwetter überfüllt. Wir haben zu tun, einen Platz in der Nähe des Kinderbeckens zu bekommen. Sina und Wilhelm reißen sich schon im Gehen die Kleider vom Leib. Angela bläst die Schwimmringe auf, und von da an sind die Kinder beschäftigt. Wir sitzen auf der Decke, reiben uns gegenseitig mit Sonnenöl ein und haben die beiden im Blick. Angela jammert mal wieder über ihre breiten Hüften und starken Oberschenkel. Sie trägt deshalb einen Badeanzug, was ich albern finde.

„Bekommst du Ärger, wenn du ohne Hausaufgaben bei der Konsultation erscheinst?", fragt Angela, nachdem ich ihr die Geschichte mit Corinna erzählt habe.

„Ich kann nur hoffen, dass Dr. Sander mich nicht disqualifiziert."

„Dr. Sander. Wie alt ist der Mann überhaupt?"

„Vierunddreißig." Die Zahl kommt wie aus der Pistole geschossen. Das könnte den Eindruck machen, dass der Mann mich besonders interessiert. Deshalb füge ich schnell hinzu: „Habe ich im Gespräch zwischen ihm und Corinna mitbekommen. Er hat gerade seine Doktorarbeit verteidigt. Corinna wollte das Thema wissen."

„So, so", sagt Angela und sieht mich merkwürdig an. „Was ist er denn für ein Typ?"

„Ein intellektueller Typ, dunkelblonde Haare – perfekt geschnitten – groß, etwas über eins achtzig, schlank, trägt eine Brille. Was kann man noch über ihn sagen? Er hat gute Manieren, spricht hochdeutsch, ist höflich, etwas distanziert und … verantwortungsbewusst."

Angela stößt einen leisen Pfiff aus. „Bist du sicher, dass der Mann nicht schon siebzig ist?"

Ich muss laut lachen. „Ja, bin ich, er ist eben …", ich suche krampfhaft nach einem Wort und sage dann: „… anders. Meine Oma hätte ihn als einen *feinen Mann* bezeichnet."

„Hört sich an wie aus dem vorletzten Jahrhundert."

„Er gehört eben zu einer anderen Gesellschaftsschicht. Aber … das stimmt auch nicht. Ich schneide auch Ärzten und Rechtsanwälten die Haare. Die haben nicht sein Format."

„Das muss ja wirklich ein besonderes Exemplar sein. Sicher hat er auch 'ne Frau und drei Kinder und alle sind sehr glücklich."

„Keine Ahnung, interessiert mich auch nicht", sage ich leicht gereizt und wundere mich selbst über meinen Ton.

„Na, bisher klang das nicht nach Desinteresse, was du da von dir gegeben hast." Ich spüre, wie ich rot werde. Das ist ja nun völlig albern. „Hör auf, Angela, ich habe Tom, schon vergessen?"

„Deshalb musst du ja nicht blind durchs Leben laufen. Ist er sexy?"

„Jetzt reicht es!" Ich springe vor Wut auf und gehe drei Schritte vor.

„Was ist denn los mit dir, Lea? Man wird doch wohl mal fragen dürfen."

Ich komme zurück und sage wütend: „Dr. Sander verwaltet das Erbe meines Onkels und ist für ein Jahr mein Mentor. Und ob er sexy ist und Frau und Kinder hat oder sonst noch was, das ist mir so etwas von egal."

Angela grinst. „Und warum regst du dich dann so auf?"

„Ach, das weißt du doch. Ich will endlich mal ein bisschen Urlaub machen, und da erinnerst du mich daran, dass ich so dämlich war, Corinna mein Buch zu schicken."

„Und ohne Hausaufgaben zur Konsultation zu fahren, das macht keinen guten Eindruck auf deinen perfekten Mentor", bringt Angela das Problem auf den Punkt.

„Wenn ich schon bloß Friseurin bin ..."

„Oh nein, Lea, das ist jetzt nicht dein Ernst. Du warst die Beste in der Klasse. Alle Lehrer haben sich gewundert, dass du kein Abitur machen wolltest."

Angela hat heute die Fähigkeit, alle meine wunden Punkte ans Licht zu befördern, nur war mir bisher nicht klar, dass das wunde Punkte sind.

„Der Friseurberuf ist mein Traumberuf", sage ich, aber es klingt nicht sehr überzeugt. „Außerdem war es der Wunsch meiner Oma, dass ich so schnell wie möglich auf eigenen Füßen stehe."

„Das ist ja völlig neu."

„Ist mir auch jetzt erst richtig bewusst. Aber Oma hat nicht bedacht, dass man mit siebenhundert Euro im Monat nicht auf eigenen Füßen stehen kann oder, besser gesagt, keine großen Sprünge machen kann." Ich seufze. „Tom kann jetzt mit seiner

Diplomarbeit beginnen. Und wenn er dann einen Job hat, haben wir es geschafft. Vielleicht verdient er so viel, dass mein Gehalt dann mein Taschengeld ist. Außerdem besteht ja noch die Chance, dass ich als einfache Friseurin mit einer gewissen angeborenen Intelligenz auch noch ein vernünftiges Prüfungsergebnis erreiche und dadurch ein paar Euro erbe."

Angela schweigt eine Weile und sagt dann aus heiterem Himmel: „Liebst du Tom noch?"

„Was für eine Frage? Wäre ich sonst mit ihm zusammen?"

„Gefühle können sich ändern", sagt sie mit trauriger Stimme und einem gequälten Lächeln.

„Ach, Angela, irgendwann findest du auch noch den Richtigen."

Den Rest des Tages meiden wir das Thema Erbschaft, aber das Gespräch geht mir nicht aus dem Kopf.

Für Donnerstag war eigentlich eine Radtour geplant. Doch Toms Praktikum ist dazwischen gekommen. Ich bin sogar froh, mal einen Tag für mich zu haben. Dresden hat genügend grüne Plätze zu bieten, und einer meiner Lieblingsplätze ist die Bürgerwiese. Sie liegt im Stadtzentrum und ist ein kilometerlanges und hundert Meter breites Band, das an der einstigen mittelalterlichen Stadtbefestigung verläuft. Im Osten grenzt sie an den Großen Garten und im Norden an den Blüherpark. Das Besondere an diesem Park sind für mich der Teich mit der Fontäne, die Vielzahl großer Plastiken und der Blick auf die Türme der Kreuzkirche und des Rathauses.

Nach dem Frühstück packe ich meine Sachen zusammen: etwas Obst, eine Flasche Wasser, ein größeres Handtuch, Sonnencreme und meine Unterlagen. Meine Ausstattung erinnert mich an die Prüfung in der zehnten Klasse. Ich habe damals mit Angela in diesem Park gelernt.

Gegen neun Uhr verlasse ich die Wohnung und bin bereits zwanzig Minuten später mitten im Grünen. Es hat in der Nacht geregnet. Das Gras ist noch feucht, aber die Sonne trocknet es bereits. In der Nähe des Teiches lasse ich mich auf einer Bank nieder. Die tobende Wasserfontäne, die Tom immer als nervig bezeichnet, ist für mich pure Entspannung. Das Rauschen des Wassers bringt etwas in meinem Inneren in Bewegung, sortiert die Gedanken, löst unangenehme Gefühle auf, hilft mir, tiefer zu atmen und klarer zu denken.

Auch diesmal fasziniert mich dieses Naturbild. Der Teich ist von hohen Bäumen mit tiefhängenden Ästen eingeschlossen. Schwimmpflanzen überziehen den größten Teil der Wasserfläche. Nur um die Fontäne herum haben die Wasserpflanzen keine Chance, sich breit zu machen. Und so kann sich die Sonne, die durch die Baumkronen blinzelt, in dieser freien Fläche spiegeln. Ich starre auf die Fontäne und lasse die Gedanken kommen und gehen. Wie in Trance nehme ich irgendwann meinen Hefter zu Hand und lese den Brief meines Onkels. Mein Blick bleibt förmlich an dem dick gedruckten Text kleben. ***Betrachte den Menschen als ein Bergwerk, reich an Edelsteinen von unschätzbarem Wert. Nur die Erziehung kann bewirken, dass es seine Schätze enthüllt und die Menschheit daraus Nutzen zu ziehen vermag.*** Was ist das für eine unglaubliche Aussage? Ich bin ein Bergwerk, reich an Edelsteinen, jeder Mensch ist das. Ein älterer Mann joggt an mir vorbei, und ich denke voller Staunen: Wow, der ist auch ein Edelsteinbergwerk. Ein Großvater kämpft mit seinem zweijährigen Enkel, weil dieser aus dem Wagen klettern will, aber nicht soll. Ich amüsiere mich über die beiden: Zwei Edelsteinbergwerke. Ich denke an Marlies, Vivien und Sarah, an Tom und Angela, und ich stelle mir viele glitzernde Edelsteine in ihnen vor. Mir fällt ein, dass eine Kundin mir einmal einen Beutel mit Edelsteinen geschenkt hat, Steine, denen man besondere Kräfte nachsagt. Aber ich habe mich nicht weiter damit beschäftigt.

Meine Gedanken gleiten zum zweiten Teil der Aussage. ***Nur die Erziehung kann bewirken, dass es seine Schätze enthüllt.*** Ich überlege, was Erziehung ist. In diesem Wort steckt der Wortstamm „ziehen". Bedeutet Erziehung, die Edelsteine des Menschen herauszuziehen, sie sichtbar zu machen? Also ist Alexanders Konzept eine Art Erziehungsprogramm. Er sah sich als Geburtshelfer beim Finden der Lebensaufgabe. Wie eine Hebamme das Baby aus dem dunklen Leib der Mutter holt, so holte Alexander das Potenzial des Menschen ans Licht. Die Wünsche, die ich aufgeschrieben habe, sind wohl die Wehen, die Ziele eine Art Öffnung, ein Geburtskanal. Ich notiere meine Gedanken. Das Bild fasziniert und ängstigt mich gleichzeitig. Wie viele Fähigkeiten in uns sind zum Dauerschlaf verurteilt, weil wir nicht zu ihnen vordringen oder vordringen wollen? Ich muss wieder an das Gespräch mit Alexander denken. Ich höre ihn sagen: „Lea, genügt es dir wirklich, den Leuten die Haare zu schneiden?" Dann fällt mir Angela ein: „Lea, du warst die Beste in der Klasse. Alle Lehrer haben sich gewundert, dass du kein Abitur machen wolltest."

Mir wird bewusst, dass ich mich gegen die Entwicklung meines Potenzials entschieden habe. Und nun fühle ich mich im Vergleich zu Corinna und Martin Sander unterentwickelt. Corinna hat vier Semester Medizin studiert hat und dann neun Semester Jura. Hat sie ihre Edelsteine schon ans Licht befördert? Martin Sander ist Jurist und Psychologe *und* er hat einen Doktortitel. Ich bin so in meine Gedanken vertieft, dass ich das Wasser gar nicht mehr höre und zusammenzucke, als eine ältere Dame sich zu mir auf die Bank setzt.

„Ich hoffe, ich störe Sie nicht?"

„Nein, nein", sage ich und mache etwas Platz.

„Sie studieren wohl?"

„Ja, so ähnlich."

„Was studieren Sie denn?"

„Mich", rutscht mir heraus und ich lächle.

„Ach ja, und was machen Sie da?"

„Ich arbeite mit einem Programm für Persönlichkeitsentfaltung."

„Was es nicht alles gibt. Wir sind früher nur zur Schule gegangen und haben dann einen Beruf gelernt", sagt die Frau sichtlich beeindruckt und schüttelt mit dem Kopf. Fünf Minuten später erhebt sie sich und wünscht mir viel Erfolg. Ich bin auch zur Schule gegangen und habe einen Beruf gelernt. Doch das erscheint mir jetzt zu wenig.

Der letzte Teil des Zitates – **und die Menschheit daraus Nutzen zu ziehen vermag** – verleiht dem Ganzen noch eine weitere Bedeutung. Es geht nicht nur darum, seine Fähigkeiten zu entwickeln, sondern sie zum Nutzen der Menschheit einzusetzen. Je mehr ich ausbilde, desto mehr kann ich geben. Ich spiele mit dem Gedanken und fühle mich wohl bei der Vorstellung, dem anderen so viel wie möglich von mir zu geben. Es ist wirklich ein Unterschied, ob man für ein höheres Gehalt und einen besseren Lebensstandard arbeitet oder ob man seine Arbeit als Dienst an der Menschheit sieht. So wird man Teil eines Ganzen, die Arbeit bekommt eine andere Dimension. Ich frage mich nun, ob ich der Menschheit noch mehr zu geben habe als nur Frisuren.

Würde ich meinen Kolleginnen erzählen, dass ich mich einen ganzen Urlaubstag lang mit dem Menschen als ein **„Bergwerk, reich an Edelsteinen"** beschäftigt habe, sie erklärten mich glatt für verrückt. Für einen Moment bin ich sogar froh, dass Corinna mir das Buch nicht geschickt hat, denn ich hätte diesen Tag sonst mit den theoretischen Grundlagen zu den Zielen verbracht und nicht diesen Tiefgang erlebt. Wo hat mein Onkel diesen Text eigentlich ausgegraben? Diese Frage werde ich meinem Mentor stellen.

Auf dem Heimweg halte ich mich noch etwas länger vor dem Mozartbrunnen auf und frage mich, ob Mozart sein ganzes Potenzial entfaltet hatte, als er Mitte dreißig schon starb.

Ich betrachte die drei vergoldeten Bronzefiguren, die die drei Grazien Anmut, Heiterkeit und Ernst darstellen und um den Mozartgedenkstein tanzen. Da kommt mir ein neuer Gedanke: Besteht das menschliche Potenzial nur aus Talenten und Fähigkeiten?

Am späten Nachmittag koche ich mir zu Hause eine Tasse Kaffee und esse ein Käsebrot. In der Schublade der Schrankwand finde ich das Säckchen mit den Edelsteinen und ein Heft mit den Bedeutungen. Es sind neun kleine Steine in den schönsten Farben. Ich vergleiche sie mit den Abbildungen und präge mir die Eigenschaften der Steine ein. Dann stecke ich sie in meine Handtasche, als Andenken an diesen Tag. Ich räume bei dieser Gelegenheit dieses Fach und ein weiteres auf. Wenn mich einmal das Aufräumfieber packt, bin ich nicht mehr zu bremsen. Als nächstes nehme ich mir meinen Kleiderschrank vor, lege T-Shirts zusammen und gleich die Sachen für Hamburg bereit. Nun brauche ich sie nur noch einzupacken. Ich steige auf den Stuhl, um meinen Koffer vom Schrank herunterzuholen. Der Koffer klemmt, ich ziehe mit einem Ruck und habe den Griff in der Hand. Auch das noch. Meine Reisetasche erscheint mir zu schäbig. Es bleibt mir nichts weiter übrig, als Toms Reisetasche zu nehmen. Er benutzt sie sowieso nur selten. Ich muss die kleine Leiter holen, weil die Tasche weit nach hinten gerutscht ist. Aus Gewohnheit kontrolliere ich zunächst alle Seitentaschen, bevor ich packe. Manchmal habe ich bei dieser Aktion schon ein paar Euro gefunden. Eine Vorfreude tritt ein, als ich einen Umschlag in der linken Seitentasche fühle. Doch als ich das gute Stück in der Hand halte, wird aus Vorfreude Fassungslosigkeit. Wie gelähmt und völlig verständnislos starre ich auf den

Umschlag. Es ist der Brief von Frau Schmidt, der Brief, den sie mir vier Wochen vor dem Tod meines Onkels geschrieben hat. Das darf nicht wahr sein! Tom hat den Brief von Frau Schmidt geöffnet ... Von den zweihundert Euro ist nichts mehr zu sehen. Mir treten vor Wut die Tränen in die Augen. Ich lese den Brief mehrmals: *„Ihr Onkel möchte Sie noch einmal sehen. Lege Ihnen das Fahrgeld bei ... hoffe sehr, dass Sie kommen können ..."*

Ich bin am Boden zerstört. Wie konnte er das tun? Wütend stürze ich zum Handy. Im nächsten Moment besinne ich mich. Das darf ich nicht am Telefon mit ihm besprechen. Ich will Tom in die Augen sehen, wenn er mir dafür eine Erklärung gibt. Mir fällt ein, dass er nach der Arbeit noch zu Angela will. Sie ist, was praktische Dinge betrifft, sehr unbeholfen. Diesmal soll er ein paar Glühbirnen auswechseln.

Gegen neun höre ich die Schlüssel klappern. Inzwischen habe ich die Wohnung geputzt und mich etwas beruhigt. Tom kommt pfeifend in die Küche. „Na, alles erledigt?", frage ich freundlich und spüle dabei das Geschirr des Tages ab.

„Glühbirnen gewechselt, Waschmaschine zum Laufen gebracht und Trockner gereinigt", gibt er selbstzufrieden von sich. Da steht er nun vor mir mit seinem Drei-Tage-Bart, Pferdeschwanz, Jeans, ausgewaschenem T-Shirt und seinem gewinnenden Lächeln. Man traut es ihm einfach nicht zu. „Tom, mein Koffer ist kaputt. Ich brauche deine Reisetasche", sage ich nebenbei.

„Das geht nicht, die brauche ich morgen", antwortet er hastig.

„Wofür?", frage ich und baue mich vor ihm auf. „Für die Reinigung. Ich meine, Angela will Sachen in die Reinigung bringen, und da sie keine Tasche ..."

„Hör auf, Tom. Angela bringt keine Sachen in die Reinigung. Sie kauft nur Sachen, die sie selbst waschen kann. Warum hast du den Brief unterschlagen? Warum?" Ich funkele ihn wütend an. Aus Angst oder Verlegenheit tritt er zwei Schritte zurück. „Lea, lass dir das erklären. Ich war gerade knapp bei Kasse, besser gesagt, ich hatte Schulden. Und Steffen war schon richtig sauer. Dann kam der Brief. Du hattest doch gar keinen Kontakt mehr zu deinem Onkel. Ich brauchte das Geld, wollte es dir später erklären. Darum habe ich doch den Brief aufgehoben." Er hebt entschuldigend die Schulter. „Ich hatte es irgendwie vergessen."

„Vergessen, irgendwie", murmele ich. „Das soll ich dir glauben? Ich habe dir erzählt von dem Brief, der nicht angekommen ist. Spätestens da hätte es doch bei dir Klick machen müssen. Oder leidest du schon an Alzheimer? Soweit ich mich erinnern kann, hast du etwas von *verloren gegangen* gefaselt."

„Als ich begriff, welche Bedeutung der Brief für dich hat, brachte ich es nicht fertig, dir die Wahrheit zu sagen." Wenigstens das stimmt. Tom ist feige. Er sucht immer den einfachsten Weg. Völlig kraftlos vor Enttäuschung sinke ich auf den Stuhl. „Tom, ich möchte, dass du im Wohnzimmer schläfst. Ich brauche Abstand zu dir."

„Lea, wegen so eines kleinen Missverständnisses …"

„Missverständnis", fahre ich ihn an. Er zuckt zusammen.

„Okay, du brauchst ein bisschen Zeit. Du musst dich erst mal beruhigen. Meine Güte, Lea, du hast dich drei Jahre nicht um den Mann gekümmert. Wir haben nur selten über ihn gesprochen. Sicher war es nicht richtig. Ich war in Not. Das Geld kam wie auf Bestellung. Die hätten mich sonst fertig gemacht. Wäre dir das lieber gewesen?"

„Es wäre mir lieber gewesen, wenn du mit mir darüber gesprochen hättest."

„Ja, das war ein Fehler. Aber du hast damals viele Überstunden gemacht, warst kaum da …"

„Hör auf, mir die Schuld in die Schuhe zu schieben."

„Du bist aber auch schuld daran, dass ich mich so verhalten habe. Über jeden Cent muss man Rechenschaft ablegen. Wenn du nicht so geizig wärst und unser Geld so festhalten würdest..."

„... dann wärst du schon untergegangen oder so verschuldet wie deine Eltern", beende ich den Satz und erhebe mich mühsam. Ich gehe ins Schlafzimmer, schnappe sein Bettzeug und trage es ins Wohnzimmer. Dann schließe ich mich im Schlafzimmer ein, um meine Ruhe zu haben.

Am nächsten Morgen frühstücken wir wortlos. Ich habe mich doch entschieden, meine schäbige Reisetasche zu nehmen. Alle Äußerlichkeiten sind mir jetzt egal. Ich brauche Abstand zu Tom, muss über sein Verhalten und über unsere Beziehung nachdenken.

Diese Gedanken beschäftigen mich den gesamten Freitagvormittag. Die Fahrt nach Hamburg kommt mir jetzt gerade recht.

In Hamburg erwartet mich eine kranke Frau Schmidt. Sie liegt mit Grippe im Bett. Frau Brenner versorgt sie und nimmt mich in Empfang. „Schön, dass Sie da sind, Lea. Vielleicht können Sie nachher noch mal nach ihr sehen. Ich habe frischen Tee gekocht. Die Tabletten hat sie genommen." Ich bringe die Nachbarin zur Tür und setze mich zu Frau Schmidt ans Bett. Es ist ihr unangenehm, dass sie krank ist. „Lea, nehmen Sie sich aus dem Kühlschrank, was Sie brauchen. Ich habe zum Glück noch eingekauft. Morgen kann ich bestimmt wieder aufstehen."

„Machen Sie sich um uns keine Sorgen. Wir sind alt genug und selbständig." Ich tätschele ihr die Hand.

„Sie sehen auch krank aus", stellt Frau Schmidt besorgt fest. Ich wende den Kopf ab, bin mir nicht sicher, ob ich der Haushälterin erzählen soll, dass ich die Erklärung für den verschwundenen Brief habe. Ich schäme mich für Tom. Was würde Frau Schmidt über meinen Geschmack in Bezug auf Männer denken? Außerdem, was bringt es noch? Mein Onkel ist nicht mehr am Leben. Sein letzter Wunsch, seine Großnichte noch einmal zu sehen, kann nicht mehr erfüllt werden. Warum soll ich Frau Schmidt damit aufregen, noch dazu in ihrem kränklichen Zustand? „Ich hatte Streit mit meinem Freund", gebe ich nur zu.

„Wollen Sie sich trennen?"

„Er ist meine Familie", sage ich bitter.

„Aber eine Familie, die Sie auswechseln können, wenn sie Ihnen nicht gut tut", krächzt sie.

„Man kann doch seine Familie nicht auswechseln", entgegne ich und weiß im Moment überhaupt nicht, was ich will.

Es klingelt. Corinna ist da. Freudig umarmt sie mich. „Ich darf mein erstes Staatsexamen machen. Beim Aufräumen habe ich dein Buch wiedergefunden. Und getrunken habe ich diesmal auch nicht."

Ich weiß einfach nicht, was ich darauf sagen soll. Mein Freund hat meinen Brief und zweihundert Euro unterschlagen, meine Mitstreiterin ihr Versprechen nicht gehalten. Und beide finden ihr Verhalten völlig normal. Ich muss an das Zitat mit den Edelsteinen denken und mir wird jetzt klar, dass mit den Edelsteinen nicht nur die Talente und Fähigkeiten gemeint sind, sondern auch die Charaktereigenschaften. Was nützen ein Studium und ein hoher Wissensstand, wenn man unehrlich, egoistisch und nicht vertrauenswürdig ist? Frustriert gehe ich in mein Zimmer und nehme mir die ersten Seiten des Buches vor.

In der Kanzlei Sander treffen wir heute Martin Sander, seine Mutter und das einzige weibliche Mitglied des Stiftungsrates an. Die etwa fünfzigjährige Dame quittiert unser pünktliches

Erscheinen und verabschiedet sich gleich wieder. „Viel Spaß, Monika", ruft sie Frau Sander zu. So erfahre ich ihren Vornamen. Monika Sander ist eine zierliche Frau um die sechzig, mit Kurzhaarfrisur und goldgerahmter Brille. Mir fällt gleich die Ähnlichkeit zwischen Mutter und Sohn auf. Frau Sander hat ein warmes, freundliches Lächeln und ein paar nette Worte für uns. Ich merke an der Art und Weise, wie Mutter und Sohn miteinander umgehen, dass sie sich gut verstehen. Er bedankt sich, dass sie gekommen ist, und wünscht ihr ein schönes Wochenende. Daraus schließe ich, dass Dr. Sander nicht bei seinen Eltern wohnt. Gibt es eine Frau Sander? Ich kann nicht anders, muss auf seine Hand schauen. Das Gefühl der Erleichterung, als ich an seinem Finger keinen Ring entdecke, überrascht und verwirrt mich gleichzeitig. Das kommt nur von Angelas blödem Gerede.

Unser Mentor hält sich nicht mit Konversation auf. „Haben Sie Fragen zu den theoretischen Grundlagen?", beginnt er. Corinna schüttelt den Kopf. Sie wirkt in ihrem gerüschten Sommerkleid und dem geflochtenen Zopf wie ein unschuldiges Kind.

„Ich habe nur einen Teil der Theorie erarbeiten können, bin also nicht fertig", gebe ich sofort zu und bekomme einen roten Kopf. Er sieht auf unsere Hefter. Ich erwarte, dass Corinna den Grund dafür erklärt. Doch sie denkt nicht daran. Sie präsentiert ihm eine umfangreiche theoretische Abhandlung und meint: „Lea kann ja meine Aufzeichnung haben. Der Stoff ist nicht ganz einfach."

Hoppla, was ist das denn? Erst behält sie das Buch, behindert meine Arbeit, und nun tut sie, als wäre ich zu blöd, den Stoff zu verstehen.

„Lea muss sich selbst mit dem Inhalt des Buches auseinandersetzen", sagt Martin Sander in einem strengen Ton. Er sieht mich an. „Wenn Sie die theoretischen Aufgaben nicht ernst nehmen, fehlt Ihnen der Stoff später für die Prüfung. Das Thema Ziele war das wichtigste Thema für Alexander. Das sollten Sie sich für die Prüfung merken und es nicht auf die leichte Schulter nehmen. Es kommt noch eine Menge Stoff auf Sie zu. Jeder Monat wird prall gefüllt sein." Er sagt es höflich, aber der Tadel ist doch deutlich. Diese Zurechtweisung erinnert mich an eine Situation aus meiner Schulzeit. Ich hatte Angela mein Heft zum Abschreiben gegeben. Sie hatte es am nächsten Tag vergessen. Ich bekam den Eintrag für nicht erledigte Hausaufgaben. Der Lehrer hatte keine Ausrede akzeptiert. Alexander akzeptierte auch keine Ausreden. Und Corinna denkt nicht daran, den Grund zu erklären. Tatsache ist nun einmal, dass es dumm war, das Buch wegzugeben, bevor ich selbst mit der Aufgabe fertig war. Am Ende fehlt mir das Wissen, was mich mein Erbe kosten könnte.

„Ich hole es nach", sage ich fest und werfe Corinna einen wütenden Blick zu. Martin Sander nickt. Ich spüre seine Enttäuschung.

„Haben Sie Fragen zum Religionstext?", setzt er ohne Umschweife fort. Corinna schüttelte den Kopf. „Das ist doch leicht."

„Einfach und tiefgründig", korrigiere ich, denn leicht ist für mich nicht das treffende Wort.

„Das trifft es sehr genau", bestätigt Dr. Sander.

„Woher kommen diese Zitate? Es steht keine Literaturangabe dabei", hake ich nach.

„Ein Brief ist ja auch kein wissenschaftliches Werk. Entweder hat Ihr Onkel es vergessen, oder er wollte, dass Sie selbständig suchen." Sein geheimnisvolles Lächeln erweckt den Eindruck, dass er es weiß, aber nicht sagen will oder darf. Ich fühle mich verklapst. „Mein Onkel hat das Programm sehr genau geplant. Das glauben Sie doch selbst nicht, dass er die Literaturangabe einfach so vergessen hat", sage ich etwas bissig, denn ich habe genug davon, an der Nase herumgeführt zu werden.

„Lea, wie redest du denn mit Herrn Dr. Sander?", weist mich Corinna zurecht.

Die hat es gerade nötig, mich zu kritisieren. Bevor ich zurückschießen kann, sagt unser Mentor. „Sie haben Recht, Lea." Diesmal sieht er mich ernst an. „Ich kann Ihnen nur so viel sagen, dass die Texte aus Religionsschriften stammen. Alexander wollte, dass Sie selbst die Quelle suchen. Er vertrat die Ansicht, dass man die geistigen Wahrheiten selbständig erforschen muss. Was man auf dem Silbertablett serviert bekommt, hat keinen Wert. Ihnen steht die gesamte Bibliothek zur Verfügung, wenn Sie mehr darüber wissen wollen."

„Sollen wir deshalb einmal im Monat hierher kommen?", frage ich.

Er zögert. „Das könnte ein Grund sein. Hier haben Sie beide die gleichen Bedingungen."

„Aber wir müssen das doch nicht etwa suchen?", fragt Corinna naserümpfend. „Ich muss nicht wissen, woher mein Onkel diese Texte hat."

„Müssen tun Sie hier gar nichts. Welche Gedanken sind Ihnen zu diesem Text gekommen?" Er sieht Corinna an. Sie räuspert sich. „Der Mensch hat ein großes Potenzial, das durch Erziehung entfaltet werden kann", erklärt sie leicht genervt.

„Haben Sie noch andere Gedanken dazu?", fragt er aufmunternd. Sie schüttelt den Kopf.

„Lea, wollen Sie etwas ergänzen?"

Ich habe meine Notizen vor mir, fasse aber mit eigenen Worten zusammen: „Dieser Text hat mich einen ganzen Urlaubstag beschäftigt. Als mir bewusst wurde, dass jeder Mensch so *ein Edelsteinbergwerk* ist, empfand ich mehr Achtung für andere Menschen und auch mehr Selbstachtung. Es stecken drei Teilaussagen darin, die Fragen aufwerfen. Die eine umfasst *das Potenzial von unschätzbarem Wert*, was mir sozusagen Achtung einflößte. Die zweite Aussage bezieht sich auf den Wert der *Erziehung*, denn ohne *Erziehung* kommen diese Edelsteine nicht ans Licht. Und der dritte Teil sagt uns, dass die Entwicklung von Fähigkeiten nicht dem Selbstzweck dient, sondern *ein Dienst* für andere ist. Somit bekommt die Arbeit eine höhere Wertschätzung. Es ist ein Unterschied, ob ich für mich arbeite, für meinen Lebensunterhalt, oder ob ich es als Dienst sehe." Unser Mentor wirkt beeindruckt. „Welche Fragen haben Sie dazu?"

„Was ist eigentlich mit *Edelsteinen* gemeint? Erst habe ich nur an Fähigkeiten und Talente gedacht, dann an den Charakter. Aber vielleicht ist es noch mehr. Was ist Erziehung? Ich verbinde eigentlich mit dem Wort die Erziehung der Kinder. Könnte man Alexanders Programm als Fortsetzung der elterlichen Erziehung auffassen? Wie kann man das Potenzial des Menschen aufschlüsseln?"

Martin Sander nickt bedächtig. „Das sind sehr wichtige Fragen, Lea. Ich erinnere mich an ein Gespräch mit Alexander, bei dem es um die drei Arten der Erziehung ging. Er sprach von der körperlichen, von der menschlichen und von der geistigen Erziehung. Was ist mit körperlicher Erziehung gemeint?"

Corinna ruft sofort: „Kleidung, Körperpflege."

Ich füge hinzu: „Sport, Ernährung und Entspannung."

„Ja, und das Kapitel Gesundheitsvorsorge, im Grunde alles, was dem Körper gut tut", fasst Herr Sander zusammen.

Wir finden dann heraus, dass menschliche Erziehung Wissenschaft, Kunst, Kultur, Fortschritt und Verwaltung umfasst. Dazu gehört der Beruf.

Zur geistigen Erziehung werden geistige Eigenschaften, Tugenden und Charakterentwicklung gezählt. Aus den drei Arten der Erziehung lässt sich das Potenzial des Menschen ableiten, und nun ist mir klar, dass Erziehung ein lebenslanger Vorgang ist. In der Kindheit erziehen die Eltern, danach ist jeder selbst für seine Entwicklung verantwortlich. Ich bestaune die Aussagekraft dieses Zitates und es ist mir gar nicht mehr so wichtig, woher es stammt. Corinna wirft nur ab und zu einen Gedanken ein. Es ist mehr ein Zwiegespräch zwischen Martin Sander und mir, ein Gespräch, das mir eine besondere Freude bereitet.

Der nächste Punkt beinhaltet die Ziele in den einzelnen Lebensbereichen.

Corinna hat einen Hefter mit vielen Bildern gestaltet. Sie malt sich in allen Facetten ihre Anwaltskanzlei aus. Ich habe das Gefühl, die Kanzlei Sander hat bei ihren Überlegungen Pate gestanden, denn im Wesentlichen beschreibt sie ihre zukünftige Arbeitsstätte so, wie sie hier eingerichtet ist. Beim Thema Familie fehlt ihr die Vision. Kinder haben in ihrer fünfjährigen Lebensplanung keinen Platz. Sie spricht immer nur von einem Partner, mit dem sie zusammenarbeiten will. Martin Sander hakt nach mit Zusatzfragen:

„Warum arbeiten Sie? Wofür arbeiten Sie? An welcher Aufgabe arbeiten Sie?" Wir sollen noch einmal eine halbe Stunde in uns gehen und uns Gedanken zu diesen Fragen machen. Mir schießt als erste Antwort durch den Kopf, dass ich arbeite, weil es mir Freude macht, weil ich gern unter Menschen bin. Wofür arbeite ich? Um meinen Lebensunterhalt abzusichern. Für zusätzliche Ziele, Theaterbesuche, das Sammeln von Kunstwerken oder zum Reisen fehlt mir das Geld. Ich stelle überrascht fest, dass meine Ziele schon auf mein Gehaltskonto ausgerichtet, ja reduziert sind. Ich habe mich also unbewusst schon mit meinem Minigehalt abgefunden, wie jemand, der seinen Lebensabend mit seiner kleinen Rente bestreiten muss. Das macht mich traurig. An welcher Aufgabe arbeite ich? Menschen zu helfen, ihre Probleme zu lösen, lautet die spontane Antwort dazu, die mich ebenfalls überrascht, denn es hat mit dem Friseurberuf wenig zu tun. Und doch stimmt es. Wenn ich meinen Terminkalender für den nächsten Tag durchsehe, dann freue ich mich auf die Menschen, erinnere mich an ihre Geschichten, aber denke nicht an ihre Frisuren. Ich rede mir ein, dass das ein angenehmer Teil des Friseurberufes ist. In mein Heft trage ich ein: „Ich arbeite an der Aufgabe, den Menschen die passende Frisur zu geben."

„Warum ist Ihnen die passende Frisur so wichtig?", will Dr. Sander in der Auswertung wissen.

„Die Frisur ist wichtig für das Selbstbewusstsein."

Corinna gibt bei meiner Antwort ein verächtliches Schnauben von sich. „Als wäre die Frisur das Wichtigste im Leben", sagt sie abwertend.

Unser Mentor widerspricht ihr scharf: „Wenn Sie Erfolg haben wollen, ist das äußere Erscheinungsbild tatsächlich sehr wichtig. Innerhalb von sieben Sekunden macht sich unser Gehirn ein Bild vom anderen Menschen. Es muss nicht immer das Richtige sein. Aber Kleidung und Frisur bestimmen den ersten Eindruck. Danach kommt der Blick, der Augenkontakt. An dritter Stelle wirkt die Stimme und an vierter erst das Fachwissen."

Corinna protestiert. „Das kann nicht sein, dass die fachliche Qualifikation an vierter Stelle steht." Unser Mentor lächelt. „Das hat uns leider niemand in der Schule gesagt. Die Persönlichkeit ist wichtiger als das Fachwissen, wobei ich nicht sage, dass das Fachwissen unwichtig ist. Aber wenn Sie sich irgendwo vorstellen, nimmt man zuerst Ihre äußere Erscheinung, dann Ihre Augen, dann Ihre Stimme und dann erst die fachlichen Dinge wahr. Alexander fragte die Kursteilnehmer immer: ‚Wie möchten Sie von den anderen gesehen werden?'"

Ich überprüfe bewusst an Martin Sander diese Reihenfolge. Er ist für den Anlass richtig gekleidet, Jeans und Hemd. Wenn er hier in einem Anzug sitzen würde, wäre das unpassend, ja geradezu albern. Seine Frisur und seine Kleidung verraten, dass er ein ordentlicher und gepflegter Mann ist. Seine Augen blicken ruhig und offen. Wenn er den Mund aufmacht, kommt auch noch etwas Vernünftiges heraus, und das in Hochdeutsch. Wenn ich meinen Mund öffne, kommt ein ungeschliffener sächsischer Dialekt heraus, der sicher nicht jeden beeindruckt.

„Überprüfung bestanden?", fragt Dr. Sander und schmunzelt. Oh, ist mir das peinlich. Ich habe den Mann förmlich mit meinen Blicken bombardiert und es gar nicht gemerkt. Ich sehe zu Corinna, dann auf meine Blätter und räuspere mich. Zum Glück fällt mir noch etwas ein: „Bedeutet das, wenn ich an meiner Persönlichkeit arbeiten will, muss ich auch an meinem äußeren Erscheinungsbild, an meinem Augenkontakt und an meiner Stimme arbeiten?"

„Das ist Charisma. Sie bekommen später Aufgaben dazu und werden überrascht sein, wie Sie auf andere wirken und vor allem, wie Sie dadurch Menschen einschätzen können." Er wendet sich an meine Mitstreiterin: „Corinna, was sehen Sie als Ihre Lebensaufgabe an?" Sie rutscht unruhig auf ihrem Stuhl hin und her und dreht den Kugelschreiber zwischen den Fingern. „Menschen zum Recht ... zu Gerechtigkeit ... zu ... verhelfen." Sie blickt verlegen nach unten. „So genau weiß ich das auch noch nicht."

Dr. Sander sagt behutsam: „Sie wollen doch Anwältin werden und Ihre eigene Kanzlei haben?"

„Ja", stößt sie mit einer Heftigkeit aus, die mich zusammenzucken lässt.

„Dann liegt es doch nahe, dass Sie Menschen vor Gericht in einer Streitfrage beistehen wollen. Sehen Sie ihre Lebensaufgabe darin, anderen zu ihrem Recht zu verhelfen?"

„Ja, das ist es wohl."

Aus irgendeinem Grund nehme ich ihr diese Antwort nicht ab. Dr. Sander auch nicht. Er lässt sich noch einmal unsere Listen mit den Wünschen zeigen. Bei Corinna stehen etliche Wünsche, die mit Mode zu tun haben. Ich finde das sehr ungewöhnlich für eine angehende Rechtsanwältin. Auf meiner Liste steht:

Ich möchte mein eigenes Haarstudio leiten.

Ich wünsche mir eine schöne Wohnung.

Ich wünsche mir ein Auto.

Ich wünsche mir immer ein volles Portmonee.

Ich wünsche mir Kinder, wenigstens drei.

Ich wünsche mir Freunde …

„Willst du keinen Mann?", fragt Corinna dazwischen.

„Doch, ich will einen Mann, aber ich …" Nun stocke ich. Als Martin Sander nachhakt, welche Vorstellung ich von meinem Partner habe, sprudelt es aus mir heraus: „Ich möchte einen Partner, dem ich vertrauen kann, der mir nicht heimlich das Geld aus dem Portmonee nimmt und der nicht meine Briefe unterschlägt." Erschrocken halte ich inne. Was sage ich da? Dr. Sander betrachtet mich ruhig. „Formulieren Sie das doch einmal positiv, Lea. Was sollte Ihr Partner für Qualitäten haben?" Ich atme tief durch. „Er soll vertrauenswürdig, treu, ehrlich, höflich, respektvoll, verantwortungsbewusst, großzügig, ordentlich, intelligent und kontaktfreudig sein." Corinna stöhnt auf. „Der muss dann wohl erst gebacken werden. Was ist denn mit deinem Tom?"

Ich sehe beschämt nach unten, und mir wird schlagartig bewusst, dass ich mir Tom nicht als Vater meiner Kinder vorstellen kann. Das kann nur jemand sein, dem ich bedingungslos vertrauen kann. Corinna sieht mich immer noch fragend an. „Er hat …", sage ich kleinlaut und zögere, „er hat den Brief von Alexander unterschlagen und mit dem Geld seine Schulden bezahlt." Beiden hat es wohl die Sprache verschlagen, denn sie schweigen und sehen mich fassungslos an.

„Und da hast du ihn nicht zum Teufel gejagt?", sagt Corinna nach einer Weile mit einer echten Portion Mitgefühl.

„Tom ist meine Familie."

„Schöne Familie, die dich beklaut."

„Das ist Leas Sache", fährt Martin Sander dazwischen.

Kommentarlos geht er zum nächsten Brief über.

Liebe Lea,
Die erste und vornehmste unter den Gaben, die der Allmächtige der Menschheit verliehen hat, ist die des Verstandes. Seine Absicht bei der Verleihung einer solchen Gabe ist allein die, sein Geschöpf zu befähigen, den einen wahren Gott zu erkennen. Diese Gabe gibt dem Menschen die Kraft, in allen Dingen die Wahrheit herauszufinden; sie führt ihn zu dem, was recht ist, und hilft ihm, die Geheimnisse der Schöpfung zu entdecken.
Hier hast du wieder einen Text zum Nachdenken. Schade, dass ich nicht mehr erfahren kann, welche Gedanken dir zu dieser Aussage kommen.
Inzwischen hast du deine Ziele formuliert, vielleicht schon deine Lebensaufgabe entdeckt, oder wenigstens mehr Klarheit darüber bekommen. Du kannst deine Ziele erweitern oder konkretisieren. Um erfolgreich zu sein, muss man einige Gesetze und Regeln kennen und beachten. Lies dazu bitte mein Buch „Der Weg zum Erfolg."
Höre außerdem die CD mit dem gleichnamigen Titel an und mache dir dazu Notizen. Zur nächsten Konsultation wirst du einen Vortrag halten. Es geht nicht darum, meinen Vortrag oder die Theorie wiederzugeben, sondern Dinge, die dir durch die theoretischen Grundlagen bewusst geworden sind, zu erläutern. Wie kannst du die neuen Erkenntnisse in den Tages-

ablauf einbauen? Erfahrungen, die du in diesem Monat machst, sollten ebenfalls mit einfließen.
Liebe Grüße, dein Alexander

Es ist halb drei, als wir unsere Sachen zusammenpacken. Draußen kündigt sich ein Gewitter an. Die ersten Tropfen werden vom aufkommenden Wind gegen die Fensterscheiben geschleudert. Fernes Donnergrollen ist zu hören. Dr. Sander bietet sich an, uns zur Villa zu fahren, was wir dankbar annehmen. Als wir in die Einfahrt biegen, gießt es in Strömen. Ein greller Blitz und der darauf folgende Donner lassen uns zusammenzucken. Das Gewitter ist genau über uns. Frau Schmidt erwartet uns an der geöffneten Haustür. Obwohl wir uns beeilen, ins Haus zu kommen, werden wir auf dem kurzen Stück völlig durchnässt. Martin Sander bekommt ein großes Handtuch von Frau Schmidt. Corinna und ich gehen nach oben und wechseln die Sachen.

„Geht's wieder, Frau Schmidt?", höre ich unseren Mentor besorgt fragen, als ich in die Küche komme. „Na, ja, wenn man älter wird, dauert das eben seine Zeit. Ich habe kein Mittagessen gekocht, aber Frau Brenner hat für uns Kuchen gebacken. Kaffee ist schon in der Maschine. Sie müssen sie nur noch anstellen." Ich drücke auf den Knopf der Kaffeemaschine und hole das Geschirr aus dem Schrank. Frau Schmidt steht nur im Weg herum, und deshalb platziere ich sie auf einen Stuhl. Dr. Sander verteilt das Geschirr, und Corinna schneidet den Kuchen an. „Wie war denn Ihre Konsultation?", erkundigt sich Frau Schmidt.

„Gut", antworten wir beide gleichzeitig.

„Konnten Sie denn Ihre Hausaufgaben machen, Corinna? Ihr Buch lag doch auf dem Nachtschrank. Ich habe es erst später gemerkt, weil ich ein paar Tage bei meiner Schwester war.

Wenn ich nicht krank geworden wäre, hätte ich es Ihnen nachgeschickt."

„*Auf* dem Nachtschrank?", frage ich verwundert und sehe Corinna an. „Ich denke, das Buch war *im* Nachtschrank und du hast aus Versehen den Schlüssel mitgenommen?"

Corinna bekommt einen roten Kopf. „Ich dachte, ich hätte es in den Schrank gelegt."

„Aber der Nachtschrank hat doch keinen Schlüssel", meint Frau Schmidt ungläubig.

„Keinen Schlüssel?" Ich ziehe die Frage in die Länge.

„Ich dachte, es wäre der Schlüssel vom Nachtschrank, den ich mitgenommen habe", versucht sich Corinna herauszureden.

Ich glaube ihr kein Wort. Das ist der gleiche Müll, den Tom von sich gegeben hat.

„Worum geht es hier eigentlich?", will nun Martin Sander wissen.

Ich sage nichts, sehe nur Corinna an und warte. Es fällt ihr offensichtlich schwer, die Wahrheit zu sagen. Sie holt tief Luft. „Ich habe das Buch vergessen und Lea überredet, mir ihr Buch zu schicken. Ich wollte es auch nur eine Woche behalten, doch dann war es so viel, und plötzlich habe ich es nicht mehr gefunden."

„Moment. Habe ich das richtig verstanden? Lea hat Ihnen ihr Buch geschickt, und Sie haben es ihr nicht zurückgeschickt? Sie konnte deshalb gar nicht arbeiten?"

„Ja", murmelt Corinna schuldbewusst.

„Auf die Idee, mich anzurufen, sind Sie wohl nicht gekommen? Ich bin Ihr Mentor und besitze zufällig die Bücher von Alexander." Corinna sieht beschämt nach unten.

Er schaut mich an. „Warum haben Sie mir nicht gesagt, dass Sie kein Buch hatten?"

„Weil Alexander keine Ausreden zulässt." Er schweigt dazu, nickt nur kurz. Genau so ist es.
Wir trinken zusammen Kaffee. Das Gewitter zieht vorüber. Die Sonne tritt wieder hervor und zaubert einen Regenbogen. Wir entdecken ihn, als wir aus dem Küchenfenster sehen. Doch unsere Stimmung ist immer noch gedrückt. Corinna klagt über Kopfschmerzen und geht nach oben. Frau Schmidt zieht es vor, sich wieder ins Bett zu legen. Ich erwarte, dass Dr. Sander aufbricht, doch er bleibt sitzen. „Haben Sie den Brief von Ihrer Großmutter dabei?"

„Nein, wozu? Sie glauben ja nicht an dieses zehnte Buch."

„Ich kann mir nicht vorstellen, dass es existieren soll. Wenn er es mir nicht anvertraut hat, wem dann? Ich verwalte schließlich sein Erbe. Vielleicht ist doch die Fantasie mit Ihnen durchgegangen?"

„Der Brief ist keine Fantasie", entgegne ich scharf.

„Haben Sie oben in der Kammer nachgesehen?"

„Ich habe nur einen kurzen Blick hineingeworfen. Der Ort erscheint mir unpassend für ein Manuskript von solcher Bedeutung."

„Dann lassen Sie uns nachsehen." Er ist sich also doch nicht ganz sicher, stelle ich beruhigt fest. Der Raum trägt die Bezeichnung Abstellkammer, aber in meiner Vorstellung ist ein solcher Raum verkramt, vollgestellt, staubig und dunkel. Der hier jedoch hat ein großes Dachfenster, ist blitzsauber und aufgeräumt. Man könnte ihn auch als Gästezimmer nutzen. Am Ende des Raumes steht ein breites offenes Regal, mit Fachzeitschriften gefüllt. Wir hocken uns davor und nehmen die erste Reihe heraus. Es sind wirklich nur Fachzeitschriften.

„Keine Tagebücher", murmelt Martin Sander, „und kein Manuskript. Lea, ich möchte mich für die unberechtigte Kritik von heute Morgen entschuldigen."

„Die Kritik war aus Ihrer Sicht völlig berechtigt. Aber vielleicht regt sich Ihr schlechtes Gewissen, weil Sie ein Vorurteil hatten."

„Welches Vorurteil denn?", fragt er und sieht mich verwundert von der Seite an.

„Eine Frau der Praxis kann den Wert der Theorie nicht richtig einschätzen." Ein Lächeln huscht über sein Gesicht. „Das haben Sie sehr gut formuliert, positiv, aber das stimmt nicht. Ich hätte jedem anderen das Gleiche gesagt. Obwohl ich die Prüfungsfragen nicht kenne, weiß ich, worauf es Alexander ankam. Sie hätten mir nur sagen müssen, warum Sie die Aufgabe nicht erledigen konnten."

„Damit ich mir dann einen Vortrag darüber anhöre, dass mich so eine Dummheit mein Erbe kosten könne. Ich weiß selbst, dass es dumm war, Corinna zu vertrauen." Er schüttelt den Kopf. „Das war nicht dumm, das war großherzig, Lea."

Ich starre ihn an. Was hat er gesagt? Wir hocken vor dem Regal und sehen uns einige Sekunden in die Augen. Ich atme tief und schüttle langsam den Kopf. „Nein, nicht großherzig, ich konnte mal wieder nicht nein sagen. Vielleicht ist das ein Mangel an Selbstachtung, oder es steckt Angst vor Ablehnung dahinter."

„Es ist großherzig, wenn Sie einem anderen das Buch geben, das Sie selbst brauchen.

Aber der andere ist egoistisch, wenn er sich nicht an die Absprachen hält und es nicht rechtzeitig zurückgibt. Nicht Sie sind das Problem, sondern der andere oder die anderen."

Das war wohl auch eine Anspielung auf Toms Verhalten.

„Und wie gehe ich damit um? Soll ich mich hüten, großherzig zu sein?"

„Nein, bewahren Sie sich Ihre Werte. Das macht Ihre Persönlichkeit aus. Alexanders Konzept wird Ihnen andere Möglichkeiten aufzeigen. Je genauer Sie Ihre Ziele kennen, oder je genauer Sie wissen, was Sie wollen, desto weniger können andere über Sie bestimmen. Anders gesagt, Ihre Ziele schützen Sie auch davor, ausgenutzt zu werden." Das Programm wird Ihre Selbstachtung und Ihr Selbstvertrauen stärken. Auch das ist wichtig. Denn ein Mensch, der sich selbst nicht achtet, wird auch von anderen nicht geachtet."

„Wir haben es also in der Hand, wie andere mit uns umspringen?"

„Genau. Die meisten Probleme, die wir mit anderen haben, lösen sich, wenn wir uns verändern."

„Lea, bist du hier?", höre ich Corinna rufen. „Ja, wir suchen die Kammer nach den Tagebüchern ab." Sie steckt den Kopf zur Tür herein. „Aber es ist wohl nichts da", gebe ich enttäuscht zu.

„Es sieht nicht so aus", bestätigt Herr Sander. Wir erheben uns. Ich bedaure die Störung, denn ich hätte mich gern weiter mit ihm unterhalten.

„Lea, ich möchte etwas gutmachen. Kann ich dich ins Kino einladen?"

Martin Sander horcht auf und lächelt verschmitzt. „Das Angebot würde ich an Ihrer Stelle annehmen. Das volle Programm mit Popcorn und Cola."

Corinna und ich erleben zusammen einen schönen Abend, sind aufgekratzt und lachen viel. Nicht nur die Komödie ist für unsere Ausgelassenheit verantwortlich. Corinna hat ihr schlechtes Gewissen beruhigen können. Bei mir wird die überschäumende Freude aus einer anderen Quelle gespeist. *Das war nicht dumm, sondern großherzig, Lea ... Bewahren Sie sich Ihre Werte. Das macht Ihre Persönlichkeit aus.* Die Worte von Martin Sander geben mir das Gefühl, wertvoll und wichtig zu sein. Seine Art erinnert mich ... an meinen Vater.

Noch ganz im Glück schwebend, mache ich mich am nächsten Tag auf den Heimweg. Während der Fahrt denke ich über meine Beziehung zu Tom nach. Er hat mich bestohlen und belogen. Soll ich ihm einfach verzeihen und zur Tagesordnung übergehen? Ich weiß es nicht. Ich soll mir meine Wertvorstellungen erhalten, hat Martin gesagt. Doch wenn mein Partner diese Vorstellungen nicht teilt, was mache ich dann? Trennung?! Das Wort schießt wie ein schmerzhafter Blitz durch meinen Kopf. Obwohl ich Toms Verhalten verurteile und schwer getroffen bin … Trennung würde Alleinsein bedeuten. Diese Vorstellung kann ich nicht ertragen.

SEPTEMBER

Zu Hause erwartet mich ein fleißiger Tom oder, besser gesagt, ein Mann mit einem schlechten Gewissen. Er hat Fenster geputzt und die Wohnung aufgeräumt, Kuchen gebacken und den Tisch gedeckt. Ich bin zwar immer noch sauer, dass er den Brief unterschlagen hat, aber das Wochenende in Hamburg hat einen gewissen Abstand geschaffen und meine Wut etwas verrauchen lassen. Beim Kaffeetrinken wedelt er mit zwei Hunderterscheinen vor meinem Gesicht. „Von meiner Oma", sagt er so, als hätte er das Geld im Schweiße seines Angesichts verdient. Ich sehe ihn verwirrt an. Er schiebt mir die Scheine zu. „Ist nun wieder alles in Ordnung?", fragt er kleinlaut.

Ich blicke ihn verständnislos an. Hat er denn gar nichts verstanden? „Es geht doch gar nicht um das Geld. Ich konnte mich nicht von meinem Onkel verabschieden. Das kann man nicht mehr nachholen, begreifst du das nicht?" Beschämt schaut er nach unten, wie ein kleiner Junge, den seine Mutter beim Naschen ertappt hat. Jetzt tut er mir fast leid. Wahrscheinlich hat er das ganze Wochenende gewirbelt, um wieder etwas gutzumachen. Und es ist eine Schwäche oder eine Stärke von mir, nicht nachtragend zu sein. Wir versöhnen uns. Er zieht wieder ins Schlafzimmer ein.

Der erste Arbeitstag nach einer Woche Urlaub und dem Wochenende in Hamburg kommt mir unwirklich vor. Ich habe nicht das Gefühl, aus dem Urlaub zurückzukehren, sondern eher, als fände in Hamburg mein eigentliches Leben statt, und meine Kolleginnen und Kunden gehörten zu einer vergangenen Welt, die mir fremd geworden ist. Der Laden ist etwas umdekoriert. Marlies hat die Sommerdekoration gegen Zierkürbisse und bunte Blätter ausgetauscht. Ansonsten ist alles beim Alten. Zwei Arbeitsplätze befinden sich noch immer mitten im Raum, drei weitere an der rechten Wand. Am Eingang sind Tresen und Garderobe. Vor dem Schaufenster stehen zwei braune Ledersessel, ein runder Glastisch und ein Zeitungsständer. Sarah, die Jüngste und Zierlichste von uns, hat immer noch ihre kastanienbraunen langen Haare. Vivien trägt ihren hellblauen Lieblingskittel, der die überflüssigen Pfunde gut versteckt. Ihre kurzen blonden Haare erscheinen mir heute etwas heller als sonst. Marlies kommt mir schlanker vor. Alles ist wie immer und doch irgendwie anders, als würde ich es durch ein Vergrößerungsglas betrachten.

Meine Kolleginnen stürmen auf mich ein: „Was gibt es Neues, Lea?"

„Viel zu viel, um das alles jetzt zu erklären." Etwas in mir sträubt sich, nähere Auskünfte zu geben. Vivien sagt enttäuscht: „Oder sind wir zu blöd, das zu begreifen?"

„Unsinn, ich muss das selbst erst einmal kapieren, bin doch kein wandelndes Lexikon." Marlies sagt dann noch neiderfüllt: „Na, ein bisschen kannst du uns schon von deinem Wissen abgeben. Unsereiner bekommt so eine Chance nicht, ein Programm zur Persönlichkeitsentfaltung."

„Jeder kann die Bücher lesen, die mein Onkel geschrieben hat und sich selbst herausnehmen, was für ihn wichtig ist", sage ich leicht gereizt.

„Die Bücher kosten aber Geld."

„Die Fahrt nach Hamburg auch", schieße ich zurück und ärgere mich mal wieder über Marlies' Geiz. Dann nehme ich mich zusammen und sage locker: „Alles hat eben seinen Preis."

In diesem Augenblick betritt meine erste Kundin das Geschäft. Frau Bergmann ist Lehrerin und beginnt montags erst in der vierten Stunde. Ich lächele ihr freundlich im Spiegel zu. „Was kann ich heute für Sie tun?" Doch statt der üblichen Antwort, „Alles zwei Zentimeter kürzer", sagt Frau Bergmann: „Haben Sie nicht eine Idee, Lea? Ich hätte Lust auf Veränderung."

Ich erinnere mich an die Bedeutung des ersten Eindrucks und an die Frage, die mein Onkel in den Seminaren gestellt hat und sage: „Wie möchten Sie von den anderen, von Kollegen und Schülern oder Ihrem Mann gesehen werden?"

„Oh, das hat mich noch nie jemand gefragt." Die Kundin sieht mich verwundert an und denkt einen Augenblick nach. Ich gebe ihr ein paar Beispiele. Sie entscheidet sich für eine supermoderne Fassung. Aus ihren halblangen dunkelblonden Haaren, die etwas altbacken wirken, wird ein Rundschnitt mit stark abgestuften Partien in warmen Holztönen. Der leicht fransig geschnittene Pony betont ihre schön geschwungenen Augenbrauen.

Ihr klassisches Kostüm passt nun nicht wirklich zu ihrem neuen Haarschnitt. Deshalb kann ich nicht anders und empfehle ihr, statt des knielangen Rocks eine Jeans zu tragen. Die Frau ist dankbar für den Hinweis. Als sie den Salon verlässt, bemerkt Marlies: „Wahnsinn, Lea, die Frau sieht zehn Jahre jünger aus."

„Das hättest du ihr mal sagen sollen." Der Tag nimmt seinen Lauf, und ich mache auf diese Weise neue Erfahrungen. Gegen Mittag kommt eine Dame, die auch um die fünfzig ist, aber älter als Frau Bergmann aussieht. Als sich unsere Blicke im Spiegel treffen, spüre ich eine gewisse Unruhe bei ihr. Sie kann mich nicht ansehen, sieht zur Seite oder nach unten. „Was kann ich für Sie tun?", frage ich wieder. „Ach, ich weiß nicht so recht", bekomme ich zur Antwort. Unsicherheit pur. Nun stelle ich die Frage zum vierten Mal: „Wie möchten Sie von den anderen gesehen werden?" Auch Frau Werner versteht mich erst nicht. Dann hat sie verstanden und weiß nicht, was sie will. Schließlich sagt sie zaghaft: „Ich möchte gerne ein bisschen mehr auffallen, aber trotzdem natürlich wirken."

Frau Werner ist ein blasser Typ. Ihre grauen Haare sind kurz geschnitten. Ich schlage ihr eine aschblonde Farbe vor und einen asymmetrisch geschnittenen Pony.

Bei unserem weiteren Gespräch erfahre ich, dass ihr Mann sie betrogen hat. Er hat sie um Verzeihung gebeten, doch sie kann das Bild von der anderen Frau, die zehn Jahre jünger ist, nicht abschütteln. Dabei empfindet sie immer noch Liebe für ihren Mann. Frau Werner ist verletzt, sie fühlt sich alt und unattraktiv.

Die Familien- und Liebesbeziehungen meiner Kundinnen gehören wie Schere, Kamm und Fön zu meiner Arbeit. Man erwartet von seiner Friseurin Mitgefühl und eine Bestätigung in dem, was man tun will oder getan hat. Ich frage Frau Werner ganz spontan, ob sie gläubig sei. Unruhig wandern ihre Augen im Spiegel hin und her. „Ja", gibt sie schüchtern zu. „Sind Sie Gott dankbar, dass er Ihnen diesen Mann und dieses Leben geschenkt hat?"

„Ja, das bin ich", antwortet sie mit mehr Sicherheit. Auch der nächste Satz entschlüpft mir einfach so, eben ungeplant. „Ich habe kürzlich ein Zitat gelesen: ***Die beste Art Gott zu danken, ist, einander zu lieben.***"

Frau Werner bekommt feuchte Augen. „Schreiben Sie mir den Satz auf?"

Während die Farbe einzieht, gehe ich nach nebenan und erfülle ihre Bitte.

Eine Stunde später haben wir eine neue Frau Werner. Sie strahlt jetzt, als sie sich im Spiegel von allen Seiten betrachtet. Der i-Punkt ist dann die Schminke. Mit den dunklen Wimpern und dem Lidstrich verwandelt sie sich in eine äußerst attraktive Frau. Diesmal spricht Marlies aus, was sie sich bei Frau Bergmann nur gedacht hat: „Frau Werner, ich glaube es nicht. Sie sehen zehn Jahre jünger aus. Warten Sie, wir müssen ein Foto machen." Marlies läuft nach hinten und holt die Kamera.

Ich kann es auch kaum fassen. Warum habe ich die Frau nicht früher so beraten? Frau Werner schiebt mir ein großzügiges Trinkgeld von zehn Euro über den Tisch. Ich bedanke mich zweimal. Dann wage ich, ihr noch einen Tipp zur Kleidung zu geben: „Ich empfehle Ihnen eine dunkle Hose, ein dunkles Oberteil und eine helle Jacke oder Bluse." Sie strahlt mich an und fragt, ob ich nicht Zeit hätte, mit ihr einkaufen zu gehen. Sie würde mich auch dafür bezahlen. Wir verabreden uns für Mittwoch nach Feierabend.

Dieser Tag ist so anders, so wunderbar gewesen, dass ich vor Glück platzen könnte. Es ist ein Erlebnis, das ich unbedingt mit jemandem teilen möchte. Tom hat keine Zeit. Er will zu einer Geburtstagsfeier und ist schon spät dran. Der Versuch, Angela davon zu erzählen, ist nach zwei Minuten beendet. Sina stürzt, schreit wie am Spieß und braucht die Zuwendung ihrer Mutter. Also mache ich mir etwas zu essen, stelle die Waschmaschine an und suche nach einem interessanten Fernsehprogramm. Doch immer wieder läuft der Tag wie ein Film vor meinem inneren Auge ab. Nun bin ich seit acht Jahren Friseurin, aber das habe ich noch nicht erlebt. Der Wunsch, mit jemandem darüber zu reden, wird geradezu übermächtig. Es gibt nur einen Menschen, mit dem ich das bereden will, kann – Martin Sander. Es ist kurz nach halb neun. Ich schiele auf mein Handy. Ob es wohl unhöflich ist, um diese Zeit noch anzurufen? Ob es überhaupt klug ist, ihn zwischendurch anzurufen? Zögerlich wähle ich seine Nummer. Er meldet sich mit einer freundlichen Stimme. „Lea Sommerfeld hier", sage ich zögerlich. „Haben Sie einen Moment Zeit?"

„Kann ich Sie in einer halben Stunde zurückrufen oder ist es sehr dringend?"

„Nein, nein, nicht dringend. Ich hätte Ihnen nur gerne …, aber ich möchte auch nicht stören. Entschuldigung." Ich lege schnell auf und ärgere mich, dass ich gestottert habe wie ein

Teenager bei seiner ersten Verabredung. Meine Güte, der Mann versucht, aus mir eine Persönlichkeit zu machen, und ich rufe ihn an, um mit ihm über Frisuren und über verteilte Texte zu reden. Was ist mir da nur eingefallen? Vielleicht vergisst er den Anruf. Um mich etwas zu beruhigen, gehe ich in die Küche, mache mir eine Tasse Milch warm und gebe einen Löffel Bienenhonig dazu. Oma hat das immer getrunken, wenn sie nicht einschlafen konnte. Das Fernsehprogramm interessiert mich nicht mehr. Ich setze mich auf mein Bett und verteile die Unterlagen um mich herum. Als das Handy klingelt, zucke ich zusammen. Es sind nur fünfundzwanzig Minuten vergangen. Mein Herz klopft bis zum Hals. „Hallo, Lea", sagt Dr. Sander. „Tut mir leid, dass ich nicht gleich sprechen konnte. Ich hatte noch einen Termin mit einem Klienten. Nun bin ich aber zu Hause und habe Zeit."

„Oh, ich habe mich schon geärgert, dass ich Sie gestört habe. Das war unhöflich um diese Zeit. Ich wollte einfach meine neue Erfahrung mit jemandem besprechen und habe nicht bedacht, dass Sie vielleicht auch mal Feierabend …"

„Lea, wenn ich meine Ruhe haben möchte, sage ich Ihnen das. Ich bin gespannt auf Ihre neue Erfahrung."

Ich erzähle dann tatsächlich einem Rechtsanwalt eine halbe Stunde lang etwas über Haarschnitte und Farbtöne, über verschenkte Zitate, über erhöhte Trinkgelder, über verwunderte Kolleginnen und Vorher-Nachher-Bilder. Er hört zu, fragt ab und zu nach und lässt mich einfach reden. „Ich hoffe, ich habe Sie nicht zu sehr gelangweilt", beende ich meinen begeisterten Bericht.

„Gelangweilt? Lea, Sie erzählen mir eine Erfolgsstory, die es in dieser Geschwindigkeit wohl noch nie gegeben hat, und fragen mich, ob Sie mich langweilen. Ich glaube, wir müssen an Ihrem Selbstwertgefühl arbeiten."

Ich atme erleichtert aus. „Dann war das also wirklich ein besonderes Erlebnis? Ich frage mich die ganze Zeit, warum ich die Frauen nicht früher so beraten habe."

„Weil Ihnen früher die Bedeutung der Ziele nicht bewusst war. Und diese Frauen haben sich auch keine Gedanken über ihre Ziele gemacht."

„Das ist ja irre."

„Und außerdem waren Ihnen Ihre eigenen Fähigkeiten und Talente nicht bewusst."

„Wie meinen Sie das?"

„Ich könnte den Leuten zwar helfen, ihre Ziele zu finden, aber die passende Frisur kann ich ihnen bestimmt nicht geben. Dazu braucht man eine gewisse Begabung", erklärt er.

„Das ist doch Handwerk", tue ich ab.

„Haare schneiden ist Handwerk. Aber sehen, welche Frisur zu den Zielen eines Menschen passt, ist ein besonderes Talent."

„Ach ja? So habe ich das noch nicht gesehen. Noch eine andere Frage. Wie weiß ich, ob ich mich entschieden habe, erfolgreich zu sein?"

„Ich denke, man merkt es an der Entschlossenheit, etwas erreichen zu wollen. Meiner Ansicht nach haben Sie sich entschieden, ansonsten wäre das heute nicht passiert. Vielleicht verändert sich der Bereich noch, in dem Sie erfolgreich sein wollen. Aus Ihrem Friseursalon könnte ein Institut für Persönlichkeitsgestaltung oder Imageberatung oder so etwas Ähnliches werden."

„Das klingt gut."

„Vergessen Sie nicht, der Schöpfer hat uns einen Verstand mitgegeben. Nur der Mensch hat die Fähigkeit zu planen, zu gestalten und Entscheidungen zu treffen. Sie können sofort ihre Wohnung umräumen."

„Oh, dazu müssten Sie meine Wohnung sehen, Herr Sander. Dann wüssten Sie, dass auch solche Gesetze nicht überall anwendbar sind." Ich muss lachen.

Er zögert. „Ich habe einen Vornamen, Lea. Es ist zwar besser, wenn wir uns weiter siezen, aber der Vorname ist okay."

„Warum?"

„Um allen Parteien gerecht zu werden, ist eine gewisse Distanz nötig. Schließlich müsste ich Ihnen das Erbe aberkennen, wenn Sie nicht pünktlich zur Konsultation erscheinen."

„Und so eine Aberkennung geht wohl per Sie leichter als per Du? Ich verstehe."

„Ja, so in etwa, aber es gibt noch andere Gründe. Doch das soll nicht Ihr Problem sein." Er atmet tief ein. „Haben Sie noch weitere Fragen?"

„Habe ich bestimmt. Aber im Moment fällt mir keine ein. Danke für das Gespräch, Martin."

„Ich danke Ihnen, dass ich an Ihrer Entdeckung teilhaben durfte. Ich weiß, was ihr Onkel geleistet hat. Trotzdem staune ich immer über die Bestätigungen. Gute Nacht, Lea."

Wir haben fast eine Stunde telefoniert. Tom ist noch nicht da. Ich bin hellwach und fühle mich unglaublich gut.

Tom ist in dieser Nacht nicht nach Hause gekommen und hat mir auch keine Nachricht zukommen lassen. Sicher hat er zu viel getrunken und übernachtet deshalb bei seinem Freund Sebastian, der direkt neben der Kneipe wohnt. Mir ist es recht so. Betrunkene Männer sind mir ein Gräuel. Wenn Tom schon mal eine alkoholische Geburtstagsfeier braucht, dann ist es in Ordnung, wenn er seinen Rausch woanders ausschläft. Gegen Mittag erreicht mich eine SMS: Habe bei Sebastian übernachtet.

Alles wäre für mich in Ordnung gewesen, wenn nicht Sebastian eine halbe Stunde später den Laden betreten und sich nach Toms Befinden erkundigt hätte. Wieder eine Lüge. Die Freude an meinem neuen Arbeitsstil bekommt einen Dämpfer.

Gegen sieben bin ich zu Hause. Tom liegt auf der Couch und sieht fern. „Na, wieder klar?", frage ich zuckersüß.

„Es war sehr heftig."

„So heftig, dass du mittags noch nicht wusstest, bei wem du übernachtet hast?"

„Was meinst du?" Erschrocken setzt er sich auf.

„Sebastian war kurz nach dem Mittag im Laden und hat gefragt, ob du gut nach Hause gekommen bist."

„Habe ich Sebastian gesagt? Oh, ich muss wirklich voll neben der Spur gewesen sein. Ich dachte, ich schaffe es noch nach Hause. Dann drehte sich alles, und Karsten hat mich mit in die Wohnung genommen."

„Kleine Verwechslung der Wohnungen also. Gut, dass du etliche Kumpel hast. Wie sieht es mit dem Abendbrot aus?"

„Ich habe doch erst am Wochenende …"

„Das reicht dann wohl für die nächsten zehn Monate, habe verstanden." Ich kann meine Wut nur mit Mühe bezähmen. Mir wird immer klarer, dass meine Beziehung zu Tom der einer großen Schwester zu ihrem kleinen Bruder ähnelt. Ich bin zu müde und zu frustriert, um weiter darüber nachzudenken. Mein Abendbrot besteht aus einer Scheibe Brot und zwei Spiegeleiern. Tom kann sich selbst um sein Essen kümmern. Ich flüchte ins Schlafzimmer zu meinen Hausaufgaben.

Und Tom flüchtet ebenfalls. So kommt es mir jedenfalls vor, denn er ist den ganzen Monat über kaum zu Hause. Sein Praktikum ist zwar zu Ende, doch er kann weiter für die Firma arbeiten, je nach Auftragslage. Und die ist im Moment sehr gut. Gut ist auch, dass er endlich dafür bezahlt wird. Mit meinen erhöhten Trinkgeldern für die Beratung sieht unsere finanzielle Lage am Ende des Monats ganz gut aus. Mein Konto ist sogar wieder im Plusbereich. Wenn ich den Monat September rückblickend betrachte, finde ich, dass er mein erfolgreichster Monat war. Ich habe nicht nur die Ziele und Gesetze des Erfolges theoretisch bearbeitet, ich habe sie auch praktiziert. Dabei sind mir meine eigenen Fähigkeiten bewusst geworden. Neue berufliche Perspektiven eröffnen sich. Es geht darum, diesen Weg systematisch und konsequent weiterzugehen. Dazu muss ich die Erfolgsregeln kennen und berücksichtigen.

Zunächst ist es wichtig, sich für den Erfolg zu entscheiden, dann das Gebiet, auf dem man erfolgreich sein möchte, herauszufinden. Die dritte Säule des Erfolges erscheint mir banal und sensationell zugleich: Der Mensch kann alles lernen. Als vierten Punkt soll man sicherstellen, dass das, was man tut, der Menschheit Nutzen bringt.

Ich möchte den Menschen nicht nur die Haare schneiden, sondern ihr Äußeres verändern. Dazu zählen die Frisur, die Schminke und die Kleidung. Würde ich mich da verzetteln? Erfolg hat der, der sich auf eine Sache konzentriert.

Ich habe nicht nur mit Frau Werner eingekauft, sondern noch zwei weitere Kundinnen gewonnen. Neben der Eingangstür in unserem Geschäft hängen Bilder, die den Vorher-Nachher-Effekt dokumentierten. Allein diese Bilder genügen, um mehr Leute zur optischen Veränderung zu ermutigen. Mein Terminkalender für den nächsten Monat ist prall gefüllt. Marlies wittert das große Geld und redet schon von einer Beratungsgebühr.

Der September neigt sich dem Ende zu. In den letzten Tagen gab der Sommer seine Abschiedsvorstellung mit Temperaturen über 20 Grad und viel Sonnenschein. Ausgerechnet am Freitag, dem Tag, an dem ich nach Hamburg fahren will, schlägt das Wetter um. Wolken ziehen auf und künden Regen an. Ich gehe noch einmal zurück, um meinen Regenmantel zu holen. Deshalb bin ich erst kurz vor neun im Geschäft. Marlies sieht heute besonders blass aus. Sie regt sich gerade darüber auf, dass Vivien die Wäsche nicht in den Trockner gelegt hat. Ich gehe nach hinten in den kleinen Wirtschaftsraum, um meine Tasche abzustellen. Meine Chefin folgt mir und packt die Wäsche selbst in den Trockner. Plötzlich stöhnt sie, krümmt sich und fällt auf den Hocker. Im nächsten Moment rutscht sie herunter und wird ohnmächtig. Wir legen sie in die stabile Seitenlage und rufen den Notarzt. Eine halbe Stunde später ist sie auf dem Weg ins Krankenhaus. In unserem Laden warten vier aufgeregte Frauen auf ihre neue Frisur. Es ist einer dieser Tage, an denen alles drunter und drüber geht. Wir bieten den Kundinnen von Marlies an zu warten, bis wir sie einschieben können. Das sieht dann so aus, dass einer die Haare wäscht, der nächste schneidet und der dritte fönt. In dieser Fassung gehen wir immer vor, wenn jemand überraschend ausfällt. Alles verschiebt sich, aber es ist noch zumutbar für die Kunden. Doch um die Mittagszeit erhält Sarah einen Anruf aus dem Kindergarten. Ihr Sohn ist vom Klettergerüst gestürzt und muss vom Arzt untersucht werden. Vivien und ich werfen uns Blicke und Wortfetzen zu und arbeiten im doppelten Tempo.

„Lea, du musst nach Hamburg", sagt sie gegen zwei.

„Ich werde einen späteren Zug nehmen", entscheide ich, ohne lange nachzudenken. Eilig suche ich mir im Internet eine neue Verbindung heraus. 17 Uhr 30 gibt es noch eine Möglichkeit. Der Zug kommt gegen halb zwölf an. Corinna muss eben solange auf bleiben, bis ich komme. Ich hetze auf den letzten Drücker zum Bahnhof und bekomme als Quittung die Rücklichter des Zuges zu sehen. Erschöpft lasse ich mich auf die erstbeste Bank fallen. Und nun? Was gibt es da lange zu überlegen? Ich brauche eine neue Verbindung. Die Frau an der Information druckt mir zwei Fassungen aus. Ich entscheide mich für den Frühzug, der um halb elf in Hamburg eintrifft. Ich werde mir ein Taxi nehmen müssen, um pünktlich zu sein.

Vivien ist dankbar, dass ich wieder zurückkomme und ihr noch eine Kundin abnehme. Als wir beim Aufräumen sind, erscheint Joseph. Er sieht völlig fertig aus. „Marlies muss an der Galle operiert werden", teilt er uns mit. „Lea, du sollst den Laden übernehmen." Ich nicke nur. Wer sonst? Im Grunde ist es mir ja auch recht, nur zu diesem Zeitpunkt ist es ungünstig.

Kurz nach acht bin ich zu Hause, streife meine Schuhe ab und massiere meine brennenden Füße. Als nächstes wähle die Nummer von Frau Schmidt, um ihr mitzuteilen, dass ich heute nicht komme werde. Sie scheint neben dem Telefon gesessen zu haben, denn nach dem ersten Klingeln meldet sie sich. Ich spule einen kurzen Bericht der Ereignisse ab. Sie bedauert mich. „Lea, wenn der Zug Verspätung hat, dann schaffen Sie es nicht. Oder, wenn gerade kein Taxi da ist?"

Ihre Sorge hat etwas Rührendes: „Das Risiko muss ich eingehen. Es wird schon klappen. Im Sommer fahren doch die Züge pünktlich, und Taxis gibt es wie Sand am Meer." Aber so ganz kann ich den Gedanken an eine mögliche Verspätung nicht abschütteln. Was ist, wenn? Soll ich Martin informieren? Wozu? Die Anweisung von Alexander ist klar und deutlich: Punkt elf Uhr erscheint ihr zur Konsultation. Ausreden werden nicht zugelassen. Denke positiv, schärfe ich mir ein.

Tom ist bei einem Kumpel. Der Akku von seinem Handy ist mal wieder leer.

Ich brauche jetzt eine warme Mahlzeit. Während die Nudeln kochen, sehe ich die Post durch. Es gibt nichts Besonderes, nur Werbung. Die lege ich zur Seite, als mein Handy klingelt.

„Martin Sander, Guten Abend, Lea", sagt er hastig und etwas schroff. „Nehmen Sie den Nachtzug."
Ich stöhne auf. „Bin gerade nach Hause gekommen und spüre meine Beine gar nicht mehr. Ich komme morgen mit dem ersten Zug, nehme mir ein Taxi und bin kurz vor elf in der Kanzlei."

„Sie müssen den Nachtzug nehmen. Morgen früh wird die Innenstadt wegen einer Demonstration abgesperrt. Es wird kein Taxi durchkommen. Sie haben also keine Chance, morgen früh pünktlich zu sein. Es bleibt Ihnen nur noch der Nachtzug."

„Aber da habe ich stundenlang Aufenthalt in Berlin. Vielleicht können Sie wegen besonderer Umstände eine Ausnahme machen, falls ich zu spät komme."

„Lea, haben Sie denn noch nicht begriffen, dass auch mir die Hände gebunden sind? Wenn Sie nicht morgen um 11 Uhr in meiner Kanzlei sitzen, macht der Vertreter des Stiftungsrats kein Kreuz bei Pünktlichkeit. Dann fällt Ihr Erbe automatisch an die Stiftung."

„Woher wissen Sie ..."

„... dass Ihre Chefin ins Krankenhaus gekommen ist, Sie einspringen mussten, deshalb den Zug verpasst haben?"

„Frau Schmidt hat geplaudert."

„Ich habe sie angerufen, um ihr zu sagen, dass Sie und Corinna morgen wegen der Demonstration früher aufbrechen müssen."

„Hat Alexander das überhaupt erlaubt?" Die Frage klingt ein bisschen frech. Der Mann tut mehr als er soll. „Blöde Frage, Entschuldigung", sage ich schnell, „und danke, dass Sie mir Bescheid gegeben haben. Es ist nur, ich weiß nicht, wie ich mit diesen Füßen zum Bahnhof kommen soll."

Ich höre ein leises Seufzen. „Der Zug fährt 22 Uhr 30. Nehmen Sie ein Bad und trinken Sie einen starken Kaffee." Ich folge seinem Rat.

Es ist ungewöhnlich, um halb sechs Uhr morgens in Hamburg anzukommen. Ich bin völlig gerädert, unausgeschlafen und schlecht gelaunt. Nun brauche ich noch ein Taxi, da ich nicht weiß, ob um diese Zeit schon Busse fahren. Doch wenn ich an die Alternative denke, bin ich froh und vor allem sehr dankbar für Martins Anruf.

Frau Schmidt öffnet mir im Bademantel die Tür. Wir reden zu dieser frühen Stunde nur das Nötigste. Ich darf noch gut zwei Stunden in meinem bequemen Bett schlafen. Danach geht es mir einigermaßen.

Kurz nach neun betrete ich die Küche. Das Radio läuft leise. Der Frühstückstisch ist gedeckt und Kaffeeduft lockt. Frau Schmidt schält Äpfel. Alles erinnert mich an die Zeit bei meiner Oma und weckt ein Gefühl von Vertrautheit und Geborgenheit. „Konnten Sie noch ein bisschen schlafen, Lea?", fragt sie mitleidig.

„Zum Glück ja, ansonsten würde ich wohl bei der Konsultation heute einschlafen. Ich habe einen Bärenhunger."

„Sie müssen unbedingt mein Pflaumenmus probieren."

„Oh, selbstgemachtes Pflaumenmus habe ich schon Jahre nicht mehr gegessen." Das ist eine echte Entschädigung für diese Nachtaktion und eine weitere Erinnerung an meine Oma.

„Es gibt in diesem Jahr so viele Pflaumen. Ich habe den Nachbarn davon abgegeben und schon dreimal Pflaumenmus gekocht. Der Baum hängt immer noch voll."

„Vielleicht haben Sie einen Tischlein-deck-dich-Baum, Frau Schmidt?"

Sie lacht. „Genauso kommt er mir vor."

Ich schneide das Brötchen auf und bestreiche es mit Butter und Pflaumenmus. „Sehr gut", kommentiere ich kauend und lasse es mir schmecken. „Meine Oma hat auch immer Pflaumenklöße gekocht."

„Kartoffelklöße mit Pflaumen?"

„Genau, mit gerösteten geriebenen Semmeln und Zimt und Zucker."

„Das ist eine gute Idee. Aber heute will ich *Himmel und Erde* kochen. Die Falläpfel müssen verwertet werden. Kennen Sie das, Lea?"

„Na klar."

„Was ist denn *Himmel und Erde?*", höre ich Corinna hinter mir gähnend fragen.

Frau Schmidt setzt sich zu uns an den Tisch und gießt Corinna Kaffee ein. „Kartoffeln und Äpfel werden zu einem Brei gekocht. Dazu gibt es Zwiebelringe und Blutwurst", erklärt sie freudig.

„Igitt", stößt Corinna aus und verzieht den Mund. „Ich bin Vegetarierin."

„Man kann dazu auch Bratwurst essen, wenn Sie mit Blutwurst Ihre Probleme haben."

„Das ist auch Wurst, Frau Schmidt", entgegnet Corinna barsch.

Ich muss mir ein Grinsen verkneifen. Frau Schmidt sieht sie nur verständnislos an. „Dann müssen Sie sich mit den Zwiebelringen begnügen, aber ich bezweifle, dass man das Gericht dann noch *Himmel und Erde* nennen kann."

„Probier mal das Pflaumenmus, Corinna", schlage ich vor, um dem Gespräch eine andere Richtung zu geben. „Hat Frau Schmidt selbst gekocht."

Wir essen mit Genuss, Frau Schmidt unterhält uns. Sie bringt uns sozusagen wieder auf den neuesten Stand, was die Ereignisse in der Nachbarschaft betrifft. Es ist nur so, dass wir die Leute gar nicht kennen. Schließlich kommt sie auf den Garten zu sprechen. „Es müssen Äpfel gepflückt werden. Das Wetter soll umschlagen. Der Wetterdienst hat für die nächsten Tage Sturm angesagt. Die Bäume hängen noch voll. Und Johannes ist schon wieder krank. Diesmal hat er die Gürtelrose. Das soll höllisch wehtun."

„Wer ist denn Johannes?", fragt Corinna kauend.

„Na, unser Gärtner ... ich glaube, schon seit zwanzig Jahren. Er war schon vor mir hier. Ich kann es einfach nicht mit ansehen, wenn das Obst verfault. Man könnte den halben Winter davon leben, wenn man es rechtzeitig pflücken und richtig lagern würde. Sie können sich gerne Obst mitnehmen."

Wir lassen den Wortschwall über uns ergehen. Ich kenne diese Redeweise von meiner Oma. Sie braucht Hilfe, will aber auch gleichzeitig niemanden damit belasten. Als Frau Schmidt die Apfelsorten mit all ihren Vorzügen und Nachteilen bis ins Kleinste beschrieben hat, bin ich weichgeklopft und sage: „Frau Schmidt, ich pflücke die Äpfel nachher."

„Oh, das wäre schön, Lea. Ich koche auch *Himmel und Erde* und backe Pflaumenkuchen." Sie wirft Corinna einen fragenden Blick zu, doch die reagiert gar nicht. Als wir aufbrechen, ruft sie uns nach: „Geben Sie Dr. Sander Bescheid, dass er sich auch Obst holen kann und dass ich Pflaumenmus für ihn gekocht habe."

Corinna verdreht die Augen und murmelt genervt im Gehen: „Wie meine Mutter."

Die Innenstadt ist tatsächlich abgeriegelt. Ich habe es gewusst und bin trotzdem sehr überrascht. So aufwändig habe ich es mir nicht vorgestellt. Überall stehen Polizeiwagen. Der Verkehr wird umgeleitet. Trotzdem stauen sich in allen Straßen die Fahrzeuge. Von der S-Bahn-Station brauchen wir noch zwanzig Minuten, denn wir müssen Umwege laufen. Zehn vor elf betreten wir die Kanzlei. Martin wartet bereits auf uns und wirkt erleichtert, als wir eintreten. Neben ihm steht ein großer stämmiger Mann mit Halbglatze. Ich schätze ihn auf Mitte fünfzig. Corinna stöhnt laut: „Da draußen ist ja die Hölle los." Und mir rutscht heraus: „Ein Glück, dass Sie uns vorgewarnt haben." Martin schüttelt leicht den Kopf. Ich verstehe sofort. Das solle der Mann nicht wissen.

„Das wäre ja die Gelegenheit gewesen", sagt der Gast und lacht. „Ich meine, wenn Sie nicht pünktlich gekommen wären, hätte unsere Stiftung Ihr Erbe bekommen."

„Herr Möller ist Leiter der Hoffmann-Stiftung", erklärt Martin. Wir nicken beide nur.

„Ich kann sie doch nicht ins offene Messer laufen lassen, Wolfgang." Martin sagt es lässig und grinst dabei.

„Eine Stiftung ist doch kein offenes Messer, Martin, sondern eine gute Sache. Viele Menschen brauchen unsere Hilfe."

„Aber für die beiden Damen wäre es eine äußerst schmerzliche Erfahrung."

„Ja, das wäre es wohl." Er lacht eigenartig und es macht den Eindruck, als kenne er die Summe, um die es hier geht. „Es kommt wohl auf die Perspektive an, von der aus man die Dinge betrachtet." Er klopft Martin lachend auf die Schulter.

„Wie sieht denn Ihre Hilfe aus?", wage ich nun doch zu fragen. Ich weiß ja noch nichts über diese Stiftung.

„Sie ist sehr umfangreich. Wir helfen begabten Sportlern, ihre Karriere aufzubauen, unterstützen Studenten mit Prüfungsängsten, Menschen, die gemobbt werden, und Schulverweigerer." Das hört sich für mich so an, als wäre unser Erbe wirklich besser dort aufgehoben als bei uns, weil wir ja diese Probleme nicht haben. „Klingt ja sehr interessant. Kann ich Informationsmaterial darüber erhalten?"

„Haben Sie das noch nicht, Frau Sommerfeld, als Großnichte von Dr. Alexander Hoffmann? Dann wird es aber Zeit. Wir freuen uns über jeden, der sich für unsere Stiftung interessiert, und wir sind für jeden Euro dankbar." Die Freundlichkeit von Herrn Möller wird von einem zynischen Unterton begleitet und wirkt deshalb unecht.

„So, und nun müssen wir beginnen", unterbricht Martin. „Zunächst eine Unterschrift vom Leiter der Stiftung, dass die

Damen pünktlich waren." Er hält Herrn Möller eine Unterlage mit einem A4-Blatt hin.

„Hätten Sie etwas dagegen, wenn ich noch ein bisschen bleibe? Mich interessiert, was Alexander sich für seine Nichten ausgedacht hat." Er sieht Martin an. Doch dieser überlässt uns die Entscheidung. Ich bemerke Corinnas plötzliche Unruhe. „Ich mag das nicht so", sagt sie leise.

Der Mann grinst. „Ich reiße Ihnen nicht den Kopf ab, und Sie erhalten auch keine Zensuren von mir. Es interessiert mich einfach."

„Meinetwegen können Sie bleiben", sage ich schnell, weil ich es unhöflich finde, den Mann wegzuschicken. Martin wendet sich an Corinna. „Es wäre ein gutes Training, den heutigen Vortrag vor einem Fremden zu halten. Als zukünftige Anwältin ..."

„Okay, daran habe ich nicht gedacht", schneidet sie ihm das Wort ab und strafft die Schultern. Wir gehen in den Besprechungsraum und nehmen die üblichen Plätze ein. Herr Möller wählt den Platz an der anderen Stirnseite, ein Stück weg vom Geschehen und nahe der Tür. Ich kann mir vorstellen, dass er irgendwann still und heimlich verschwindet.

Unser Mentor beginnt: „Das Thema des Monats dreht sich um Erfolg. Alexander hat Ihnen als theoretische Grundlage bestimmte Kapitel aus seinem Buch empfohlen, seine CD zum Thema und einen Text aus den Religionsschriften."

„Was soll das denn?", fragt der Gast.

„Was meinst du, Wolfgang?"

„Wozu ist denn ein religiöser Text gut?"

„Die drei Briefe beginnen bisher immer mit einem geistigen Text, also einer Lebensweisheit, über die die Damen nachdenken sollen."

„Das hat er doch früher nicht gemacht."

Martin zuckt nur die Schulter. Ich weiß, dass er die Frage genauer beantworten könnte, aber es anscheinend nicht will.

„Wer möchte beginnen?" Er sieht uns abwechselnd an. Corinna springt sofort auf.

„Sie können sich einen Platz im Raum aussuchen, an dem Sie sich wohl fühlen." Corinna lehnt seinen Vorschlag kopfschüttelnd ab und beginnt an Ort und Stelle:

„Der erste Schritt zum Erfolg ist die Feststellung, welche meiner vielfältigen Begabungen mich auf meinem Weg am weitesten nach vorn bringt. Der Erfolgreiche konzentriert sich nur auf eine Sache. Die echte Meisterschaft hat der, der sich auf ganz bestimmte Problemlösungen spezialisiert hat, die seinen Zielen und seinen Fähigkeiten am meisten entsprechen."

Mir fällt auf, dass Corinna die Theorie mit ihren eigenen Worten wiedergibt, aber nichts Persönliches einfließen lässt.

Sie sagt: „Erfolgreich sein heißt, die Probleme unserer Zeit zu erkennen, bereit zu sein für neue Aufgaben, eine positive Einstellung zum Leben zu haben, Menschen zu motivieren …" Ihre Art erinnert mich an Reden von Politikern, die sich toll anhören, aber im Grunde nichts aussagen. Man ist hinterher nicht schlauer als vorher. Nach zehn Minuten setzt sie sich. Ihr Gesicht ist gerötet, ihre nervös wirkenden Hände greifen nach der Kaffeetasse.

Martin nickt bedächtig und fragt behutsam: „Wie haben Sie diese neuen Erkenntnisse in die Praxis eingebaut?" Fast bockig antwortet sie: „Ich habe noch keine Praxis. Zurzeit bereite ich mich auf mein erstes Staatsexamen vor. Ich glaube daran, dass ich Menschen in Rechtsfragen beistehen kann. Ich bin meinen Eltern dankbar, dass sie meinen Umweg akzeptiert haben und mein Studium finanzieren. Meine Wünsche und Ziele habe ich bereits letzten Monat aufgeschrieben. Das Neue für mich ist, dass der Erfolg mit dem positiven Sprechen beginnt. Darauf werde ich in Zukunft achten. Mehr habe ich dazu nicht zu sagen."

Unser Mentor ist nicht zufrieden. Doch er geht nicht weiter darauf ein und erteilt mir das Wort. Ich suche mir einen Platz, von dem aus ich alle im Blick habe, drei Schritte entfernt vom Tisch. „Ich beginne mit dem Zitat." Ich beherrsche es inzwischen auswendig und kann den Mann deshalb dabei ansehen.

„Die erste und vornehmste unter den Gaben, die der Allmächtige der Menschheit verliehen hat, ist die des Verstandes. Seine Absicht bei der Verleihung einer solchen Gabe ist allein die, sein Geschöpf zu befähigen, den einen wahren Gott zu erkennen. Diese Gabe gibt dem Menschen die Kraft, in allen Dingen die Wahrheit herauszufinden; sie führt ihn zu dem, was recht ist, und hilft ihm die Geheimnisse der Schöpfung zu entdecken.

Diese Aussage erinnert mich daran, dass ich die Verantwortung für mein Leben trage, macht mir bewusst, wozu ich einen Verstand erhalten habe. Ich kann damit die Welt erforschen, die Wahrheit herausfinden und Entscheidungen treffen. Das bedeutet auch gleichzeitig, dass ich niemandem die Schuld geben kann, wenn mein Leben nicht so läuft, wie ich es gerne hätte." Herr Möller hört mir nicht richtig zu. Er spielt unruhig mit seinen Händen, sieht aus dem Fenster oder an die Decke. Das ist irritierend. Weil Corinna auf ihre Unterlagen blickt, wende ich mich Martin zu. Er sieht mich ruhig an und hört interessiert zu. Im weiteren Verlauf erkläre ich, welche Gedanken, Gefühle und Fragen mir zu einigen Erfolgsregeln gekommen sind. Ich erwähne, dass ich mir die Selbständigkeit schon immer gewünscht habe. Doch es mangelte an einem festen Plan, an Systematik und konsequenter Umsetzung. Ich habe erkannt, dass ich in der Traumphase steckengeblieben bin. Nach meiner Selbstanalyse erkläre ich, dass ich nun auf dem Weg bin, mich zu spezialisieren, und beschreibe, wie ich mit der Frage nach den Zielen den neuen Zweig entdeckt habe. Mir wird bewusst, dass ich das Gegenteil von Corinna getan habe. Sie hat sich vorwiegend auf die Theorie bezogen und ich auf die Praxis. Als ich mich setze, schießt Herr Möller von seinem Platz hoch. „Sie haben die theoretischen Grundlagen nicht erwähnt. Das sollte man in einem Vortrag immer tun", kritisiert er scharf. „Außerdem klingt Ihr Vortrag so, als müsste sich der Mensch nur die religiösen Aussagen bewusst machen, und dann hat er Erfolg. Aber viele Menschen haben gar nicht die Bedingungen. Sie brauchen jemanden, der sie an die Hand nimmt und führt. Geben Sie mal einem Schulverweigerer oder jemandem, der gemobbt wird, das Zitat und sagen ihm, er muss mehr Verantwortung übernehmen."

Ich spüre eine unterdrückte Wut bei dem Mann. Dabei habe ich doch nur ehrlich gesagt, welche Gedanken und Erkenntnisse mir bei diesem Text gekommen sind. Für einen Augenblick ist mein Kopf wie leer. Sein Verhalten schockiert und blockiert mich. Doch dann habe ich eine Antwort: „Der Religionstext ist für mich Orientierung, eine Grundlage. Er sagt etwas über die Bestimmung und den Wert des Menschen aus. Und darüber sollte jeder nachdenken. Sie haben aber Recht, dass das allein nicht genügt. Wir brauchen eine Anleitung, wie wir dahin kommen. Die hat uns Alexander gegeben. Ich habe erklärt, was diese Anleitung in meinem Leben bewirkt hat. Wenn Sie wollen, kann ich Ihnen die Theorie auch noch aufsagen." Ich hoffe, dass man mir meine Aufregung nicht anmerkt.

„Das ist nicht nötig, ich kenne die Theorie. Aber die theoretischen Grundlagen fehlen in Ihrem Vortrag. Ich würde Ihnen in der Prüfung dafür einige Punkte ab …"

„Moment", fällt Martin Herrn Möller ins Wort. „Es geht hier nicht um deine oder meine Vorstellung vom Vortrag. Corinna und Lea sollten die Theorie studieren, sich Gedanken zu dem religiösen Text machen und einen Bezug zum Alltag herstellen. Der Vortrag sollte ihre Erkenntnisse und ihre Erfahrungen wiedergeben, was Lea hervorragend getan hat. Man kann diese Entwicklung nachvollziehen, ja das Tempo sogar bestaunen."

Herr Möller schluckt und beißt sich auf die Unterlippe. Dann reißt er plötzlich die Arme hoch und verzieht seinen Mund zu einem schiefen Lächeln. „Verzeih mir meinen Einwurf, Martin. Hier scheint ja wirklich einiges anders zu laufen als üblich. Na, da bin ich ja auf die Prüfung gespannt. Frohes Schaffen noch!", ruft er und verlässt augenblicklich den Raum.

Ich sehe, wie Martin auf seinem Stuhl etwas zusammensackt. Er lehnt sich zurück und atmet hörbar aus.

„Der Mann ist eigenartig", bemerkt Corinna.

„Unsympathisch", beschreibe ich.

„Verbissen", kommentiert Martin.

„Welche Rolle spielt er in dieser Inszenierung?", will ich wissen.

„Er wird die Prüfung mit abnehmen, und er ist als Vorsitzender der Stiftung äußerst engagiert."

„Er ist scharf auf unser Erbe", rutscht mir heraus.

Martin lächelt gequält. „Er ist jemand, der sich auf keinen Kompromiss einlassen würde, wenn Sie zu spät kämen."

„Aber warum? Er hat doch gar nichts von dem Geld", fragt Corinna.

Martin zögert kurz bevor er spricht: „Vielleicht sollten Sie das wissen, weil es sein Verhalten erklärt. Wolfgang Möller hat vor elf Jahren seinen Sohn verloren. Stefan wäre jetzt in Ihrem Alter. Er war ein schüchterner Junge, der sich das Leben genommen hat, weil er in der Schule gehänselt wurde. Zu diesem Zeitpunkt kannte Herr Möller Alexander noch nicht. Erst ein Jahr später hat er an einem Seminar teilgenommen und dann seinen zweiten Sohn in Alexanders Obhut gegeben. Thomas studiert jetzt Psychologie. Wolfgang Möller sieht seine Lebensaufgabe darin, Menschen zu helfen, denen es ähnlich ergeht wie seinem verstorbenen Sohn. Der Bedarf ist groß, die finanziellen Mittel sind klein. Er ist enttäuscht, dass Alexander seinen Besitz nicht der Stiftung vermacht hat, wo er doch weiß, wie dringend das Geld gebraucht wird. Andere haben es nötiger als Sie beide, ist seine Meinung."

Ich hole tief Luft. „Das erklärt einiges. Er wird ein Auge auf uns werfen."

„Er wartet nur darauf, dass jemand gegen die Anweisungen verstößt", konkretisiert Martin. „Und nun kommen wir zum nächsten Brief."

Gegen zwei Uhr haben wir einen groben Überblick über das neue Thema „Die Macht des Unterbewusstseins" und eine Liste von Pflicht- und Wahlliteratur. Wir packen unsere Unterlagen ein und rüsten zum Aufbruch.

„Kommst du nun mit in die Stadt, oder willst du tatsächlich Blutwurst essen?", fragt Corinna und rümpft dabei die Nase.

„*Himmel und Erde*", korrigiere ich sie.

„Was ist denn das?", erkundigt sich Martin amüsiert.

„Frau Schmidt kocht heute *Himmel und Erde*, Kartoffel-Apfelbrei mit Zwiebelringen und Blutwurst", erkläre ich.

„Klingt ja sehr interessant."

„Eklig." Corinna schüttelt sich.

„Dann flüchten Sie also vor dem Essen von Frau Schmidt, Corinna?"

„Wenn ich schon mal in Hamburg bin, dann möchte ich die Stadt kennen lernen." Sie sieht mich vorwurfsvoll an. „Ich versteh dich überhaupt nicht, Lea. Du stehst die ganze Woche in deinem Friseursalon. Nun hast du mal die Chance, etwas anderes zu sehen. Und was machst du? Du bietest Frau

Schmidt an, diese dämlichen Äpfel zu pflücken. Die verfaulen sowieso. Kenn ich alles von zu Hause. Erst ein Theater, dass alles geerntet werden muss, und dann verfault das Zeug, weil es keiner isst. Ein gekaufter Apfel ist eben viel appetitlicher."

„Bioobst ist gesünder, und ich habe es ihr versprochen."

„Dafür ist doch der Gärtner da", sagt Martin verwundert.

„Johannes ist krank, hat die Gürtelrose, und nächste Woche schlägt das Wetter um. Es gibt Sturm, und wenn die Äpfel herunterfallen, faulen sie noch schneller", fasse ich die Argumente von Frau Schmidt zusammen.

Martin zieht die Augenbrauen hoch. „Meine Güte, was es alles für Probleme geben kann. Frau Schmidt hätte mir nur sagen müssen, dass der Gärtner krank ist. Dann hätte ich mich um einen Ersatz gekümmert."

„Frau Schmidt ist eine alte Frau, die die Welt ein bisschen anders sieht. Die kommt gar nicht darauf, den Gärtner, der sich seit zwanzig Jahren um das Grundstück kümmert, einfach auszuwechseln."

„Nein, sie jammert eher den Nachbarn oder uns die Ohren voll, bis sich jemand findet, der sich freiwillig meldet, so wie du", entgegnet Corinna ärgerlich.

„Für sie gehört der Gärtner zur Familie. Und wenn jemand aus der Familie krank ist, dann müssen die anderen etwas mehr tun. Ich rufe doch auch nicht irgendwo an und sage: ‚Schicken Sie mir mal eine neue Oma, meine ist krank.'" Das ist nun nicht gerade ein passendes Beispiel, zumal ich keine Oma mehr habe.

Corinna zieht die Stirn kraus. „Komischer Vergleich." Martin sieht mich nur nachdenklich an. Wir verabschieden uns vor dem Aufzug. „Viel Spaß mit den Äpfeln, Lea", ruft sie mir nach. „Bei mir wird es spät. Ich gehe noch ins Kino."

„Ebenfalls viel Spaß. Ach Martin, ich soll Ihnen von Frau Schmidt bestellen, dass Sie sich Pflaumenmus und Obst abholen können."

„Bioobst", ruft Corinna spöttisch und verdreht die Augen. Er nimmt keine Notiz von ihrer Bemerkung. „Ich werde im Laufe der Woche vorbeischauen. Jetzt sind Sie ja da. Sie fühlt sich sehr einsam. Es ist gut, wenn sich von uns zwischendurch mal jemand sehen lässt."

Ich nicke nur und nehme die Treppe, während Martin und Corinna mit dem Fahrstuhl in die Tiefgarage fahren. Er will sie in der Einkaufspassage absetzen.

Himmel und Erde ist wirklich ein Gericht, das in meinen Speiseplan aufgenommen werden sollte. Frau Schmidt hat Bratwurst und eine Extraportion Zwiebelringe für die Vegetarierin gebraten. Sie setzt sich zu mir und sieht mir beim Essen zu. Es ist kurz vor drei. Ich merke, dass sie ständig zur Küchenuhr sieht. „Ist was, Frau Schmidt?"

Sie druckst herum und sagt schließlich: „Ich soll zum Kaffeetrinken zu Frau Brenner kommen. Sie hat heute Geburtstag. Ich habe schon gratuliert und ihr gesagt, dass wir die Äpfel pflücken wollen. Aber sie meint, dass ich wohl ein Stündchen abkömmlich sei. Ich hatte gehofft, dass Corinna auch …"

„Natürlich gehen Sie zum Geburtstag, Frau Schmidt. Sie sind auch zwei oder drei Stündchen abkömmlich. Zeigen Sie mir nur, wo die Leiter steht und wo ich die Äpfel lagern soll. Dann gehen Sie feiern. Ich schaffe das allein."

Ich tausche nach dem Essen mein Sommerkleid gegen Jeans und T-Shirt und gehe mit Frau Schmidt in den Garten. Hinter dem Flachbau befindet sich eine kleine Terrasse. Daneben hat Frau Schmidt ein Gemüsebeet angelegt. Zwiebelbunde sind zum Trocknen unter dem Dachvorstand aufgehängt. Hinter den Beeten stehen mehrere Obstbäume Spalier und bilden den

Sommer über einen Sichtschutz zum Nachbarn. Am Ende des Grundstücks befindet sich ein kleiner Schuppen. Dort sind die Gartengeräte, Körbe, eine Karre, unterschiedliche Leitern und Holzkisten aufbewahrt. Frau Schmidt erklärt mir etwas umständlich, dass ich den Haken in den Baum und daran den Korb hängen soll. Für die Äpfel, die ich nicht erreiche, soll ich den Obstpflücker benutzen. Sie weist mir die Trittleiter zu und den Baum, der zuerst abgeerntet werden soll. Ich versichere ihr, dass ich klar komme und dränge sie zum Gehen. Schließlich ist es schon halb vier und Frau Brenner wartet.

Auf der anderen Seite des Grundstücks wachsen Tannen, Birken, Koniferen und Sträucher. Die Rasenfläche zwischen Terrasse und den Sträuchern ist groß genug, um mit Kindern Fußball zu spielen oder ein Sommerfest zu feiern. Und dann ist es plötzlich, als würde sich der Garten verwandeln. Ich habe das Sommerfest vor Augen, sehe Stehtische mit weißen Tafeltüchern und Gläsern darauf, Holztische mit Obst und Salaten. Bänke mit bunten Kissen laden zum Sitzen ein. Auf einem großen Steingrill liegen Würstchen und Steaks. Sogar den Geruch von Gegrilltem nehme ich wahr. Viele Menschen bewegen sich im Garten, lachen, erzählen und suchen Schutz unter den Sonnenschirmen, die überall aufgestellt und mit tanzenden Luftballons geschmückt sind. Es ist ein perfekter Sommertag und so real, dass ich zusammenzucke, als jemand sagt: „Ach, hier sind Sie, Lea." Ich fahre herum und schnappe nach Luft. „Haben Sie mich jetzt erschreckt, Martin."

„Entschuldigung, ich habe einen Schlüssel vom Tor und habe geklingelt. Da niemand aufgemacht hat, bin ich ... Lea, meine Güte, was ist denn?" Er ist mit einem Schritt bei mir und hält mich am Arm fest. „Es ist nur der Schreck", erkläre ich, nach Luft schnappend. „Ich war ... in ... einer anderen Welt ..." Tiefes Atmen hilft mir zurück in die Gegenwart. „Nun wird es aber Zeit, dass ich die Äpfel pflücke." Vorsichtig schüttele ich seine Hand ab und gehe zurück zum Schuppen. Martin folgt mir. „Wo ist denn Frau Schmidt?"

„Zur Geburtstagsfeier bei Frau Brenner. Ich musste sie fast hinprügeln. Und Sie? Wollen Sie Ihr Pflaumenmus heute schon essen?"

Er grinst und wirkt irgendwie lockerer als bei der Konsultation. „Ich wollte wissen, wie *Himmel und Erde* schmeckt, und habe gehofft, dass Sie nicht alles aufessen. Frau Schmidt kocht ja reichlich."

„Es ist noch genügend da."

„Gibt es auch noch etwas von der Blutwurst?"

Ich muss kichern, weil er es so genussvoll sagt. „Aus Rücksicht auf Vegetarier hat es Bratwurst gegeben."

„Bratwurst ist auch Fleisch", bemerkt er grinsend.

„Für Frau Schmidt gibt es da Unterschiede."

Wir müssen beide lachen. „Und dann kommt die Vegetarierin erst gar nicht zum Essen, die arme Frau Schmidt", sagt er kopfschüttelnd. Wir stehen uns gegenüber. Es ist, als wären wir magnetisiert. Für ein paar Sekunden bin ich nicht fähig, meinen Blick von ihm zu lösen. Was ist das denn? Ich blinzele und besinne mich auf meine Aufgabe. „Gehen Sie doch in die Küche und machen sich das Essen warm. Ich pflücke die Äpfel." Hastig schnappe ich mir die Leiter und will jetzt einfach ein Stück weg von ihm, Abstand schaffen.

„Geben Sie mir die Leiter, ich helfe Ihnen."

So gehen wir dann mit Korb, Leiter, Kiste und Haken zum Apfelbaum vor. „Sie wollen helfen? Hatten Sie nicht vor, einen neuen Gärtner aufzutreiben?" Mein Ton klingt etwas spöttisch.

„Sie haben vorhin etwas sehr Kluges gesagt, Lea. Das hat mir Stoff zum Nachdenken gegeben." Ich überlege, was er meint. „Dass man in einer Familie die Menschen nicht einfach auswechseln kann. Wenn einer krank ist, müssen die anderen etwas mehr tun. Sie haben Recht. Für Frau Schmidt sind wir zumindest in diesem Jahr so etwas wie die Familie. Ansonsten würde sie nicht für uns Pflaumenmus und *Himmel und Erde* kochen."

Er hat mit dieser Feststellung ein Lächeln und eine Träne in mein Gesicht gezaubert. Ich spüre, wie sie mir über die Wange läuft. Doch weil ich die Hände nicht frei habe, kann ich sie nicht wegwischen und wende mich ab.

„Lea", sagt er sanft.

Ich sehe ihn an. Martin wischt mir mit seinem Zeigefinger die Träne aus dem Gesicht. Für einen kurzen Moment ruht seine Hand an meiner Wange. Ich schlucke nervös und stammele: „Ich pflücke die Äpfel." Er will widersprechen, doch ich unterbreche ihn. „Sie müssen die Leiter halten und die Körbe abnehmen." Widerwillig stimmt er zu. „Und da, wo ich nicht hin komme, dürfen Sie Ihr Glück versuchen."

„Na toll. Da habe ich schon mal Lust auf Gartenarbeit und dann werde ich ausgebremst."

„Ich teile die Arbeit nur gerecht auf."

Er schmunzelt. „Lea, Sie haben das Zeug zu einer Führungspersönlichkeit."

„Wenn Sie das sagen."

Es macht unglaublich viel Spaß. Wir amüsieren uns köstlich, witzeln und lachen viel. Mancher Apfel, der mir aus der Hand rutscht, landet auf Martins Kopf. Manchmal greife ich auch in ein angefaultes Exemplar und muss mir die Hände abwischen. Nach gut zwei Stunden haben wir drei Kisten Äpfel und zwei Körbe Pflaumen geerntet. Wir bringen die Kisten in den Keller und fühlen uns dabei, als hätten wir einen Schatz geborgen. Frau Schmidt ist immer noch nicht zurück. Wir gehen ins Haus, ich koche Kaffee und schneide den Apfel- und Pflaumenkuchen auf. Martin isst zunächst *Himmel und Erde* und gleich darauf mehrere Stücke Kuchen. Er scheint sehr hungrig zu sein. Erst jetzt stelle ich die Frage, die mir im Laufe des Nachmittags öfter durch den Kopf geschossen ist. „Hat Herr Möller ein Problem mit Religion?"

„Ich würde sagen, er hat ein ähnliches Problem wie Sie. Gott hat es zugelassen, dass sein Sohn sich das Leben genommen hat. Soweit ich weiß, ist er aus der Kirche ausgetreten."

„Willkommen im Club", murmele ich. „Wenn ich daran denke, dass mir Gott meine Familie genommen hat, empfinde ich so etwas wie Wut. Ich möchte nichts mehr mit Ihm zu tun haben, so wie man mit einem Menschen nichts mehr zu tun haben möchte, der einen verletzt und ungerecht behandelt hat. Aber wenn ich diese geistigen Texte lese, dann ist es, als öffne sich eine Tür, die mich in tiefere Schichten meines Seins eindringen lässt."

„Genau da liegt die Bedeutung. Sie haben es richtig erkannt. Der Religionstext ist göttlichen Ursprungs. Er ist schöpferisch. Er ist sozusagen die Nahrung für unsere Seele. Die Wut, die Sie empfinden, wenn Sie an Gott denken, kommt daher, weil Sie sich Gott als Menschen vorstellen oder eine Beziehung zu Ihm pflegen, als wäre Er ein Mensch. Gott ist kein Verhandlungspartner. Das Wesen Gottes liegt außerhalb unserer Fassungskraft."

„Aber Seine Worte berühren uns doch", wende ich ein.

„Genau, Seine Worte sind der Zugang zu Ihm. Sie sind das Band zwischen Geschöpf und Schöpfer."

„Wo kommen diese Worte her, wenn Gott außerhalb unserer Fassungskraft liegt?"

„Gott wählt von Zeit zu Zeit einen Menschen aus, der Seinen Willen verkündet. Man bezeichnet sie als Boten, Propheten, Offenbarer, Manifestationen Gottes oder einfach als Religionsstifter. Sie bilden sozusagen die Verbindung zwischen Gott und den Menschen."

„Haben Sie auch Religion studiert?"
„Ich habe mich etwas damit beschäftigt."
„Warum gibt es denn so viele, so unterschiedliche Religionen?"
„Ich sehe es so, dass alle Religionen aus der gleichen Quelle stammen. Eigentlich handelt es sich um eine Religion, die immer wieder erneuert wird."
„Aber sie sind doch verschieden."
„Jede Religion hat zwei Teile, einen veränderlichen und einen unveränderlichen. Der veränderliche Teil wird dem Entwicklungsstand der Menschheit angepasst, aber in ihrem unveränderlichen Teil sind sie gleich."

Frau Schmidt steht plötzlich in der Küche. Es ist kurz nach sechs. „Oh, Lea, nun habe ich Sie mit den Äpfeln ganz allein gelassen."
„Martin hat mir geholfen."
„Das ist ja schön. Hatten Sie denn Zeit, Dr. Sander?"
„Ich hatte Hunger und war neugierig auf *Himmel und Erde*. Außerdem hat Lea etwas von Pflaumenmus gesagt. Ich muss doch mein Frühstück absichern. Es steckt also ein sehr egoistisches Motiv hinter meiner Bereitschaft", gibt er schmunzelnd zu. Frau Schmidt strahlt. „Oh, na dann ist es ja gut, dass so viele Pflaumen am Baum hängen."
„Nein, nicht mehr. Sie liegen jetzt im Keller."
„Dann kann ich ja wieder Pflaumenmus kochen."
„Das können Sie gerne tun, ich bin ein eifriger Abnehmer. Mir ist heute erst richtig klar geworden, wie viel Arbeit in so einem Glas Pflaumenmus steckt. Außerdem ist es ganz schön gefährlich, Obst zu ernten."
„Sind Sie etwa vom Baum ...?"
„Nein, nein, Lea hat mich erst gar nicht auf den Baum gelassen. Nur ab und zu hätte ein Apfel fast meine Brille demoliert. Sie ist ja kein Profi im Apfelernten."

Ich zucke entschuldigend mit den Schultern. „Manchmal waren die Äpfel eben schneller als ich." Wir lachen. „Er hätte die Leiter nicht so fest halten müssen."

„Ich habe Ihnen mehrmals das Leben gerettet und mich dafür geopfert." So geht es eine Weile hin und her. Frau Schmidt freut sich über unseren Schlagabtausch. Das ist ja auch Sinn und Zweck der Sache. Wir haben wohl beide das Gefühl, sie etwas aufheitern zu müssen.

„Ach, ist das schön, dass in diesem Haus wieder gelacht wird", sagt sie mit einem tiefen Seufzer. Wir werfen uns einen verstehenden Blick zu. Sie packt für Martin vier Gläser Pflaumenmus ein und stellt ihm einen Korb mit Äpfeln und Birnen hin. „Lea, Sie nehmen doch auch etwas mit?", fragt sie vorsichtig.

„Klar, so viel ich tragen kann. Natürlich nur, wenn Sie mir so viel geben."

Sie winkt ab. „Es soll doch nicht verderben. Ich packe Ihnen gleich etwas ein." Sie eilt wieder davon. Martin erhebt sich langsam. Ich gehe davon aus, dass er gehen will. Doch er tritt ans Küchenfenster und sieht in Richtung Obstbäume. „Was machen Sie heute noch, Lea?"

„Ich lasse mich in der Bibliothek mit einer Kanne Tee nieder und werde ins Unterbewusstsein einsteigen. In den nächsten Wochen kommt einiges auf mich zu. Meine Chefin fällt eine Weile aus. Ich muss jede freie Minute nutzen. Außerdem liebe ich diesen Raum mit den vielen Büchern. Dort könnte ich mich Tag und Nacht aufhalten. Er hat etwas Ehrwürdiges, weil dort soviel Wissen beheimatet ist. Und in einem Raum mit Büchern ist man nie allein."

Er nickt und dreht sich zu mir um. „Die Bibliothek ist das Herzstück des Hauses. Ich verbinde sehr schöne Erinnerungen mit diesem Raum. Wenn ich hier zu Besuch war und Alexander noch keine Zeit für mich hatte oder noch nicht da war, dann durfte ich mir in der Bibliothek die Zeit vertreiben. Meistens endete meine Erkundungstour durch die Regale mit einem Stapel Bücher, die ich unbedingt lesen musste."

„Was haben Sie am liebsten gelesen?"

„Erst Abenteuerromane, später haben mich psychologische und philosophische Werke fasziniert, dann kam die Religion dazu. Es war immer ein Erlebnis, die Bücher mit Alexander auszuwerten. Marianne oder Maria schlichen sich ins Zimmer, um uns Kuchen und Tee zu bringen. Niemand wagte, unsere angeregten Gespräche zu unterbrechen." Er lächelt bei der Vorstellung. „Gespräche in dieser Intensität und Begeisterung habe ich bisher nur mit Alexander führen können. Und das fehlt mir."

„War er wie ein Vater für Sie?"

„Eigentlich habe ich einen wundervollen Vater. Manchmal war mir, als hätte ich zwei, manchmal kam mir Alexander wie ein weiser Großvater vor, ein andermal wie ein gleichaltriger Freund oder Studienkollege, oder auch wie ein Professor, von dem ich viel lernen konnte. Und manchmal waren wir wie neugierige kleine Kinder."

„Ein weiser väterlicher Freund", sage ich ohne zu überlegen.

„Ja und nein. Es ist noch zu wenig. Alexander war eine vielschichtige Persönlichkeit. Meine Beziehung zu ihm war ebenfalls vielschichtig. Sie lässt sich nicht in einem Begriff zusammenfassen. Ich bin unendlich dankbar für diese Verbindung, dankbar für alles, was ich von ihm gelernt habe und gleichzeitig bedaure ich sehr, dass es schon vorbei ist. Da ist noch so viel, was ich gerne mit ihm besprechen würde." Er schließt kurz die Augen und ringt um Fassung.

„Selbst ich bedaure den Mangel – ohne die Fülle zu kennen." Martin sieht mich überrascht an. „Das klingt philosophisch." Ich habe den Satz nur so dahin gesagt, ohne richtig die Bedeutung zu erfassen und versuche es nun mit einer Erklärung: „Je mehr ich über Alexander erfahre, desto klarer wird mir, dass es ein großer Fehler von meiner Oma war, das Angebot ihres Bruders abzulehnen. Wie anders wäre mein Leben verlaufen, wenn ich bei ihm aufgewachsen wäre und so wie Sie von ihm gelernt hätte?"

„Auf das Wie habe ich keine Antwort, aber es wäre anders verlaufen, da bin ich mir sicher."

OKTOBER

In den nächsten Tagen frage ich mich öfter, was anders gelaufen wäre. Ich hätte wahrscheinlich das Abitur gemacht und studiert. Martin und ich wären uns im Haus meines Onkels begegnet. Er war siebzehn, als meine Eltern verunglückt sind. Nun, in diesem Alter interessiert sich kein Siebzehnjähriger für eine Zehnjährige. Jedenfalls würden wir uns jetzt nicht siezen und Distanz bewahren. Aber wenn es anders gekommen wäre, hätte mein Onkel dieses Programm für uns nicht entwickeln müssen. Schließlich gebe ich Ruhe und höre auf zu grübeln: Was wäre wenn? Die Dinge sind so, wie sie sind.

Marlies ist insgesamt drei Wochen krank, davon zehn Tage im Krankenhaus. In der dritten Woche sieht sie ab und zu nach dem Rechten. Ich erhalte in der Zeit, in der ich Chefin spielen darf, eine Vorstellung von den Schattenseiten der ersehnten Selbständigkeit. Die Organisation des Betriebes ist die eine Sache, aber damit ist die Arbeit noch nicht getan. Abrechnungen und Bestellungen kommen hinzu. Die Verantwortung für die Ordnung und Sauberkeit des Ladens zu tragen, ist etwas anderes, als einmal am Tag eine Waschmaschine in Betrieb zu setzen und die Haare zusammenzukehren. Es kostet nicht nur mehr Zeit, sondern man ist gedanklich ständig mit dem Laden beschäftigt. Er ist wie ein Klotz am Bein, den man überall mit hinnimmt. Ich komme täglich erst gegen halb acht nach Hause, und es gibt auch keinen freien Samstag.

Das Thema Unterbewusstsein ist neu und spannend, aber ich schlafe jeden Abend beim Lesen vor Erschöpfung ein. Wenn das so weitergeht, werde ich die Prüfung wegen schlechter Vorbereitung verhauen. Die Wochen sind vollgestopft. Ich habe das Gefühl, sie würden dadurch doppelt so schnell vergehen. Bestimmte Dinge kommen zu kurz, wie zum

Beispiel der Haushalt und das Essenkochen. Auch meine Beziehung zu Tom läuft auf Sparflamme. Er macht Überstunden und muss manchmal sogar auswärts übernachten. Es ist nicht günstig und doch wieder günstig, weil ich dadurch mehr Zeit für mein Studium habe. Je tiefer ich einsteige, desto interessanter wird es.

Die Fundamente unserer Entwicklung werden im Unterbewusstsein gelegt. Wie eine Festplatte beschrieben wird, so wird auch unser Unterbewusstsein beschrieben. Alles, was wir erreichen, und alles, was wir nicht erreichen, ist die Folge unseres eigenen Denkens. Wie wir denken, so sind wir; wie wir fortwährend denken, so bleiben wir. Wenn wir uns verändern, uns verwandeln wollen, müssen wir unser Denken verändern. Alle Überzeugungen, Meinungen und Ideen, die wir bewusst akzeptieren, prägen sich ins Unterbewusstsein ein.

Das Unterbewusstsein ist wie ein Nährboden, der jede Idee akzeptiert, egal ob sie richtig oder falsch ist. Es ist kein Kontrollorgan, sondern ein Ausführungsorgan.

Das Bewusstsein ist der Wächter am Tor zum Unterbewusstsein. Seine wichtigste Aufgabe ist, das Unterbewusstsein vor falschen Eindrücken zu bewahren.

Das Unterbewusstsein ist anfällig für Suggestionen, für positive und negative. Negative Suggestionen sind zum Beispiel: *Das schaffst du nicht. Das Leben ist endlose Plackerei. Man kann keiner Menschenseele trauen.* Wenn ich in meinem Leben etwas verändern will, muss ich dem Unterbewusstsein Botschaften eingeben, die heilend, inspirierend und konstruktiv sind. Von mehreren Ideen wird immer die stärkere angenommen. Jetzt verstehe ich, warum Martin gesagt hat: „Formulieren Sie Ihre Partnervorstellung mal positiv, Lea."

Mit dem Wissen über das Unterbewusstsein fange ich an, die Welt mit anderen Augen zu betrachten. Negatives Reden ist Gift, das man sich und dem, der es zu hören bekommt, verabreicht. Ich sehe meinen Arbeitsplatz, wo ich mir die Probleme meiner Kunden anhöre, nun als eine Art Giftküche für das Unterbewusstsein. Wer ständig negativ denkt und spricht, blockiert seine Lebenskraft, so, als würde er mit dem Fuß auf einem Wasserschlauch stehen und den Lauf des Wassers blockieren. Die negativen Emotionen bahnen sich dann in Form von Krankheiten ihren Weg. Dieses Bild erschreckt mich.

Nun wird mir auch klar, dass man sich vor negativen Menschen schützen muss. Sie rauben Kräfte, vergiften unser Leben und machen unser Selbstvertrauen zunichte, bis wir Opfer statt Herr der Lage sind. Jetzt habe ich also nicht nur zu tun, mein Denken zu überwachen und meine Glaubenssätze zu analysieren, sondern stehe auch vor dem Problem, negative Gespräche zu unterbrechen und in eine positive Richtung zu führen.

Bei manchen Kunden gelingt mir das durch Schweigen. Andere wollen meine Meinung zu einem Problem hören. Da versuche ich einen positiven Aspekt zu finden. Der aktuelle dick gedruckte Text ermahnt mich dazu.

O Gefährte Meines Thrones!
Höre nichts Schlechtes und sieh nichts Schlechtes, erniedrige dich nicht und klage nicht. Sprich nichts Schlechtes, damit du nichts Schlechtes hören musst, und vergrößere die Fehler der anderen nicht, damit deine eigenen Fehler nicht groß erscheinen. Wünsche nicht die Erniedrigung eines anderen, damit deine eigene Niedrigkeit nicht offenkundig werde. Verbringe alsdann die Tage deines Lebens, die weniger sind als ein flüchtiger Augenblick, mit makellosem Gemüt, unbeflecktem Herzen, reinen Gedanken und geheiligtem Wesen, damit du diese irdische Hülle frei und zufrieden ablegen, dich zum geheimnisvollen Paradiese begeben und immerdar in dem ewigen Königreich wohnen mögest.

Die Auseinandersetzung mit diesem Text hebe ich mir für einen freien Tag auf. Am zweiten Sonntag – Tom will ausschlafen – genehmige ich mir wieder einen Spaziergang durch meinen Lieblingspark, der heute in den schönsten Herbstfarben schimmert. Es ist noch kühl und feucht, doch die Sonne schiebt sich langsam durch die Wolken und verspricht einen schönen Herbsttag. Ein paar Jogger laufen an mir vorbei. Zwei Frauen sind mit ihren Hunden unterwegs. Ein älterer Herr schiebt einen Kinderwagen. Bevor ich mich auf meiner Lieblingsbank niederlasse, wische ich sie trocken. Das Geräusch der Wasserfontäne hilft mir erneut, die Gedanken zu ordnen. Ob sich das Erlebnis mit dem Zitat vom Bergwerk wiederholen lässt?, frage ich mich. Ich fühle in meiner Tasche den Beutel mit den Edelsteinen und erinnere mich sofort an jenen Tag, an einen Tiefgang meiner Gedanken, den ich so noch nie erlebt habe. Natürlich erinnere ich mich auch, dass dies der Tag war, an dem ich den unterschlagenen Brief entdeckt habe.

Ich richte meine Gedanken auf den aktuellen Text, den ich als Wächter für mein Unterbewusstsein bezeichne. Allein die Anrede, *O Gefährte Meines Thrones,* gibt mir das Gefühl, wichtig und wertvoll zu sein.

Der Mensch ist ein edles Wesen, formuliere ich. Damit er die Stufe erreicht, die ihm zugedacht ist, muss er ein paar Dinge beachten. Ohne das Wissen über das Unterbewusstsein hätte ich wohl die wahre Bedeutung von *Höre nichts Schlechtes und sieh nichts Schlechtes* nicht erfasst. Über die Ohren und die Augen dringen Informationen und Bilder in uns ein und bestimmen unser Handeln. Vieles bleibt unbewusst. Wir wundern uns nur, warum wir so und nicht anders reagieren. An dem Satz *Vergrößere die Fehler der anderen nicht, damit deine eigenen nicht groß erscheinen* bleibe ich hängen und habe das Gefühl, mir fehlen dazu Informationen, um ihn zu verstehen. Jedenfalls vermute ich, dass der Blick auf die Fehler der anderen mit meinen eigenen zu tun hat. Ich mache mir eine Notiz und will Martin dazu befragen.

Der zweite Teil scheint mir noch wichtiger. Denn hier wird der Grund genannt, warum wir uns so verhalten sollen. Ein ***unbeflecktes Herz, reine Gedanken, ein geheiligtes Wesen*** soll der Mensch erlangen, weil er auf diese Weise einen Zugang zum Paradies oder zu Gott erhält.

Also dient die geistige Erziehung oder die Charaktererziehung dem Zweck, Gott näher zu kommen. Wie mag diese Nähe aussehen?, frage ich mich. Haben meine Eltern, Großeltern, Alexander und Marianne diese Nähe erreicht? Geht es ihnen dort gut? Meine Oma hat mir öfter über den Himmel erzählt. Es klang bei ihr ganz einfach. „Lea, du kannst die Welt verbessern durch gute Taten und durch einen guten Charakter. Dann kommst du auch in den Himmel."

Dieses Zitat sagt mir also, wie ich leben soll, gibt mir eine Orientierung und eine Anleitung. Das Wissen über das Unterbewusstsein liefert mir eine wissenschaftliche Bestätigung und zusätzliche Techniken. Wenn man eingefahrene Muster auflösen will, kann man das durch Autosuggestion tun. Wir sind keine hilflosen Produkte unserer Erziehung, wird mir klar.

Ich habe bisher vier Zitate erhalten. Mit dem ersten Text (Dankbarkeit) wurde ich auf mein kindliches Gottesbild und damit auf einen wunden Punkt aufmerksam gemacht. Durch das zweite Zitat erhielt ich ein neues Menschenbild (der Mensch ein Bergwerk, reich an Edelsteinen). Das dritte machte mich auf die Bedeutung des Verstandes und auf die Verantwortlichkeit des Menschen aufmerksam. Mit dem vierten bekomme ich eine Anleitung für meine Entwicklung und einen Grund, warum ich meinen Charakter entwickeln soll. Was würde noch kommen?

Ich stecke meine Unterlagen in die Tasche. Dabei fühle ich den Beutel mit den Edelsteinen. Alles, was kommen wird, dient dem Zweck, meine Edelsteine ans Licht zu befördern.

Jetzt sehe ich diese Steine nicht nur als Andenken an einen schönen Tag, sondern als eine Aufforderung, als Mahnung.

Am Montag mache ich eine besondere Erfahrung mit einer Kundin. Ich notiere mir abends die Geschichte.

Eine Frau im mittleren Alter erzählt mir zwanzig Minuten lang, wie schlimm ihr Mann ist und wie schlimm die Männer im Allgemeinen sind. Die Kritik geht über die Unordnung, über die Wertigkeit des Fußballs im Leben eines Mannes, über ungesundes Essen bis zur Unzuverlässigkeit und Untreue. Die Vorsilbe *un* hängt praktisch an jedem zweiten Wort. Ich warte angespannt auf eine Möglichkeit, das Gespräch in eine andere Richtung zu lenken. Als ihr endlich der Stoff ausgeht, probiere ich es auf die spaßige Tour: „Aber wenn wir diese Sorgen nicht hätten, dann wäre doch unser Leben langweilig."

Die Kundin sieht mich entgeistert an. „Das glauben Sie doch nicht wirklich, Lea? Unser Leben wäre doch viel schöner."

„Ich weiß nicht, ob es schöner ist, wenn niemand zu Hause ist, für den man kochen, mit dem man reden und über das Fernsehprogramm streiten kann." Die Kundin schweigt dazu. „Viele alleinstehende Frauen hätten gerne Ihre Probleme."

„Das glaube ich nicht." Und schon ist sie wieder im alten Fahrwasser. Ich bin froh, als ich die Strähnchen in Silberpapier eingewickelt habe und kurz nach hinten gehen darf. Dieses Gerede hat mir die Energie geraubt. Bei der Vorstellung, dass sie zwei Kinder im Alter von zehn und zwölf Jahren hat, die sich wahrscheinlich täglich die Streiterei und die Kritik an ihrem Vater anhören müssen, wird mir ganz komisch zumute. Ich kenne ja nun die Auswirkung solcher Sprüche auf das Unterbewusstsein der Kinder. Da muss man doch irgendwas tun. Es ist nicht richtig zu kritisieren, aber es muss doch möglich sein, Menschen auf etwas Schädliches aufmerksam zu machen und sie in eine positive Bahn zu lenken. Ich habe schon etliche Zitate verschenkt und denke an das aktuelle. Die Unterlagen sind in meiner Tasche. Kurz entschlossen schreibe ich den neuesten Text ab und stecke ihn in meine Jeans. Wenn sich eine Gelegenheit bieten sollte, hätte ich ihn zur Hand. Dann gehe ich zurück, befreie die Kundin von den Silberpapierstreifen und wasche ihr die Haare. Als sie wieder auf ihrem Platz sitzt, begegnen sich unsere Blicke im Spiegel. Sie hat ihren Mund zusammengekniffen, die Stirn in Falten gelegt und atmet schwer. Für mich lautet die Botschaft: Das Leben ist eine einzige Last. Ich spreche einfach das Gegenteil aus: „Das Leben ist schön. Es gibt so viele Dinge, für die man dankbar sein kann. Ich zähle sie jeden Morgen auf. Das müssen Sie unbedingt mal ausprobieren. Irgendwann haben Sie das Gefühl zu fliegen."

„Wollen Sie mich auf den Arm nehmen?"

„Auf keinen Fall, ich möchte Ihnen helfen, das Leben aus einer anderen Perspektive zu betrachten." Ich erzähle ihr nun von meinem Onkel und von meinem Programm. Ich spreche von den Themen, die mich zum Nachdenken gebracht haben und hole schließlich den Zettel mit dem Zitat aus der Hosentasche. Die Frau liest es aufmerksam. Ich schneide ihr dabei die Haare und föhne sie anschließend. Sie ist so vertieft, dass sie gar nicht mitbekommt, wie sie frisiert wird. Als ich den Fön ausstelle, sagt sie überrascht: „Sind wir schon fertig?"

„Mit der Frisur, ja."

„Ich verstehe nicht alles, was hier geschrieben ist."

„Ich auch nicht", gebe ich zu und lächele sie im Spiegel an. „Aber es wird immer mehr, wenn man darüber nachdenkt. Und wenn Sie es schaffen, Ihre Gedanken aufzuschreiben, werden Sie Wunder erleben."

Mit dieser Behauptung verabschiede ich meine Kundin und frage mich, ob es bei ihr so funktioniert wie bei mir.

Marlies übernimmt in der vierten Woche wieder das Ruder. Ich habe bis dahin nicht gewusst, dass Verantwortung ein Gewicht hat. Doch nachdem ich davon befreit bin, fühle ich mich leichter. Endlich kann ich wieder pünktlich Feierabend machen und mich anderen Dingen widmen. Die drei Wochen haben mich gelehrt, dass Selbständigkeit mehr ist, als nur Chef zu spielen. Dieses Mehr kann ich noch nicht in Worte fassen, und es beschäftigt mich nicht so sehr wie die Tatsache, dass wir alle sehr negativ programmiert sind und es noch nicht einmal merken. Ich komme mir wie das Kind aus dem Märchen *Des Kaisers neue Kleider* vor. Es sieht, dass der Kaiser nackt ist, und spricht es aus. Die anderen tun, als hätte er kostbare Kleider an. Auf mein Beispiel übertragen bedeutet es, ich sehe, wie schädlich das negative Reden ist, und die anderen sehen es nicht. Ich will sie aufmerksam machen, aber sie wollen es gar nicht wissen. Ein Belehren oder Besserwissen kommt nicht an. Wenn ich etwas sagen will, muss es nebenbei passieren, ist es vom richtigen Moment und von den richtigen Worten abhängig, also von Weisheit. Nach einem gelungenen Gespräch – das ist es dann, wenn der andere über meine Worte nachdenkt – fühle ich mich gut, spüre eine innere Befriedigung, Freude und Leichtigkeit. Dieses Gefühl ist neu, anders, ist mehr, als ich bisher erfahren habe.

Gleich am Montag nach Feierabend habe ich das dringende Bedürfnis, Angela von meinen neuen Erfahrungen zu berichten. Ich kreuze unangemeldet bei ihr auf und gehe davon aus, dass sie Zeit für mich hat. Schließlich ist sie zu Hause. Wie das Wasser eines angestauten Flusses sich seinen Weg bahnt, so fließen die Worte aus mir heraus, schnell, hastig, ohne Punkt und Komma. Ich sitze auf der Couch, halte meinen Cappuccino in der Hand und rede alles durcheinander: die Funktionsweise des Unterbewusstseins, die Gefahr des negati-

ven Redens, die falsche Lieferung der Haarwäsche, wie toll und doch auch wieder anstrengend es ist, ein Geschäft zu leiten, das Obst von Frau Schmidt ... Ich fühle mich wie auf Wolke sieben und merke erst relativ spät, dass Angela unruhig auf die Uhr sieht. Die Kinder werden müde und quengeln.
„Soll ich dir helfen, die Kinder ins Bett zu bringen?"
„Nein, nein", wehrt sie ab.
„Erwartest du noch jemand?"
„Wie kommst du denn darauf?"
Angela wird leicht rot und noch nervöser. Jetzt erst merke ich, dass sie anders gekleidet ist als üblich. Meine Freundin bindet ihre langen braunen Haare meistens zu einem Pferdeschwanz zusammen. Heute hat sie sie offen. Sie trägt einen Stufenrock und eine fliederfarbene Bluse mit einem gewagten Ausschnitt. Ich kenne sie seit der fünften Klasse. Wir galten in der Schule als unzertrennlich, als Schwestern. In der Lehre haben sich unsere Wege kurz getrennt. Angela wurde Bankkauffrau und ich Friseurin. Sie heiratete nach ihrem Abschluss und bekam zwei Kinder. Doch trotz guter Vorsätze ging die Beziehung in die Brüche. Ihr Mann lernte eine andere Frau kennen. Sie trennten sich freundschaftlich wegen der Kinder. Vor einem Jahr wurden sie geschieden. Ich weiß so ziemlich alles von Angela. Sie trägt lieber Röcke als Hosen, wegen ihrer breiten Hüften. Aber zu Hause trifft man sie immer in Leggins, weitem T-Shirt und ungeschminkt an. Heute ist sie geschminkt und gekleidet, als würde sie ausgehen, oder ...?
„Erwartest du einen Mann?", frage ich flüsternd.
Wieder wird sie rot, als sie verneint. Es klingelt an der Tür. Sie springt sofort auf und läuft in den Flur, bevor eines der Kinder die Tür öffnen kann. „Ich wollte aufmachen", beschwert sich Wilhelm. „Ach, Tom, du bist es, Lea ist auch gerade hier", sagt sie etwas hölzern.

„Ich soll doch ... nach deinem Trockner sehen", meint Tom. Es klingt verlegen.

„Oh, das hatte ich vergessen."

Ich gehe in den Flur. „Tom, ich dachte, du hättest beim letzten Mal den Trockner repariert."

„Nein, nur sauber gemacht. Aber es muss noch etwas anderes sein. Er geht nicht." Ich wundere mich, dass der Trockner von Angela so eine Wichtigkeit für Tom hat. Nun ja, für technische Dinge hat mein Freund eben ein besonderes Interesse.

„Es geht auch eine Woche ohne Trockner", sagt Angela mit einem gequälten Lächeln. Die Situation ist irgendwie eigenartig.

„Komm, Angela erwartet Besuch. Sie ist schon ganz nervös." Ich zwinkere ihr zu. „Wir sprechen noch darüber. Einen schönen Abend wünsche ich euch." Ich hauche ihr einen Kuss auf die Wange und reiße die Tür auf. Da steht Mario, ihr Ex, vor mir. „Hallo, ihr beiden, hallo Angela. Ich stand im Stau. Wo sind meine beiden Schätze?", ruft er und stürzt ins Kinderzimmer. Ich verstehe gar nichts mehr und blicke Angela nur ungläubig an.

„Also gut", sagt sie lächelnd. „Mario nimmt die Kinder für zwei Tage mit und ich gehe heute Abend aus."

„Allein?", frage ich neugierig.

„Ja."

„Ich hatte gehofft ..."

„Bei meinem Verehrer ist etwas dazwischen gekommen."

„Das tut mir aber leid." Tom steht da wie ein begossener Pudel.

„Los, Tom, wir gehen. Das nächste Mal sagst du mir gleich Bescheid, wenn du keine Zeit hast", rufe ich ihr im Gehen nach.

Tom ist nicht besonders gesprächig an diesem Abend. Er schweigt während der Fahrt und hört mir nicht zu, als ich ihm

von den Erlebnissen des Tages berichte. Auch isst er kaum etwas. Schnell verzieht er sich ins Wohnzimmer mit der Begründung, für die Diplomarbeit ein Buch lesen zu wollen. Beim Aufräumen der Küche höre ich sein Handy klingeln. Kurz darauf steckt er den Kopf zur Tür herein und verkündet: „Ich fahre noch zu Sebastian. Er will einen ausgeben."
„Wolltest du nicht für deine Diplomarbeit …?"
„Das kommt ja wohl auf einen Tag nicht an", sagt er bissig. Ich halte es für besser, nichts mehr zu sagen, gehe ins Schlafzimmer und mache es mir auf meinem Bett gemütlich. Vieles geht mir durch den Kopf: Angela, die ihren neuen Verehrer vor ihrer besten Freundin verheimlicht. Warum? Ich werde ihn ihr ganz bestimmt nicht wegnehmen. Tom benimmt sich sonderbar. Welche Laus ist ihm über die Leber gelaufen? Vor ein paar Wochen war er noch überfreundlich, weil er Angst hatte, dass ich ihn rauswerfen könnte, und heute – eigentlich schon in den letzten Tagen, wird mir nun klar – ist er ein launisches Nervenbündel. Es fällt mir schwer, mich auf Alexanders Brief zu konzentrieren.

Liebe Lea,
das nächste Thema ist eines der faszinierendsten für mich. Es beschäftigt mich seit vierzig Jahren: DAS UNTERBEWUSSTSEIN.
Es ist von größtem Nutzen zu wissen, wie es funktioniert und wie du es für deine Persönlichkeitsentwicklung einsetzen kannst. Hier heißt es wieder: gründlich die Theorie studieren und Notizen machen.
Die zweite Aufgabe ist die Arbeit mit Suggestionen. Suche dir zwei Suggestionen aus, die deinen Zielen entsprechen. Sprich jede täglich viermal laut und mit vollem Einsatz.
Nach einiger Zeit wirst du interessante Erfahrungen machen.

Wenn du das Material studiert hast, kannst du selbst Autosuggestionen formulieren und sie ausprobieren. Präge dein Unterbewusstsein mit positiven Sätzen, um Ziele schneller und leichter zu erreichen. Denke daran: Der Erfolg beginnt mit dem positiven Sprechen. Notiere deine Erfahrungen.
Liebe Grüße, dein Alexander.

Meine Gedanken rutschen wieder zu Angela. Wie kann ich mich darüber ärgern, dass sie mir ihren neuen Verehrer verheimlicht? Ich habe in der letzten Zeit kaum ein paar Minuten Zeit für sie gehabt. Nun frage ich mich, ob die Selbständigkeit mir auch noch die Zeit für meine beste Freundin rauben würde. So weit darf es nicht kommen. Auch Tom habe ich durch die Arbeit vernachlässigt, und jetzt wundere ich mich, dass er launisch und kaum zu Hause ist. Wir leben doch eigentlich nur noch nebeneinander her. Unsere Beziehung gleicht im Moment einer Wohngemeinschaft, wo man zwar unter einem Dach lebt, aber keiner weiß, was der andere tut. Unser Liebesleben ist auch erloschen. Das kann auf Dauer nicht gut gehen. Ich bekomme plötzlich Angst um unsere Beziehung und beschließe, etwas zu unternehmen. Die Finanzen erlauben es uns, endlich mal wieder auszugehen.

Gleich am Dienstag beim Abendbrot starte ich einen Versuch: „Tom, wir sollten mal wieder etwas zusammen unternehmen. Bei mir läuft es jetzt normal und unsere finanzielle Situation erlaubt es uns, ins Kino zu gehen."

Tom sieht mich fast entsetzt an. „Ist ja toll, dass du mal wieder Interesse an unserer Beziehung zeigst. Aber jetzt habe ich keine Zeit."

„Ich habe Marlies drei Wochen vertreten und absolviere nebenbei ein Programm für Persönlichkeitsentfaltung. Es ging nicht früher."

„Tja, und nun ist es bei mir zeitlich eng. Die Auftragslage in der Computerfirma ist förmlich explodiert. Ich muss jeden Abend Überstunden machen und kann überhaupt keine Verabredungen treffen. Und am Wochenende bist du ja in Hamburg."

„Das klingt ja, als wärst du froh darüber."

„Was willst du eigentlich? Du hast dich ständig beschwert, dass ich kein Geld verdiene. Nun verdiene ich Geld, und da beschwerst du dich, dass ich keine Zeit habe, wenn dir mal nach Beziehungspflege ist."

„Tom, ich habe das Gefühl, du suchst Streit. Was ist los mit dir?"

„Ich suche überhaupt keinen Streit, sondern habe nur keine Lust, nach deiner Pfeife zu tanzen."

„Gut, dann lassen wir das. Sag mir Bescheid, wenn dir nach Beziehungspflege ist oder wenn du Zeit oder Lust hast, mit mir ins Kino oder zum Italiener zu gehen." Ich hoffe, ihn noch mit der Pizza beim Italiener umzustimmen. Aber er bleibt stur.

Es ist Ende Oktober. Am Wochenende beginnt die Winterzeit. Die dunkle Zeit des Jahres hält Einzug. Trotzdem ist es nicht nötig, die ganze Villa zu erleuchten, denke ich, als ich am Tor klingle. Hanna Wegner öffnet mir die Haustür, und sofort ist mir der Grund für die Lichtverschwendung klar. Sie drückt mich fest an sich, mustert mich genau und meint, ich hätte abgenommen, was überhaupt nicht der Fall ist. Ich wiege seit Jahr und Tag achtundfünfzig Kilo und trage schon immer die Größe achtunddreißig. Genau diese Informationen gebe ich an Hanna weiter. Wilfried Wegner kommt mit mürrischem Gesichtsausdruck aus der Bibliothek. Seine Freude mich zu sehen, hält sich in Grenzen. Corinna scheint besser gelaunt zu sein, denn sie hüpft die Treppe herunter. Frau Schmidt treffe ich mit ernstem Gesicht in der Küche an. Sie hantiert mit Geschirr. Ihre Begrüßung ist freundlich, aber knapp. Sie verschwindet ziemlich schnell. Ich komme gar nicht dazu, ihr Pflaumenmus zu loben. Beim Abendessen erfahre ich dann, dass Wegners gekommen sind, um ihre Erbstücke abzuholen. Sie haben außerdem einen Termin mit den Bachmeiers vereinbart und wollen das Institut besichtigen. Den Grund für ihr Interesse verraten sie mir nicht. Ich erahne, dass sie sich einen Überblick über das restliche Erbe verschaffen wollen. Offensichtlich wissen sie nun auch über Alexanders geistige Hinterlassenschaft Bescheid, neun Bücher und dreißig aufgezeichnete Vorträge. Hanna zählt sogar einige Titel auf. Dann wendet sie sich an mich: „Vielleicht interessiert es dich inzwischen auch ein bisschen, wo Onkel Alexander gewirkt hat." Sie sagt es freundlich, aber vorwurfsvoll, als hätte ich absichtlich das letzte Familientreffen versäumt. Doch denke ich nicht daran, Hanna den Grund zu verraten. Als sie sagt: „Schmeckt dir mein Eintopf, Lea?", ist mir klar, warum Frau Schmidt so schnell das Feld geräumt hat. Wegners sind mit ihrem eigenen Essen angereist. Schließlich kommt noch die Frage, auf die ich schon gewartet habe: „Lea, wie kommst du denn finanziell zurecht?"

„Wunderbar", sage ich und strahle Hanna an. Sie erwartet anscheinend einen Finanzbericht, doch den bekommt sie nicht. Sie lacht künstlich. „Ich dachte schon, du sparst dir die Fahrt vom Essen ab."

„Mein Haushalt ist gut durchgeplant, Tante Hanna. Ich habe von meiner Oma gelernt, wie man mit einfachen Lebensmitteln tolle Gerichte zaubert", sage ich locker. Dann geht uns der Gesprächsstoff aus. Wir löffeln unsere Kartoffel-Gemüse-Suppe und zucken zusammen, als es an der Haustür klingelt. Hanna springt auf und geht zur Tür. Ich erkenne Martins Stimme, und im selben Moment beginnt mein Herz schneller zu schlagen. Kurz darauf erscheint er in der Küche. Seine Augen blicken unruhig im Raum umher. „Frau Wegner, Herr Wegner", sagt er in einem förmlichen Ton. „Ich möchte klarstellen, dass ich diese Art von Überfall nicht mag. Wenn Sie sich das nächste Mal entscheiden, ein Erbstück abzuholen, machen Sie bitte rechtzeitig einen Termin mit meiner Sekretärin aus."

„Was ist daran so kompliziert? Ich will doch nur den Teppich, den Bücherschrank, die Nähmaschine und den Sekretär abholen", entgegnet Hanna ärgerlich. „Mehr erben wir ja sowieso nicht."

„Sie haben bereits den Schmuck Ihrer Tante bekommen." Hanna pustet verächtlich. „Was soll ich denn mit diesem alten Zeug?"

„Der Schmuck ist dreißigtausend Euro wert."

„Aber nicht, wenn ich ihn verkaufe. Höchstens achttausend wollte der Händler mir dafür geben."

„Das sind Familienerbstücke", sagt Martin schockiert. Er beißt sich auf die Unterlippe. Hanna wird rot, schämt sich wohl dafür, dass sie das Familienerbe verkaufen wollte. Sie nestelt nervös an ihrer Bluse herum. „Man muss ja schließlich wissen, was die Sachen wert sind. Doch es geht Sie überhaupt nichts an, was ich damit mache."

Martin entspannt sich und spricht ruhiger: „Ja, da haben Sie Recht. Was Sie mit dem Familienschmuck machen, geht mich nichts an. Aber Sie wollen im Haus Ihres Onkels übernachten, was in den Anweisungen nicht vorgesehen ist. Das geht mich etwas an. Außerdem trage ich die Verantwortung für das gesamte Inventar. Wenn etwas wegkommt, muss ich es ersetzen."

Jetzt erhebt sich Wilfried. Sein Gesicht ist eine wutverzerrte Maske. „Wollen Sie etwa behaupten, wir sind hier, um die Sachen unseres Onkels zu stehlen." Er schreit so laut, das Corinna leichenblass wird und nach Luft schnappt. „Papa, beruhige dich, denk an dein Herz."

„Ich will gar nichts behaupten", sagt Martin nun völlig beherrscht. „Ich bin verantwortlich für das Erbe. Wenn jemand hier im Haus übernachtet oder irgendetwas abholt, dann muss er das mit mir absprechen."

„Wir reisen ab, Hanna", verkündet Wilfried vor Wut kochend.

„Ich kann meinem Onkel nur gratulieren, dass er Sie als Wachhund engagiert hat", schnaubt Hanna.

Corinna läuft zu ihren Eltern. „Nun seid doch nicht gleich beleidigt. Martin – Dr. Sander – tut doch nur, was man ihm aufgetragen hat. Er hat doch Recht. Ihr hättet euch doch nur anmelden müssen." Sie hält ihre Eltern an den Armen fest. Hanna reckt ihr Kinn in die Höhe und meint empört: „Ich bin die nächste Verwandte von Alexander. Es ist geradezu lächerlich, was er mir vererbt hat, und nun müssen wir auch noch bei seinem Anwalt um Asyl bitten, wenn wir in seinem Haus, das leer steht, übernachten wollen."

Sie haben das gesamte Erbe erwartet oder wenigstens die Hälfte. Mir ist aber auch klar, dass Alexander ihnen absichtlich nicht mehr hinterlassen hat.

„Ich erfülle nur den letzten Willen Ihres Onkels", sagt Martin steif. „Alexander war sehr gastfreundlich. Ich denke, es ist in seinem Sinne, wenn Sie hier übernachten. Aber Sie müssen auch verstehen, dass ich das, was Sie morgen mitnehmen, kontrollieren muss." Hanna will dazu etwas sagen, doch ihr Mann packt sie am Arm und zieht sie aus der Küche. Dann kehrt er noch einmal zurück. „Wir haben einen Termin mit Bachmeiers und Herrn Möller vereinbart und werden morgen früh das Institut besichtigen. Wir nehmen Corinna nach der Konsultation mit nach Hause. Wann wird das sein?"

„Gegen 14 Uhr."

„Gut, dann können Sie unser Auto inspizieren und die Stücke auf Ihrer Liste abhaken."

Er dreht sich um und geht. Corinna ist völlig entsetzt. „Meine Eltern sind doch keine Diebe. Sie sind ärgerlich, dass sie nicht mehr geerbt haben, aber deshalb stehlen sie nicht. Es ist doch am Ende unser, mein Erbe."

„Corinna, wer hier am Ende was erbt, steht noch lange nicht fest. Sie sollten langsam begreifen, dass Sie sich Ihr Erbe verdienen müssen, sich würdig erweisen müssen."

„Das habe ich begriffen."

„Dann ist es ja gut."

Er wendet sich zum Gehen. Ich bin anscheinend Luft für ihn und kann nicht glauben, dass das der gleiche Mann ist, mit dem ich im letzten Monat Äpfel geerntet und gewitzelt habe. Abrupt bleibt er stehen und fragt im geschäftsmäßigen Ton: „Lea, haben Sie den Brief mitgebracht?"

„Welchen Brief?", wundere ich mich.

„Den Brief, den Ihr Onkel an Ihre Großmutter geschrieben hat."

„Nein, ich habe nicht mehr dran gedacht."

„Dann beim nächsten Mal. Bis morgen."

„Heute kriegen wir's aber dicke", sagt Corinna müde und plumpst auf den Stuhl. „Dabei gefällt mir der Mann. Aber wenn er sich so aufführt, bekomme ich regelrecht Angst. Beim letzten Telefonat hat er mir angeboten, ihn beim Vornamen zu nennen, aber das Sie muss bleiben. Dabei hatte ich das Gefühl, es gefällt ihm auch nicht, dass wir uns siezen müssen." Das gleiche Gefühl hatte ich auch, und nun verliert unser besonderes Gespräch an Bedeutung.

Erst am nächsten Morgen bekomme ich die Wegners wieder zu Gesicht. Corinna und Hanna decken schweigend im Esszimmer den Tisch. Wilfried hat Brötchen geholt und lässt sich mit der Zeitung im Sessel nieder. Frau Schmidt richtet Wurst- und Käseplatten in der Küche her. Ich trage die fertigen Platten ins Esszimmer. Der Tisch ist für sieben Personen gedeckt. Frau Schmidt klärt mich auf: „Bachmeiers und Herr Möller sind zum Frühstück eingeladen."

Hanna ergänzt: „Sie werden uns anschließend das Institut zeigen und die Stiftung erklären." Die Frau hat eine nervende Stimme. Doch die Gänsehaut bekomme ich aus einem anderen Grund. Wolfgang Möller. Ich würde mich am liebsten verstecken.

Die neuen Gäste bringen eine bessere Stimmung mit ins Haus. Sie tun, als wären wir alte Bekannte und erkundigen sich nach unserem Studium. Frau Bachmeier fragt scherzhaft nach, ob Martin uns gleichberechtigt behandeln würde. Wir bejahen natürlich, und Corinna lobt ihn überschwänglich für seine Genauigkeit.

Ich registriere genau, wie die Leiter eines Instituts für Persönlichkeitsentwicklung auftreten. Sie sind mir fast zu freundlich. Ein leichtes Misstrauen meldet sich. Doch ich rede es mir gleich wieder aus. Bachmeiers sind ohne Zweifel charismatische Persönlichkeiten. Helene gibt ja schließlich Rhetorikkurse. Ich beobachte, wie das Ehepaar Bachmeier Körperkontakt hält. Er legt ihr den Arm auf die Schulter, sie streichelt ihm die Wange. Sie berühren sich an den Händen. Es passiert so nebenbei, so völlig normal. Sie wirken wie ein verliebtes Paar. Ich beneide sie um ihr Glück. Auch Herr Möller ist mir heute sympathischer als bei der ersten Begegnung. Er sagt zu Wegners: „Ich freue mich, dass Sie sich für unsere Stiftung interessieren. Da opfere ich gerne den Samstagvormittag, um Ihnen alles zu erklären." Es klingt aufrichtig. Ich vermute, dass er sich von Wegners eine Spende erhofft.

Frau Schmidt schenkt Kaffee ein und geht wieder in die Küche. Die Anwesenden nehmen nach und nach Platz. Ich springe noch einmal auf, um Salz für die Eier zu holen. Mir folgt Corinna, weil Zucker für Herrn Bachmeier fehlt. Jeder scheint etwas vergessen zu haben und muss noch einmal aufstehen. Wilfried holt seine Tabletten von oben. Hannas Telefon klingelt, sie verlässt den Raum. Herr Möller benötigt Prospekte, um seine Erklärungen bildlich zu unterstreichen. Auch die arme Frau Schmidt wird mehrmals hin und her gescheucht, um fehlende Kleinigkeiten, wie Zuckerzange, Streichhölzer und eine Schale mit Obst zu besorgen. Dann kehrt endlich Ruhe ein. Es wird gefrühstückt. Jetzt sehe ich eine Gelegenheit, persönlich nach dem Buch zu fragen und wende mich an Bachmeiers. „Ich bin auf der Suche nach dem zehnten Buch von Alexander, besser gesagt nach dem Manuskript. Haben Sie eine Idee, wo es sein kann?"

„Martin hat uns schon darauf angesprochen", sagt Frau Bachmeier wenig interessiert.

Und ihr Mann erklärt: „Lea, da irren Sie sich. Wir haben alle Bücher Ihres Onkels gelesen und mit überarbeitet. Ein neues Buch war nie ein Thema."

„Vielleicht wollte er Sie damit überraschen?", fällt mir als Erklärung ein.

Herr Bachmeier lacht. „Wissenschaftliche Werke werden nicht als Überraschungen präsentiert. Sie haben wohl keine Vorstellung, durch wie viele Hände so ein Buch geht, bis es veröffentlicht wird. Sehen Sie sich doch die Tatsachen an. Ihr Onkel wusste, dass er nicht mehr lange zu leben hat und hat entsprechende Vorbereitungen getroffen: seine Beerdigung, Ihr Programm, die Leitung des Institutes. Soll er ausgerechnet sein zehntes Buch versteckt oder vergessen haben?" Er sieht mich mitleidig an. „Ich kann mir sogar vorstellen, dass er die Absicht hatte zu schreiben. Aber wahrscheinlich hat er seine Kräfte überschätzt, wie so oft in letzter Zeit."

„Aber Frau Schmidt hat doch gesehen, dass er am zehnten Buch gearbeitet hat", beharre ich weiter. Helene sieht sich um und flüstert dann: „Frau Schmidt hat in der letzten Zeit schon einiges durcheinander gebracht."

„Ich sehe das auch so", mischt sich Herr Möller ein. „Alexander hat sich zu viel zugemutet. In den letzten zwei Jahren hat er Vorträge angenommen und kurz vorher abgesagt oder an einen Mitarbeiter weitergereicht. Er selbst war darüber sehr wütend. Doch die Kräfte fehlten einfach."

Jetzt muss auch Hanna noch ihren Senf dazugeben: „Lea, wenn es ein Buch gäbe, hätte er es uns zum Familientreffen anvertraut. Wir sind ja schließlich seine einzigen Verwandten."

Mir fallen keine Argumente mehr ein. Ich nehme einen Schluck von dem Kaffee, der mir heute gar nicht schmeckt, weil er viel zu stark ist. Am liebsten hätte ich ihn mit Wasser verdünnt, entscheide mich aber, mehr Milch zu nehmen, um nicht schon wieder Unruhe in das Frühstück zu bringen. Herr Möller berichtet über die Stiftung. Ich esse von meinem Brötchen und trinke schluckweise den Kaffee, an den ich mich einfach nicht gewöhnen kann. Was hat Frau Schmidt da nur für eine Sorte erwischt? Wenn ich jetzt aber in die Küche gehe und den Kaffee wegschütte, würde ich sie damit wahrscheinlich verletzen. So trinke ich meine Tasse widerwillig aus. Für die anderen scheint die Stärke des Kaffees normal zu sein. Herr Bachmeier will mir nachgießen. Aber ich lehne ab. Die Gespräche drehen sich nun um die angefangenen Vorträge von Alexander, um Dinge, die ihm wichtig waren. Die Stimmen werden leiser, die Unterhaltung scheint in einer weiteren Entfernung stattzufinden. Mir ist eigenartig zumute. Eine starke Müdigkeit überrollt mich. Ich höre Hanna gedämpft sagen: „Corinna und Lea könnten doch auch mit zum Institut kommen. Sie haben noch über zwei Stunden Zeit bis zur Konsultation."

„Ich werde mich noch ein bisschen ausruhen", entschuldige ich mich und schaffe es irgendwie die Treppe hinauf, in mein Zimmer, in mein Bett, bevor es dunkel um mich herum wird.

Ich bin mir nicht sicher, ob ich träume oder ob es wirklich geschieht. Jemand ruft meinen Namen und klopft in meinem Gesicht herum. „Lea, aufwachen. Sie müssen zur Konsultation." Etwas Kaltes wird mir auf das Gesicht gelegt. Ich versuche zu reden, will aufwachen, kann aber nicht. Ich erkenne die Stimme von Frau Schmidt, begreife auch, dass sie aufgeregt ist. Aber ich schaffe es nicht, die Augen zu öffnen. Wieder sinke ich in die Dunkelheit. Dann nehme ich wahr, dass Frau Schmidt telefoniert. „Ich bekomme sie nicht wach, Martin. Man muss ihr etwas in den Kaffee getan haben. Soll ich einen Arzt rufen? ... Gut, ich koche Kaffee und warte, bis Sie kommen."

Man will mich wach bekommen, Martin will kommen. Nun wird mir bewusst, dass ich eine Konsultation um elf Uhr habe. Vor Schreck kann ich einen Moment die Augen öffnen. Ich registriere eine aufgeregte Frau Schmidt, die eine Tasse Kaffee in der Hand hält und pustet. Doch ich bin nicht in der Lage mich aufzurichten. Die Augen fallen mir wieder zu. Die Türglocke ist zu hören. Kurze Zeit später vernehme ich Martins Stimme. „Aufwachen, Lea. Wir haben einen Termin." Sein Ton ist alles andere als freundlich, eher panisch. Ich nicke schwach. Martin packt mich und setzt mich in den Sessel neben dem Bett. Mein Kopf fällt zur Seite. Er klatscht mir wieder mit der Hand ins Gesicht. Es tut weh. Ich stöhne. „Tut mir leid, dass ich so grob sein muss. Mund auf, Lea." Ich fühle die Tasse an meinen Lippen, der Kaffee ist warm und schmeckt nicht so bitter wie vorhin. Ich schlucke, verschlucke mich und werde durch das Husten munterer. Martin kippt weiter Kaffee in mich hinein. Ein paar Minuten vergehen und ich nehme meine Umgebung verschwommen wahr. „Holen Sie Ihre Jacke, Frau Schmidt", befiehlt er. „Meine Güte ist das knapp. Lea, du musst jetzt mithelfen. Wir haben um elf eine Konsultation, dein Erbe hängt davon ab." Ich stöhne nur. Martin und Frau Schmidt stützen mich auf dem Weg nach unten. Der BMW steht direkt vor der Haustür, die Beifahrertür ist geöffnet. Ich werde auf den Sitz geschoben und angeschnallt. Dann rast er los. „Lea, nicht einschlafen. Ich kann dich nicht in die Kanzlei tragen. Hörst du. Nimm den Lappen und pack ihn dir ins Gesicht." Ich nehme das kühle Etwas. Es tut gut. Langsam komme ich zu mir. „Warum bin ich so entsetzlich müde?"

„Weil jemand wollte, dass Dornröschen ihr Erbe verschläft."

„Dornröschen", murmele ich. „Dornröschen wurde von dem Prinz wachgeküsst und nicht geschlagen." Es ist wohl für ihn ein Zeichen, dass ich wieder klar denken kann. Er lacht, bremst und hält. Ich blinzle kurz. Die Ampel steht auf rot. Er beugt sich über mich und gibt mir einen Kuss auf die Wange. Ich erschrecke und reiße die Augen auf.

„Ein Kuss ist tatsächlich wirkungsvoller", stellt er amüsiert fest. Von da an geht es mir besser. Ich schaffe es, aus dem Auto zu steigen und die Augen aufzuhalten. Wir fahren mit dem Fahrstuhl ins Büro. Ich höre Corinna rufen: „Lea kommt!" Dann sehe ich im Besucherraum außer Bachmeiers noch Wegners und Wolfgang Möller. Alle Augen sind auf Martin gerichtet, der mich stützt. „Es geht ihr nicht gut. Doch es wird wieder", erklärt er locker und sieht auf die Uhr. Es ist zwei Minuten vor elf. Martin schiebt mich in den Sessel. „Wolltet ihr alle erleben, dass Lea nicht zur Konsultation erscheint und somit ihr Erbe verliert, oder warum seid ihr hier?"
„Martin, du machst Witze. Natürlich will das niemand", sagt Frau Bachmeier, lacht und schüttelt irritiert den Kopf. „Wir

haben Corinna hergebracht und wollen dir nur Guten Tag sagen."

„Okay, das habt ihr ja nun getan, und jetzt beginnt die Konsultation." Er lässt von Herrn Möller die Pünktlichkeit durch Unterschrift bestätigen. „Wollt ihr euch noch davon überzeugen, dass ich den richtigen Brief öffne?"

„Nein, du machst das schon. Alexander hatte sicher seine Gründe, warum er dir diese Aufgabe übertragen hat. Ich bin ja nächsten Monat mit dem Rhetorikkurs dran", sagt Helene freundlich und umarmt Martin zum Abschied.

Die anderen verabschieden sich mit Händedruck. Martin zieht mich aus dem Sessel und führt mich behutsam in den Besprechungsraum. Er fällt erschöpft auf den Stuhl. Ich werde gleichmäßig mit Kaffee abgefüllt, bis ich das Gefühl habe, mein Herz würde unregelmäßig schlagen. Es ist, als hätte ich einen intensiven Traum gehabt und nun Schwierigkeiten, mich in der Realität zurechtzufinden. In diesem Traum hat mich Martin geduzt, mir gleichmäßig ins Gesicht geschlagen und im Auto einen Kuss auf die Wange gegeben. Doch das scheint mir alles unwirklich, denn jetzt redet er mich wieder mit Sie an und behält seine kühle Distanz bei.

Ich höre ihn sagen: „Der Magen braucht Nahrung, das Unterbewusstsein braucht Ziele. Der Mensch ist das einzige Lebewesen, das seinen Wert selbst bestimmen kann." Wenn er nicht gerade in den Tiefschlaf versetzt wird, denke ich.

„Welche Autosuggestionen haben Sie sich herausgesucht und geübt? Welche Erfahrungen haben Sie damit gemacht?" Corinna sagt ihre Autosuggestionen auf, eiert aber bei den Erfahrungen herum. Als Martin nachfragt, ob sie sie täglich viermal hintereinander gesprochen hätte, da druckst sie herum. Nicht täglich und nicht viermal kommt heraus. Dafür hat sie aber das Buch über das Unterbewusstsein umfangreich abgeschrieben und macht auf ihre fleißige Arbeit aufmerksam, indem sie die Blätter hin und her bewegt.

Ich bringe gähnend meine Autosuggestion zustande und erinnere mich an meine Frage. Doch kann ich sie nicht formulieren und schiebe meinem Mentor deshalb den Text, den ich im Park geschrieben habe zu. Er liest leise. „Diese Gedanken sind Ihnen bei dem Zitat gekommen?", fragt er nach. Ich nicke. „Stimmt etwas nicht?"

„Im Gegenteil. Das ist sehr interessant. Haben Sie auch Gedanken zu dem Text, Corinna?"

Sie hat wohl mitbekommen, dass ich vier Seiten geschrieben habe. „Soviel ist mir dazu nicht eingefallen."

„Es geht ja nicht um die Menge, sondern um den Inhalt", begründet der Mentor. „Lesen Sie doch mal vor." Sie hat wieder einen Text verfasst, der überall passt. Wir sollen positiv denken, uns nicht erniedrigen, nicht jammern und klagen … Im Grunde hat sie nur den Inhalt mit eigenen Worten wiedergegeben. Martin sagt nichts weiter dazu.

„Lea, Sie wollen wissen, was damit gemeint ist – ***vergrößere die Fehler der anderen nicht, damit deine eigenen Fehler nicht groß erscheinen?***"

„Ja."

„Haben Sie schon einmal etwas von der psychischen Projektion gehört?" Ich verneine.

„Der Mensch neigt dazu, gewisse Energien, die ihm nicht bewusst sind, auf die Welt oder die Menschen zu übertragen. Wer beispielsweise misstrauisch ist, glaubt, er könne der Welt nicht vertrauen. In Wirklichkeit ist dieses Misstrauen eine Projektion seines eigenen Misstrauens, das er unbewusst gegen sich selbst hegt."

„Das heißt also, wenn ich die Fehler der anderen vergrößere, sind das in Wirklichkeit meine eigenen Fehler, die ich im anderen sehe."

„Richtig, der andere ist unser Spiegel."

„Das ist ja interessant. Wenn ich mich daran störe, dass jemand geizig ist, bin ich dann etwa auch ...?" Ich breche ab und muss an Marlies denken. Tom hat mir Geiz vorgeworfen. Bin ich etwa geizig? Martin scheint meine Gedanken zu erraten haben. Er schmunzelt: „Es lohnt sich, mal genauer hinzusehen."

„Könnt ihr mir mal sagen, worüber ihr eigentlich sprecht?", fragt Corinna leicht verärgert.

„Über psychische Projektion", sage ich gelassen.

„Können wir endlich mal mit dem Thema beginnen? Meine Eltern warten."

„Wir sind beim Thema", stellt Martin klar. „Vielleicht können wir später noch einmal darauf zurückkommen." Er gibt uns die neuen Briefe.

Liebe Lea,
nun weißt du, wie das Unterbewusstsein funktioniert. Jetzt ist es wichtig, ein positives Lebensskript zu erstellen.
Dazu gehört es, sich selbst zu lieben, zu achten und zu vertrauen. Betone das Positive. Konzentriere dich auf das, was du erreicht hast. Nutze die kleinen Erfolge als Ansporn, nach Höherem zu streben. Der folgende Text kann eine gute Grundlage sein.
Wie findest du ihn? Welche Gedanken kommen dir dazu? Du tust dir selbst einen Gefallen, wenn du ihn auswendig lernst.

O Sohn des Geistes!
Ich habe dich reich erschaffen, warum machst du dich selbst arm? Edel erschuf Ich dich, warum erniedrigst du dich selbst? Aus den Tiefen des Wissens gab Ich dir Leben, warum suchst du nach Erleuchtung bei einem anderen als Mir? Aus dem Ton der Liebe formte Ich dich, warum trachtest du nach einem anderen außer Mir? Schaue in dich

selbst, damit du mich in dir findest, mächtig, stark und selbstbestehend.
Welche Eigenschaften findest du gut an dir?
Welche Erfolge hast du im letzten Jahr erreicht?
Worauf bist du stolz? (50 Beispiele)
Was bereitet dir Freude? (50 Beispiele)
Lies in meinem Buch „Die Entwicklung von Selbstvertrauen und Selbstwertgefühl" nach. Übe positive Formulierungen.
Liebe Grüße, dein Alexander

Im Eingangsbereich der Kanzlei warten Wegners. Wilfried ist immer noch beleidigt. Man merkt es an seinem zynischen Unterton. „Der Herr Dr. Sander möchte sicher unser Auto kontrollieren und dann seine Inventarliste abhaken."

Martin antwortet kühl: „Sagen Sie mir, was Sie mitgenommen haben, ich hake es hier ab." Hanna nennt die Stücke. Wegners ziehen gekränkt davon.

Frau Schulze erkundigt sich nach meinem Befinden. Sie sieht ihren Chef fragend an. Er antwortet, ohne dass sie die Frage ausgesprochen hat: „Irgendjemand will, dass Lea ihr Erbe verliert. Ich überlege die ganze Zeit, ob wir zur Polizei gehen sollen."

„Haben Sie einen Beweis, Dr. Sander?"

„Nein, Frau Schmidt hat die Tassen nach dem Frühstück mit der Hand abgewaschen."

Ich erinnere mich wieder: „Der Kaffee hat bitter geschmeckt."

„Warum um alles in der Welt haben Sie ihn dann getrunken, Lea?", faucht er mich an. Ich zucke zusammen.

„Ich habe doch nicht geahnt, dass da ein Schlafmittel drin ist. Erst wollte ich Wasser zum Verdünnen holen. Doch da Frau Schmidt ständig kritisiert wurde, weil etwas fehlte, wollte ich ihr nicht das Gefühl geben, sie hätte schon wieder etwas falsch gemacht." Frau Schulze sieht erst mich, dann ihren Chef an. „Wer war denn noch beim Frühstück?" Wir gehen die Personen durch und suchen nach einem Motiv. „Dr. Hoffmann hat ja das Testament extra so gebaut, dass es nicht zur Rivalität unter den beiden Frauen kommen kann. Wenn eine ihren Teil verliert, ist die andere nicht betroffen", sinniert die Sekretärin.

Martin ergänzt: „Niemand vom Stiftungsrat kann sich an dem Erbe persönlich bereichern. Es werden damit Projekte unterstützt, manchmal fließt es wieder ins Institut zurück, wenn die Mitarbeiter für die Stiftung tätig werden."

„Dann könnten Bachmeiers auch von der Stiftung bezahlt werden?", frage ich nach. Martin ahnt meine Gedanken.

„Bachmeiers haben genug Angebote. Sie schaffen es gar nicht, alles anzunehmen. Es kann ihnen egal sein, von wem sie ihr Geld bekommen. Wenn es keine Nachfrage gäbe, und die Stiftung ihre einzige Einnahmequelle wäre, könnte es ein Motiv sein. Aber so nicht." Er denkt angestrengt nach. „Nein, das ist völlig absurd, was wir da konstruieren. Dann kann ich mir noch eher vorstellen, dass die Wegners sich über ihr mickriges Erbe geärgert haben und Lea die Hälfte nicht gönnen. Oder vielleicht hoffen sie noch, Corinna könnte Leas Teil erben. Es wäre auch möglich, dass sie das Erbe anfechten. Schließlich interessieren sie sich auch plötzlich fürs Institut und für die Stiftung. Um spenden zu können, haben sie den Termin heute ganz bestimmt nicht gemacht. Und was sollte dieses Frühstück mit den Bachmeiers und Wolfgang Möller in der Villa?"

„Sicher wollten sie noch einmal verdeutlichen, dass sie die eigentlichen Erben sind", sage ich sarkastisch.

„Die haben sie gebraucht, um den Kaffee zu vergiften", meint Frau Schulze.

Ich stimme ihr zu. „Ansonsten wäre es aufgefallen."

„Sie haben sich Herrn Möller eingeladen, von dem sie wussten, dass er scharf auf das Erbe ist und wollten so den Verdacht auf ihn lenken", überlegt Martin weiter.

„Irgendwer will jedenfalls nicht, dass Lea erbt. Könnte es sein, dass noch jemand heimlich im Haus war?", fragt Frau Schulze.

„Woher sollte derjenige wissen, wo ich sitze. Frau Schmidt hatte den Kaffee eingeschenkt, und wir haben uns erst dann gesetzt. Freilich sind wir alle noch einmal aufgesprungen, um irgendetwas zu holen. Aber es saß doch immer jemand am Tisch. Meinen Sie, da spukt ein begabter Student durchs Haus und hofft auf diese Weise sein Zusatztraining zu finanzieren?" Frau Schulze lacht. „Gut, dass Sie ihren Humor noch haben, Lea." Sie legt mir ihren Arm um die Schulter.

„Ich werde kurz mit meinem Vater telefonieren", gibt Martin bekannt und geht in sein Büro.

Frau Schulze zieht mich zum Sessel. Ich setze mich bereitwillig. Sie erzählt mir von ihrer Enkelin, die gerade ihr Studium in Dresden begonnen hat. Ich bekomme plötzlich Heimweh. „Am liebsten würde ich gleich nach Hause fahren", sage ich sehnsüchtig und wünsche mir, es müsste einen Knall geben und ich würde in meinem Bett zu Hause liegen und schlafen können. Martin hat es gehört. „Das ist keine gute Idee. Sie schlafen im Zug ein und wer weiß, wo Sie aufwachen. Außerdem sind doch alle weg, die beim Frühstück waren. Ich bringe Sie nach Hause, ich meine zur Villa." Für einen Moment klingt das wie Musik in meinen Ohren, die Villa meines Onkels mein Zuhause. „Schön wär's, so ein Zuhause zu haben", sage ich leicht verträumt.

„Wenn das Ihr Wunsch ist, sollten Sie ihn aufschreiben und visualisieren", bekomme ich von meinem Mentor zur Antwort.

„In diesem Fall möchte ich mir die Enttäuschung ersparen."

„Es ist nicht schlimm, ein Ziel nicht zu erreichen. Es ist nur schlimm, keine Ziele zu haben", höre ich ihn sagen.

„Onkel Alexander?", frage ich nach der Quelle.

„Viktor Frankl."

„Lea, Sie müssen etwas essen. Der Kaffee allein bringt Sie nicht auf die Beine", meint Frau Schulze besorgt und sucht dabei ihre Sachen zusammen.

„Ja, stimmt", bestätigt Martin. Die Sekretärin schmunzelt. „Wie wär's, wenn Sie die junge Dame zum Essen einladen, Chef?"

„Oh, nein", protestiere ich sofort. „Ich sehe furchtbar aus und schlafe womöglich noch am Tisch ein. Das könnte peinlich werden."

„Frau Schmidt päppelt Sie wieder auf. Wir fahren jetzt zur Villa", entscheidet Martin.

Ich schlafe auf der Fahrt wieder ein. Martin muss mich aus dem Auto hieven. Er bringt mich ins Wohnzimmer. „Wer hat hier wo gesessen?", will er wissen. Wir nennen ihm die Reihenfolge. Ich habe neben Hanna und Herrn Möller gesessen, eigentlich die beiden Hauptverdächtigen. Aber wir haben keine Beweise. Martin sieht sich gründlich in der Küche um, bevor er sich verabschiedet.

Frau Schmidt hat eine deftige Mahlzeit für mich gekocht. Danach lege ich mich ins Bett und schlafe bis zum nächsten Morgen durch.

NOVEMBER

Der Zug fährt überpünktlich in den Berliner Hauptbahnhof ein. Auf dem anderen Gleis steht noch der verspätete IC nach Dresden. Ich hüpfe von einem Zug in den nächsten und komme eine Stunde früher als sonst zu Hause an. Tom ist gar nicht da. Sein Handy ist ausgestellt. Die Wohnung wirkt so, als wäre er das ganze Wochenende nicht daheim gewesen. Schuldbewusst stelle ich fest, dass wir gar nicht telefoniert haben. Ich entscheide mich spontan, Angela zu besuchen und ihr von meiner Schlafmittelgeschichte zu berichten. Nach dem fünften Klingeln gebe ich die Hoffnung auf, dass sie zu Hause ist. Ich will gerade gehen, als sich die Tür einen Spalt öffnet. „Du schon?", fragt Angela mehr als überrascht, fast entsetzt. Sie trägt einen Bademantel, was für sie um diese Zeit ungewöhnlich ist. „Ich bin mit einem früheren Zug gekommen", erkläre ich freudig und umarme sie. „Geht es dir nicht gut?" Ich muss sie fast gewaltsam zur Seite schieben. Sie will mich nicht eintreten lassen. Als ich meine Jacke an den Haken hänge, höre ich eine vertraute Stimme rufen: „Wo bleibst du, Liebling? Wir haben nicht mehr viel Zeit. Sie kommt in einer Stunde." Es ist wie ein Faustschlag in die Magengegend und eine Ohrfeige gleichzeitig. Taumelnd halte ich mich am Türrahmen fest. Tom und Angela. Das ist jetzt kein Traum. Aber das gibt es doch gar nicht. Sie ist meine beste Freundin, meine Ersatzschwester. Im nächsten Moment bekomme ich übermenschliche Kräfte. Ich reiße die Schlafzimmertür auf, sehe meinen Tom mit freiem Oberkörper halb zugedeckt im Bett sitzen und schreie: „Ihr braucht euch nicht zu beeilen. Sie ist bereits da." Tom sieht mich nur geschockt an. Dann geht alles sehr schnell. Ich handle, bevor ich denke. Seine Jacke liegt auf dem

Fußboden, ich schnappe sie und ziehe den Schlüssel heraus. „Deine Sachen stelle ich vor die Tür", sage ich beherrscht. Ich drehe mich um, werfe Angela einen vernichtenden Blick zu und reiße die Wohnungstür auf. Angela versucht, mich am Arm festzuhalten. „Lass uns doch reden, Lea."

„Worüber denn, über euer Verhältnis? Wie lange geht das schon?" Sie stockt. Ich schreie sie an: „Wie lange?"

„Ein Jahr", sagt sie beschämt und fügt hinzu. „Wir lieben uns, wollten dich aber nicht verletzen und wussten nicht, wie wir es dir sagen sollen. Wir sind doch deine Familie."

„Tolle Familie, kann ich gut drauf verzichten." Mit aller Kraft werfe ich die Tür ins Schloss. Erst als ich zehn Meter vom Haus entfernt bin, lasse ich die Tränen zu. Nach und nach dringt es zu mir durch: Ich habe keinen Freund mehr und keine beste Freundin. Ich bin mutterseelenallein, welch ein jämmerlicher Zustand. Jetzt wünsche ich mir, die Tabletten oder Tropfen hätten mich in einen hundertjährigen Schlaf versetzt oder noch besser, ich wäre einfach für immer eingeschlafen.

Die folgende Woche verbringe ich in einem Dämmerzustand. Ich gehe zur Arbeit, verrichte mechanisch die Dinge, die zu tun sind, aber schweige. Die Kunden reden, ich gebe mir nicht einmal Mühe so zu tun, als würde ich zuhören. Marlies staucht mich ab und zu zusammen und bezeichnet mein Verhalten als geschäftsschädigend. Meine Gabe, zu sehen, was dem anderen steht, scheint trotzdem zu funktionieren, denn alle sind mit ihren Frisuren zufrieden. Wenn ich in mein trostloses Zuhause zurückkehre, laufen mir die Tränen übers Gesicht. Ich kann sie nicht aufhalten und weine meistens, bis ich vor Erschöpfung einschlafe. In dieser Verfassung bin ich nicht in der Lage, Hausaufgaben zu machen, geschweige denn, ein positives Lebensskript zu erstellen. Angela hat in den ersten Tagen mehrmals angerufen und einmal an der Tür geklingelt.

Aber ich will nicht mit ihr reden. Deshalb bleibt mein Handy ausgestellt.

Toms Sachen habe ich noch am Sonntagabend vor die Tür bugsiert. Als ich am Montagabend von der Arbeit kam, waren sie verschwunden. Meine Wohnung, die ich immer als vollgestopft bezeichnet habe, ist nun eigenartig leer, leer im doppelten Sinne. Es fehlen nicht nur Toms Sachen – das sind wenige Stücke –, sondern auch seine Unordnung, seine Person. Wenn ich an Essen denke, ist mein Hals wie zugeschnürt. Der Hartnäckigkeit von Marlies habe ich es wohl zu verdanken, dass ich bisher nicht zusammengebrochen bin, denn sie füttert mich mittags mit Obst und Schnitten.

Am Samstag arbeite ich freiwillig und putze den Friseursalon, bis meine Chefin mich förmlich aus der Tür stößt. Zu Hause setze ich die Reinigungsaktion fort. Ich habe plötzlich ein starkes Bedürfnis, mich von allen Staubkörnchen, Haaren und Gerüchen, die von Tom stammen, zu befreien. Zunächst sauge ich ewig Staub, dann wische ich alle Regale aus und räume sie um. Schließlich stopfe ich Gardinen, Vorhänge und Überwürfe nach und nach in die Waschmaschine. Die hergestellte Ordnung und die peinliche Sauberkeit geben mir einen kurzen glücklichen Moment. Doch als ich das Schlafzimmer betrete und nur ein Kopfkissen und eine Zudecke registriere, beginnen die Tränen erneut zu fließen. Am Sonntag früh verlasse ich nach einem mageren Frühstück das Haus und laufe bis zum Abend ziellos durch die Stadt.

Auch die nächste Woche bringt keine deutliche Besserung meines Gemütszustandes. Es gibt lediglich ein paar Momente, an denen ich in der Lage bin, mehr als drei Worte mit meinen Kunden zu reden. Marlies macht sich inzwischen ernsthaft Sorgen. „Lea, wenn du nichts isst, brichst du zusammen. Komm am Sonntag zu uns zum Essen. Ich mache Rouladen."

„Danke für die Einladung, aber ich würde dir nur den Sonntag vermiesen. Ich bekomme nichts runter."
An diesem zweiten Wochenende habe ich nicht mehr die Kraft für einen aufwändigen Wohnungsputz. Ab und zu erinnere ich mich an meine Aufgabe, ein positives Lebensskript zu schreiben. Das finde ich in Anbetracht meiner Situation völlig makaber. Es ist das Letzte, wozu ich im Moment in der Lage bin. Am Samstag nach der Arbeit lege ich mich auf die Couch. Der Fernseher läuft, doch ich nehme nichts auf. Als ich aufwache, ist es kurz vor zwölf. Ich wechsle ins Schlafzimmer und falle erneut in einen Tiefschlaf. An diesem zweiten Sonntag beschließe ich, im Bett zu bleiben. Um die Mittagszeit nehme ich meinen Hefter zur Hand und blättere darin.

Gegen halb zwei raffe ich mich auf und koche in meinem ausgeblichenen Baumwollschlafanzug Kaffee. Da klingelt es an der Tür. Ich zucke zusammen, vermute sofort, dass Angela wieder einen Versöhnungsversuch starten will. Deshalb reagiere ich nicht. Aber dann höre ich die Stimme von Martin: „Lea, sind Sie da?" Ich bin zunächst geschockt vor Überraschung. Wie kommt er hierher? War etwas passiert? Am liebsten hätte ich mich wie ein kleines Kind unter meiner Bettdecke versteckt. Da er jetzt lauter klopft, denke ich an die Nachbarn und öffne die Tür einen Spalt. „Was wollen *Sie* denn hier?", fahre ich ihn an.

„Lea, warum gehen Sie nicht ans Telefon?", sagt er leise, aber ziemlich wütend. Er schiebt sich in den Flur und schließt die Tür. Sein Gesichtsausdruck verwandelt sich von Wut in Sorge. „Was ist denn los? Du siehst ja furchtbar aus." Der letzte Satz ist wie ein Knopfdruck. Tränen laufen mir übers Gesicht, ich schluchze, kann mich nicht beherrschen. Er zieht mich in seine Arme und hält mich fest. Ich weiß nicht, wie lange wir so verharren. Es kommt mir wie eine Ewigkeit vor, und doch ist es viel zu kurz. Irgendwann verstummt mein

Schluchzen. Es sind wohl keine Tränen mehr da. Ich löse die Umarmung, kann ihm aber nicht in die Augen sehen. Nur eine schwache Entschuldigung für meinen Gefühlsausbruch bringe ich über die Lippen, bevor ich ins Bad gehe. Als ich eine halbe Stunde später angezogen ins Wohnzimmer trete, inspiziert Martin gerade die Bücher in der Schrankwand. „Es ist nicht gerade die Villa von Alexander", sage ich spöttisch.

„Die Wohnung erinnert mich an meine Studenten-WG, zwei Zimmer, Bad und Küche. Ich habe sie mit einem Freund geteilt."

„Ich wollte gerade Kaffee kochen, als du kamst." Nach diesem Gefühlsausbruch bringe ich das *Sie* nicht mehr über die Lippen. Er folgt mir in die Küche. Meine Hände zittern leicht, als ich die Decke auf den Tisch lege und das Geschirr darauf stelle. „Ich habe nur Zwieback im Angebot. Bin nicht zum Einkaufen …" Blöde Ausrede. Ich winke ab, nehme den Zwieback aus der Tüte, lege ihn auf einen Kristallteller von meiner Oma und stelle Butter und Honig auf den Tisch. Automatisch zünde ich die Kerze an. Dann warten wir, bis der Kaffee durchgelaufen ist. Martin verliert kein Wort über mein spärliches Angebot. Er nimmt ganz selbstverständlich den Zwieback und verteilt Butter und Honig darauf. Ich knabbere an einem trockenen Stück, trinke aber den Kaffee.

„Darf ich nun erfahren, was mit dir los ist?", fragt er im Plauderton. „Ich habe mir Sorgen gemacht. Du wurdest vor vierzehn Tagen mit Schlafmitteln vollgepumpt und gehst seit vierzehn Tagen nicht an dein Handy."

„Wolltest du wieder Prinz spielen und mich aus dem hundertjährigen Schlaf ohrfeigen?", spotte ich.

„Das ist überhaupt nicht lustig, Lea."

Ich hole tief Luft, bevor ich es ausspucke: „Mein Freund hat seit einem Jahr ein Verhältnis mit meiner besten Freundin. Ich habe sie erwischt und ihn rausgeworfen." Er nickt nur, scheint weder überrascht noch schockiert zu sein. „Ist das für dich normal? Du reagierst, als würdest du es ..."

„Ich wusste davon", sagt er ruhig.

Ich glaube mich verhört zu haben. „Was hast du gesagt? Du hast gewusst, dass Tom und Angela ein Verhältnis haben?" Ich springe erbost auf. „Woher kennst du Tom?"

„Ich kenne ihn nicht persönlich. Dein Onkel hat damals, als du nicht zum Familientreffen gekommen bist, Erkundigungen anstellen lassen. Auf gut deutsch: Er wollte wissen, mit wem du zusammen bist. Ein Privatdetektiv hat hier ein paar Beobachtungen gemacht und dabei festgestellt, dass Tom Hartmann ein Verhältnis mit Angela Schubert hat, dass er auf deine Kosten lebt, zwar offiziell Student ist, aber nichts ... auf die Reihe bekommt. Er ist es nicht wert, Lea", fügt er vorsichtig hinzu.

„Warum hast du mir ..."

„Hättest du mir geglaubt?"

Kraftlos lasse ich mich wieder auf den Stuhl fallen. „Wahrscheinlich nicht, denn ich kann es ja immer noch nicht fassen."

„Ich habe gehofft, dass du durch das Training selbst erkennst, dass Tom nicht der Richtige für dich ist, dass er ..."

„... eine Flasche ist", beende ich den Satz. „Was hat denn der Privatdetektiv über mich berichtet?"

Er schmunzelt: „Fleißiges Mädchen, arbeitet zehn Stunden am Tag und träumt von ihrem eigenen Salon, lässt sich nicht nur von Tom, sondern auch von ihrer Chefin ausnutzen."

„Woher ...?" Doch da dämmert es bereits. „Ich habe ihm die Haare geschnitten. Normalerweise erzählen mir die Kunden ihre Probleme. Hier war es umgekehrt."

„Die Erinnerung kommt zurück. Ich sehe es förmlich."

„Ja, ich habe mich hinterher erschrocken, dass ich ihm sogar von den unbezahlten Überstunden erzählt habe und hätte mich dafür ohrfeigen können. Da er aber ein Fremder war, machte ich mir keine weiteren Gedanken darüber." Ich trommle jetzt nachdenklich mit den Fingern auf der Tischplatte herum und rufe mir das Gespräch ins Gedächtnis. Martin legt seine Hand auf meine und sieht mir in die Augen. „Lea, ich bin froh, dass das Problem Tom heißt und nicht Schlafmittel-Täter." Ich bin nicht ganz seiner Meinung. „Wie hat mein Onkel darauf reagiert, auf den Bericht, meine ich?"

Martin zögert, scheint nach den richtigen Worten zu suchen. Er erhebt sich, schiebt die Hände in die Hosentaschen und sieht aus dem Fenster. „Alexander war sich sicher, dass du den Brief nicht erhalten hast, ansonsten wärst du gekommen. Andernfalls hätte es keine Chance auf ein Erbe gegeben."

„Du warst dir da nicht so sicher."

„Wie kommst du darauf?"

„Dein Ton bei unserem ersten Telefonat war kühl. Ich dachte, ich wäre nicht willkommen."

„Du hast ein feines Gespür."

Ich muss kurz lachen. „Nur bei Tom und Angela hat es leider versagt. Im Nachhinein ist mir klar, warum er so oft bei Angela etwas reparieren musste, dass dieses anstrengende Praktikum mit den auswärtigen Übernachtungen in Wirklichkeit nur eine Lüge war."

Martin schweigt dazu. Ich versuche zu begreifen, dass mein Onkel, obwohl ich nicht auf seinen Brief reagiert habe, mir trotzdem eine Chance auf das Erbe eingeräumt hat. Vielleicht hatte er Mitleid mit einer Betrogenen? „Ich verstehe nicht, warum Alexander mich nicht einfach angerufen hat. Der Detektiv war doch sicher in der Lage, meine Telefonnummer zu ermitteln."

„Ja, das war er, aber es war zu spät. An dem Tag, als er sie hatte, ist Alexander ins Koma gefallen und nicht wieder aufgewacht." Ich schlucke schwer.

„Warum tust du das, Martin?", frage ich ruhig. Er dreht sich zu mir um.

„Was?"

„Das alles; mich aufwecken und zur Kanzlei fahren, hier mit Ausdauer anrufen, auch wenn ich nicht abnehme, und die fünf Stunden Autofahrt."

„Ich habe das Versprechen abgegeben, mich um dich zu kümmern. ‚Pass auf Lea auf', hat Alexander gesagt. ‚Sie braucht einen Menschen, auf den sie sich verlassen kann.' Das waren seine letzten Worte."

„Das hat er gesagt? Dann war ich für ihn wichtig?"

„Sehr wichtig. Er hat sich in der letzten Zeit mit Schuldgefühlen gequält." Martin hat plötzlich feuchte Augen. Er dreht sich wieder zum Fenster.

„Ich habe das Gefühl, du würdest für ihn durchs Feuer gehen."

„Das hat auch einen Grund. Meine Erklärung dazu dauert etwas länger. Ich lade dich zum Essen ein, Lea. Von Zwieback bekomme ich immer Hunger."

Wir lachen. „Okay, ich habe zwar keinen Hunger, aber ich kann dir ja Gesellschaft leisten."

„Hunger oder nicht, du musst etwas essen." Er mustert mich von Kopf bis Fuß. „Du hast es nötig, ich würde sagen, vier Kilo fehlen schon. Und wenn ich einmal in Dresden bin, möchte ich noch etwas von dieser kulturträchtigen Stadt sehen."

Ich brauche fünfzehn Minuten, um die dunklen Augenringe zu kaschieren und meine Frisur zu richten. Dann fahren wir in die Innenstadt. Wir bestellen in einem Restaurant an der Elbe Sächsischen Sauerbraten, Rotkohl und Knödel. Ich staune über mich selbst, weil ich die ganze Portion schaffe.

Beim Cappuccino beginnt Martin mit seiner Geschichte: „Ich war einmal ein sehr schüchterner Junge."

„Nein, das kann ich mir nicht vorstellen." Ich beiße mir auf die Lippe, um ihn nicht wieder zu unterbrechen.

„Mit fünfzehn wurde ich fast täglich verprügelt, kam mit blutigen Knien, Händen und Schrammen im Gesicht nach Hause. Meine Eltern wussten sich keinen Rat mehr. Ich wollte nicht mehr zur Schule gehen. Sie hatten mit mehreren Psychologen gesprochen, der eine plädierte für Schulwechsel, der andere für Einweisung in eine psychiatrische Klinik. An dem Tag, als wir eine Entscheidung treffen sollten, las mein Vater in der Zeitung einen Beitrag über Alexander Hoffmann. Er suchte im Telefonbuch die Nummer, und als er aus seinem Arbeitszimmer kam, sagte er zu mir: ‚Zieh dich an, wir haben einen Termin.' So wurde ich Alexanders Schüler, nicht sein Patient. Das war ein großer Unterschied. Die anderen sahen mich als Kranken mit irgendwelchen psychischen Störungen. Alexander ging anders heran. ‚Werde der, der du bist.' Er baute mein Selbstbewusstsein und Selbstvertrauen auf, indem er mir half, meine Stärken zu sehen, Ziele zu finden und sie zu erreichen. Er machte aus einem schüchternen, ängstlichen Jungen, der sich kaum auf den Schulhof traute, eine Persönlichkeit. Schon nach kurzer Zeit hörten die Angriffe in der Schule auf. Die Jungen, die mich täglich attackiert hatten, hatten plötzlich kein Interesse mehr. Ich brauchte die Schule nicht zu verlassen. Meine Leistungen kletterten zur Verwunderung meiner Mitschüler und Lehrer steil nach oben. Ich konnte plötzlich Vorträge halten. Meine Redegewandtheit verwunderte die anderen sogar."

„Wussten sie von deinem Erfolgstrainer?", frage ich völlig gebannt.

„Nein. Man fragte mich zwar, wieso ich jetzt so anders war, aber ich behielt mein Geheimnis für mich. Es kennen nur sehr wenige Menschen meine Geschichte, eigentlich nur meine

Familie und ein paar Freunde. Alles, was ich erreicht habe, habe ich Alexander zu verdanken."

Ich seufze laut. „Schade, dass wir so wenig Kontakt hatten."

„Und genau das hat Alexander auch bedauert. Er kam eines Tages in mein Büro, er war damals schon krank und wusste, dass er nicht mehr lange zu leben hatte. Irgendetwas bedrückte ihn sehr. Leider weiß ich bis heute nicht, was es war. Er sprach in Rätseln und war völlig verzweifelt: ‚Martin, mir fehlt ein würdiger Nachfolger, jemand der nicht nur das Geld im Kopf hat, sondern das Konzept weiterentwickelt, es zu einem Ganzen formt. Ich habe einen Plan. Es ist die letzte Möglichkeit. Du musst dich pedantisch genau an meine Vorgaben halten, auch wenn dich alle für verrückt erklären und du selbst nicht genau weißt, warum du das tust. Du darfst nichts durchgehen lassen, sonst funktioniert es nicht. Und pass' vor allem gut auf Lea auf.'" Mir läuft ein Schauer über den Rücken.

„Was meint er damit, dass er keinen Nachfolger hat, der das Konzept weiter entwickelt und zu einem Ganzen formt?"

„Ich denke, er meinte die Integration der religiösen Texte in sein Erfolgskonzept."

„Dann geht es hier um mehr, als nur um das Kennenlernen seines Lebenswerkes. Er probiert an uns etwas Neues aus." Die Vorstellung, an einem Experiment teilzuhaben, gefällt mir, hat etwas Geheimnisvolles, Abenteuerliches.

„Ja, es ist neu. Er wagt ein Experiment, das er nicht auswerten kann. Was bezweckt er damit? Außerdem gibt mir zu denken, dass er sich um dich gesorgt hat und nicht um Corinna."

„Vielleicht ging er davon aus, dass Corinna von ihren Eltern Unterstützung bekommt."

„Das habe ich früher auch gedacht. Aber nach dieser Schlafmittelgeschichte vermute ich eher, dass er gewusst oder geahnt hat, wer dir dein Erbe nicht gönnt. Ich frage mich auch warum er mich zum Mentor bestimmt hat und nicht die Bachmeiers oder einen anderen Trainer des Institutes mit mehr Erfahrung."

„Loyalität war ihm vielleicht wichtiger. Oder er wollte es doppelt absichern. Die Bachmeiers nehmen schließlich unsere Prüfung ab und passen auf, dass du niemanden bevorzugst. Hier herzukommen war eigentlich ein Risiko", wird mir nun klar.

„Ich musste abwägen. Wenn dir etwas passiert wäre oder du aus Liebeskummer aufgeben würdest, dann wäre dein Erbe weg. Wenn man mich beschuldigt, dich vorzuziehen, werde ich im schlimmsten Fall ausgewechselt. Aber dann behältst du die Chance auf dein Erbe. Ich habe mich mit meinem Vater beraten."

„Was sind die Bachmeiers für Menschen?" Ich bemerke ein kurzes Zögern.

„Zwei Psychologen der Sonderklasse, erfolgreich, sehr beliebt. Das Institut hat mit Alexanders Ableben keinen Einbruch erlitten, im Gegenteil. Helene ist für die Rhetorikkurse zuständig, ihr Mann für Verkaufstraining, das sind die begehrtesten Seminare. Dann gibt es noch zwei Leute, die Alexanders Erfolgskonzept vermitteln. Sie sind aber nicht so brillant wie er." Ich habe das Gefühl, er verschweigt mir etwas. „Lea, ich möchte den Brief an deine Großmutter lesen. Es ist nur so eine Ahnung. Aber je mehr ich über dieses zehnte Buch nachdenke, desto fester glaube ich, dass alles damit zu tun hat. Schließlich wussten die Anwesenden beim Frühstück, dass du nach diesem Buch suchst. Und einer von ihnen muss dir das Schlafmittel gegeben haben. Vielleicht befindet sich im Brief ein Hinweis."

„Du kannst ihn haben. Ich wollte ihn nicht als Fax durch die Gegend schicken. Und beim letzten Mal hatte ich ihn vergessen."

„Okay, und nun zeig mir Dresden."

Unser erster Anlaufpunkt ist die Semperoper. Martin fotografiert eifrig und hält dann ehrfürchtig inne. „Lea, wenn das alles hier vorbei ist, dann gehen wir in die Oper." Er legt einen Arm um meine Schulter. „Wenn ich erbe, lade ich dich ein", sage ich locker. Er lächelt mich von der Seite an. „Nicht wenn, du wirst erben. Aber ich bezahle die Karten. Es war meine Idee." Ich bin wieder für Sekunden in seinem Blick gefangen. Diesmal blinzelt er, räuspert sich und nimmt den Arm so schnell von meiner Schulter, als hätte er sich verbrannt. „Jetzt ist die Frauenkirche dran", murmelt er.

Ich zeige ihm außerdem das Grüne Gewölbe, den Zwinger und die Brühlsche Terrasse. Anschließend steigen wir ins Auto und fahren kreuz und quer durch Dresden. Zwischendurch werde ich mit Kuchen und Eis verwöhnt. Martin gibt sich alle Mühe, mich wieder aufzupäppeln. Abendbrot essen wir beim Italiener. Ich habe in den paar Stunden mehr gegessen und geredet, als in den letzten zwei Wochen.

Gegen zehn Uhr sind wir wieder in meiner Wohnung. Martin sucht im Telefonbuch die Nummer eines Hotels. Ich biete ihm an, im Wohnzimmer zu übernachten. Doch er lehnt ab. Ich vermute zunächst, mein Heim würde nicht seinem gewohnten Standard entsprechen. Doch im Laufe des Gespräches begreife ich, dass es ihm nur um Schutz geht, um meinen Schutz, um den Schutz meines Erbes. Wenn jemand erfahren würde, dass er in Dresden war und keine Hotelübernachtung vorweisen könnte, dann würden wir Öl ins Feuer gießen.

Die Kerze auf meinem Küchentisch brennt langsam nieder. Ich koche mehrmals Tee.

„Wie sieht es mit deinen Finanzen aus?", fragt er irgendwann nebenbei.

Ich zögere, spreche dann aber offen über mein Einkommen und erzähle ihm auch von Marlies' und Wegners lukrativen Angeboten.

Er lacht kopfschüttelnd und sagt dann sehr nachdrücklich: „Lea, ich will keine zehn Prozent von deinem Erbe. Ich will, dass du jeden Monat nach Hamburg kommst und das Programm deines Onkels ernsthaft durchziehst. Das Fahrgeld darf kein Hindernis sein. Es hängt zu viel davon ab."

„Ich habe noch nicht darüber nachgedacht, wie ich ohne Toms dreihundert Euro zurechtkommen werde." Wir stellen Überlegungen an. „Eine Möglichkeit wäre, das Zimmer zu vermieten, an eine Studentin zum Beispiel", schlägt er vor. Ich verstehe die Betonung auf Studentin. „Und wenn sich niemand findet, dann zieht hier offiziell Frau Schulzes Enkelin ein, und Oma übernimmt die Miete."

Ich muss lachen. „Und Oma bekommt dann die Miete von dir wieder?"

Er grinst. „So etwas in der Art stelle ich mir vor, damit mir niemand vorwerfen kann, dass ich dich bevorzuge."

„Danke, aber vielleicht gibt es noch andere Möglichkeiten. Ich könnte mich nach einer Mitfahrgelegenheit umsehen. Das wird billiger als die Bahn."

„Wäre eine Möglichkeit, finde ich aber zu unsicher." Ich kann nicht widersprechen, denn das habe ich auch schon gedacht.

„Lea, du musst mir versprechen, wenn es finanzielle Engpässe gibt, dann sag mir Bescheid. Es ist kein Problem für mich, dir monatlich 300 Euro zu geben. Du bist die Großnichte von Alexander Hoffmann, und er wollte, dass du sein Lebenswerk unbedingt kennen lernst. Also keinen falschen Stolz, wenn es um Geld geht." Ich verspreche es und bin beeindruckt von seiner Großzügigkeit.

„Hast du noch einen zweiten Wohnungsschlüssel?", fragt er gegen Mitternacht. „Ich kopiere den Brief im Hotel und bringe ihn morgen früh wieder hierher, bevor ich zurückfahre." Ich gebe ihm den Schlüssel von Tom. Dann nimmt er seine Jacke von der Garderobe. Wir stehen uns im Flur gegenüber. „Wie fühlst du dich jetzt?", fragt er.

„Viel besser", gebe ich zu und lächele ihn an. Er umarmt mich kurz: „Dann hat sich ja die Fahrt richtig gelohnt." Er tritt einen Schritt zurück und legt seine Hände auf meine Schultern: „Frau Sommerfeld, ich sehe Sie dann in Hamburg zur nächsten Konsultation. Vergessen Sie Ihre Hausaufgaben nicht." Ich habe verstanden. Wir dürfen uns vor den anderen nicht duzen. Martin will weiterhin das Sie, um eine gewisse Distanz zu wahren. Vielleicht hatte es mein Onkel sogar angeordnet.

Als ich am nächsten Tag nach Hause komme, liegt der Brief mit dem Hausschlüssel auf dem Schuhschrank im Flur. In der Küche finde ich einen Blumenstrauß und eine gefüllte Obstschale vor. Ein Zettel liegt dabei: „Bitte nicht mehr abnehmen, ich mag keine dürren Frauen." Unterzeichnet ist die Notiz mit einem M. Ich lache laut und entscheide mich, endlich etwas einzukaufen. Er hat Recht. Mehr als vier Kilo ist Tom wirklich nicht wert. Zwei Fastenwochen genügen. Instinktiv öffne ich die Kühlschranktür, um meine Bestandsaufnahme zu machen und erschrecke, als ich einen gefüllten Kühlschrank vorfinde. Martin hat für mich eingekauft. Das hat noch nie ein Mann für mich getan. Wenn ich es mir auch bisher noch nicht eingestanden habe, aber nun weiß ich es: Ich bin verliebt.

Marlies und die anderen Friseurinnen mustern mich am Montag skeptisch. Meine Stimmungsschwankungen können sie nicht nachvollziehen. Nach zwei Wochen der Betäubung und Depression fliege ich jetzt überschäumend vor Glück durch den Laden. Ich finde mein ständiges Lachen selbst übertrieben, kann mich aber nicht beherrschen. Während ich am Montag wieder im normalen Leben angekommen bin – man merkt es daran, dass ich rede –, scheinen am Dienstag meine sämtlichen Sicherungen durchzubrennen. Gegen Mittag nimmt mich Marlies zur Seite und fragt: „Hast du etwa Drogen genommen?" Ich lache schallend, was man auch als Zustimmung hätte werten können. Sie erinnert mich daran, dass sich noch andere Menschen im Raum unterhalten wollen. Von da an nehme ich mich zusammen. Kurz vor Feierabend taucht Angela auf. Sie will einen Termin bei mir machen. Marlies steht am Tresen und winkt mich zu sich. Ich blicke in das blasse Gesicht meiner alten Freundin und weiß: Ich habe es überstanden. Als wäre nichts geschehen, frage ich: „Wann hast du denn Zeit?"

„Na vormittags, wenn die Kinder im Kindergarten sind." Ich biete ihr einen Termin in vierzehn Tagen an. Absichtlich will ich sie zappeln lassen. Sie möchte noch etwas sagen, doch ich gebe ihr keine Gelegenheit dazu: „Bis Dienstag, Angela. Meine Kundin wartet." Ich spüre ihren Blick noch eine Weile, dann höre ich die Türglocke und weiß, sie ist gegangen.

„Ich glaube, ich hätte der ein paar runtergehauen", sagt Vivien im Vorbeigehen, und Sarah kommt auf die Idee, ich könnte ihr die Haare verschneiden. Doch ich habe nichts dergleichen vor. Ich werde sie behandeln wie jeden anderen Kunden. Soll sie doch selig werden mit Tom, der nichts auf die Reihe kriegt.

Der Monat November hat also nicht nur seine dunkle, depressive, traurige Seite gezeigt, sondern auch eine helle, freudige, glückliche. Es ist kein Auf und Ab in den Stimmungen, sondern ein klarer Bruch zwischen den Extremen. Ich habe solch einen radikalen Wechsel in mir noch nie erlebt. Erst in der letzten Woche bin ich in der Lage, mich mit meinem positiven Lebensskript zu beschäftigen.

Die Bedingung dafür ist, sich selbst zu lieben, sich selbst zu vertrauen, das Positive zu betonen und viel von sich zu verlangen. Auch soll ich jeden kleinen Erfolg anerkennen. Meine

Arbeit in dieser Woche besteht also darin, negative Gedanken durch positive zu ersetzen. Substitution heißt das Zauberwort. Es ist der Weg zur Selbstachtung, auf dem dann das Selbstvertrauen fußt. Hinzu kommt ein verstärkter Blick auf meine Stärken, auf bereits Erreichtes. Ich finde tatsächlich fünfzig Dinge, auf die ich stolz sein kann, und weitere fünfzig, die mir Freude bereiten. Die Übungen dienen dazu, den positiven Blick zu formen und zu halten. Die Aufgaben fallen mir leicht, ich hole einiges auf, aber insgesamt ist die Übungszeit zu kurz. Der positive Blick lässt sich nicht über Nacht aufbauen.

Der für mich dunkelste Monat des Jahres geht zu Ende. In den Schaufenstern kündigt sich die Weihnachtszeit an. Marlies schmückt am Freitagnachmittag unseren Laden mit Lichterketten, Adventssternen und Gestecken. Trotz der Schlafmittelgeschichte freue ich mich auf Hamburg. Die ungeklärte Angelegenheit erscheint mir wie eine Geschichte aus einem anderen Leben. Meine Freude bezieht sich auf den nächsten Programmpunkt und auf Martin. Wir haben in der letzten Woche nur kurz telefoniert. Vorher hatte ich mich per SMS für den vollen Kühlschrank und die Blumen bedankt.

Auf der Fahrt nach Hamburg nehme ich mir den Religionstext vor. Bisher bin ich noch nicht dazu gekommen, mich damit zu beschäftigen.

O Sohn des Geistes!
Ich habe dich reich erschaffen, warum machst du dich selbst arm? Edel erschuf Ich dich, warum erniedrigst du dich selbst? Aus den Tiefen des Wissens gab Ich dir Leben, warum suchst du nach Erleuchtung bei einem anderen als Mir? Aus dem Ton der Liebe formte Ich dich, warum trachtest du nach einem anderen außer Mir? Schaue in dich selbst, damit du Mich in dir findest, mächtig, stark und selbstbestehend.

Ich notiere: Dieser Text ist ein positives Lebensskript. Gott sagt mir, dass ich reich erschaffen wurde und ein edles Wesen bin. Er fragt mich, warum ich mich arm mache und mich erniedrige. Minderwertigkeitsgefühle, mangelndes Selbstvertrauen, mangelnde Selbstachtung, Schädigung der Gesundheit sind Beispiele für Erniedrigung. Ich überlege, was damit gemeint sein könnte: *Warum suchst du nach Erleuchtung bei einem anderen als Mir? ... Warum trachtest du nach einem anderen außer Mir?*

Der Mensch wendet sich von Gott ab, wenn es ihm gut geht oder wenn es nicht nach seinem Willen geht. Ich habe mich auch von Gott abgewandt, weil ich es ungerecht fand, dass er mir meine Eltern genommen hat. Für mich hatte Gott bisher außerhalb existiert. Nun lese ich: *Schaue in dich selbst, damit du Mich in dir findest, mächtig, stark und selbstbestehend.*

Dieser Satz wirft meine kindliche Vorstellung, von der ich inzwischen weiß, dass sie falsch ist, nun endgültig über Bord. Gott ist in mir. Diese Aussage muss ich erst einmal schlucken und verdauen. Was bedeutet das? Ich bin ein Geschöpf Gottes, wurde aus dem Ton der Liebe geformt und trage die göttlichen Eigenschaften, Macht und Stärke in mir. Ich komme von Gott, und zu Ihm kehre ich zurück. Meine weiteren Gedanken drehen sich um die Bedeutung dieser Aussage. Angst ist völlig unbegründet, Gott ist in mir. Unsicherheit ist unbegründet, Gott ist in mir und führt mich. Auf jede Frage gibt es eine Antwort. Gott gibt sie mir. Den Rest der Fahrt verbringe ich damit, den Text auswendig zu lernen.

Frau Schmidt hat die Fenster der Villa mit Adventssternen und Lichterketten geschmückt. In der Küche steht ein Gesteck mit vier Kerzen. Ich freue mich sehr darüber. Sie begründet etwas verlegen: „Auch wenn kaum jemand hier ist, es ist doch Weihnachtszeit."

„Das haben Sie sehr schön gemacht, Frau Schmidt. Bei mir zu Hause befindet sich lediglich eine Kerze auf dem Tisch und die steht dort das ganze Jahr und wird immer beim Frühstück und beim Abendbrot angezündet."

Corinna, die nicht gerade gut gelaunt ist, meint etwas abfällig: „Was ist denn das für eine Wunderkerze, die das ganze Jahr brennt?"

Ich korrigiere meinen Ausdruck: „Der Kerzenständer steht immer da, die Kerzen wechsle ich aus." Beim Abendbrot erwähnt Corinna, dass sie im letzten Monat sechs Klausuren geschrieben hat. „Worüber hast du denn geschrieben?", frage ich nach, um unsere Kommunikation zu fördern.

„Das verstehst du sowieso nicht. Es lohnt sich nicht, dir das zu erklären", bekomme ich als patzige Antwort zu hören. Corinna ist eben ein launisches Wesen, begreife ich langsam. Zeitweise ist sie wie eine Freundin, aber es gibt auch Momente, da behandelt sie mich von oben herab und hält sich für etwas Besseres. Da sollte man sich lieber von ihr fernhalten, weil es nicht gerade das Selbstwertgefühl hebt.

Nach dem Essen geht sie in ihr Zimmer. Frau Schmidt und ich räumen die Küche auf. Es macht mir Spaß, so eine schöne Küche aufzuräumen. Unwillkürlich kehren meine Gedanken an den letzten Monat und an den Schlaftrunk zurück. Als würde Frau Schmidt meine Gedanken lesen, sagt sie plötzlich: „Dr. Sander hat verboten, dass irgendwer außer Ihnen beiden das Haus betritt." Ich nicke nur. Sie stützt sich auf der Arbeitsplatte ab und fängt an zu weinen. „Ich weiß überhaupt nicht, wer das getan haben könnte, ein Schlafmittel in den Kaffee. Warum? Warum Sie und nicht Corinna?" Frau Schmidt erschreckt selbst bei ihren Worten und hält sich die Hand vor den Mund. Wenn man es von dieser Seite betrachtet, gibt es eigentlich nur eine Antwort: Hanna und Wilfried.

An diesem Abend gehe ich leicht enttäuscht ins Bett und weiß zunächst nicht, warum. Erst als mir bewusst wird, dass ich auf etwas gewartet habe, das nicht eingetroffen ist, komme ich der Ursache meines Gefühls näher. Ich habe gehofft, dass Martin vorbeikommt. Aber warum soll er das tun? Unser Termin ist morgen. Und bei Unpünktlichkeit muss er mir mein Erbe absprechen. Sekunden könnten den Traum von der Erbschaft platzen lassen. Jetzt, wo ich Martins Geschichte kenne und weiß, dass ich meinem Onkel wichtig war, gewinnt das Programm für mich an Bedeutung. Ich sehe meinen Onkel vor mir, stelle mir das Gespräch vor: „Martin, mir fehlt ein würdiger Nachfolger, jemand, der nicht nur das Geld im Kopf hat, sondern das Konzept weiterentwickelt, es zu einem Ganzen formt. Ich habe einen Plan ... Und pass vor allem gut auf Lea auf."

Welchen Plan hatte er? Was versprach er sich von den Religionstexten? Warum soll Martin auf mich aufpassen? Warum darf er nichts durchgehen lassen? Stellte Alexander sich seine Nichten als Nachfolger vor? Das war ja völlig absurd. Wenn und überhaupt, dann käme nur Corinna in Frage, weil sie Jura studiert. Hoffte Alexander, Corinna für ein Psychologiestudium begeistern zu können? Aber was hatte das mit mir zu tun? Warum bekam *ich* das Schlafmittel? Meine Gedanken drehen sich im Kreis; viele Fragen, keine Antworten. Aus Vorsicht stelle ich zwei Wecker vor dem Schlafengehen.

Doch diesmal gibt es keine Hindernisse und wir treffen gegen halb elf in der Kanzlei ein. Martins Mutter erwartet uns bereits. Sie verkündet gleich bei der Begrüßung: „Und heute Abend werden Sie meine Gäste sein. Wir machen jedes Jahr eine kleine Weihnachtsfeier mit den Mitarbeitern des Institutes und den Mitgliedern des Stiftungsrates. Einige können nicht kommen. Aber verschieben möchte ich nicht, da Sie ja nur an diesem Wochenende vor Weihnachten hier sind." Frau Sander hat offensichtlich Stress mit der Organisation ihrer Weihnachtsfeier, denn sie wirkt leicht zerstreut. „Aber es ist uns allen wichtig, dass wir Alexanders Großnichten etwas besser kennen lernen."

Martin kommt aus seinem Büro. Er sieht bedrückt aus. Auch benimmt er sich eigenartig seiner Mutter gegenüber. „Ich weiß noch nicht, ob ich zu deiner Party komme, Mutter." „Natürlich kommst du", sagt sie so entschieden, dass er es nicht wagt zu widersprechen. Anscheinend ist Martin von den Traditionen seiner Mutter nicht so begeistert. Vielleicht hat er auch Sorge, dass mich wieder jemand einschläfern könnte. Im nächsten Moment muss ich daran denken, dass mir die Kleidung für solche Festivitäten fehlt. Außerdem brauche ich ein Gastgeschenk für Frau Sander.

Unsere Konsultation hat diesmal zwei Teile. Im ersten besprechen wir unser positives Lebensskript und die daraus gewonnenen Erfahrungen. Im zweiten Teil weist uns Helene Bachmeier in die Geheimnisse der Rhetorik ein. Unser Mentor ist nicht richtig bei der Sache. Corinna und ich haben zwar die Aufgaben erledigt, doch geben wir zu, zu wenig für den praktischen Teil getan zu haben. Die erwartete Kritik von unserem Mentor bleibt aus. Es scheint ihm sogar egal zu sein. Er holt die Briefe aus der Mappe und gibt sie uns. Wir lesen still:

Durch die Wirkkraft des Wortes Gottes und durch Seinen Lebensgeist haben die Menschen auf dieser Welt ihre hohe Stufe erreicht. Wort und Rede sollen eindrucksvoll und eindringlich sein ... Des Menschen Wort ist eine Wirklichkeit, die Einfluss auszuüben sucht und des richtigen Maßes bedarf. Sein Einfluss ist durch seine Feinheit bedingt, die ihrerseits von losgelösten, reinen Herzen abhängt. Sein rechtes Maß muss mit Takt und Weisheit gebildet werden.

Liebe Lea,
du hast ein positives Skript für dein Leben erstellt. Das ist keine Aufgabe, die man einmal macht und dann weglegt. Es muss gefestigt werden. Durch die häufige Wiederholung der Übungen rieseln die positiven Gedanken in dein Unterbewusstsein ein und werden zu den Wurzeln deines Verhaltens.
Die heutige Konsultation ist eine Einführung in die Rhetorik. Rhetorik ist die Lehre vom meisterhaften Gebrauch der Stimme und der Worte. Die Beeinflussung unseres Unterbewusstseins hängt davon ab. Es geht also darum zu lernen, die richtigen Worte zu wählen, eine Rede aufzubauen und sie zu halten. Diese Aufgabe wird Frau Bachmeier übernehmen. Sie hat sehr viel Erfahrung auf diesem Gebiet. Wir können das Kapitel wieder nur anreißen. Du musst selbständig weitermachen, wenn du auf dem Gebiet ein Stück vorankommen willst.
Liebe Grüße, dein Alexander

Wir besprechen den Brief, dann gibt es eine kurze Pause. Frau Sander bringt einen kleinen Imbiss und Kaffee. Ein paar Minuten später betritt Helene Bachmeier den Besprechungsraum. Sie sieht in ihrem rotgrauen Kostüm, den grauen Stiefeln und den hochgesteckten Haaren aus wie eine Schaufensterpuppe. Ich komme mir dagegen vor wie die sprichwörtliche graue Maus. Auch Corinna kann in ihrem eleganten schwarzen Hosenanzug neben dieser Frau nicht bestehen. Mir schießt durch den Kopf, dass sie sich wohl kaum vor Verehrern retten kann.

Martin nimmt keine Notiz von ihr. Er packt eilig seine Sachen zusammen und wirft dabei ein paar lose Blätter auf den Boden. Hektisch sucht er alles zusammen. Frau Bachmeier ruft ihm nach: „Martin, du kannst uns gerne Gesellschaft leisten." Ihr Lächeln ist umwerfend, finde ich. Ich bin verwundert, als er in einer ungewöhnlichen Schärfe antwortet: „Du machst das schon, Helene. Ich habe heute noch etwas anderes vor." Er stürzt förmlich aus dem Raum. Helene muss mir meine Verwunderung angesehen haben. „Er ist leicht gestresst, würde ich sagen, braucht mal wieder etwas Mentaltraining." Corinna findet die Bemerkung lustig. Mich macht die Szene sehr nachdenklich.

Helene bietet uns das Du an und beginnt sofort mit einem Einführungskurs in die Rhetorik. Was ist Rhetorik? Wofür braucht man sie? Was verändert sich dadurch?

Sie geht genauer auf die Schwerpunkte erfolgreicher Rhetoriker ein, also auf das Phänomen des ersten Eindrucks, nennt uns Kernsätze und die zehn wichtigsten Regeln der Rhetorik. Wir erfahren etwas über die Struktur einer Rede. In Alexanders Buch erarbeiten wir das Kapitel Stimme und Sprache. Mit Hilfe der neuen Erkenntnisse bereiten wir eine Rede vor. Als Hausaufgabe sollen wir sie fertig ausarbeiten und üben. Helene empfiehlt uns Stimmübungen und die Erweiterung unseres Wortschatzes. Es sind sehr intensive zwei Stunden.

Im Eingangsbereich wartet Rudolf Sander auf uns. „Ich bin diesmal die Vertretung für meine Frau. Sie bereitet die Party vor, und Martin ist heute verhindert", begründet er seine Anwesenheit. Ich beobachte Helenes charmante Art. Sie kann wirklich mit Menschen umgehen, sie um den Finger wickeln. Ihr fallen die richtigen Worte zur richtigen Zeit ein. „Martin kann sich glücklich schätzen, so einen Vater wie Sie zu haben, Herr Sander." Helene greift schwungvoll nach ihrem eleganten Mantel. Sie sprüht vor Energie. Wir verabschieden uns am Fahrstuhl. „Bis heute Abend", ruft sie uns zu und fährt mit Herrn Sander in die Tiefgarage.

„Von der können wir wirklich was lernen", meint Corinna neiderfüllt.

„Sie ist eben eine Meisterin der Rhetorik", sage ich und empfinde ehrliche Bewunderung.

Corinna kann mich diesmal zum Shoppen überreden. Schließlich brauchen wir ein Geschenk für Frau Sander. Wir einigen uns auf einen etwas größeren Adventsstern, der mit weihnachtlichen Elementen aufgepeppt ist. Gegen halb fünf treffen wir in der Villa ein. Frau Schmidt hat die Weihnachtsbeleuchtung im Haus eingeschaltet. Im Esszimmer wartet ein gedeckter Tisch mit Kaffee, Stollen und Plätzchen auf uns. Sie zündet voller Freude die erste Kerze am Adventskranz an. Bei diesem Weihnachtsszenarium erwachen Kindheitserinnerungen in mir. Es fühlt sich gut an. Frau Schmidt freut sich an meiner Freude und spielt, um das Ganze richtig feierlich zu machen, noch eine CD mit Weihnachtsliedern ab. „Hoffentlich müssen wir nicht noch singen", raunt mir Corinna zu und sieht unentwegt auf die Uhr. „Ich will mir noch die Haare waschen."

Ich hätte die Zeit bis zum Besuch bei Sanders lieber mit Büchern in der Bibliothek verbracht, aber das kann ich Frau Schmidt nicht antun. Es ist ja quasi ihre Weihnachtsfeier mit uns, denn die nächste Konsultation ist erst nach den Festtagen. „Frau Schmidt, wie weit ist es von hier aus zu Sanders?", frage ich nach einer Weile, um sie an unsere nächste Verabredung zu erinnern. „Etwa eine Viertelstunde mit dem Auto."

Sie erklärt uns gestikulierend den Weg und bricht mitten in der Beschreibung ab. „Werden Sie denn nicht abgeholt?"

„Wir bestellen uns ein Taxi", entscheidet Corinna, ohne mich zu fragen. Aber es kommt dann doch anders. Das Telefon klingelt, und kurz danach verkündet Frau Schmidt, dass Martin uns gegen halb sieben abholen wird. Jetzt, wo alle organisatorischen Dinge geklärt sind, fällt es mir leichter, mit Frau Schmidt über Weihnachten in diesem Haus zu plaudern. Mir ist, als würde sich durch die Erzählung ein weiteres Band zwischen meinem Onkel und mir spinnen. Die Kindheitsweihnachtsstorys kenne ich von meiner Oma. Die Traditionen werden anscheinend ungefiltert weitergegeben, denn die Beschreibung von Frau Schmidt deckt sich mit meinen Kindheitserinnerungen: Kartoffelsalat und Würstchen am Heiligen Abend und Ente am ersten Feiertag. Der Weihnachtsbaum wird in Weiß geschmückt. Nach dem Essen folgt die Bescherung. Der einzige Unterschied besteht darin, dass mein Onkel nicht in die Kirche gegangen ist.

Corinna hat sich gleich nach dem Kaffeetrinken nach oben verzogen. Ich bleibe noch eine halbe Stunde länger und muss mich am Ende beeilen. Da ich aber keine großen Entscheidungen wegen meiner Kleidung zu fällen habe – ich habe nur eine beigefarbene Bluse dabei, die zu diesem Anlass passt –, bin ich fertig, als es an der Tür klingelt.

Martins schlechte Laune oder Unruhe ist immer noch vorhanden, obwohl er sich bemüht, freundlich zu Frau Schmidt zu sein. Dann ist er ausgesprochen nachdenklich und schweigsam. Corinna hat auf dem Beifahrersitz Platz genommen und versucht, die Kommunikation in Fluss zu halten. Sie berichtet über ihre Klausuren, erzählt von irgendwelchen Fällen, die sie einschätzen musste. Ab und zu sagt er etwas, aber es ist sehr spärlich. Ich höre kaum zu, bin nur damit beschäftigt, über den Grund seines Verhaltens zu spekulieren.

Wie erwartet, wohnen auch die Sanders in einem prächtigen Haus. Es ist ein modernerer Bau, vielleicht dreißig Jahre alt. Frau Sander nimmt uns sehr herzlich auf. Martin haucht seiner Mutter einen förmlichen Kuss auf die Wange. Im geräumigen Eingangsbereich erzeugen Laternen und Lichterketten Vorweihnachtsstimmung. Wir legen unsere Garderobe ab und folgen der Gastgeberin ins Esszimmer. Die anderen Gäste sind schon anwesend. Man unterhält sich halblaut und lacht leise. Kleine Gestecke mit Kerzen und Silberkugeln und zwei in den

Ecken platzierte Stehlampen tauchen den Raum in eine stimmungsvolle Atmosphäre. Helene trägt diesmal die Haare offen. Sie fallen ihr in weichen Wellen bis über die Schulter. In ihrem roten, enganliegenden Strickkleid, den Stiefeln mit extrem hohen Absätzen und dem charmanten Lächeln hätte sie sich für die Titelseite einer Modezeitschrift bewerben können. Die Männer tragen Anzüge und Krawatten. Ich wundere mich, dass Martin in Jeans und Pullover erschienen ist. Es kommt mir wie ein Protest vor. Schlichte Tischkärtchen mit unseren Namen legen fest, wo wir Platz nehmen sollen. Martin sitzt an der Stirnseite, Corinna links von ihm. Frau Sander hat ihren Platz zwischen uns. Der Hausherr verteilt Sekt und hält eine kurze Ansprache. Er begrüßt uns als Großnichten von Alexander besonders und erhebt das Glas auf die Zukunft des Institutes und der Stiftung. Im Anschluss fordert er die Anwesenden auf, sich am Buffet zu bedienen.

Auf dem ausgezogenen Esstisch in der Küche befinden sich mehrere Gefäße mit warmen Speisen. Ich entscheide mich für Entenbraten, Grünkohl und Kroketten.

Beim Essen wendet sich Frau Sander Corinna zu: „Martin hat mir erzählt, dass Sie mitten im Staatsexamen stecken. Das muss doch eine große Belastung für Sie sein, noch nebenbei das Programm von Alexander zu absolvieren?"

„Gegen meine Klausuren ist das Programm von Alexander Kinderkram. Das kriege ich schon noch unter." Helene lacht. „War das heute Kinderkram für dich, Corinna?"

„Nein, natürlich nicht. Es war sehr interessant, und ich brauche es ja auch für meinen Beruf als Anwältin."

Herr Bachmeier lächelt nachsichtig und sagt mit milder Strenge: „Sie sollten das Programm nicht unterschätzen, Corinna."

Aber genau den Eindruck habe ich bei ihr. Sie nimmt es nicht wirklich ernst, schreibt die Theorie ausführlich ab, aber lässt sich nicht auf den Inhalt ein. Frau Sander dreht sich zu mir. „Lea, können Sie denn überhaupt etwas von dem verwerten, was sie hier lernen? Als Friseurin muss man doch Haare schneiden können?" Es scheint, als hätten alle Interesse an dieser Frage, denn es ist plötzlich still, als ich sage: „Ja, das sollte man in meinem Beruf *auch* können." Ich habe mit meinem Tonfall die Gesellschaft zum Lachen gebracht, was gar nicht meine Absicht war. „Aber als Friseurin ist man auch der Ratgeber für seine Kunden, denn die meisten wollen nicht nur eine schöne Frisur, sondern auch mit jemandem über ihrer Probleme reden oder Neuigkeiten aus ihrer Familie berichten. Als Friseurin ist man sozusagen auch Psychologin. Wenn man das nicht ist, ist man auch keine gute Friseurin", erkläre ich ruhig und denke mir nichts weiter dabei. Das ist nicht das, was Frau Sander erwartet hat. Sie sieht mich überrascht an. „Ach ja?" Einige schmunzeln. Sogar über Martins angespanntes Gesicht huscht ein kurzes Lächeln.

Ihr Mann scherzt: „Nun weiß ich, warum du nie einen Kurs bei Alexander belegt hast. Du hattest andere Möglichkeiten."

Obwohl ich mit mir und meiner Erklärung zufrieden bin, gehen mir nach und nach einige Spitzen auf die Nerven. „Wir sollten unsere Werbung in den Friseurläden auslegen. Da sind die Leute, die es brauchen", verkündet Helene, und ihr Mann ergänzt: „Anscheinend ist uns ein wichtiger Markt entgangen. Gut, dass Lea uns aufmerksam gemacht hat." Dann tischt Herr Möller ein paar Friseurwitze auf. So wird das Thema Friseur immer mehr ausgewalzt, ab und zu lächerlich oder ironisch behandelt. Genauso wie Martin schweige ich dazu, aber es nervt mich immer mehr, vor allem, als es um das Gehalt geht. Jedem fallen Gründe ein, warum in unserer Branche nicht viel zu holen ist. Man ist der Ansicht, dass die Trinkgelder den geringen Verdienst schon ausgleichen würden. Schließlich sind das steuerfreie Gelder. Meine Güte, die haben wirklich keinen Ahnung, was es bedeutet, mit weniger als siebenhundert Euro das Leben zu bestreiten. Am liebsten hätte ich dazwischen gerufen: „Wir können ja mal tauschen." Aber meine gute Erziehung hindert mich daran. Und mein Verstand erinnert mich, dass ich von diesen Menschen abhängig bin. Sie werden schließlich meine Prüfung abnehmen. Corinnas Alkoholkonsum lenkt mich ab. Ständig ist ihr Weinglas leer. Der Hausherr hat zu tun, es wieder zu füllen, und da er nicht immer schnell genug ist, tut sie es selbst. Als sie nicht mehr deutlich reden kann, schiebe ich die Flasche heimlich ein Stück weg. Frau Sander ist schon einige Zeit in der Küche und verkündet bei ihrer Rückkehr, dass es Kaffee und Torte gäbe. Endlich habe ich einen Vorwand, den Raum zu verlassen und mache mich beim Abräumen nützlich. In der Küche fragt mich Martins Mutter über Corinna aus. „Finden Sie nicht, Lea, dass Corinna gut zu Martin passen würde. Das wäre doch ein Segen." Sie hält inne und atmet schwer. „Es ist an der Zeit, dass mein Mann in den Ruhestand geht. Aber er denkt, dass es für Martin allein zu viel ist." Sie stellt ein paar Teller in den Geschirrspüler. „Und mein Sohn ist in dem Alter, in dem er endlich heiraten und eine Familie gründen sollte. Corinna wäre doch die richtige Partnerin, finden Sie nicht, Lea? So eine Familienkanzlei ist doch einfach ideal." Ich verstehe und bin auf der Stelle frustriert, enttäuscht, gekränkt, verärgert, eifersüchtig und sprachlos. Ich staune, dass ich so viele Gefühle gleichzeitig haben kann. Plötzlich steht Martin in der Küche. Seine Mutter verstummt sofort. Er stellt den Teller auf dem Schrank ab. „Ist dir klar, Mutter, dass du genau das tust, was Alexander vermeiden wollte?" Er schließt kurz die Augen und ringt um Beherrschung. „Er wollte eine gleichwertige Behandlung seiner Nichten. Lea, wir fahren in zehn Minuten. Doch wenn Sie länger bleiben möchten, müssen Sie sich ein Taxi nehmen." Die anderen Gäste kommen in die Küche, um ihr Geschirr abzustellen und sich Kaffee und Torte zu nehmen. Ich verzichte und gehe zur Toilette. Das kleine Bad liegt nebenan. Ich habe bereits bemerkt, dass man von der Küche aus auf die Terrasse gehen kann. Das Badfenster ist angeklappt. Ich höre, wie jemand nebenan die Terrassentür öffnet, und nun vernehme ich Helenes Stimme: „Muss eine rauchen. Ich glaube, Martin will gleich los. Schickst du ihn mir mal, Klaus? Wir müssen noch auswerten, was ich heute mit Corinna und Lea gemacht habe."

„Ja, Liebling, mach ich." Ich bin auf die Auswertung gespannt, deshalb wasche ich mir länger als üblich die Hände. Kurz darauf kommt Martin. „Was gibt es auszuwerten, das die beiden Damen nicht hören dürfen, Helene", sagt er unfreundlich. „Die Auswertung des Seminars dürfen sie hören, aber gewisse andere Dinge nicht", entgegnet sie und lacht leise. „Lass das!" Martin scheint einen Schritt zurückzutreten, denn er stößt irgendwo gegen. „Früher hat es dir gefallen, wenn ich dich berührt habe."

„Helene, es ist lange her, und es war ein Fehler."

„Das sehe ich anders." Sie flüstert nun: „Ich liebe dich, Martin. Wir sind das ideale Paar. Meine Ehe ist kein Hindernis. Ich würde mich sofort scheiden lassen. Wir könnten zusammen das Institut leiten."

„Begreif es endlich, es gibt kein wir."

„Oh, du hast aber heute eine Laune. Dabei solltest du etwas dankbarer sein, denn ich habe heute kostenlos deine Arbeit gemacht. Oder hat es dir gefehlt, mit Alexanders Großnichten zu arbeiten? Hast du dich etwa in eine verliebt? ... Lea wird es ja wohl nicht sein. Eine Friseurin, eine Möchtegernpsychologin, ist doch wirklich nicht deine Liga. Corinna würde da schon besser passen? Sie könnte deinen Vater ablösen. Darum hat doch deine Mutter das hier veranstaltet." Ich bin schockiert, wundere mich aber, dass er auf keine der Fragen antwortet.

„Hast du Leas Kaffee vergiftet?", fragt er nun.

„Warum sollte ich." Sie lacht. „Der gute Alexander hat mir andere Mittel in die Hand gegeben. Ich nehme die Prüfung ab und ich kann *dich* aus dem Verkehr ziehen, wenn ich dir nachweise, dass du eine seiner Großnichten ungerecht behandelst."

„Ich ziehe niemanden vor."

„Du bist also nicht zufällig in die eine oder andere verliebt?"

„Nein, bin ich nicht. Ich erfülle lediglich Alexanders letzten Willen und trage für die beiden Verantwortung. Und jetzt fahre ich sie nach Hause."

„Warte mal!" Ihr Ton klingt plötzlich anders, geschäftsmäßiger. „Leas Aussprache ist eine Katastrophe. Du solltest ihr Sprecherziehung empfehlen, damit sie nicht ihr halbes Erbe wegen der Sprache verliert."

„Und du solltest das Kapitel Dialekt in Alexanders Rhetorikbuch lesen. Da steht drin, dass ein Dialekt erlaubt ist. Man muss nur deutlich sprechen. Lea spricht deutlich. Ich sehe keinen Grund für eine Sprecherziehung."

„Wie du willst. Du bist der Mentor. Sag nachher nicht, ich hätte dich nicht darauf aufmerksam gemacht."

Die Tür fällt ins Schloss. Ich stehe wie angewurzelt in der Gästetoilette und kann nicht glauben, was ich da gehört habe. Martin und Helene. Sie ist etwa zehn Jahre älter als er. Aber das spielt wohl keine Rolle, wenn man so aussieht wie Helene. Jemand drückt die Klinke herunter und reißt mich aus meinem Schockzustand. Ich tupfe mir etwas Wasser ins Gesicht und stolpere benommen in den Flur. Martin hat Corinna aus dem Wohnzimmer geholt und mustert mich eigenartig. Ist ihm klar, dass ich mitgehört habe? Doch wir sind nun damit beschäftigt, eine schwankende Corinna in ihren Mantel zu befördern. „Müssen wir schon ... fahren?", lallt sie erheitert. „Es wird höchste Zeit für uns", bringe ich heraus und schaffe es noch, mich von den Gastgebern zu verabschieden und mich für das Essen zu bedanken. Frau Sander ruft mir nach: „Ich glaube, Corinna hat ein bisschen zu viel getrunken. Sie müssen sie bestimmt ins Bett bringen, Lea."

„Ja, sieht so aus", sage ich halbherzig. Der Rest der Gesellschaft unterhält sich angeregt und nimmt keine Notiz von uns. Martin geht voraus, öffnet die hintere Autotür für Corinna. Ich ignoriere sie, öffne die Beifahrertür, schiebe sie auf den Sitz und schnalle sie an. Dabei vermeide ich es, ihn anzusehen. Dann setze ich mich wortlos auf den Rücksitz.

Corinna schläft während der Fahrt ein. „Wie war der Abend für dich, Lea?", fragt Martin vorsichtig.

„Sehr aufschlussreich", antworte ich.

„Ich wollte nicht, dass meine Mutter euch einlädt."

„Sie wollte ja auch gar nicht *uns* einladen, sondern nur Corinna, weil sie sie als Schwiegertochter möchte. Ich war nur geduldet, wegen der sogenannten Gleichwertigkeit."

Er schweigt, und ich weiß, dass es stimmt. Martin hilft mir in der Villa, eine halb schlafende Corinna nach oben zu bringen. Wir legen sie auf das Bett. Ich ziehe ihr die Stiefel aus und decke sie zu. Dann bringe ich Martin zur Haustür. Er sieht jetzt völlig fertig aus. „Lea, mir tut das alles leid, all diese Spitzen über Friseure, meine Mutter mit ihrer verstaubten Vorstellung von einer Schwiegertochter ..."

„Ich bin eben nur eine kleine Friseurin, eine Möchtegernpsychologin", sage ich ruhig und sehe, wie ihm alle Farbe aus dem Gesicht weicht. „Sie müssen sich nicht für die anderen entschuldigen, Dr. Sander. Schließlich sind das Persönlichkeiten, die durch eine besondere Schule gelaufen sind und ihr Potenzial entwickelt haben, Psychologen der Sonderklasse, die für einen guten Zweck tätig sind." Es hat ihm die Sprache verschlagen. Ich nehme es mit einer gewissen Genugtuung zur Kenntnis. „Gute Nacht", sage ich jetzt völlig beherrscht und genieße den Triumph. Ich versuche die Tür zu schließen, doch er schiebt seinen Fuß dazwischen. „Lea, lass mich das erklären."

„Das klingt jetzt nach Tom. Nein, danke. Noch mal brauche ich das nicht. Es muss doch schlimm sein, sich immer der Meinung anzupassen, die gerade gebraucht wird. Man wird dann nämlich unglaubwürdig. Wie war das doch gleich mit den Zielen? Wenn man seine Ziele nicht kennt, bestimmen andere unser Leben. Vielleicht sollten Sie mal wieder über Ihre Ziele nachdenken. Gute Nacht und Frohe Weihnachten, Dr. Sander." Ich schließe die Tür und lehne mich dagegen. Die aufkommenden Tränen unterdrücke ich durch tiefes Atmen. Nicht das Ganze noch einmal von vorn, schärfe ich mir ein.

DEZEMBER

Es ist anders als beim ersten Mal. Ich bin enttäuscht von Martin. Ich bin schockiert, dass er mit Helene, einer verheirateten Frau, ein Verhältnis gehabt hat. Für ihn ist es wohl vorbei, für sie nicht. Wahrscheinlich dieselbe Leier wie bei mir. Alle wissen Bescheid, nur der, der betroffen ist, weiß nichts davon. Wie wird sich Klaus Bachmeier verhalten, wenn er es erfährt? Der Mann tut mir leid. Ich schlafe kaum in dieser Nacht und bekomme beim Frühstück keinen Bissen herunter. Frau Schmidt wünscht mir bei der Verabschiedung Frohe Weihnachten. Ich muss hysterisch lachen. „Das wird wohl ein bisschen schwierig werden." Meine Stimme droht zu versagen, deshalb beeile ich mich, wegzukommen. Erst in meiner trostlosen Wohnung breche ich in Tränen aus. Danach schlafe ich zwei Stunden und bin den Rest der Nacht wieder wach.

Es ist anders als bei Tom. Ich bin zwar tief enttäuscht. Aber die Enttäuschung über Martin, über Helene, die mir als Mentorin sehr gut gefallen hat, löst andere Gefühle aus. Ich will es jetzt allen zeigen. Diese Art von Entschlossenheit ist neu für mich. Ich möchte nicht mehr klein, arm, unbedeutend und ungebildet sein. Die vornehme Gesellschaft, zu der ich ehrfürchtig aufgesehen habe, ist nun von ihrem Sockel gestürzt. Sie kommen mir unecht vor. Alles kommt mir wie ein Theaterspiel vor. Schlagartig ist der Wert von Alexanders Programm geschrumpft. Wenn das bei einer Persönlichkeitsentfaltung herauskommt, dann brauche ich sie nicht. War es nicht möglich, ein erfolgreicher und gleichzeitig ein guter Mensch zu sein? Ob Alexander ähnlich gedacht hat und so zur Religion gefunden hat? Vielleicht hatte er erkannt, dass Werte wichtiger sind als eine gute Rhetorik. Alexander war zu Martin gegangen, als er schon wusste, dass er unheilbar krank war. Er war verzweifelt, weil er keinen würdigen Nachfolger hatte. Es gab Probleme. Etwa mit Bachmeiers, den „Psychologen der Sonderklasse"? Wenn sie so gut sind, wie Martin sagt, dann hätte sich Alexander keine Sorgen um sein Institut machen müssen.

Irgendetwas stimmt hier nicht. Bachmeiers waren an dem Morgen in der Villa, als mir jemand das Schlafmittel in den Kaffee getan hat. Helene ist auf uns, auf unsere Jugend, eifersüchtig, weil sie Martin will. Sie hat also ein Motiv. Aber das erklärt nicht Alexanders Probleme mit ihr. Bei der Testamentseröffnung hatte sich Helene gewundert, dass sie nur für ein Jahr die Leitung übernehmen soll. „Das ist unser Probejahr, Liebling", lautete die lockere Antwort ihres Mannes. Vielleicht soll es wirklich so etwas sein. Mir kommt der Gedanke, dass Alexander mit dem Programm Zeit gewinnen wollte. Gibt es noch jemand, der nach diesem Jahr das Institut übernehmen könnte? Vielleicht geht es gar nicht um uns. Was ist mit dem Sohn von Herrn Möller, der Psychologie studiert?

Als ich am Montagmorgen unseren Friseursalon betrete, bin ich nicht mehr dieselbe Lea. Trotz des Schlafmangels strotze ich regelrecht vor Energie und Entschlossenheit. Auf dem Weg zur Arbeit habe ich mir eingeschärft: Ich werde mein eigenes Institut gründen. Ich werde erfolgreich sein und Geld verdienen. Und noch mehr. Ich möchte eine vertrauenerweckende Persönlichkeit sein. Ehrlichkeit und Aufrichtigkeit werden meine Markenzeichen sein.

Schon das „Guten Morgen" klingt in meinen Ohren selbstsicherer als sonst. Ich erwidere die verwunderten Blicke meiner Kolleginnen nur mit einem geheimnisvollen Lächeln.

Die erste Kundin ist neu. Sie kommt auf Empfehlung ihrer Nachbarin, die ich nach ihren Worten um zehn Jahre verjüngt habe. Ich sehe die etwa dreißigjährige Frau mit ihrem schmalen Gesicht und den langen Haaren an, fühle die Struktur der Haare und schlage eine dunklere Tönung vor. Ich empfehle ihr, die Haare durchzustufen. Die Frau scheint mir blind zu vertrauen. „Machen Sie, was Sie für richtig halten." Dann halte ich inne. „Ich kenne ja Ihr Ziel noch gar nicht. Wie möchten Sie von den anderen gesehen werden?" Offensichtlich ist es ihr wichtig, dass ihr Ex-Partner sie nicht mehr als graue Maus bezeichnet. Ich erfahre nebenbei, dass sie eine fünfjährige Tochter hat und sehr unter der Trennung leidet. Sie arbeitet als Verkäuferin. „Was halten Sie von meinem Vorbild, bunte Strähnen und asymmetrisch?"

„Meinen Sie, dass mir das steht?"

„Es wird Ihnen hervorragend stehen."

„Ich weiß gar nicht, ob ich das hinbekomme."

„Haarlack und Gel, mehr braucht man nicht."

Die Frau verlässt als mein Ebenbild höchst zufrieden den Laden. Bei ihr bin ich mit meinen Ratschlägen weiter gegangen. Nicht nur das Äußere ist Thema unseres Gespräches gewesen. Ich habe von der inneren Verwandlung gesprochen und davon, welche Bedeutung Ziele haben und welche Gesetze man beachten muss, wenn man erfolgreich sein möchte. Ich habe mich als Psychologin, als „Möchtegernpsychologin" betätigt. Helenes abfällige Bemerkung wird zu einem Treibstoff, der meine Entschlossenheit, meine Kontaktfreudigkeit und meine Offenheit fördert.

Die zweite Kundin sagt kurz vor dem Termin ab. Auch Viviens Kundin erscheint nicht. Ich betrachte mein Spiegelbild und frage mich still: Wie willst *du* von den anderen gesehen werden, Lea? Sofort habe ich die Antwort. Ich möchte eine Geschäftsfrau sein. Und im nächsten Moment weiß ich, meine Frisur passt nicht zu meinem Ziel. „Vivien, meine Haare sind fällig."

„Komme sofort, was machen wir denn?"

„Mittelblonde Tönung, Kinnlänge, beide Seiten gleichlang, hinten etwas anschneiden, also Bob-Schnitt."

Vivien staunt nicht schlecht. „Bist du sicher?"

„Vollkommen sicher." Marlies beobachtet unser Treiben mit gemischten Gefühlen. „Du und einfarbige Haare, das passt doch nicht", wendet sie skeptisch ein. Gegen Feierabend steht es fest, dass zu meinen neuen Haaren auch eine neue Kleidung und neue Schuhe gehören, was allerdings ein finanzielles Problem ist. Doch bereits am nächsten Tag gibt es dafür eine Lösung. Die erste Kundin erwähnt, dass sie Sachen für die Altkleidersammlung zusammengestellt hat und betont, dass ihre Kleidung tipptopp sei. Es ist meine Größe und die Dame ist Geschäftsfrau. Vorsichtig frage ich, ob ich mir die Sachen ansehen dürfte. Die Frau ist über mein Interesse sichtlich erfreut. Sie bietet mir an, die Sachen vorbeizubringen, was ich dankbar annehme.

Die nächste Kundin am Dienstag ist Angela. Sie ist überpünktlich, nimmt im Sessel Platz und starrt mich an, als wäre ich außerirdisch. Das ist dann auch der Aufhänger für unser Gespräch. „Warum? Seit wann hast du diese Frisur? Es sieht verdammt gut aus ... aber so anders, älter, nein, reifer ... eleganter." So stottert Angela staunend, begeistert und gleichzeitig verwirrt herum, als sie auf dem Stuhl Platz genommen hat. Ich schneide ihr das Wort ab und frage: „Wie möchtest du von anderen Menschen gesehen werden?" Mein Ton ist nicht besonders freundlich.

„Ich habe einen Job. Ich könnte halbtags in einer Boutique arbeiten."

„Wirklich?", staune ich. Im ersten Moment denke ich, das Muster würde sich wiederholen, Frau geht arbeiten, macht den Haushalt und die Kinder. Mann ist von Beruf Dauerstudent und Klotz am Bein. „Also, entscheide dich, wie du von anderen gesehen werden möchtest."

„Nun, wenn ich in einer Boutique arbeite, sollte ich schon ein bisschen flotter aussehen, modischer", sagt sie vorsichtig. Ich schlage ihr vor, zehn Zentimeter abzuschneiden, das Haar durchzustufen und es mit rötlichen Strähnchen aufzupeppen. Angela wäre wohl auch mit einer Glatze einverstanden gewesen, denn sie nickt schon, bevor ich meine Vorschläge abgespult habe. Es ist wohl das schlechte Gewissen, das mir die Handlungsfreiheit gibt. Und schließlich wird mir klar, es geht ihr nur um ein Gespräch, nicht um die Frisur. Nach einer längeren Phase des Schweigens fragt sie leise: „Bist du uns noch sehr böse?"

„Böse?" Ich lache kurz auf. „Was erwartest du von mir? Soll ich euer Trauzeuge werden?"

„Woher weißt du?"

„Was, ihr wollt heiraten?"

„Wir wollen schon lange heiraten. Wir wollten dich nicht verletzen. Es war so schwer."

„Wie will denn Tom seine Familie ernähren?", frage ich etwas zynisch.

„Er arbeitet ab Januar halbtags in dieser Computerfirma und schreibt nebenbei an seiner Diplomarbeit."

Ich verstehe plötzlich, dass es doch anders zwischen den beiden ist. Was hat denn bei uns nicht gestimmt?

„Können wir nicht wieder Freundinnen sein, Lea?"

Ich schüttele den Kopf. „Vielleicht schaffe ich es irgendwann einmal, euch zu verzeihen, aber im Moment will ich mit euch nichts zu tun haben."

„Aber, du hast doch niemanden weiter außer uns. Wir machen uns Sorgen, dass du mit dem Alleinsein nicht zurecht kommst und dir etwas ... antust. Dann könnte ich mit Tom auch nicht glücklich werden."

Dieser weinerliche Ton geht mir auf die Nerven. „Nun ist es gut, Angela. Ihr seid beide eine riesige Enttäuschung für mich.

Passiert ja auch nicht jeden Tag, dass die beste Freundin mit dem eigenen Freund schläft. Nur aus Mitleid könnt ihr mir nicht die Wahrheit sagen, oder aus Angst, dass mein Selbstmord euer Leben versaut. Werdet glücklich miteinander. Ich habe nicht die Absicht, euer Glück mit meinem Suizid zu zerstören. Außerdem seid ihr nicht die einzigen Wesen auf diesem Planeten. Ich bin durchaus in der Lage, neue Freundschaften zu schließen." Meine Stimme wird ungewollt lauter. „Ich bin durchaus ohne euch lebensfähig."

„Nicht so laut, Lea." Angelas Gesicht wechselt mehrmals die Farbe. Sie wäre wohl am liebsten gegangen. Nur das Silberpapier in ihrem Haar hält sie davon ab. Dann schweigen wir. Ich muss an mein positives Lebensskript denken, an die Schädlichkeit des negativen Denkens. Es schadet mir nur selbst, wenn ich weiter gehässige Reden schwinge und wütend auf meine beste Freundin und auf meinen Ex-Freund bin. *__Wort und Rede sollen eindrucksvoll und eindringlich sein ... Sein rechtes Maß muss mit Takt und Weisheit gebildet werden,__* heißt es in meinem aktuellen Brief. Nun denke ich über einen positiven Aspekt nach. Ich krame mühsam in meinem Gedächtnis und frage schließlich: „Wie bist du denn zu deinem neuen Job gekommen?"

Der Dezember ist für mich ein Auf und Ab der Gefühle. Mal spüre ich den Neuanfang, bin voller Energie, werde immer sicherer in meinen Vorschlägen, mal fühle ich diese Einsamkeit, die mir die Luft zum Atmen nimmt. Wenn ich Weihnachtsmusik höre, kommen mir die Tränen, wenn eine Kundin vom bevorstehenden großen Familientreffen erzählt, beiße ich mir auf die Lippen oder wechsle schnell das Thema.
Sobald sich so ein gefühlsmäßiger Absturz anbahnt, denke ich an meine Hausaufgaben. Wenn ich gerade mit der Straßenbahn fahre, lerne ich Theorie auswendig oder lese in einem

von Alexanders Büchern. Wenn ich im Geschäft bin, konzentriere ich mich auf positive Gespräche. Zu Hause übe ich Autosuggestionen und mache die Stimmübungen, die Alexander empfohlen hat, oder bastle an meiner Rede. Als Thema hat Helene vorgeschlagen, dass wir einer Schulklasse unseren Beruf vorstellen sollen. Dabei muss ich die Struktur einer Rede beachten, also mit einem Satz beginnen zu dem jeder „Ja" sagen kann. Man soll drei Dinge in den Mittelpunkt stellen, den schwächsten Punkt am Anfang benennen und den stärksten am Ende. Der Schlusssatz soll zum Handeln auffordern.

Zunächst tue ich mich schwer damit. Doch dann stelle ich mir vor, ich wäre sechzehn und wüsste nicht, was ich werden wollte. Da steht nun jemand und wirbt für den Friseurberuf. Was würde mich ansprechen? So funktioniert es. Als ich die Rede fertig habe, versuche ich einige Wörter auszutauschen. Auf diese Weise kann man seinen Wortschatz erweitern. Stellenweise ist das möglich, aber manchmal wirkt der Satz unecht oder hölzern. Dann gehe ich wieder auf die ursprüngliche Fassung zurück. Ich nehme meine Rede mit dem alten Kassettenrekorder meiner Oma auf, um dann kurz vor der Konsultation zu überprüfen, ob sich meine Sprache durch die Stimmübungen und Autosuggestionen verändert hat. Konzentration auf das Ziel ist wirklich ein Mittel, um Gefühlsschwankungen in den Griff zu bekommen, stelle ich kurz vor Weihnachten fest.

Am Heiligen Abend wird in unserem Geschäft bis Mittag gearbeitet. Dann erhält jeder sein Weihnachtsgeschenk, das alljährlich aus einer Flasche Sekt und einer Schachtel Konfekt besteht. Weihnachtsgeld oder Prämie sind Fremdwörter für uns. Der Monat hat mehr Trinkgeld gebracht, hier und da noch ein Päckchen Kaffee und ein paar Plätzchen. Ich habe keine Lust zum Einkaufen. Mein Vorrat besteht aus Toastbrot, Eiern, Kartoffeln, etwas Obst und den selbstgebackenen Plätzchen meiner Kunden. Das genügt für die nächsten drei Tage.

Es hat auch etwas für sich, wenn man niemanden außer sich selbst versorgen muss. Als ich die Wohnungstür aufschließe, wird die Tür nebenan geöffnet. Die Nachbarin hat ein Paket für mich angenommen. Ich sehe auf den Absender: Frohe Weihnachten wünscht Kanzlei Sander. Die Freude über das Weihnachtspaket schluckt etwas von der Enttäuschung über Martin. Der Inhalt besteht aus Stollen, Konfekt, verschiedenen Sorten Plätzchen, Kaffee, Käse, Fisch- und Wurstbüchsen. Ich muss lachen. Da will jemand sicherstellen, dass ich über Weihnachten nicht verhungere. Wenn er auch nicht in mich verliebt ist, Verantwortungsgefühl hat er jedenfalls.

Mein Handy klingelt. Es ist Corinna.

„Ich will dir frohe Weihnachten wünschen und mich bedanken, dass du mich ins Bett gebracht hast. Habe wohl ein bisschen zu viel getrunken. Welchen Eindruck hat das wohl auf Sanders gemacht?"

„Keine Ahnung."

„Frau Sander ist wirklich nett." Ich stimme ihr zu. Kann ja nicht das Gegenteil behaupten. „Was machst du denn gerade?"

„Ich packe das Paket von Sanders aus."

„Von Sanders?"

Hat Corinna etwa keins bekommen? „Von der Kanzlei Sander. Dann ist deins wohl noch nicht angekommen?", sage ich schnell.

„Vielleicht haben sie es in meine Wohnung geschickt. Ich bin ja hier bei meinen Eltern.

„Sicher", meine ich zuversichtlich. „Du verbringst also Weihnachten bei deinen Eltern?", frage ich, um etwas zu sagen.

„Wo sollte ich wohl sonst seit siebenundzwanzig Jahren Weihnachten verbringen? Jedes Jahr dasselbe Theater mit dem Entenbraten, den ich gar nicht esse und den lieben Verwandten, die das Haus bevölkern."

„Na, solche Sorgen habe ich nicht."

„Oh, ich hatte vergessen. Gehst du irgendwo hin oder kommt jemand zu dir?

„Ich freue mich auf ein paar geruhsame Tage. Vielleicht nähe ich ein bisschen oder räume meine Wohnung um."

„Du kannst auch zu uns kommen, sagt Mama gerade."

„Oh, danke nein, liebe Grüße von mir und schöne Feiertage." Ich lege schnell auf. Das hätte mir gerade noch gefehlt, Weihnachten bei den Wegners. Da ist mir die Einsamkeit in meiner Wohnung schon lieber. Wieder meldet sich mein Handy. Frau Schmidt wünscht mir ein zweites Mal schöne Weihnachten. Sie klingt etwas besorgt, will wissen, ob ich tatsächlich allein die Festtage verbringe. Ich höre ein leises Stöhnen, als sie von meinen geruhsamen Plänen erfährt. „Was machen Sie denn, Frau Schmidt?", lenke ich von mir ab.

„Meine Schwester ist gekommen", erzählt sie voller Freude. „Wir machen uns ein paar schöne Tage, haben Karten fürs Musical und für die Eisrevue." Dann flüstert sie: „Martin ist hier. Das darf aber niemand wissen. Ich glaube, er hat sich mit seiner Mutter gestritten und gesagt, er hätte keine Lust auf Weihnachten und würde verreisen."

Ich hake noch einmal nach. „Martin ist in der Villa?"

„Ja, er hat sich in der Bibliothek eingeschlossen und isst kaum etwas. Ich glaube, es geht ihm nicht gut. Ich weiß überhaupt nicht, was ich ihm noch anbieten soll. Sie haben doch hoffentlich nichts dagegen, dass er in Ihrem Zimmer schläft?" Jetzt muss ich lachen. „Natürlich nicht. Sie können mein Zimmer gerne in der Zwischenzeit anderweitig vermieten."

„Ich beziehe das Bett auch wieder neu."

„Das müssen Sie nicht. Ich kann mir mein Bett selbst beziehen." Aber was ist mit Martin los, warum ist er in der Villa? Flucht vor der Familie? Ich beende das Telefonat mit einem komischen Gefühl. Warum hat er sich mit seiner Mutter gestritten? Hoffentlich nicht meinetwegen. Unsinn.

Ich gehe ins Wohnzimmer und will mir die Sachen meiner Kundin genauer anschauen. „Nur der Mensch hat die Kraft, bewusst zu denken, zu planen und zu gestalten", höre ich Martin sagen und setze laut fort: „Ich kann sofort beginnen, mein Wohnzimmer neu zu gestalten. Genau das werde ich tun." Ich nehme die Überwürfe ab. Das Braun der Polstergarnitur wirkt zwar dunkler aber ordentlicher. Ich entscheide mich dafür, helle Kissen zu nähen, viele, und auf diese Weise Helligkeit ins Zimmer zu bringen. Den einzelnen Sessel schiebe ich ins Schlafzimmer und freue mich über die gewonnene Großzügigkeit. Die alte Pappschrankwand ist voller Geschirr von meiner Oma, das ich eigentlich gar nicht brauche. Was könnte ich damit machen? Vielleicht würde ich für die Sammeltassen und Kristallstücke noch ein paar Euro bekommen. Oma hätte sicher nichts dagegen, wenn ich einiges verkaufe, nur wegwerfen könnte ich es nicht. So bin ich eben erzogen.

Ich setze mich auf die Couch und plane meine Finanzen. Da Toms Geld wegfällt, bleiben mir monatlich, wenn ich die Kosten für Hamburg abziehe, sechzig Euro zum Leben, also 15 Euro pro Woche. Trinkgeld ist nicht eingerechnet. Einen Teil davon würde ich als Reserve zurücklegen, den anderen Teil in die Wirtschaftskasse tun. Trotzdem muss ich nach zusätzlichen Finanzquellen Ausschau halten, denn ich will noch Sprachunterricht nehmen. Der erste Gedanke, der mir dazu kommt, ist logisch und längst fällig. Ich habe meinen Meister, und mit meiner neuen Art verdient Marlies nicht schlecht. Ich glaube, ich bin jetzt so weit, sie um eine Gehaltserhöhung zu bitten. Ich notiere den Punkt und überlege weiter. Wenn ich die Wohnung zu einer Wohngemeinschaft umfunktionieren würde, kämen zweihundert Euro zur Miete dazu. Ich müsste aus dem Schlafzimmer einen Kleiderschrank ins Wohnzimmer und aus dem Wohnzimmer einen Teil der Schrankwand ins Schlafzimmer bringen. Die Couch ist zum Schlafen geeignet.

Den Fernseher werde ich in die Küche stellen. Ich nehme mir vor, eine Annonce aufzugeben und eine Logopädin ausfindig zu machen. Nach und nach gewinne ich Klarheit darüber, wie es weitergehen soll. Ich möchte unabhängig von der Erbschaft mein Ziel verfolgen, Reserven schaffen. Ich will nicht mehr der arme Schlucker sein, der auf das Mitleid und das Wohlwollen der anderen angewiesen ist. Jetzt bin ich mir sicher, dass ich die Entscheidung getroffen habe, erfolgreich zu sein. Mein Selbstbewusstsein ist gewachsen. Mir ist mein Talent, das Äußere des Menschen entsprechend seiner Ziele zu verändern, bewusst. Vielleicht bin ich das Gegenstück zu meinem Onkel, der das innere Potenzial entwickelt hat. Martin hat die Frage gestellt: „An welcher Aufgabe arbeiten Sie?" Jetzt kann ich es klar benennen: Ich arbeite an der Aufgabe, das äußere Potenzial eines Menschen zu entfalten.

Ich ziehe eine Bluse und ein hellbraunes Kostüm aus dem Sack und probiere die Sachen an. Es wirkt ein bisschen altmodisch, aber doch sehr elegant. Ich schlage den Saum um, und so gefällt es mir besser. Dann meldet sich meine Experimentierfreude, und ich kombiniere meine eigene Garderobe mit diesen geerbten Sachen. Die Kleidungsstücke verwandeln meine Wohnung in ein Schlachtfeld. Schließlich finde ich dann Kombinationen, die zu meinem Typ, zu meinem Ziel passen. Als es an der Wohnungstür klingelt, trage ich gerade eine Leggins, einen kurzen Rock und einen längeren roten Pullover. Ich zögere, öffne dann aber. Doch es ist niemand zu sehen. Nur ein Päckchen mit roter Schleife und der Aufschrift *Frohe Weihnachten* liegt vor der Tür. Ich brauche nicht erst die Karte zu lesen, um zu wissen, wer es geschickt hat: Angela. Es ist mein Lieblingstopfkuchen, und mir kommen vor Rührung die Tränen.

Ich trage den Kuchen in die Küche und hole aus dem Schlafzimmer meinen Hefter. Das erste Zitat springt mir ins

Auge. *Die beste Art Gott zu danken, ist, einander zu lieben.* Ich empfinde plötzlich Liebe für die Menschen, die mich verletzt haben. Ob es daran liegt, dass Weihnachten ist, oder ob es der Text ist, der mein Herz berührt hat, kann ich nicht sagen. Ich beschließe, mich zu bedanken, schreibe eine SMS an Angela und eine an Martin. Bei ihm schreibe ich das Zitat dazu. Ich will damit auf eine Versöhnung mit seiner Mutter anspielen. Außerdem habe ich verstanden, dass Liebe mehr ist als verliebt zu sein, und wenn er auch nicht in mich verliebt ist, seine Sorge um mich, dass ich nicht genug zu essen haben könnte, hat etwas mit Zuneigung, also auch mit Liebe zu tun. Und das ist wertvoll.

Der Winter ist über Nacht eingezogen. Als ich am zweiten Weihnachtstag aus dem Fenster sehe, erblicke ich eine dünne Schneedecke. Ich nehme mir vor, nach dem Frühstück einen Spaziergang zu machen, an der Elbe vielleicht, denn in der Innenstadt würde der Schnee nicht liegen bleiben. Nach dem gestrigen Mammutprogramm – ich habe ein ganzes Buch von Alexander gelesen und Kissen genäht – will ich heute an die frische Luft. Ich frühstücke Toast und Stollen und ziehe meine neuen Sachen an, einen roten Rollkragenpullover und einen schwarzen Strickrock. Dazu trage ich das erste Mal in meinem Leben einen langen schwarzen Wintermantel. Mit rotgrauem Schal, Mütze und passenden Handschuhen komme ich mir wie eine Königin vor. Die Sachen sind sehr gut, wirklich zu schade für die Altkleidersammlung. Ich beschließe, der Kundin ein kleines Geschenk zu machen.

Erst in der Straßenbahn wird mir bewusst, dass ich in Richtung Stadtmitte unterwegs bin. Die Straßenbahn hält, und auf der anderen Seite sehe ich, wie Menschen in eine Kirche strömen. Die Glocken läuten. Ich verlasse im letzten Moment die Bahn und folge dem Menschenstrom, der mich magisch mitzieht. Nun befinde ich mich in einem vollen Gotteshaus. Ein älterer Herr mit Hut rückt ein Stück in seiner Bank und bietet mir einen Platz an. Orgelmusik erklingt. Der Pfarrer betritt durch eine Seitentür das Kirchenschiff. Ich nehme den beleuchteten Weihnachtsbaum in der Ecke wahr und den mit Kerzen und Adventssternen geschmückten Altar. Im nächsten Augenblick werde ich regelrecht von Erinnerungen überschwemmt. Ich bin wieder ein kleines Kind und sitze mit meinen Eltern am Heiligen Abend in der Kirche. Ungeduldig warte ich auf die Bescherung. Mein Vater tut ganz geheimnisvoll. Ich frage ihn leise: „Wer kommt nun eigentlich, der Weihnachtsmann oder das Christkind?" Er flüstert mir ins Ohr: „Der eine oder der andere, wer gerade Zeit hat. Es ist eigentlich egal, Hauptsache es gibt Geschenke."

Die Predigt rauscht an mir vorbei. Ich nehme nur Wortfetzen auf ... Frieden ... Nächstenliebe ... einander verzeihen ... Es werden bekannte und unbekannte Weihnachtslieder gesungen. Der Gesang erschüttert mich bis ins Tiefste. Mir laufen die Tränen übers Gesicht. Meine Gedanken wandern in die Zukunft, richten sich auf das, was ich erreichen will. Je stärker ich mich konzentriere, desto deutlicher werden die Bilder. Ich sehe mich ein Schild anbringen, *Institut für Persönlichkeitsentfaltung*, aber das stimmt ja gar nicht. Es muss richtig heißen: *Persönlichkeitsgestaltung*. Ich sehe Menschen in einer langen Reihe stehen, auf Termine warten. Ich wandere durch die Räume und erkläre meinen Mitarbeitern ihre Aufgaben. In einer Abteilung wird geschminkt, in der anderen werden die Haare gestylt. Im nächsten Raum wird geschneidert, und im übernächsten gibt es ein Seminar.

Mein Nachbar reißt mich aus dem Tagtraum, indem er mich freundlich erinnert, dass der Gottesdienst zu Ende ist. Ich stecke zwei Euro in die Spendenbüchse und setze meinen Spaziergang fort. Erneut versuche ich die Zukunftsbilder zu erschaffen, doch es will mir nicht gelingen. Die Gegenwart hat mich wieder. In einem Imbiss leiste ich mir eine heiße Hühnersuppe und einen Pfefferminztee. Kurz vor dem Dunkelwerden kehre ich mit einem Gefühl innerer Ruhe nach Hause zurück. Gerade will ich den Fernseher einschalten, als mein Handy klingelt. „Hallo Lea, Martin hier."

Vor Aufregung bringe ich nur ein „Hallo" zustande. Er redet wie ein Wasserfall.

„Ich bin jetzt auch überzeugt, dass das zehnte Buch deines Onkels existiert. Es gibt Aufzeichnungen, Randbemerkungen und Skizzen. Er hat sie zum Teil in den Büchern aufbewahrt. Ich glaube, er ist der Verbindung von Religion und Wissenschaft auf der Spur gewesen."

„Es ist Weihnachten", sage ich schlicht.

„Ach ja, frohe Weihnachten, Lea."

„Danke, ebenfalls. Bist du noch in der Villa?"

„Woher weißt du, dass ich hier ... Frau Schmidt. Diese Frau ist wirklich die Verschwiegenheit in Person." Wir lachen. „Hoffentlich hat sie nicht noch meine Eltern angerufen", sagt er stöhnend.

„Wäre das so schlimm?"

„Ich brauchte ein bisschen Abstand", erklärt er.

„Ach, so ist das." Ich warte auf eine Erklärung, doch es kommt keine. Deshalb frage ich: „Und wo befindet sich das zehnte Buch?"

„Dieses Rätsel müssen wir noch lösen. Aber bitte kein Wort zu niemandem."

„Zu wem denn?", frage ich spöttisch.

„Bist du allein?"

„An Feiertagen hat der Salon geschlossen." Ich höre ein ärgerliches Knurren und füge schnell hinzu: „Aber es geht mir richtig gut." Ich erzähle ihm, wie ich die Weihnachtstage verbracht habe, spreche über Angelas Versöhnungsversuch und frage, ob er meine SMS bekommen hat.

„Ja, danke, das war mein Rettungsanker, ansonsten wäre ich wohl ... na ja, nicht so wichtig." Ich verstehe nicht, was er meint, wage aber nicht, nachzufragen. Er gähnt. „Ich bin todmüde", entschuldigt er sich.

„Konntest du etwa nicht schlafen in diesem tollen Bett?"

„Ich hatte keine Zeit zum Schlafen."

„Oh", bringe ich nur heraus.

„Ich brauchte Beweise, dass das Buch existiert. Es gibt einige Ungereimtheiten."

Ich höre, dass er wieder gähnt. „Schlaf dich erst mal aus."

„Gute Idee und irgendwie hast du mich neugierig gemacht auf dieses Bett hier."

Zwei Tage später fahre ich zur Konsultation. In Hamburg schneit es nun auch. Mein Zug hat eine halbe Stunde Verspätung. Die Verkehrslage wird als angespannt bezeichnet. Corinna ist vor mir eingetroffen und gerade dabei, ihr Weihnachtspäckchen von Sanders auszupacken. Ein netter Brief von Frau Schulze erklärt, dass das Päckchen zurückgekommen ist, weil die Hausnummer nicht gestimmt hat. Corinna hat statt Fisch und Wurst Käse bekommen. Sie legt alles freudlos auf den Tisch. „Wer soll denn das alles essen?", fragt sie fast beleidigt.

„Ich habe mich sehr darüber gefreut", gebe ich zu.

„Lea, ich kann mich nicht mehr freuen. Bei mir liegen Berge von Geschenken, die meine Verwandten angeschleppt haben. Die tun immer noch so, als wäre ich vier und warte auf den Weihnachtsmann. Die Bücher schaffe ich nicht zu lesen, das Geschirr stapelt sich in meiner Wohnung, und so viele Deko-Sachen bekomme ich nie und nimmer unter. Ich habe diese Schenkerei satt", stöhnt sie. „Und was soll ich *damit*?"

Sie zeigte auf den Inhalt des Päckchens. „Zunehmen? Das fehlt mir gerade noch."

„Muss ja wirklich schlimm sein, Weihnachten mit der Familie zu feiern", rutscht mir heraus.

„Du weißt gar nicht, wie gut du es hast, dass du tun und lassen kannst, was du willst."

Ich glaube, mich verhört zu haben. „Soll ich mich jetzt freuen, dass meine Eltern tot sind? Ich glaube, du weißt nicht, was du da sagst. Aus meiner Sicht bist du ein verwöhntes Kind, das nicht schätzen kann, was es hat."

„Entschuldigung, war nicht so gemeint. Meine Laune ist nicht die beste. Ich verzieh mich lieber, bevor ich noch mehr Unsinn von mir gebe. Mach, was du willst mit dem Zeug."

Ich denke gar nicht daran, ihre Sachen aufzuräumen, und in diesem Ton will ich sie nicht geschenkt haben. „Dann gib sie Frau Schmidt. Sie versorgt uns schließlich."

„Von mir aus." Sie zuckt mit den Schultern und will gehen.

„Corinna, bitte räum den Tisch ab." Jetzt komme ich mir vor wie eine Mutter, die ihr Kind zur Ordnung ruft. In einem Anfall von Wut wirft sie die Sachen in den Karton und dann das Paket auf den Fußboden. „So, nun zufrieden?!"
Sie läuft aus der Küche und hätte fast noch Frau Schmidt umgerannt. „Was ist denn los?", fragt sie erschrocken. Ich winke nur ab. „Corinna braucht ihre Ruhe, sie ist von Weihnachten gestresst", gebe ich lässig zur Auskunft. Doch Frau Schmidt ist mit den Gedanken anderswo.

„Wenn das so weiterschneit, dann kommen Sie morgen gar nicht in die Innenstadt. Mein Schneeschieber ist kaputt, und der alte ist so schwer. Auch müsste ich von hinten Sand holen, damit ich den Fußweg streuen kann, wenn es glatt wird."
Die Frau ist mit der Wettersituation überfordert, wird mir klar. Ich lasse mir den alten Schneeschieber geben und schiebe den Fußweg und die Wege zu den Eingangstüren frei. Dieses Ding

ist wirklich zu schwer. Ich bin außer Atem, nachdem ich die Pflichtrunde absolviert habe. Bevor Frau Schmidt in ihre Wohnung geht, erzählt sie mir erleichtert, dass Martin angerufen hat und ihr morgen den anderen Schneeschieber reparieren wird. Es ist halb zehn. Oben ist es still. Im Wohnzimmer brennt kein Licht. Corinna schläft anscheinend. Ich bin neugierig, was Martin in den Büchern meines Onkels gefunden hat und gehe in die Bibliothek. Auf dem Schreibtisch liegt ein Stapel Bücher. Ich blättere das erste Buch durch und versuche, die Randbemerkungen zu entziffern. Die Ränder sind eng beschrieben. Das Lesen ist schon mühselig, das Verstehen ist noch schwerer. Neben dem Stapel liegt ein blauer Hefter. Ich kann es gar nicht glauben. Er hat sich die Arbeit gemacht, alle Randnotizen abzuschreiben. So kann man es wirklich besser überblicken. Der Klingelton meines Handys lässt mich zusammenzucken. Martin. „Lea, in der Bibliothek liegt eine Abschrift von Alexanders Randbemerkungen. Ich habe die Textstellen nur zum Teil mitgeschrieben, aber die Seite und den Absatz notiert, für den Fall, dass du gründlicher nachlesen willst."

„Ich habe es gerade entdeckt. Das ist eine ungeheure Arbeit gewesen."

„Ich hatte über die Feiertage nichts Besseres zu tun."

„Und woher willst du wissen, dass diese Randnotizen die Grundlage für das zehnte Buch sind?"

„Es gibt manchmal die Bemerkung *viertes Kapitel* oder *bei Autosuggestion einordnen*. Das habe ich unterstrichen. Aber da sind auch ein paar Bemerkungen, aus denen werde ich nicht schlau. Das könnten Bibeltexte oder Redewendungen sein. Vielleicht sagt dir das etwas." Wir reden noch kurz über die Fahrt, über das Wetter und über den kaputten Schneeschieber. Es klingt alles so normal, so vertraut, als hätte es die Szene nach der Weihnachtsfeier, mein ungehöriges Benehmen und das vierwöchige Schweigen nicht gegeben. Mir ist inzwischen klar geworden, dass ich überreagiert habe. Selbst wenn er eine Affäre mit Helene gehabt hat, geht mich das nichts an. Ich habe kein Recht, ihm Vorwürfe zu machen. Außerdem war es Helene, die sich über meinen Dialekt lustig gemacht und mich als Möchtegernpsychologin bezeichnet hat, und nicht Martin. Er hätte allen Grund beleidigt zu sein.

Ich setze mich an den Schreibtisch und beginne die Aufzeichnungen zu lesen. Doch drifte ich gedanklich immer weg. Martin hat hier in diesem Raum die Feiertage verbracht, hat an diesem Schreibtisch gearbeitet. Ich wäre auch gern hier gewesen. Wir hätten zusammen recherchieren können. Wenn mein Onkel den Aufenthalt in seinem Haus nicht auf zwei Tage im Monat begrenzt hätte, wäre ich über die Feiertage hergekommen und hätte zwei Urlaubstage angehängt. Ich stelle mir vor, wie wir zusammen die Bücher nach Randbemerkungen durchsuchen, zusammen etwas kochen, scherzen wie bei der Apfelernte und spazieren gehen. Mehr wage ich nicht zu erhoffen. Ich blicke auf die Schneeflocken, die vor der Fensterscheibe tanzen und mich zum Träumen einladen.

Eine Szene aus meiner Kindheit wird lebendig. Es ist kurz vor Weihnachten, das Jahr meiner Einschulung. Ich bin krank und liege auf der Couch. Draußen schneit es. Ich zähle die Flocken, die die Fensterscheibe treffen. Mein Vater heizt den Kachelofen und zündet dann die dritte Kerze am Adventskranz an. Er setzt sich zu mir. Wir lesen das Märchen vom Aschenputtel. Ich lese die mir bekannten Wörter und er die unbekannten. Er lobt meine Lesefortschritte. „Lea, ich glaube, wir können bald tauschen. Dann lege ich mich auf die Couch und du liest mir vor." Wir lachen. „Ich will später nicht nur Bücher lesen, sondern auch welche schreiben." Vati streichelt meine Wange: „Ich bin sicher, du wirst eine gute Schriftstellerin."

Erinnerungen. Die Bibliothek ist der einzige Raum, in dem sie geweckt werden.

Wir brechen am nächsten Morgen vorsichtshalber eine Stunde früher auf. Fünfzehn Zentimeter Neuschnee haben den Verkehr lahmgelegt. Der Bus kommt eine Viertelstunde später, die S-Bahn fährt nicht nach Fahrplan. Ich bin richtig froh, dass ich diesen warmen Wintermantel geerbt habe. Corinna trägt eine Daunenjacke. Zum ersten Mal finde ich mich besser gekleidet als sie.

Wir betreten gegen halb elf die Kanzlei. Auf dem Tresen liegt ein großer Berg Unterlagen. Der Vorraum wirkt unordentlich. Herr Möller ist anwesend und hilft, Ordner aus dem Besprechungsraum zu holen. „Guten Tag, die Damen", ruft er freundlich und fällt im nächsten Moment wieder in seinen sarkastischen Tonfall: „Das große Geld verlangt seine Opfer, man muss pünktlich sein, egal, ob es regnet oder schneit."

Martin kommt aus seinem Büro. Ich bekomme einen leichten Schreck, bin völlig überrascht über sein Aussehen. Er hat stark abgenommen. Dunkle Augenringe künden von Schlafmangel. Irgendetwas bereitet ihm Sorgen. Corinna läuft ihm strahlend entgegen. Sie scheint es nicht zu merken. Er gibt ihr die Hand und hält sie auf Abstand. „Danke für das schöne Weihnachtsgeschenk", ruft sie und schafft es nun doch, ihn zu umarmen. Ich bringe meinen Mantel zur Garderobe und denke dabei: Was für eine Heuchlerin. Dann erst begrüße ich ihn. Ich bemerke, dass er kurz die Augenbrauen hochzieht. Er hat also meine neue Frisur wahrgenommen, kommt aber nicht dazu, etwas zu sagen. Herr Möller will wissen, wohin er die Unterlagen legen soll. Frau Schulze betritt ebenfalls mit Ordnern bepackt den Empfangsbereich. „Lea, Ihre neue Frisur steht Ihnen aber gut.", ruft sie begeistert. „Wissen Sie, wem Sie ähnlich sehen? Christine."

„Wer ist denn Christine?", frage ich verwundert.
„Die Tochter von Sanders."
„Meine kleine Schwester", vervollständigt Martin die Erklärung und sagt im selben Zug, dass der Steuerberater in seinem Büro sitzt und sich auf eine Steuerprüfung des Institutes für Anfang Januar vorbereitet. Er erwähnt, dass Unterlagen fehlen. Danach haben sie seit morgens um acht gesucht. Das erklärt auch die Unordnung. Herr Möller unterschreibt und entfernt sich. Martin schickt uns in den Besprechungsraum. Wir sollen uns auf die freie Rede vorbereiten. Er geht noch einmal in sein Büro. Die Konsultation beginnt eine Viertelstunde später. Corinna sieht auf die Uhr und bemerkt scherzhaft: „Wie gut, dass wir unser Erbe nicht verlieren, wenn unser Mentor unpünktlich ist."

„Vorbereitungszeit gehört zur Konsultation", sagt er knapp und leicht gereizt. Ihm ist nicht nach Scherzen. Die letzte Konsultation hat Helene mit uns durchgeführt. Wir fassen die theoretischen Grundlagen über die Rhetorik zusammen und halten dann unsere Rede. Es überrascht mich, dass eine angehende Rechtsanwältin, die Alexanders Trainingsprogramm als Kinderkram betrachtet, Schwierigkeiten mit dem Anfang hat. Ihr Eröffnungssatz – Der Beruf des Rechtsanwaltes gehört zu den angesehensten Berufen der Gesellschaft – wird von Martin sofort abgeschmettert. Diesmal geht er überhaupt nicht vorsichtig mit ihr um: „Meinen Sie, Corinna, dass Sie damit einen sechzehnjährigen Schüler für unseren Beruf begeistern können?" Sie eiert herum. „Na, das ist doch aber wichtig zu wissen. Was soll man denn sonst im Einführungssatz sagen?"

„Lea, was würden Sie an diesem Beruf für reizvoll halten?" Jetzt sind wir also wieder beim Sie. Duzte er Corinna eigentlich auch, wenn sie mit ihm telefonierte, oder war das mein Privileg? Er wartet auf meinen Vorschlag. „Ich würde sagen

… also … so etwas wie: Jeder von euch kennt bestimmt das Gefühl, ungerecht behandelt worden zu sein." Martin nickt:

„Genau so könnte man anfangen. Die Schüler da abholen, wo sie sind." Wir quälen uns durch Corinnas Rede. Sie hat zwar die Struktur beachtet, aber ihre Sätze überzeugen uns nicht. Wir feilen ewig am Schlusssatz, der ja zum Handeln inspirieren soll.

Dann bin ich dran. Mein Eingangssatz lautet: „Die Frisur eines Menschen spielt für sein Erscheinungsbild eine wichtige Rolle. Wenn man jung ist, möchte man auffallen, wenn man älter wird, möchte man jünger aussehen. Vom Aussehen hängt der erste Eindruck ab."

Ich stelle mich schon auf das Auseinanderpflücken der Einleitung ein, doch Martin sagt: „Genau so muss man eine Schulklasse darauf einstellen. Wunderbar, Lea." Corinna verzieht das Gesicht.

„Wieso weißt du, wie man mit einer Schulklasse spricht?"

„Ich habe Kunden in diesem Alter. Außerdem habe ich mir vorgestellt, ich wäre sechzehn und jemand möchte mir den Beruf erklären. Was würde ich hören wollen?"

„Das war sehr geschickt", lobt Martin. Ich halte meine Rede. Es gibt keine Einwände.

„Gibt es Fragen zum Religionstext? Möchte ihn jemand vorlesen oder etwas dazu sagen?", fragt Martin weiter.

Corinna hat sich offensichtlich gründlicher auseinandergesetzt.

„Ich verstehe nicht, was der Satz bedeutet – *Sein Einfluss ist durch seine Feinheit bedingt, die ihrerseits von losgelösten, reinen Herzen abhängt.*"

Martin übergibt mir gleich das Wort: „Lea, was meinen Sie dazu?"

„Ein reines Herz hat für mich jemand, der ehrlich und aufrichtig ist, der das Beste für den anderen wünscht, der positiv denkt. Wenn ich diese Einstellung habe, werden meine Worte auch Einfluss haben."

„Ja, so würde ich es auch interpretieren." Wir gehen die einzelnen Sätze durch. Ich finde dieses Zitat einleuchtender als die anderen. Meine Ausführungen sind diesmal kürzer. Doch durch unseren Austausch wird mir die Sprache als Geschenk Gottes bewusster. Auch verstehe ich besser, dass Sprache ohne Takt und Weisheit seelische Verletzungen verursachen kann. Ich muss an mein Gespräch mit Angela denken. Das, was ich gesagt habe, war zwar ehrlich, aber ohne Takt und Weisheit, und deshalb verletzend.

Eine Stunde später öffnen wir unseren nächsten Brief.

Das Thema lautet: Die charismatische Persönlichkeit.
Glück und Größe, Rang und Stufe, Freude und Friede eines Menschen sind nicht in seinem persönlichen Reichtum, vielmehr in seinem hervorragenden Charakter, seinem hehren Entschluss, seiner umfassenden Bildung und seiner Fähigkeit, schwierige Probleme zu lösen, beschlossen.

Nach der Konsultation treffen wir im Vorraum Frau Schulze und den Steuerberater, einen kleinen schmächtigen Mann um die fünfzig. Er schüttelt den Kopf.

„Also nichts gefunden", übersetzt Martin seine Körpersprache. „Wir können es nicht ändern." Der Mann verabschiedet sich. Frau Schulze rüstet zum Aufbruch. Martin bietet ihr an, sie mitzunehmen, da er sowieso zur Villa fahren muss. Sie nimmt das Angebot dankbar an.

„Ich muss aber zum Bahnhof!", verkündet Corinna und sieht auf die Uhr. „Der Zug fährt in einer halben Stunde. Meine Cousine hat morgen Geburtstag. Wir feiern heute noch rein. Sie wird dreißig", plappert sie fast genauso schnell wie ihre Mutter. Wir fahren mit dem Fahrstuhl in die Tiefgarage und steigen ins Auto. Corinna und ich setzen uns nach hinten, Frau Schulze nimmt auf dem Beifahrersitz Platz. „Haben Sie heute noch was vor, Chef?", fragt sie.

„Ich muss mich darum kümmern, dass der Schneeschieber funktioniert und Sand zum Streuen bereitsteht. Der Gärtner hat sich diesmal das Bein gebrochen. Ansonsten habe ich eine größere Portion Schlaf nötig."

„Und eine vernünftige Mahlzeit", ergänzt sie in mütterlichem Ton.

„Unbedingt", bestätige ich und sehe, dass Martin in den Rückspiegel sieht und lächelt. Wir setzen Corinna am Bahnhof ab und zehn Minuten später Frau Schulze vor einem Mehrfamilienhaus. Martin will, dass ich mich auf den Vordersitz setze. Ich steige also aus und verabschiede mich draußen von Frau Schulze. Sie flüstert mir zu: „Sorgen Sie dafür, dass er etwas Richtiges isst. Wenn Frau Schmidt nichts hat, dann gehen Sie mit ihm essen. Das ist ein Notfall." Sie zwinkert mir zu. Die Frau wird mir immer sympathischer.

Frau Schmidt hat noch Stollen und Plätzchen vom Weihnachtsfest. Wir trinken zusammen in der Küche Kaffee. Danach repariert Martin den Schneeschieber und holt eine Karre Sand aus der hinteren Gartenecke. Es schneit wieder. Mit fällt ein, dass meine Oma dazu gesagt hat: „Der liebe Gott überzieht die Welt mit Zuckerguss." Ich ziehe mir die Jacke über, die im Keller an der Garderobe hängt. Dann schnappe ich mir den alten Schneeschieber und schiebe die Einfahrt wieder frei. Martin bringt mir ein paar Minuten später den reparierten, der eine echte Arbeitserleichterung ist. Er arbeitet mit dem älteren Modell weiter, schiebt den Fußweg vor dem Grundstück frei, danach hilft er mir bei der Einfahrt. Rechts und links türmen sich meterhohe Schanzen. Es macht mir großen Spaß. Irgendwann juckt es mir in den Fingern, und ich muss einen Schneeball formen und werfen. Er landet direkt auf Martins Rücken.

Das stellt sich als großer Fehler heraus. Denn nun bin ich dran. Wir benehmen uns wie Kinder, können nicht aufhören zu lachen und zu werfen, bis ich irgendwann ausrutsche und im aufgetürmten Schnee lande. Martin ist sofort zur Stelle. Ich halte mir den Arm schützend vors Gesicht, aus Angst vor einem Schneeball. „Keine Sorge, das tue ich nicht, wenn der Feind am Boden liegt", sagt er grinsend. Er reicht mir seine Hand und zieht mich hoch. „Alles okay?", fragt er nach. Ich lache und klopfe mir den Schnee von der Jacke. Er zieht den Handschuh aus und streicht mir den Schnee aus den Haaren. „Mir geht es super. Jetzt weiß ich, wie es ist, einen großen Bruder zu haben", erkläre ich bedeutungsvoll.

„Christine hat den großen Bruder im Winter nie zu schätzen gewusst." Er schmunzelt dabei, und ich kann mir gut vorstellen, wie sie vor ihm geflüchtet ist, wenn er Schneebälle geworfen hat. Wenn er wüsste, wie sehr ich mir das immer gewünscht habe, einen großen Bruder, der mit mir Schlitten fährt und Schneeballschlachten macht.

Nach dieser Aktion mit dem Schnee wissen wir auf jeden Fall, was es heißt, ein Haus mit zweitausend Quadratmeter Grundstück zu haben. Das ist nicht nur schön, sondern auch anstrengend. Bereits in der warmen Küche beim Teetrinken plagt uns der Muskelkater. Frau Schmidt ist glücklich, dass der Sand bereitsteht, der Schneeschieber repariert und die Einfahrt frei ist. Ich kann mir trotzdem nicht vorstellen, dass die alte Frau die angekündigten Schneemassen bewältigt.

„Gibt es jemanden in der Nachbarschaft, der Ihnen helfen kann, wenn es weiter so schneit?" erkundige ich mich.

„Das macht Herr Dornberg", sagt sie zuversichtlich.

„Er kann die Stunden bei mir abrechnen", schlägt Martin vor. Frau Schmidt runzelt die Stirn und meint entrüstet: „Herr Dornberg ist ein Nachbar, der im Herbst Äpfel und Pflaumenmus bekommen hat. Er hat gesagt, wenn ich Hilfe brauche, soll ich mich melden."

Ich muss lachen. „Es gibt eben noch andere Zahlungsmittel. Das kann sich die angesehenste Berufsgruppe der Gesellschaft wohl nicht vorstellen." Er kneift mich in den Arm. „Sie ist frecher geworden, seitdem sie diese Frisur hat. Finden Sie nicht, Frau Schmidt?"

Die Frau hat natürlich keine Ahnung, worum es geht. „Erst wirft sie mir Schneebälle an den Kopf, lädiert fast meine Brille und dann wirft sie Spitzen, weil ich Rechtsanwalt bin."

„Ich habe nur Bezug auf Corinnas Einleitungssatz genommen."

„Ja, ja", schmunzelt er. „Übrigens, die Frisur steht dir wirklich gut, aber das weißt du ja."

„Trotzdem höre ich es gerne. Corinna hat gar nichts dazu gesagt. Das ist auch komisch."

„Ach ja, Corinna." Das war das Stichwort für Frau Schmidt. „Sie hat ihr Weihnachtspäckchen vergessen. Soll ich es ihr nachschicken?"

Ich weiß nicht so recht, was ich dazu sagen soll. Corinna will das Päckchen gar nicht haben, aber das kann ich im Beisein von Martin nicht ausplaudern. Ich druckse herum und sage schließlich: „Ich glaube, die Sachen sollten hier bleiben. Wir essen ja schließlich jeden Monat bei Ihnen."

„Dann ist der Stollen aber hart", meint Frau Schmidt.

Martin setzt dem Problem ein Ende: „Nehmen Sie die Sachen an sich. Corinna legt anscheinend nicht so viel Wert darauf. Ansonsten hätte sie es mitgenommen." Er hat sie also durchschaut.

„Sie war nur so schlecht gelaunt, weil sie so viel Stress über Weihnachten hatte", erklärt Frau Schmidt.

„Es hat eben jeder andere Probleme", sage ich mit einem Seufzer und frage mich wieder, warum er so abgenommen hat.

„Stichwort Probleme. Ich möchte dir etwas zeigen."

Er schnappt sich einen Küchenstuhl und zieht mich mit in die Bibliothek zum Schreibtisch. Ich muss mich auf den Schreibtischstuhl setzen, und er nimmt auf dem Küchenstuhl Platz. Dann schlägt er ein paar Bücher auf und zeigt mir die Randbemerkungen meines Onkels. Ich weiß sofort, was gemeint ist. Es sind die abergläubischen Ansichten seiner Schwester. Wir gehen die einzelnen Aussagen durch. Es fällt mir schwer, mich zu konzentrieren. Wir sitzen sehr dicht nebeneinander, zu dicht. Das bringt mein inneres Gleichgewicht durcheinander und lässt mein Herz schneller schlagen. Ich springe auf, suche nach einem Taschentuch und rücke den Stuhl beim Hinsetzen so, dass der Abstand zwischen uns größer wird. Martin ist so vertieft, dass er es nicht merkt. Nach einer Weile sagt er: „Jetzt hat mich Alexander noch in eine Forschungsarbeit manövriert."

„Diese Arbeit hat dich etliche Kilo gekostet, würde ich sagen."

„Was? Ach, nein. Die Arbeit war eher eine willkommene Ablenkung. Die Kilo gehen auf das Konto eines anderen Problems." Er lächelt geheimnisvoll.

„Willst du nicht darüber sprechen?"

„Ich will schon, aber ich kann nicht, noch nicht."

„Du hast mir geholfen, mit der Trennung von Tom fertigzuwerden. Ich hätte mich gerne ...

„Du hast mir schon geholfen. Es ist dir nur nicht bewusst." Ich verstehe überhaupt nichts. „Eine komische Hilfe, von der man nichts weiß", sage ich etwas enttäuscht.

„Ich erzähl es dir später, wenn das hier vorbei ist."

„Das dauert noch ein halbes Jahr."

„Allerdings." Er zuckt mit den Schultern. „Geduld üben, das ist die Zusatzaufgabe in diesem Programm. Im Koran heißt es: ‚Die geduldig ausharren, werden wahrlich einen Lohn erhalten ohne Maß.'"

„Und was bedeutet das?"

„Gott belohnt jede gute Tat nach ihrem Wert, aber im Fall der Geduld ist die Belohnung ohne Grenzen."

„Oh, das hat mir meine Oma nicht gesagt."

Er lächelt. „Deine Oma hat dir dafür andere Dinge gesagt. Sogar Alexander hat ihre Erziehung im letzten Brief gelobt."

„Sie hat es leider nicht mehr erfahren."

„Ich glaube, dass sie es jetzt weiß."

Martin erhebt sich abrupt. Ich bekomme Angst, dass er gehen könnte. „Ich soll dafür sorgen, dass du etwas Vernünftiges zu essen bekommst, hat Frau Schulze gesagt." Ich habe mal wieder vor dem Denken gesprochen.

„Aha, das hat sie dir also zugeflüstert." Er schmunzelt. „Sekretärinnen und Mütter haben etwas gemeinsam. Und welche Idee hast du dazu?"

„Wir kochen."

„Kochen? Ich kann nicht kochen.

„Aber ich."

Nach einer Bestandsaufnahme entscheiden wir uns für die Schnitzel aus Frau Schmidts Tiefkühlschrank. Kartoffeln und Möhren finden wir im Keller. Ich übernehme die Regie in der Küche und verteile die Aufgaben. Frau Schmidt schält am Küchentisch die Kartoffeln, ich würze und paniere die Schnitzel. Martin zerkleinert die Möhren. Als Dessert schlage ich Bratapfel mit Vanillesoße vor. Schließlich hatten wir im Herbst eine üppige Apfelernte. Während die Schnitzel in der Pfanne braten, steche ich die Kerngehäuse der Äpfel aus. Martin darf Nüsse kleinhacken. Frau Schmidt opfert sogar ihre letzte Tüte Rosinen, die für einen Kuchen bestimmt war. Beide schauen mir dabei zu, wie ich die Masse, bestehend aus Nüssen, Rosinen, Honig und Sahne, in die ausgehöhlten Äpfel stopfe. „Das hat es bei uns immer zu Weihnachten gegeben", erkläre ich dabei. Wir reden die ganze Zeit über Lieblingsessen und Weihnachtstraditionen. Frau Schmidt erklärt uns ausführlich, wie sie gefüllte Ente und Grünkohl zubereitet.

Die Äpfel wandern für zwanzig Minuten in den Backofen. Ich will in der Küche den Tisch decken. Doch Martin hält mich zurück und meint: „Zu einem festlichen Mahl gehört eine festliche Tafel. Wir decken im Esszimmer. Wo liegen denn hier die Tafeltücher, Frau Schmidt?" Wie erwartet, gibt es in diesem Haus einen großen Stapel Tafeltücher in verschiedenen Farben. Wir nehmen das festliche Weiße heraus. Zwei silberne Kerzenleuchter und ein roter Adventsstern werden in der Mitte des Tisches platziert. Stoffservietten und Silberbesteck vollenden das edle Ambiente. Wir fühlen uns wie in einem Fünf-Sterne-Hotel, als wir die Speisen auftragen.

„Jetzt fehlen nur noch unsere Abendkleider, Frau Schmidt", sage ich bedeutungsvoll. Auf diese Bemerkung hin plaudert die Haushälterin über Feierlichkeiten, die in diesem Haus stattgefunden haben. Es hat tatsächlich Feste in Abendkleidung hier gegeben, nicht oft, aber ein paar besondere Anlässe, wie runde Geburtstage und Hochzeitstage.

„Hat meine Tante eigentlich im Institut gearbeitet?", will ich nun wissen. Mir fällt jetzt erst auf, dass ich über Marianne bisher recht wenig weiß.

Martin klärt mich auf: „Sie war bis zu ihrem ersten Schlaganfall in der Kinder- und Jugendpsychiatrie als Therapeutin tätig. Damals war sie siebenundfünfzig."

„Seit dieser Zeit bin ich hier", schiebt Frau Schmidt ein. „Dr. Hoffmann wollte seine Frau nicht mehr allein lassen."

Martin setzt fort: „Sie hat sich nach dem Schlaganfall aber recht gut erholt, half im Institut aus oder korrigierte die Bücher ihres Mannes. Die letzten drei hat sie mitgestaltet."

„Warum hat meine Tante denn vorher nicht im Institut gearbeitet?", frage ich neugierig.

„Marianne sah ihre Aufgabe darin, psychische Krankheiten zu heilen. Alexander vertrat die Ansicht, die Menschen müssten so stabilisiert werden, dass sie erst gar keinen Therapeuten brauchen. Er meinte immer scherzhaft: ‚Es genügt, wenn man weiß, wo der Therapeut wohnt, aber mehr nicht.'"

„Der eine war also für Gesundheitsvorsorge, der andere für die Heilung der Krankheiten zuständig", fasse ich zusammen.

„Oder, der eine war eher der Erzieher, der andere der Therapeut. Alexander pflegte seine Frau damit aufzuziehen: ‚Wenn meine Methode sich durchsetzt, wirst du arbeitslos, Liebling.'" Über Martins Gesicht huscht ein Lächeln. „Das hat er wohl nicht ganz geschafft. Aber dafür hat er nach Mariannes Tod die Hoffmann-Stiftung gegründet. Hier treffen nun beide Formen aufeinander. Die Stiftung finanziert Therapien und Programme zur Persönlichkeitsentfaltung."

Ich verstehe. „Alexander hat also mit der Stiftung eine Möglichkeit gefunden, seine und Mariannes Arbeit fortzusetzen."

„Ja, er wollte über den Tod hinaus noch Gutes tun."

„Dann ist natürlich klar, dass Herr Möller nicht versteht, warum Alexander sein Vermögen nicht der Stiftung vermacht hat."

„Er wollte euch eine Chance auf sein Erbe geben. Da ist wohl der Familiensinn stärker gewesen. Doch geschenkt wird es euch nicht, ihr müsst es euch erarbeiten."

An diesem Abend begreife ich nicht nur die Bedeutung der Stiftung, sondern verstehe auch, dass Marianne und Alexander ihre Lebensaufgabe gefunden und gelebt haben. Ich beneide sie um diese Aufgaben und frage mich einmal mehr, ob es wirklich meine Berufung ist, das Äußere des Menschen zu gestalten. Im Vergleich zu den Lebensaufgaben von Alexander und Marianne erscheinen mir meine Ziele nun unbedeutend.

Es ist kurz nach halb elf, als Frau Schmidt sagt: „Ich bin müde. Es ist genug für heute. Die Küche mache ich morgen früh." Ich habe bemerkt, dass ihr die Augen schon ein paarmal zugefallen sind.

„Sie müssen warten, bis ich weg bin, Frau Schmidt, damit Sie bezeugen können, dass ich Lea nicht verführt habe. Man könnte mir ungleiche Behandlung vorwerfen", sagt Martin locker. Es ist für ihn ein Witz, und für mich ist es ein weiterer Beweis, dass er außer Verantwortung nichts für mich empfindet. Er fügt nachdenklich hinzu: „Es könnte sowieso ein Problem geben mit dieser Gleichberechtigung, weil ich zweimal hier war, als Corinna nicht da war. Wenn man Sie fragt, Frau Schmidt, müssen Sie die Wahrheit sagen."

„Können wir etwas dafür, dass Corinnas Cousine Geburtstag hat und sie heute schon nach Hause fahren musste?", sage ich gespielt entrüstet.

Frau Schmidt kopiert meinen Tonfall: „Kann er etwas dafür, dass heute Schnee fällt, der Schneeschieber kaputt ist und der Gärtner sich ein Bein gebrochen hat?"

Martin grinst zufrieden und meint amüsiert: „Kann ich etwas dafür, dass es mir so verdammt gut geht, wie schon lange nicht mehr? Ich fühle mich sehr wohl in diesem Haus."

„Das Haus wird lebendig und bekommt Wärme, wenn Lea hier ist", meint Frau Schmidt und fügt schnell hinzu: „Und Corinna, natürlich. Aber sie ist nicht so oft da, hält sich lieber in der Stadt auf."

Martin sieht mich mit einem zärtlichen Blick an, der wie ein Stromstoß durch meinen Körper jagt und mich verlegen macht. Dann wendet er sich an Frau Schmidt. „Das stimmt, was Sie sagen. Lea bringt tatsächlich Leben und Wärme in dieses Haus." Mir ist es fast peinlich, dass man mir solche

Kräfte zuschreibt, und ich antworte schnell: „Komisch, ich habe das Gefühl, dass das Haus von mal zu mal mehr mein Zuhause wird, als hätte ich hier gelebt. Es weckt Erinnerungen an meine Kindheit, an die ich noch nie vorher gedacht habe."

„Angenehme?", fragt Martin aufhorchend.

„Ja, sehr angenehme. Wir haben in der ersten Etage einer alten Villa in Dresden gewohnt. Es hat an allen Ecken gezogen. Meine Eltern hatten immer Mühe, die Wohnung warm zu bekommen. In jedem Raum stand ein Kachelofen. Ich sehe meinen Vater mit dem Eimer voller Asche durch die Wohnung laufen. Er hat mittags geheizt, wenn er von der Schule kam. Ich wundere mich, dass ich das Bild so deutlich vor mir sehe. Denn eigentlich war ich doch um diese Zeit im Kindergarten oder im Friseursalon."

„Vielleicht warst du doch mehr zu Hause, als dir bewusst ist", wendet Martin ein.

„Komisch, immer wenn ich die Bibliothek betrete, erwachen die Erinnerungen. Es muss mit den Büchern zusammenhängen."

Frau Schmidt erhebt sich zum Gehen und Martin schließt sich an. „Lea, wollen wir nicht noch einmal Schnee schieben?", fragt er herausfordernd.

„Aber keine Schneeballschlacht mehr", sagt Frau Schmidt streng und droht mit dem Finger. „Die Nachbarn schlafen schon um diese Zeit."

Wir lachen schallend.

JANUAR

Ich zehre auf der Rückfahrt von diesem Erlebnis. So banal es für einen Außenstehenden sein mag, Schnee schieben, zusammen etwas kochen, Geschichten erzählen, es ist das Schönste, was ich seit langer Zeit erlebt habe. Familienleben. Ich fühle mich in Martins Gegenwart angenommen und geborgen. Wir können zusammen witzeln und lachen, aber auch ernste und tiefgründige Gespräche führen. Die Zeit mit ihm erscheint mir immer zu kurz. Frau Schmidt ist für mich die Verbindung zu Alexander, die Verbindung zur Vergangenheit. Mit jedem Gespräch komme ich meinem Onkel näher, lerne ihn besser kennen und kann ein paar Lücken ausfüllen. Und ein bisschen erinnert sie mich an meine Oma. Das macht wohl auch einen Teil des Familiengefühls aus. Martin wirkt in unserer Gegenwart entspannter. Er erlaubt es sich, normal zu sein. Als Anwalt oder als Mentor spielt er eine Rolle wie in einem Theaterstück. Vielleicht muss er auch in dieser Rolle Dinge tun, die ihn belasten, so stark belasten, dass er dadurch abgenommen hat? Liegt es an den fehlenden Unterlagen? Oder bereitet es ihm Sorgen, dass Herr Möller uns das Erbe nicht gönnt? Oder hat ihm meine Bemerkung nach der Weihnachtsfeier so zugesetzt? Doch so viel Einfluss auf sein körperliches Wohlbefinden habe ich natürlich nicht. Schluss jetzt! Das sind doch nur Spekulationen, Lea.

Für Silvester habe ich zwei Einladungen erhalten – eine von Vivien und eine von einer Kundin – und beide abgelehnt. „Ich muss lernen, muss jede freie Minute nutzen", lautet die Begründung und die stimmt nur teilweise. In Wirklichkeit habe ich keine Lust, denn die Silvesterfeier habe ich mit Martin und Frau Schmidt in Hamburg vorgezogen. Mehr Feierlichkeit zum Jahreswechsel brauche ich nicht.

Bis Mittag wird gearbeitet, dann mache ich einen kurzen Stadtbummel. Gegen drei bin ich zu Hause und esse etwas Kartoffelsalat. Danach setze ich mich mit Schreibutensilien und Unterlagen ins Wohnzimmer und notiere:
- Untermieterin suchen
- Lehrerin für Sprachübungen auftreiben
- Marlies um Gehaltserhöhung bitten (Ich bin jetzt wirklich so weit!!!)
- Von den Kunden, die ich beim Einkauf der Kleidung berate, fünfzig Euro nehmen
- Alexanders Randbemerkungen lesen

Als ich meinen Plan für Januar fertig habe, nehme ich mir den aktuellen Brief vor:

Glück und Größe, Rang und Stufe, Freude und Friede eines Menschen sind nicht in seinem persönlichen Reichtum, vielmehr in seinem hervorragenden Charakter, seinem hehren Entschluss, seiner umfassenden Bildung und seiner Fähigkeit schwierige Probleme zu lösen, beschlossen.

Dieser Text bestätigt mich in meinen Unternehmungen. Ich bin dabei, schwierige Probleme zu lösen. Ich bin dabei, mich zu bilden. Ich habe hohe Entschlüsse. Ich lese laut:

„Liebe Lea,
in diesem Kapitel geht es um Ausstrahlung. Zum Erfolg gehören fünfunddreißig Prozent Fachwissen. Fünfundsechzig Prozent beruhen auf der Fähigkeit, zu anderen Menschen ein positives Verhältnis aufzubauen. Erfolgreiche Menschen strahlen Kraft, Charisma, Zuversicht, Optimismus aus. Vielleicht hast du diese Erfahrung schon einmal gemacht. Menschen, die diese magnetische Kraft besitzen, beeinflussen uns unbewusst. Wir fühlen uns in ihrer Nähe größer. Sie erschließen in uns Möglichkeiten, von denen wir vorher keine Ahnung hatten.

Wir verspüren ein Gefühl der Erleichterung, als hätte man uns eine Last genommen. Wir haben Vertrauen zu ihnen.
Das Entscheidende ist: Jeder kann positive Persönlichkeitszüge erwerben. Die wichtigsten Eigenschaften, die einen sympathischen Menschen auszeichnen, sind Geduld, Liebenswürdigkeit, Großzügigkeit, Bescheidenheit, Höflichkeit, Selbstlosigkeit, ein freundliches Naturell und Aufrichtigkeit. Sie sind nicht angeboren, sondern müssen entwickelt werden. Außerdem ist die äußere Erscheinung wichtig, adrette Kleidung, ordentliche Frisur, freundlicher Gesichtsausdruck. Oft bestimmt nämlich der erste Eindruck, ob man überhaupt eine Gelegenheit bekommt, seine positiven Persönlichkeitseigenschaften zu zeigen.
1. Konzentriere dich auf Persönlichkeitszüge von Menschen, die du bewunderst. Schreibe etwa dreißig Eigenschaften auf, die erfolgreiche, sympathische Menschen ausmachen.
2. Visualisiere, was für ein Mensch du sein möchtest.
3. Bewahre in deinem Inneren, was Freude bereitet, inspirierend und hilfreich ist. Weigere dich, das Negative zu sehen. Halte den Blick auf die Sonnenseite des Lebens gerichtet. Schreibe fünfzig Dinge auf, die dich inspirieren und dir Freude bringen.
Merke: anziehende Eigenschaften sind ausströmend und heiter, abstoßende Eigenschaften sind nach innen ziehend, auf sich selbst konzentriert.
4. Der erste Schritt zu einer anziehenden Persönlichkeit ist eine stabile Gesundheit. Achte in den nächsten vier Wochen besonders auf deinen Körper, auf sportliche Betätigung, gesunde Ernährung und Entspannung. Notiere deine Erfahrungen.
5. Lerne, dich weich durchzusetzen! Weitere Tipps und Anregungen findest du in meinem Buch „Charisma".
  Liebe Grüße, dein Alexander.

Mich beschäftigt die Frage: Wie setze ich mich „weich" durch? Schließlich will ich ja von Marlies eine Gehaltserhöhung. Ich gehe gedanklich die Szene durch, wie ich Marlies frage. Draußen wird es dunkel. Silvesterknaller sind aus allen Richtungen zu hören und erinnern mich daran, dass das Jahr zu Ende geht. Die ersten Raketen werden gezündet. Ich erledige die Aufgaben, arbeite an meiner Autosuggestion – ich bin fest entschlossen, eine einflussreiche Persönlichkeit zu werden … –, übe *weiches Durchsetzen*. Dazu spiele ich die Szenen mit einem unsichtbaren Gegenüber.

Als ich Hunger bekomme, öffne ich die Büchse mit den Bockwürsten – das Weihnachtsgeschenk der Kanzlei Sander. Danach nehme ich mir die Randnotizen vor.

Die Religion kann unmöglich im Gegensatz zur Wissenschaft stehen, wenn auch mancher Verstand zu schwach oder nicht reif genug ist, um die Wahrheit zu begreifen. Als Randnotiz steht geschrieben: *(Es ist uns nicht bewusst, weil Religion mit Institution verwechselt wird.)*

Religion und Wissenschaft sind die beiden Flügel, auf denen sich die menschliche Geisteskraft zur Höhe erheben und mit denen die menschliche Seele Fortschritte machen kann. Mit einem Flügel allein kann man unmöglich fliegen: wenn jemand versuchen wollte, nur mit dem Flügel der Religion zu fliegen, so würde er in den Sumpf des Aberglaubens stürzen, während er anderseits nur mit dem Flügel der Wissenschaft auch keinen Fortschritt machen, sondern in den hoffnungslosen Morast des Materialismus fallen würde. *(Inge hat den Flügel der Religion benutzt, und ich den der Wissenschaft.)*

Die wahren Prinzipien aller Religionen stimmen mit den Lehren der Wissenschaft überein. Die Einheit Gottes ist logisch, und dieser Gedanke stimmt mit den Lehren der Wissenschaft überein. *(Das Problem ist, dass die alten Religionen* *zu abergläubischen Bräuchen herabgesunken sind, die nicht mehr mit den wahren Grundsätzen ihrer Lehre und den wissenschaftlichen Entdeckungen unserer Zeit vereinbar sind).*

Ich verstehe, was ich lese und kann doch nicht wirklich etwas damit anfangen. Es ist wohl eher so, dass ich die Bedeutung der Texte für Alexander nicht begreife. Ich lese Seite für Seite, staune über Martins umfangreiche Recherche und finde doch keinen wirklichen Zugang. Wenn mein Onkel über diese Brücke zum Glauben gekommen ist, dann ist es jedenfalls nicht mein Weg.

Religionsgesetze entsprechen der Vernunft und sind den Menschen angemessen, für welche sie geschaffen wurden, sowie dem Zeitalter, in dem ihnen gehorcht werden muss. *(Der Zeitgeist wird nicht beachtet.)*

Ich komme gerade zu der Erkenntnis, dass meine Gehirnkapazität nicht ausreicht, um diese Dinge zu verstehen, als mich ein lauter Knall zusammenfahren lässt. Der Blick auf die Uhr bestätigt mir, dass es Mitternacht ist. Draußen schießen die Raketen in den Himmel. Ich gehe ans Fenster, ziehe die Gardine zur Seite und sehe mir das alljährliche Spektakel an. Und wie in jedem Jahr frage ich mich, warum man so viel Geld in die Luft schießen muss. Wäre es nicht sinnvoller, das neue Jahr andächtig zu begrüßen, mit neuen Zielen und Vorsätzen? Ich muss an Martin denken. Ob er Silvester feiert, nachdem er schon auf Weihnachten verzichtet hat? Ich überlege, ob ich ihm eine SMS sende. Schließlich hat er mir ein Weihnachtspäckchen geschickt. Da könnte ich doch jetzt auch einmal als Erste reagieren. Meine Oma würde es unschicklich finden. Ich höre ihre energische Stimme: „Lea, es gibt Dinge, die werden sich nie ändern. Der Mann muss den ersten Schritt tun." Ist das wirklich so? Meine Oma besaß jedenfalls Suggestivkraft. Sie konnte ihre Meinung sagen, als wäre sie ein uraltes, unumstößliches Gesetz. Wenn auch Alexander diesen Charakterzug hatte, dann war es kein Wunder, dass sich die beiden Sturköpfe nicht vertragen haben. Ich handele bewusst gegen meine Erziehung und schreibe Martin eine SMS mit den besten Wünschen für das neue Jahr. Mit der nächsten Rakete schicke ich Grüße an meine Lieben in den Himmel. Natürlich bin ich nicht so naiv zu glauben, dass meine Familie da auf einer Wolke sitzt. Es ist nur symbolisch gemeint. Der Klingelton meines Handys lenkt mich ab. Es ist Martin. „Ich wünsche dir auch ein gesundes und erfolgreiches neues Jahr, Lea."

„Danke", rufe ich und bin voller Freude. Es ist laut im Hintergrund. Ich kann ihn kaum verstehen. „Es ist wohl viel los bei dir?", schreie ich.

„Christine gibt eine Party. Ich hatte zwar keine Lust, aber den Überredungskünsten meiner Schwester bin ich einfach nicht gewachsen." Es wird ruhiger im Hintergrund. „So verstehe ich dich besser. Welches Programm läuft bei dir?"

„Ich habe gerade deine Forschungsarbeit studiert. Das ist eine Nummer zu groß für mich. Ich verstehe zwar, was ich lese, aber begreife die Bedeutung, oder die Wichtigkeit für Alexander nicht. Na, ja, ich bin eben nur eine Möchtegern …"

„Unsinn", fährt er dazwischen. „Der Mensch kann alles lernen." Ich zucke bei seinem Ton zusammen. „Habe ich da einen wunden Punkt getroffen?", frage ich vorsichtig.

„Du beleidigst gerade meine Arbeit. Ich mühe mich jeden Monat mit deiner Persönlichkeitsentwicklung ab. Wenn dabei ein Mangel an Selbstvertrauen und Selbstachtung herauskommt und eine falsche Selbsteinschätzung, dann mache ich etwas falsch." Ich halte kurz die Luft an.

„Du mühst dich mit mir ab", wiederhole ich. „Das hört sich an, als wäre ich eine Belastung für dich."

Ich höre ihn tief atmen, bevor er spricht: „Nein, das bist du nicht, aber ich reagiere allergisch, wenn jemand sagt, ich glaube, das ist eine Nummer zu groß für mich. Du hast dich doch noch gar nicht richtig damit beschäftigt. Ich habe extra die Randbemerkungen herausgeschrieben, um dir …" Er bricht ab.

„Ja?", frage ich gespannt.

„Ich darf mich da eigentlich nicht einmischen."

„Wobei?"

„In deinen geistigen Entwicklungsprozess."

Sein Zögern hat etwas Geheimnisvolles.

„Ach, das Silbertablett", fällt mir ein. „Ich soll mich selbst auf die Suche machen. Ich verstehe."

„Dir steht zwar eine Bibliothek zur Verfügung, und du interessierst dich auch für Alexanders Weg. Aber es fehlt dir die Zeit, um selbst zu forschen. Darum habe ich ein paar Handlangerarbeiten für dich erledigt."

„Ach so, du hast es für mich getan. Du hast dir Weihnachten diese Bücher meinetwegen vorgenommen." Seine Arbeit bekommt nun eine große Bedeutung für mich. Martin hätte es nicht getan, wenn er mich für zu dumm halten würde.

„Es lohnt sich dranzubleiben", betont er nachdrücklich. „Du solltest die Zitate, die dich besonders interessieren, noch einmal im Buch nachlesen, wegen des Zusammenhangs. Vielleicht verstehst du es dann besser. Außerdem glaube ich, dass man diese Texte immer wieder lesen kann und sie jedes Mal anders versteht. Das haben heilige Texte so an sich. Sie sind eine ewig sprudelnde Quelle. Und, Lea, dieses dämliche Wort *Möchtegern usw.* – streiche es bitte aus deinem Wortschatz. Es macht mich wütend, und dir raubt es das Selbstwertgefühl und blockiert dich. Es macht mit einem Schlag alles kaputt, was wir aufgebaut haben. Dieses Wort ist eine negative Suggestion. Du bist Lea Sommerfeld, die Großnichte von Dr. Alexander Hoffmann, und hast die Ehre, das Lebenswerk deines Onkels studieren zu dürfen. Außerdem finde ich es großartig, dass du dich auf die Spuren seiner geistigen Entwicklung begeben hast, dass du dich für sein Leben und für seinen Weg zum Glauben interessierst. Verstehst du, Lea, darum geht es, nur darum, jedenfalls im Augenblick. Das materielle Erbe ist nur ein Nebenprodukt."

Meine Sprachlosigkeit geht in Erstaunen über. Ich habe Martin noch nie so kraftvoll erlebt. Er hat die Fähigkeit, einen Menschen zusammenzustauchen und dabei zu ermutigen. Es erinnert mich an die Aussage meiner Großmutter über Alexander, der so hart wie Stahl und so weich wie Butter sein konnte. Und noch etwas wird mir klar. Ich spreche es zaghaft aus: „Das Wort hat dir die Pfunde geraubt."

Er schweigt dazu. Für mich ist es Bestätigung.

Im Januar gibt es noch andere Bestätigungen. Der Monat präsentiert sich mit Kälte und viel Schnee, so wie man es von diesem Monat erwartet. Das Leben in der Stadt ist zu einem gemächlicheren Tempo übergegangen. Die Straßenbahnen fahren unplanmäßig, die Autos sind zeitweise im Schritttempo unterwegs. An den Straßenrändern türmen sich Schneeberge und versperren die Parkplätze. Die Kunden kommen deshalb zu spät zu ihren Terminen. Auch das Aus- und Anziehen dauert im Januar eben länger. Nach dem hektischen Treiben im Dezember erscheint dieses gemütliche Tempo wie ein verdienter Ausgleich, obwohl es den Zeitplan durcheinanderbringt.

Am Montagnachmittag betritt eine neue Kundin unser Geschäft. Ich schätze die Frau auf Ende dreißig. Sie ist mir auf den ersten Blick sympathisch, wirkt positiv, strahlend und energiegeladen. Ich frage nach ihren Wünschen. „Man hat Sie mir empfohlen, Lea. Sie können Menschen verwandeln, hat meine Nachbarin gesagt." Sie strahlt mich im Spiegel an. Eine Frau mit Selbstbewusstsein, denke ich und prüfe mit der Hand die Struktur ihrer Haare. „Was würden Sie mir empfehlen?", fragt sie erwartungsvoll. Mir fällt auf, dass sie keinen sächsischen Dialekt spricht.

„Das kommt auf Ihr Ziel an. Wie möchten Sie denn von den anderen gesehen werden?" Die Frau seufzt. „Ich weiß nicht so recht. Ich bin, was mein Äußeres betrifft, eher unentschlossen. Mir fehlt wohl die Vorstellungskraft in diesen Dingen."

„Das ist ja auch meine Aufgabe, aber ich brauche Ihre Ziele dazu. Wie wäre es mit sportlich oder elegant oder ausgefallen. Oder vielleicht möchten Sie die romantische Fassung mit Löckchen." Ich muss ihr alle Möglichkeiten näher erläutern, bevor sie sich entscheiden kann. Für die ausgefallene Fassung zeige ich ihr ein Bild von mir mit meiner früheren Frisur, schlage ihr aber andere Farbtöne vor. Und darauf können wir uns dann einigen. Beim Färben erzählt sie mir, dass sie von Beruf Logopädin sei, aus dem Norden stammt und durch ihre Heirat vor drei Jahren nach Dresden gezogen ist. Ich horche auf. War das jetzt die Antwort auf meinen Wunsch?

„Was kostet eine Stunde Sprecherziehung bei Ihnen?"

„Sprecherziehung?", wundert sie sich. „Normalerweise kommen Leute zu mir, die ein stimmliches Problem haben, oder Kinder, die bestimmte Laute nicht sprechen können. Auch Schlaganfallpatienten betreue ich. Aber sie kommen alle mit einem Rezept vom Arzt.

„Ist denn niemand dabei, der seinen Dialekt loswerden will?"

„Nein, bisher war noch niemand da." Sie sieht mich fragend im Spiegel an. „Haben Sie eine Aufnahmeprüfung an der Schauspielschule?"

„An der Schauspielschule nicht, aber um Prüfung geht es tatsächlich."

„Wissen Sie was, Lea, ich könnte auch eine Beraterin in Sachen Kleidung gebrauchen, und dafür helfe ich Ihnen, Ihren Dialekt loszuwerden, wenn Sie es denn unbedingt wollen." Ich kann es kaum fassen, dass das Problem Sprache so einfach und billig gelöst ist. Jedenfalls ist der Anfang gemacht. Es soll vorerst mein Geheimnis bleiben. Weder meine Kolleginnen, noch Corinna, noch Martin sollen es wissen.

Mit meiner Forderung nach der längst fälligen Gehaltserhöhung tue ich mich dann doch schwer. Oder besser gesagt, es ist nicht ganz einfach, den richtigen Zeitpunkt zu finden. Einmal kommt Vivien gerade ins Büro, als ich ansetzen will, ein andermal ist Marlies schlecht gelaunt. Beim dritten Versuch verlässt mich der Mut. Doch beim vierten Anlauf schaffe ich es. Meine Zunge fühlt sich wie festgeklebt an, aber ich bringe den Satz heraus. „Marlies, ich möchte eine Gehaltserhöhung." Sie starrt mich erst ganz entgeistert an. Dann lächelt sie etwas verlegen. „Ich denke darüber nach, Lea."

Die ersten Wochen im neuen Jahr laufen hervorragend an. Das Interesse für „Verwandlung", wie es die Kunden bezeichnen, hat zugenommen. Mein Terminkalender für Januar und Februar ist voll. Auch die Nachfrage, nach Feierabend als Beraterin tätig zu sein, nimmt zu, obwohl ich keine Werbung dafür mache. Mundpropaganda. Für Samstag habe ich mich wieder mit einer Kundin zum Shoppen verabredet. Ich soll sie beim Kauf ihrer Kreuzfahrtgarderobe beraten. Diesmal schaffe ich es auch, im Vorfeld fünfzig Euro Beratungsgebühr zu vereinbaren. Und das will ich nun so beibehalten. Doch dann wendet sich das Blatt.

Am Freitag, zwei Wochen vor der nächsten Konsultation, habe ich es wieder mit einer neuen Kundin zu tun. Doch anders als meine Logopädin ist mir diese Frau auf Anhieb unsympathisch. Sie ist Mitte vierzig, altmodisch gekleidet, trägt eine gelockte Kurzhaarfrisur und eine dicke Hornbrille. Sie ist ein schwieriger Fall. Ihre Naturlocken lassen mir nicht viele Möglichkeiten. Wenn ich die Haare noch kürzer schneiden würde, hätten wir in vier Wochen die gleiche Frisur. Ich schlage ihr vor, die Haare zu glätten und empfehle eine hellere Tönung. Sie ist sofort einverstanden. Ich bin fast fertig, als die Dame meint, sie wolle sich auch neu einkleiden und hätte gehört, dass ich als Beraterin tätig sei. Sie lässt mir keine Zeit zum Nachdenken, fragt, ob ich nach Arbeitsschluss mit ihr einkaufen gehen könnte. Vom Gefühl her will ich absagen, doch mein Verstand erinnert mich daran, dass ich die fünfzig Euro gut gebrauchen kann.

Wir treffen uns dann drei Stunden später in der Abteilung Damenoberbekleidung eines Kaufhauses. Ich verwandele sie in einen sportlichen Typ. Am Ende passt sogar die Brille. „Was bekommen Sie für die Beratung?", fragt sie ganz freundlich. „Fünfzig Euro", sage ich so sicher, dass es mich selbst überrascht.

„Ich hätte gern eine Quittung dafür." Die Frau lächelt immer noch.

„Quittung?", frage ich verwundert. „So etwas habe ich nicht." Sie gibt mir das Geld, sucht weiter in ihrer Tasche und zeigt mir einen Ausweis. „Steuerfahndung. Frau Sommerfeld, gegen Sie liegt eine Anzeige wegen Schwarzarbeit vor." Ich bin so perplex, dass ich erst gar nichts sagen kann. Dann beginne ich erbost zu protestieren: „Ich habe ein paar Bekannte beim Einkauf begleitet. Dafür haben sie mir ein Trinkgeld von maximal fünfzig Euro gegeben. Wo ist denn da die Schwarzarbeit?"

„Sie haben kein Gewerbe angemeldet."

„Was denn für ein Gewerbe? Wenn es ein Gewerbe wird, melde ich es an." Wutentbrannt knalle ich ihr die fünfzig Euro auf die Tasche und verlasse das Kaufhaus. Die ganze Fahrt über fluche ich innerlich über die vergeudete Zeit mit dieser blöden Ziege und frage mich, was da auf mich zukommen wird. Wer hat mich überhaupt angezeigt? Trotz meines aufgelösten Zustandes fällt mir noch ein, dass mein Mentor Rechtsanwalt ist. Der Anruf oder Hilferuf ist meine erste Handlung, als ich nach Hause komme. „Ich brauche einen Anwalt", flöte ich ins Telefon. Und er faucht: „Leg auf, ich rufe zurück." Ich tue, was er sagt, und eine Minute später erzähle ich ihm von meinem Vergehen. Zu meiner Überraschung lacht er laut und wirkt erleichtert. „Was ist denn daran lustig?", frage ich beleidigt.

„Es ist mir lieber, du wirst zum Straftäter als zum Opfer", begründet er. Mit diesem einen Satz nimmt er mir Angst und Wut gleichzeitig, und ich kann mich etwas entspannen.

„Ich übernehme deine Verteidigung", sagt er pathetisch und lacht wieder.

„Ich habe noch keine dreihundert Euro verdient, eigentlich nur das Geld für die BahnCard", beschwere ich mich.

„Unser Finanzamt ist eben von der schnellen Truppe." Jetzt muss ich auch lachen.

„Und was passiert nun?"

„Wenn eine Anzeige vorliegt, wird man dein Einkommen überprüfen."

„Oh, na dann sollen sie mal meine siebenhundert Euro auseinandernehmen. Vielleicht legen sie noch etwas drauf, wenn sie feststellen, dass mir nur sechzig Euro zum Leben bleiben."

„In der Woche?

„Im Monat." Weil er schweigt, frage ich nach, ob er noch dran ist.

„Ich hatte keine Ahnung, dass es *so* wenig ist", sagt er betroffen. Ich ärgere mich, dass mir diese Information herausgerutscht ist. „Blöd von mir, das zu erwähnen. Es hört sich schlimmer an als es ist. Es gibt ja noch Trinkgelder." Dann füge ich noch gedehnt hinzu: „Steuerfreie Gelder. Außerdem habe ich es geschafft, Marlies um eine Gehaltserhöhung zu bitten und sie hat meinen Stundenlohn um fünfzig Cent erhöht. Brauchst dir also keine Sorgen zu machen. Nur musst du wissen, dass ich dir kein großes Honorar für meine Verteidigung zahlen kann."

Ihm ist nicht mehr nach Scherzen. Er geht gar nicht darauf ein. Stattdessen sagt er: „Erzähl mir mal, wie sich die Sache mit der Kundin abgespielt hat." Ich beschreibe die Begegnung bis ins Kleinste, von der Frisur bis zur Auswahl der Kleidung, und gebe jeden Dialog wieder. „Schließlich habe ich ihr die fünfzig Euro auf die Tasche geknallt und bin wutentbrannt davongelaufen. Das ist doch einfach eine Frechheit, mir wegen zweihundert Euro die Steuerfahndung auf den Hals zu hetzen. Sollen sie doch froh sein, dass ich den Staat nicht mit einem Ergänzungsgeld belaste und mich selbst kümmere. An der Stelle kannst du für Gerechtigkeit kämpfen. Jemand, der arbeitet, muss doch von seinem Geld leben können und darf nicht weniger haben als jemand, der nicht arbeitet." Als ich mich abreagiert habe, sagt Martin ruhig: „Lea, da stimmt etwas nicht. So arbeitet das Finanzamt nicht. Das ist unüblich. Hast du den Ausweis und den Namen der Frau deutlich gesehen?"

„Gesehen schon, aber was weiß ich, wie die Ausweise der Steuerfahnder aussehen."

„Ich bin mir fast sicher, dass hier nur jemand wollte, dass dir das Geld für Hamburg ausgeht. Die Frage ist nur, wer?"

Mir läuft ein Schauer über den Rücken. „Du meinst, das war gestellt?"

„Warten wir mal ab, ob sich etwas tut."

Ich bin mir nicht sicher, was mir lieber ist, eine Vorladung oder keine Vorladung und damit eine weitere Bestätigung, dass es jemanden gibt, der mich am Erben hindern will.

Eine Erkältungswelle breitet sich über Dresden aus. Ich halte mich bisher gut, obwohl fast jeder Kunde mit Schnupfen oder Husten ins Geschäft kommt. Sarah fällt aus. Da aber auch etliche Kunden wegen Krankheit absagen, gibt es keinen zusätzlichen Stress, nur Umverteilung. So kommt es, dass ich ein sechzehnjähriges Mädchen, die eigentlich Viviens Kundin ist, übernehmen muss. Wie es so meine Art ist, erkundige ich mich bei ihr, was sie so macht. Sie ist in der zehnten Klasse, steht kurz vor den Prüfungen und hat Angst. Ein klarer Fall für Alexander, denke ich sofort. „Was willst du nach der Schule machen?", frage ich nach. „Die Frau von der Berufsberatung hat mir Einzelhandelskauffrau empfohlen."

„Willst du das werden?"

„Eigentlich nicht, aber meine Zensuren sind zum Halbjahr schlechter geworden. Ansonsten hätte ich Fachoberschule gemacht mit Schwerpunkt Gestaltung, um dann später in eine Werbeagentur zu gehen."

„Mhm, das wäre also dein Ding?"

„Ja, aber mit den Zensuren ..."

„Was sagen deine Eltern dazu?"

„Die überlassen es mir. Aber bei den Zensuren sehen sie auch schwarz."

„Du hast also die Wahl zwischen einem Beruf, den du gar nicht willst, und einem, den du willst, aber nicht zu schaffen glaubst. Welche Zensuren hattest du denn im letzten Jahr?"

„In Mathe eine Drei, in Deutsch 'ne Zwei."

„Und jetzt?"

„Vier in beiden Fächern."

„Du kannst doch nicht plötzlich blöder werden. Wenn du einmal 'ne Zwei hattest, dann schaffst du die doch wieder." Das Mädchen sieht mich im Spiegel an. In ihren Augen sehe ich so etwas wie Hoffnung. „Meinen Sie?"

„Klar." Ich erzähle ihr von meiner beruflichen Entwicklung und erwähne mein Training. Dann gebe ich ihr sogar eine Hausaufgabe. Sie soll ihre Wünsche aufschreiben und ihre Stärken benennen. „Kann ich Sie anrufen, wenn ich fertig bin?", fragt sie.

„Klar." Ich gebe ihr meine Handynummer. Bei ihr habe ich das Gefühl, dass sie einen Menschen braucht, der an sie glaubt, der sie ermutigt. Im Grunde weiß sie, was sie will, doch ihr Selbstvertrauen ist in den Keller gerutscht. Auch das Zitat – **Glück und Größe, Rang und Stufe ...** – gebe ich ihr mit und empfehle ihr, es sich einzuprägen und die Gedanken dazu aufzuschreiben. Nach dem Gespräch fühle ich mich wie auf Wolke sieben. Es bereitet mir große Freude zu helfen.

Ein Schwerpunkt in diesem Monat ist unsere Gesundheit. Um meinem Körper etwas Gutes zu tun, steige ich täglich eine Station früher aus der Straßenbahn und laufe nach Hause. Außerdem mache ich ein paar gymnastische Übungen. An den Wochenenden nehme ich mir Zeit für längere Spaziergänge. Die tun nicht nur meinem Körper gut, ich habe so auch eine Gelegenheit, Menschen zu beobachten. Ab und zu setze ich mich in ein Café und mache mir bei einer Tasse Tee Notizen. Wenn mir eine Eigenschaft auffällt, zum Beispiel die Geduld einer älteren Dame im Umgang mit ihrem Enkelkind, dann notiere ich sie und nehme mir vor, daran zu arbeiten. Eine der Kellnerinnen hat eine sehr zuvorkommende Art. Sie behandelt jeden, als wäre er ein guter Bekannter. Auch diese Eigenschaft will ich kultivieren. Eine weitere, die mir ins Auge springt, ist Höflichkeit. Ein älterer Mann hilft seiner Partnerin aus dem Mantel und rückt ihr den Stuhl zurecht. So erlebe ich auch Großherzigkeit, Freundlichkeit und Hilfsbereitschaft. Ich notiere meine Beobachtungen und merke dabei, dass das Schreiben inzwischen zu einer Gewohnheit geworden ist. Es hat mit den Gedanken zu den Zitaten begonnen und entwickelt sich zu einer Mischung aus Erkenntnistagebuch und Erfahrungsbericht. Abends ziehe ich eher Bilanz, morgens schreibe ich Dinge auf, die für den Tag wichtig sind oder die ich üben möchte..

Eine Kundin lehrt mich Bescheidenheit und Selbstlosigkeit, eine andere Aufrichtigkeit. Wenn ich an Martin denke, dann fallen mir gleich mehrere Eigenschaften ein: Vertrauenswürdigkeit, Loyalität, Großzügigkeit, Höflichkeit. Er ist ohne Zweifel eine charismatische Persönlichkeit, ein Mensch mit magnetischer Kraft. In seiner Nähe fühle ich mich größer, akzeptiert und wichtig. Alexander betont an einer Stelle in seinem Buch die drei besten Investitionen, die man tätigen sollte: den Erwerb von Liebenswürdigkeit, Herzlichkeit und Großzügigkeit. Weiterhin sind gutes Urteilsvermögen und gesunder Menschenverstand, Taktgefühl und gutes Benehmen nötig, wenn man auf Menschen Einfluss haben möchte. Ich beschreibe jede dieser Eigenschaften ausführlich in meinem Tagebuch, ich visualisiere sozusagen schriftlich.

Mein Blick wird geschärft für Menschen mit Ausstrahlung. Über Autosuggestion präge ich mir die Eigenschaften ein. Die Übungen mache ich vor dem Spiegel. Es ist interessant zu erleben, wie sich alles miteinander verwebt. Wenn ich eine Autosuggestion spreche, dann übe ich gleichzeitig die klare Aussprache, habe den Blick auf das Positive und auf meine Ziele gerichtet. Am Schluss rezitiere ich das Zitat. Es ist immer wie eine Zusammenfassung, nein mehr. Es ist, als würden alle Erkenntnisse auf eine höhere Ebene gehoben.

Ende des Monats habe ich eine Studentin als Untermieterin gefunden, und der finanzielle Engpass ist zu Ende. Trotzdem drehe ich jeden Cent mehrmals um. Mein Ziel ist ja nicht ein gutes Leben, sondern mein eigenes Institut.
Das sechzehnjährige Mädchen – Charlotte heißt sie – hat mich zweimal angerufen, einmal, um mir ihre Wünsche und Stärken vorzulesen und einmal, um mir zu sagen, sie hätte sich für die Fachoberschule entschieden und würde jetzt in Mathe Nachhilfeunterricht nehmen. Diese Nachricht hat mir ein starkes

Hochgefühl vermittelt. Ein zweites Mal wird mir klar: ich habe den Menschen mehr zu geben als eine neue Frisur.

Irgendetwas stimmt nicht, denke ich, als ich mit Corinna Samstag kurz vor elf in der Kanzlei Sander eintreffe, abgesehen davon, dass mir die Glieder schmerzen und ich mich schlapp fühle. Anscheinend hat mich nun doch der Grippevirus erwischt, trotz Gesundheitsprogramm für meinen Körper.

Die Mitglieder des Stiftungsrates und Bachmeiers warten auf uns im Besprechungsraum. Corinna wirft mir einen fragenden Blick zu. Martin bittet uns, Platz zu nehmen. Er sieht zwar blass und angespannt aus, aber ich stelle beruhigt fest, dass er wieder zugenommen hat. Er sitzt diesmal an der hinteren Seite des Tisches. Helene hat seinen üblichen Platz eingenommen und ergreift das Wort: „Liebe Anwesende, ich habe Sie hier zusammengerufen, weil eine Beschwerde von Frau Hanna Wegner vorliegt. Sie ist der Meinung, dass gegen die gleichwertige Behandlung der beiden Nichten, die ihr Onkel im Testament besonders betont hat, verstoßen wurde. Frau Wegner behauptet, dass Dr. Sander Lea bevorzugt." Corinna wird leichenblass und rutscht halb unter den Tisch. Martin hat die Arme verschränkt und hört sich geduldig die Vorwürfe an. Ich bin zu schockiert, um zu protestieren.

Helene fährt in einem weichen, herzlichen Ton fort: „Martin, du verstehst, dass es unsere Aufgabe ist, diese Vorwürfe zu überprüfen. Wir haben deinen Vater um einen Blick in die Telefonabrechnung gebeten, und da ist uns aufgefallen, dass du fast nur mit Lea telefoniert hast und kaum mit Corinna. Dann haben wir eine Übernachtung von einem Hotel in Dresden in der Abrechnung entdeckt, und die Quittungen zeigen ein Präsent für Lea zu Weihnachten auf und keins für Corinna. Frau Wegner hat sich vor allem daran gestört, dass Corinna kein Weihnachtspäckchen bekommen hat. Die Befragung von

Frau Schmidt hat ergeben, dass du zweimal an einem Samstagnachmittag in der Villa warst, als nur Lea dort war. Hast du dafür eine Erklärung?" Sie benimmt sich so, als täte es ihr leid, dass man ihn der Ungerechtigkeit bezichtigt. Aber ich kenne ja das Biest. Es ist mir klar, dass sie Hanna dazu angestachelt hat. Ich wundere mich nur, dass Martin die Quittung für mein Geschenk abgerechnet hat und die Quittung für Corinnas Geschenk nicht. Das sieht wirklich nach Ungerechtigkeit aus, deutlicher kann man es ja nicht zeigen. Es passt eigentlich nicht zu ihm, so einen Fehler zu machen. Will er es darauf anlegen? Martin erhebt sich. „Als erstes muss ich die Quittung für Corinnas Weihnachtsgeschenk nachreichen." Er legt sie auf den Tisch. „Corinna, das Paket ist leider zurückgekommen. Meine Sekretärin hat die falsche Hausnummer notiert. Ich habe das Päckchen in der Villa abgegeben. Tut mir leid, dass Sie es erst nach Weihnachten erhalten haben." Corinna nickt steif.

„Nun musst du uns noch die Fahrt nach Dresden erklären", sagt Helene wieder in diesem Ton, als wäre es ihr peinlich, danach fragen zu müssen.

Er sieht mich an: „Lea, ich müsste zu diesem Zweck Ihre private Situation erklären. Wenn es Ihnen nicht recht ist, dann tue ich es nicht." Ich vertraue ihm, also stimme ich zu.

„Vielleicht erinnert ihr euch noch, dass es Lea an dem letzten Wochenende im Oktober schlecht ging. Sie ist dank der Hilfe von Frau Schmidt noch rechtzeitig zur Konsultation gekommen. Ich brauche hier nicht zu erläutern, was ihr Fehlen für Konsequenzen gehabt hätte. Jemand wollte nicht, dass sie pünktlich ist und hat ihr beim Frühstück ein Schlafmittel in den Kaffee getan." Einige sind entrüstet, man redet durcheinander. Helene sagt laut: „Kannst du das beweisen, Martin?"

„Nein, das kann ich nicht, denn Frau Schmidt hatte nach dem Frühstück pflichtbewusst die Tassen abgewaschen. Aber

Tatsache ist, dass an diesem Morgen die Leiter des Institutes, der Leiter der Stiftung, Frau und Herr Wegner, Corinna und Lea zusammen gefrühstückt haben. Lea wunderte sich darüber, dass der Kaffee sehr bitter schmeckt, hat ihn aber aus Höflichkeit Frau Schmidt gegenüber ausgetrunken. Danach ist sie auf ihr Zimmer gegangen und eingeschlafen. Wenn Frau Schmidt sie nicht mit aller Kraft geweckt hätte ..."

„Du willst doch nicht ernsthaft behaupten, dass einer von uns ihr ein Schlafmittel gegeben hat. Was hätten wir davon?", faucht Helene ihn an.

„Irgendwer scheint sich davon etwas versprochen zu haben. Jedenfalls machte ich mir deshalb Sorgen und rief Lea an. Nachdem ich vierzehn Tage keine Verbindung bekommen habe und dummerweise auch nicht die Nummer von ihrer Arbeitsstelle hatte, es auch keine Verwandten oder Freunde gibt, die ich kontaktieren konnte, blieb mir nichts weiter übrig, als nach Dresden zu fahren."

„Und warum ist sie nicht ans Telefon gegangen?", will Helene nun wissen. Ihr Gesichtsausdruck verrät Neugier.

Er zögert: „Lea ging es wirklich nicht gut."

Ich sehe, wie ein Lächeln über Helenes Gesicht huscht. Martin sieht mich fragend an. Ich halte es für angebracht, selbst zu antworten: „Mein Freund hatte mich mit meiner besten Freundin betrogen. Das war ein harter Schlag", sage ich tonlos und sehe Helene fest in die Augen. „Die beiden waren eigentlich meine Familie. So ein Vertrauensbruch schmerzt, ich wollte mit niemandem reden." Ihr Gesicht nimmt wie auf Bestellung eine mitleidige Miene an. Mir kommt der Gedanke, dass ich sie nicht zufällig auf der Terrasse belauscht habe. Es war inszeniert. Sie war erst auf die Terrasse gegangen, nachdem ich die Toilette betreten hatte. Das Fenster war angeklappt. Dann ließ sie Martin kommen. Hatte Helene mir den

Schlaftrunk verabreicht? Ich spüre die Blicke der Anwesenden.

„Der Besuch von Dr. Sander hat mir gut getan. Ich konnte mit jemandem darüber reden und danach …"

„Martin, du erlaubst hoffentlich die indiskrete Frage." Helene schneidet mir das Wort ab, was ich sehr unhöflich finde. Für eine Meisterin der Rhetorik und Leiterin des Institutes für Persönlichkeitsentfaltung ist dieses Benehmen kein gutes Aushängeschild.

„Frau Wegner behauptet, du hättest eine Beziehung zu Frau Sommerfeld. Du warst zweimal in der Villa, als Corinna nicht da war. Frau Schmidt hat es bestätigt." Mir ist klar, dass die Behauptung von Helene stammt und nicht von Hanna.

„Natürlich habe ich eine Beziehung zu Lea, und ich habe auch eine zu Corinna. Wenn man seit Monaten zusammenarbeitet, hat man eine Beziehung. Ich kenne ihre Stärken und Schwächen. Ich arbeite mit ihnen an der Entfaltung ihrer Persönlichkeit."

„Du weißt, wie es gemeint ist."

„Ich beantworte die Frage so, wie sie gestellt wird. Wenn du sie anders meinst, musst du sie anders formulieren." Sein Ton ist schneidend scharf. Ich bekomme eine Ahnung davon, wie er vor Gericht seine Mandanten verteidigt.

„Hast du eine intime Beziehung zu Lea?"

Mir bleibt bei dieser Unterstellung die Luft weg.

„Nein, habe ich nicht. Haltet ihr mich für so dumm, dass ich ein Verhältnis anfange und dann noch die Hotelkosten auf die Spesenrechnung setze? Diese Ausgabe hätte ich mir doch dann sparen können." Er lacht leise und schüttelt den Kopf. Jetzt ist mir klar, warum die Hotelrechnung in der Abrechnung war.

„Wenn Frau Wegner das behauptet, müssen wir es prüfen. Es ist schließlich Alexanders Wunsch", sagt sie entschuldigend und fügt in einem lockeren Ton hinzu: „Wenn du eine

Frau hättest, würde Frau Wegner wahrscheinlich gar nicht auf solche Gedanken kommen." Oh, ich erkenne sofort die versteckte Aufforderung, dass Helene auf ihn wartet.

„Soll ich mich jetzt dafür rechtfertigen, dass ich nicht verheiratet bin? Aber ich kann Frau Wegner beruhigen. Wenn der Spuk hier vorbei ist, werde ich heiraten. Vielleicht beruhigt Frau Wegner diese Antwort."

Helene beruhigt diese Antwort jedenfalls nicht. Ich sehe, wie sie um Beherrschung ringt und blass wird. Der Mann, den sie immer noch begehrt und der bisher Junggeselle war, spricht von Heirat. „Und warum warst du dann in der Villa?", fragt sie nun barsch.

„Im September habe ich mir Pflaumenmus abgeholt. Frau Schmidt hat es extra für mich gekocht. Außerdem habe ich mit Lea Äpfel gepflückt. Der Gärtner war krank, hatte die Gürtelrose und das Wetter sollte umschlagen. Frau Schmidt schaffte es nicht allein. Corinna hatte sich für einen Einkaufsbummel entschieden. Im Dezember brauchte Frau Schmidt jemanden, der den Schneeschieber repariert und Sand zum Streuen nach vorn bringt. Der Gärtner hatte sich das Bein gebrochen. Bei der Gelegenheit haben wir dann auch gleich Schnee geschoben, Lea und ich. Corinna ist früher abgereist, weil sie zu einer Geburtstagsfeier wollte. Noch irgendwelche Fragen?" Er sagt es so monoton, dass es lächerlich wirkt. Ja, die ganze Befragung erscheint jetzt albern.

Das muss wohl auch Klaus Bachmeier so empfinden, denn er ergreift nun das Wort: „Wir sollten zu einer Entscheidung kommen. Frau Wegner hatte den Verdacht, dass Dr. Sander Frau Sommerfeld bevorzugt. Wir haben die Erklärungen gehört und müssen nun entscheiden, ob hier eine ungleiche Behandlung der Großnichten von Alexander vorliegt. Ich schlage vor, wir stimmen ab. Wer denkt, dass dieser Verdacht begründet ist, hebe die Hand." Herr Bachmeier wartet. Es meldet sich niemand. „Dann die nächste Frage. Wer ist dafür, dass Dr. Sander die Konsultationen fortsetzt?" Die Hände gehen nach oben. Eine leichte Unruhe tritt ein. Martin schlägt mit der Faust auf den Tisch. „Dann können wir ja jetzt endlich anfangen. Lea, Corinna, packt eure Unterlagen aus." Mir fällt auf, dass er uns das erste Mal vor den anderen duzt. Anscheinend hat er jetzt genug von dem Hin und Her. Die Gäste verlassen eilig den Raum. Er öffnet kurz das Fenster. „Möchtet ihr Kaffee?" Wir nicken. Mich überrascht sein munteres Verhalten. Er wirkt nicht nur erleichtert, sondern auch höchst zufrieden. Die Sekretärin bringt eine Thermoskanne und drei Tassen.

Martin nutzt die Gelegenheit, um das Thema „charismatische Ausstrahlung" praktisch anzuwenden. „Wer von den Anwesenden war für euch eine charismatische Persönlichkeit?"

„Helene", sagt Corinna sofort. „Sie hat Charme, ist höflich, freundlich, diplomatisch."

„Sie versteht es, Menschen um den Finger zu wickeln", ergänze ich trocken.

Martin schmunzelt. „Das hat einen negativen Beigeschmack, Lea."

„Genauso ist es. Sie kommt mir nicht ganz ehrlich vor. Und manchmal ist sie mir *zu* freundlich."

„Bei wem hast du eine charismatische Ausstrahlung festgestellt?"

Ich überlege einen Augenblick. „Herr Bachmeier wirkt souverän und gerecht, vertrauenerweckend und einfühlsam." Martin lässt die Einschätzung im Raum stehen und geht zu unseren Hausaufgaben über.

Wir lesen unsere Antworten vor, erzählen, was wir für unseren Körper Gutes getan haben. Corinna ist sogar dreimal wöchentlich im Fitnessstudio gewesen und hat sich täglich eine warme Mahlzeit gekocht. Ich schaffe es noch, die Person zu beschreiben, die ich sein will, bekomme auch mit, dass Corinna sich als Anwältin profiliert, aber meine Konzentration nimmt immer mehr ab und meine Gliederschmerzen zu. Was ist mit mir? Der nächste Brief von Alexander wird gelesen. Mein Gesundheitszustand verschlechtert sich rapide. Ist mir die Tatsache, dass es eine Frau in Martins Leben gibt, auf das Gemüt geschlagen? Mir wird heiß und kalt. Arme und Beine sind jetzt bleischwer. „Was ist los, Lea?", fragt Martin, als ich meinen Kopf abstützen muss.

„Es ist wohl sehr warm hier. Vielleicht können wir mal das Fenster aufmachen?"

„Ich friere, bloß nicht noch das Fenster öffnen", ruft Corinna entsetzt.

Die letzten Minuten werden zur Qual. Mein Zustand scheint sich jetzt von Minute zu Minute zu verschlechtern. Mir ist nur noch zum Heulen zumute. Ich zittere am ganzen Körper. Wo kommt das nur so plötzlich her? Corinna muss meine Sachen zusammenpacken, Martin hilft mir in den Mantel und bringt uns zur Villa.

Corinna sagt scherzhaft:„Hat dir wieder jemand was in den Kaffee getan? Du siehst furchtbar aus." Ich schleppe mich nach oben und suche im Bad nach einem Fieberthermometer. 39,8 stellt sich heraus. Ich nehme ein Aspirin, bevor ich mich ins Bett lege. Als ich zwei Stunden später erwache, stehen Corinna und Frau Schmidt an meinem Bett. „Lea, du glühst, wir müssen mal die Temperatur messen. 40,8. „Oh Lea, du brauchst einen Arzt", meint Corinna aufgeregt.

„Wadenwickel genügen", flüstere ich unter Anstrengung. Frau Schmidt holt eine Schüssel Wasser und Handtücher. Corinna packt meine Beine ein, und nachdem die Wickel dreimal erneuert wurden, ist die Temperatur unter vierzig Grad. Doch ich fühle mich miserabel. „Wir müssen Martin informieren, sagt Frau Schmidt. Ich wehre kraftlos ab. „Was soll er denn machen? Morgen geht es besser." Ich schlafe wieder ein und werde irgendwann vorsichtig geweckt. Corinna, Martin und ein fremder Mann stehen an meinem Bett. „Lea, das ist Dr. Simon. Er war der Hausarzt von Alexander und wird dich untersuchen", erklärt mir Martin sanft. Ich versuche mich aufzurichten, habe aber keine Kraft. Corinna und Martin helfen mir. „Warten Sie bitte draußen", weist der Arzt an.

Die anderen verlassen den Raum. Mein Blutdruck wird gemessen. Der Arzt hört mich ab. Ich muss ein paar Mal tief atmen. Dann falle ich in die Kissen zurück. Dr. Simon ruft die anderen wieder ins Zimmer. „Sie hat eine Virusinfektion, hier hilft nur strenge Bettruhe. Ich könnte sie ins Krankenhaus einweisen."

„Nein", protestiere ich leise. „Geben Sie mir Medikamente, ich muss morgen nach Hause fahren."

Der Mann lächelt mitleidig. „Das geht auf keinen Fall."

Martin erklärt dem Mann die Regel, die Alexander festgelegt hat. Einmal im Monat darf ich zwei Nächte maximal in diesem Haus übernachten. „Dann ist doch das Krankenhaus die beste Lösung. Wenn wir sie gleich einweisen, hätte sie noch eine Übernachtung gut, bevor sie wieder nach Hause fährt." Das klingt vernünftig, aber ich will nicht ins Krankenhaus. „Lasst mich noch eine Nacht hier. Wenn es nicht besser wird, dann gehe ich morgen freiwillig."

Der Arzt wendet sich an Corinna. „Sind Sie heute Nacht im Haus?"

„Ja."

„Wenn das Fieber auf über 40 Grad steigt, rufen Sie sofort den Notarzt. Sie müssen öfter nach ihr sehen und Fieber messen. Ich gebe ihr jetzt noch eine Spritze. Die Tabletten sind für morgen früh, bei Fieber alle vier Stunden. Doch selbst, wenn es ihr besser geht, sie braucht in den nächsten Tagen absolute Bettruhe und kann unmöglich nach Hause fahren. Ich schreibe

Ihnen gerne eine Bescheinigung, Herr Sander, dass Frau Sommerfeld aus gesundheitlichen Gründen hier bleiben muss."

„Danke, Dr. Simon. Wir suchen nach einer Lösung und geben Ihnen dann Bescheid."

„Gute Besserung, Frau Sommerfeld", sagt der Arzt und tätschelt mir den Arm. Ich höre noch, wie Martin leise sprechend mit ihm das Zimmer verlässt.

Als ich erwache, ist es hell. Die Vorhänge sind aufgezogen. Mir geht es besser, obwohl mir noch alle Glieder wehtun und ein heftiger Schmerz in meinem Kopf hämmert. Der Blick nach rechts auf den Wecker verrät mir, dass es kurz nach neun ist, der Blick nach links sagt, dass mir jemand in dieser Nacht Gesellschaft geleistet hat. Der Hocker und die Wolldecke gehören nicht in diesen Raum. Ich setze mich vorsichtig auf, lasse langsam die Beine aus dem Bett baumeln und versuche mein Glück. Auf wackligen Füßen und mit einem Kopf, in dem sich ein Karussell zu drehen scheint, schleiche ich ins Bad. Mein Spiegelbild kommt mir fremd vor. Ich verrichte nur die notdürftigsten Dinge und kehre erschöpft wie nach einem Achthundert-Meter-Lauf ins Schlafzimmer zurück. Corinna wartet auf mich. „Na, wie geht's?", fragt sie vorsichtig.

„Ich denke, dass es mir etwas besser geht. Doch ob ich es bis zum Zug schaffe …"

„Du hast gar keine Wahl. Du musst im Bett bleiben." Ich kann ihr nicht widersprechen, bin froh, als ich wieder unter meiner Decke liege.

„Danke, dass du mir heute Nacht Gesellschaft geleistet hast."

„Wir haben uns abgewechselt", sagt sie.

„Die arme Frau Schmidt."

Nicht Frau Schmidt, Martin ist hier geblieben."

Ich kann vor Überraschung nichts sagen. „Er hat darauf bestanden, dass ich um zwei ins Bett gehe, nachdem ich noch einmal bei dir Fieber gemessen habe. Es war unter vierzig

Grad. Eigentlich hätte er in der Bibliothek schlafen können, doch er wollte hier oben bleiben." Sie zuckt mit den Schultern. „So ist er nun mal, überfürsorglich."

„Wo ist er jetzt?"

„Er ist um acht Uhr weggefahren, hat Frau Schmidt gesagt. Keine Ahnung, wohin. Ich hole dir das Frühstück."

Nach zehn Minuten kommt Corinna mit einem Tablett zurück. Obwohl ich keinen Hunger hatte, beiße ich von dem Honigbrötchen ab und trinke schluckweise Pfefferminztee. Gegen zehn Uhr klopft es und Martin tritt ein. Ihm folgen Corinna und Frau Schmidt. Ich komme mir vor wie bei der Visite im Krankenhaus. Es fehlen nur noch die weißen Kittel. Martin legt seine Hand auf meine Stirn und mustert mich genau. „Es geht besser", beteuere ich.

„Hast du noch mal Fieber gemessen, Corinna?"

„38,5 vor 'ner halben Stunde."

„Lea, wir müssen eine Entscheidung treffen. Laut Festlegung, darfst du nur zwei Nächte im Haus deines Onkels bleiben. Frau Schmidt hat vorgeschlagen, dass du bei ihr einziehst. Das wäre eine Möglichkeit, doch auch Frau Schmidt wohnt im Haus deines Onkels und es ist eine Auslegungssache. Man könnte dir daraus einen Strick drehen. Ins Krankenhaus willst du nicht, und ich glaube, so wie es jetzt aussieht, ist das auch nicht nötig." Ich nicke und unterdrücke ein Stöhnen, weil es in meinem Kopf wie wild hämmert.

„Ich habe mit meinen Eltern gesprochen. Meine Mutter ist zu Hause. Mein früheres Zimmer dient als Gästezimmer und sie würde sich freuen, wenn du da für ein paar Tage einziehst. Sie päppelt dich wieder auf." Ich kann gar nichts dazu sagen. Es ist mir unangenehm, den Sanders zur Last zu fallen. Er scheint meine Gedanken zu erraten. „Du bist keine Belastung für sie."

„Und wenn ich sie anstecke?"

„Dann musst du sie pflegen." Er lächelt und berührt meine Hand. „Glaub mir, es ist die beste Lösung. Ich hatte die ganze Nacht Zeit, darüber nachzudenken."

Nur ungern willige ich ein. Am Nachmittag bringt er mich zu seinen Eltern.

Nun liege ich hier im Bett bei fremden Leuten und belaste sie mit meiner Anwesenheit. Das Gefühl behagt mir gar nicht. Mir wird klar, dass ich lernen muss, Hilfe anzunehmen. Vielleicht habe ich deshalb so wenige Freunde, weil ich immer so tue, als würde ich niemanden brauchen. Meine Oma hat mich zur Selbständigkeit und Unabhängigkeit erzogen, natürlich auch zur Hilfsbereitschaft. Doch war es bisher eher so, dass ich anderen geholfen und höchstens von Angela Hilfe angenommen habe. Bin ich etwa misstrauisch? „Man belastet andere nicht mit seinen Problemen. Jeder hat sein Päckchen zu tragen", höre ich meine Oma sagen. „Wer über Geld jammert, zeigt damit nur, dass er nicht mit Geld umgehen kann."

Solche und ähnliche Gedanken kommen mir, während ich wach bin.

Das Zimmer, das ich bewohne, ist mit Kiefernmöbeln ausgestattet; einem Doppelbett, einem dreitürigen Kleiderschrank und einem Schreibtisch. Blaugraue Vorhänge und passend farbige Bettwäsche verleihen dem Raum eine kühle und beruhigende Atmosphäre, die von dem leichten Lavendelduft noch verstärkt wird. Die Wände sind in einem zarten Gelb gestrichen und mit Aquarellbildern in unterschiedlichen Größen geschmückt. ‚Ob Frau Sander eine künstlerische Ader hat?', frage ich mich.

Den Rest des Sonntags verschlafe ich. Am Montag stehe ich zu den Mahlzeiten auf. Martins Mutter umsorgt mich rührend. Sie sieht jede Stunde nach mir, kocht mehrmals frischen Tee und kontrolliert meine Temperatur.

Am Nachmittag rückt sie einen Stuhl an mein Bett. „Darf ich mich ein bisschen zu Ihnen setzen, Lea?"

„Gerne, ich hoffe nur, ich stecke Sie nicht an."

„Dann tauschen wir eben." Das ist anscheinend eine Redewendung in dieser Familie, denn Martin hat es auch gesagt. Sie tätschelt mir die Hand und legt mir dann die Alben mit Familienbildern auf das Bett: ihr Hochzeitsbild, Babybilder von Martin und Christine, der Bau des Hauses, Einschulungsbilder. Martin war als Kind sehr schmächtig und wirkt schüchtern, während seine Schwester mit ihren frechen Posen Selbstbewusstsein ausstrahlt. Die Familie Sander erscheint auf ihren Fotos als perfekte Familie. Sie sehen glücklich aus. Ich spüre einen Stich im Herzen, als ich die Alben durchblättere. Zu besonderen Bildern gehören besondere Geschichten. Die Hochzeit von Christine und Bernd zählt zu den Höhepunkten. Mit einem Seufzer erwähnt sie, dass sie auf eine weitere Hochzeit hofft. Dann kommt sie auf die Weihnachtsfeier zu sprechen. „Martin hat es mir sehr übel genommen, dass ich ihn mit Corinna verkuppeln wollte und Ihnen, Lea, noch davon erzählt habe. Mir ist überhaupt nicht klar gewesen, dass ich damit gegen Alexanders Anweisungen, die Gleichwertigkeit der beiden Großnichten zu wahren, verstoßen habe. Ich sah es als Vorsehung an, als zweite Chance." Frau Sander faltet bei diesen Worten die Hände. „Martin wollte vor fünf Jahren heiraten. Seine Verlobte war gerade mit dem Jurastudium fertig, und ihr Einstieg in unsere Kanzlei stand bevor. Wir waren froh darüber, denn unser Sohn hatte sich ja für das Institut entschieden. Es war wirklich eine perfekte Lösung, und dann, ein paar Wochen vor der Hochzeit, trennten sie sich. Es hat wohl einen großen Krach gegeben. Ich weiß bis heute nicht, warum es plötzlich nicht mehr funktionierte. Martin hat nie darüber gesprochen." Sie atmet schwer. „Es gab zu dieser Zeit auch

Probleme im Institut, auch darüber bin ich nicht genau informiert. Jedenfalls kündigte Martin dort.

Für meinen Mann erfüllte sich ein Wunschtraum, als sein Sohn in die Kanzlei wechselte. Allerdings war es für Alexander ein schwerer Schlag. Er hatte Martin als seinen Nachfolger gesehen. Marianne war kurz vorher gestorben, und Martin ging genau zum ungünstigsten Zeitpunkt. Er besuchte danach Alexander sehr oft. Damals erwachte wohl ihr gemeinsames Interesse für geistige Themen.

Das ist jetzt fast fünf Jahre her. Seitdem führt er ein Leben wie im Kloster, keine Freundinnen – soweit ich das mitbekomme –, nur noch Bücher, Bücher, Bücher." Sie stöhnt laut. „Als Mutter macht man sich seine Gedanken. Mein Sohn ist schließlich fünfunddreißig. Wenn ich mal vorsichtig nachfrage, ob es nicht Zeit für Frau und Kinder wäre, dann sagt er: ‚Mutter, es ist nicht so einfach, die richtige Frau zu finden. Ich habe einen besonderen Anspruch und gehe keine Kompromisse mehr ein.' Natürlich weiß ich, dass er ein hochintelligenter Mann ist, der zwei Studienrichtungen absolviert und seinen Doktor gemacht hat. Es ist sicher nicht einfach, eine Frau zu finden, die ihm das Wasser reichen kann." Sie lehnt sich zurück. „Ich hatte die Hoffnung auf eine Schwiegertochter zwischenzeitlich schon aufgegeben. Jedenfalls hat er mir Anfang Januar erklärt, dass ich meine Kuppelversuche einstellen könne, er hätte die richtige Frau gefunden, ich müsse mich nur noch etwas gedulden, weil einige Sachen zwischen ihnen noch nicht geklärt wären." Sie schließt das Album und legt es auf den Nachttisch. „Wissen Sie, Lea, als Mutter ist man froh, wenn die Kinder unter der Haube sind und wenn die Beziehungen funktionieren. Und ich finde es ideal, wenn beide den gleichen Beruf haben, so wie es bei Christine und Bernd ist. Sie haben zusammen die Praxis. Sie können sich gegenseitig Patienten abnehmen. So würde ich es mir für Martin auch wünschen." Sie tätschelt mir wieder die Hand „Ich wollte Sie wirklich nicht verletzen, Lea. Ich habe einfach nur die praktische Seite gesehen." Dann steht sie auf. „Jetzt habe ich aus dem Nähkästchen geplaudert. Sie sind eine gute Zuhörerin. Bitte, Lea, behalten Sie alles, was ich erzählt habe, für sich. Ich will nicht, dass Martin sich noch einmal so ärgert wie nach der Weihnachtsfeier. Er hat sich einen ganzen Monat nicht sehen lassen und war furchtbar abgemagert. Ich weiß bis heute nicht, wo er Weihnachten verbracht hat. Vermutlich bei seiner Freundin." Sie lächelt gequält. „Aber dann kann sie wohl nicht besonders gut kochen."

Ich weiß, wo er Weihnachten verbracht hat. Dass sein Gewichtsverlust nicht an den Kochkünsten von Frau Schmidt gelegen hat, behalte ich für mich. Indirekt wird mir ein zweites Mal zu verstehen gegeben, dass eine Friseurin nicht zu einem Doktor der Rechtswissenschaften passt. Nach Frau Sanders Vorstellungen habe ich auch nicht zu Tom, dem Informatiker, gepasst.

Ich kann mir zusammenreimen, was damals passiert ist. Helene hatte eine Affäre mit Martin. Er war verlobt. Und entweder hat er es seiner Verlobten gestanden, was zu ihm passen würde, oder Helene hat die Verlobte geschickt informiert, in der Art wie sie es mit mir bei der Weihnachtsfeier gemacht hat. Die Folge war: Er ist zu seinem Vater in die Kanzlei gewechselt, um einen Abstand zu Helene zu bekommen.

Ob Alexander davon gewusst hat? Und was bedeutet dieser Satz? „Mutter, ich habe einen besonderen Anspruch und gehe keine Kompromisse mehr ein." Die Worte bleiben mir im Gedächtnis hängen und machen mich traurig. Ich merke, dass es mir wieder schlechter geht. Am liebsten würde ich abreisen. In Dresden würde ich meine Gefühle besser in den Griff bekommen.

Um mich abzulenken, hole ich meine Unterlagen hervor und lese Alexanders Brief.

Liebe Lea,
Alles, um was ihr betet, glaubt, dass ihr es empfangen habt und es wird euch zuteil werden.
Oder so ausgedrückt: **Nach dem Maße eures Glaubens werden euch Kräfte und Segnungen zuteil.**
In diesem Kapitel geht es um das Gesetz der Anziehung, um die Bedeutung des Glaubens und den Umgang mit der Angst. Das Thema Anziehung läuft wie ein roter Faden durch dieses Programm. Jetzt sollst du dein Wissen darüber noch vertiefen. Was ist ein Gedanke? Gehen wir es von der physikalischen Seite an. Ein Gedanke ist Schwingung, ist Energie. Ähnliche Gedanken haben ähnliche Schwingungen und ziehen sich deshalb an. Aus der Physik kennst du das Gesetz Aktion = Reaktion. Übertragen auf die Gedanken bedeutet es, jeder Gedanke kehrt zum Sender zurück. Schon mit dieser Erklärung kannst du die kurzen Zitate besser verstehen. Wenn dein Glaube, deine Gedanken stark sind, wird das unweigerlich zu positiven Resultaten führen. Aber auch Gedanken der Angst sind sehr energiegeladen und haben die Tendenz, sich zu verwirklichen. Durch Angst und Sorge ziehen wir an, wovor wir uns fürchten. Glaube ist das perfekte Gegenmittel. Die Angst schaut nach unten und rechnet mit dem Schlimmsten. Der Glaube schaut nach oben und erwartet das Beste. Angst ist pessimistisch, Glaube optimistisch. Angst sagt den Fehlschlag voraus, Glaube den Erfolg.
Lies in meinem Buch „Lerne zu glauben" das Kapitel „Umgang mit der Angst" und erledige die Übungen auf Seite 210.
Hier noch ein Gebet, das dir ebenfalls helfen kann, mit Angst besser umzugehen.

O Gott! Erquicke und erfreue meinen Geist. Läutere mein Herz. Entflamme meine Kraft. Alles lege ich in Deine Hand. Du bist mein Führer und meine Zuflucht. Ich will nicht mehr traurig und bekümmert, sondern glücklich und fröhlich sein. O Gott, Angst soll mich nicht länger plagen und Sorgen mich nicht länger quälen. Ich will nicht bei den Widrigkeiten dieses Lebens verharren. O Gott! Du meinst es besser mit mir als ich selbst. Ich weihe mich Dir, o Herr.
Liebe Grüße, dein Alexander.

Ich nehme mir zunächst den Religionstext vor. Der erste Teil ist eine Aussage aus der Bibel. Ich kann mich an eine Predigt erinnern, in der der Pfarrer auf dieser Aussage herumgeritten ist. Doch mir fallen keine Einzelheiten ein. Ich setze den Stift auf das Papier und halte mich bereit, die kommenden Gedanken sichtbar zu machen. So schreibe ich:

Diese Aussage klingt wie ein Versprechen. Gott verspricht, je mehr Glauben du in die Waagschale wirfst, desto größer sind die Segnungen, die du bekommst. Es ist etwas Gesetzmäßiges. Wenn man einen Stein nach oben wirft, fällt er wieder herunter, weil das Gesetz der Schwerkraft existiert. Daraus ergibt sich die Frage: Wie wird mein Glaube gestärkt? Beim ersten Teilsatz heißt es: **Alles, um was ihr betet, glaubt, dass ihr es empfangen habt und es wird euch zuteil.** Wenn man Gebet mit Wunsch oder Ziel gleichsetzt, dann geht es zunächst darum, den Wunsch auszusprechen. Ich muss daran glauben, dass er erfüllt wird, aber nicht irgendwann in ferner Zukunft, sondern so, als wäre er bereits erfüllt. Ich muss das Ergebnis also schon sehen oder mir absolut sicher sein, dann wird mir dieser Wunsch erfüllt …

Ich lese in Alexanders Buch über Visualisierung nach. Es ist ein Unterschied, ob man sich etwas wünscht und sagt: „Na, mal sehen, ob Gott mir den Wunsch gewährt." Oder ob jemand überzeugt ist, dass der Wunsch erfüllen wird.

Als Martin gegen halb sechs mein Zimmer betritt, grübele ich immer noch an diesem Unterschied. Er kommt gar nicht dazu, sich nach meinem Gesundheitszustand zu erkundigen. Ich frage gleich: „Wie schaffe ich es zu glauben, dass ich bereits empfangen habe, wenn man noch gar nichts sieht?" Er schaut mich erst irritiert an. „Dir scheint es ja schon viel besser zu gehen, wenn du dich damit beschäftigen kannst."

„Ich versuche diese Aussage zu verstehen. Beispiel: Ich bin jetzt krank. Ich bete zu Gott, dass ich gesund werde. So, und nun soll ich glauben, dass ich gesund bin. Wenn ich mich doch aber noch schlecht fühle, dann kann ich doch nicht so tun, als hätte sich schon alles erledigt?" Martin setzt sich auf den Stuhl neben meinem Bett, auf dem vorher seine Mutter gesessen hat. „Es geht hier um zwei Prozesse. Der eine ist der Gedanke, den ich aussende, der Wunsch oder das Gebet, der andere ist die Erwartung, die Überzeugung, das Zulassen. Dieses Vertrauen dürfen wir haben, weil es das Gesetz der Anziehung gibt. Also, du hast den Gedanken gesund zu werden, und je mehr du daran denkst und positive Gefühle dabei entwickelst, desto schneller nimmt die Genesung Gestalt an. Wenn du dich stattdessen nur mit Gedanken des Krankseins beschäftigst – so eine Grippe dauert nun mal vierzehn Tage, und mancher hat vier Wochen und mehr gebraucht –, dann dauert es eben länger. Die Gedanken müssen also mit Gefühlen verbunden werden."

„Wenn ich mir meinen eigenen Laden vorstelle und mir einen Kundenstamm aufbauen will, dann muss ich zunächst dieses Ziel formulieren und dann darauf vertrauen, dass die Leute kommen werden. Angenommen, im ersten Monat passiert nichts und ich denke, das funktioniert doch gar nicht. Ich habe vertraut und es kommt niemand. Was mache ich dann?"

„Es ist eine einfache Tatsache, dass wir das bekommen, was wir denken. Deshalb ist es so wichtig, klare Ziele zu haben. Wenn du weißt, was du willst, dann entwickelt sich eine Dynamik zum Handeln. Der Optimist erwartet, dass es klappt und in 85% der Fälle hat er Erfolg. Er trägt mit seiner Einstellung zum Erfolg bei, indem er seine Kräfte zur richtigen Zeit am richtigen Ort einsetzt. Übrigens hat der Pessimist die gleiche Erfolgsquote, nur eben im negativen Sinne."

„Wenn aber jemand sehr negativ geprägt ist und immer wieder zweifelt, was kann er dann tun?"

„Er kann mit Affirmationen arbeiten."

Wir halten uns noch an ein paar Beispielen auf. Dann übermannt mich die Müdigkeit und ich kann nicht mehr denken. Ich verschlafe das Abendbrot.

Martin sehe ich erst am Dienstag beim Abendessen wieder. Wir sitzen im Esszimmer. Sofort habe ich die Weihnachtsfeier wieder vor Augen, erinnere mich an Helenes abfällige Bemerkung: „Hast du dich etwa in eine verliebt? Lea wird es ja wohl nicht sein. Eine Friseurin, eine Möchtegernpsychologin, ist doch wirklich nicht deine Liga …" Hat Martin sich so über das Wort geärgert, dass er dadurch abgenommen hat? Aber das ist doch völliger Unsinn, denke ich nun. Nur weil ich das Wort mitbekommen habe, muss er doch nicht abnehmen.

Frau Sander füllt das Essen auf. Es gibt Hühnersuppe, meinetwegen, damit ich wieder zu Kräften komme. „Hast du wirklich abgesagt?", fragt Frau Sander ihren Sohn.

„Mach ich noch." Er tut die Frage schnell ab und wendet sich mir zu. „Wie geht es dir, Lea?"

„Schon viel besser. Was willst du absagen?", frage ich direkt, weil ich das Gefühl habe, es hat etwas mit mir zu tun.

„Ach, nicht so wichtig." Jetzt rutscht Frau Sander der Löffel aus der Hand. „Das ist doch übertrieben, Martin. Du freust dich seit einem Jahr auf den Urlaub und willst ihn in letzter Minute absagen."

„Mutter, das ist meine Sache", sagt er fest.

„Warum willst du den Urlaub absagen?", hake ich nach.

„Weil Sie krank sind, Lea", antwortet Frau Sander in einem vorwurfsvollen Ton. „Sie müssen ihm sagen, dass das nicht nötig ist. Wir kommen hier auch ohne seine Hilfe klar."

„Meinetwegen musst du wirklich nichts absagen. Wo soll es denn hingehen?"

„Ich wollte mit meinen Studienfreunden Ski fahren, aber ich…"

„Was willst du denen als Begründung sagen?", frage ich verwundert. „Meine Klientin ist krank? Das klingt doch wirklich komisch."

Herr Sander blickt auf, und ich habe den Eindruck, er verkneift sich ein Schmunzeln.

„Ich kann doch nicht Lea zu euch bringen und mich dann aus dem Staube machen."

„Martin, ich bin hier spätestens übermorgen weg. Dann ärgerst du dich, dass du nicht gefahren bist."

„Der Arzt hat dir eine Woche Bettruhe verordnet."

„Mir geht's aber besser, und du brauchst deinen Urlaub."

Sein Vater fügt hinzu: „Martin, du musst es wirklich nicht übertreiben." Er wendet sich mir zu: „Wir kommen hier ohne ihn klar, nicht wahr, Lea?"

Ich nicke. „Schraub dein Verantwortungsgefühl mal auf ein normales Level herunter. Ich werde hier bestens umsorgt."

Von da an schweigt Martin. Er verabschiedet sich nach dem Essen, weil er noch packen muss. Ich werde das Gefühl nicht los, dass ich ihn mit meiner lockeren Bemerkung verletzt habe.

FEBRUAR

Mit dem Beginn des neuen Monats werden auch die ersten Zeichen des Frühlings sichtbar. Von den Schneemassen des Januars zeugen nur noch kleine graue Hügel an den Straßenrändern. Die Temperaturen liegen im Plusbereich. Schneeglöckchen und Krokusse schieben sich durch den feuchten Boden. Die Tage werden länger und die Sonne nimmt an Kraft zu.

    Frau Sander hat mich überredet, erst am Freitag nach Hause zu fahren. Diese Entscheidung erweist sich als vernünftig, denn mein Körper braucht das Wochenende, um sich von der Fahrt zu erholen. Dr. Simon hat mir einen Krankenschein für die Woche ausgestellt. So gehe ich also am Montag wieder zur Arbeit, was eigentlich zu früh ist. Marlies schickt mich aus Sorge, dass ich einen Rückfall bekommen könnte, zwei Stunden früher nach Hause. Doch jeder Tag bringt Besserung. Frau Sander ruft in dieser Woche dreimal an. Sie ist sehr besorgt. Auch Frau Schmidt erkundigt sich jeden zweiten Tag. Nur Martin meldet sich nicht. Das ist komisch und sehr unüblich für ihn. Schließlich bin ich ja krank gewesen, und er hat die kritische Nacht an meinem Bett verbracht. Jeden Abend warte ich vergeblich auf seinen Anruf. Will er mir zeigen, wie es ist, wenn er sich nicht um mich kümmert? Ob es nun mein angeschlagener Gesundheitszustand ist, oder ob meine Gefühle für ihn stärker geworden sind, er ist jedenfalls ständig in meinen Gedanken und fehlt mir. Ich ermahne mich, dass es eine Frau in seinem Leben gibt, die er demnächst heiraten will. Es ist unklug, sich nach einem Mann zu sehnen, der vergeben ist. Und doch wünsche ich mir verzweifelt, wenigstens seine Stimme zu hören. So sehr ich auf mein Handy starre, es bleibt stumm. Zum Glück habe ich Pläne für das Wochenende.

Am Samstagvormittag bin ich mit Katharina, der Logopädin, verabredet. Gegen zehn Uhr klingele ich an der Haustür eines alten Stadthauses mit drei Etagen. Katharina nimmt mich sehr herzlich in Empfang. Das Treppenhaus ist hell und freundlich, unüblich für diese Art Häuser. Der Grund dafür ist die verglaste Hintertür. An der unteren Wohnungstür ist das Praxisschild angebracht. Katharina öffnet sie und erklärt dabei freudig: „Wir haben zuerst die Praxis renoviert, ein halbes Jahr später die erste Etage. Nun müssen wir noch das Obergeschoss ausbauen."

Die Praxis ist eine abgeschlossene Wohnung mit kleinem Flur, Küche, Bad, einem Wartezimmer und einem sehr großen Raum, der früher einmal geteilt war. Holzmöbel und warme Farben dominieren. Nach dem Rundgang gehen wir nach oben in die Wohnung. Dort lerne ich Stefan, ihren Mann, und ihre zehnjährige Tochter Nina kennen. Ich habe sofort den Eindruck, dass diese Familie glücklich ist. Die drei verstehen sich bestens. Es wird viel gelacht und gescherzt. Als wir wieder nach unten gehen, ruft uns Stefan nach. „Lea, wenn du mit meiner Frau nachher einkaufen gehst, erinnere sie daran, dass die obere Etage noch ausgebaut werden muss. Das kostet Geld."

Wir lachen. Katharina antwortet: „Was glaubst du, warum ich Lea gebeten habe, mit mir einzukaufen? Dann kann ich ihr nämlich die Schuld geben, wenn ich zu viel ausgebe."

Im Praxisraum erzähle ich ihr von meinem Onkel und dem ungewöhnlichen Erbe, von Helenes Kritik und von den Stimmübungen, die mein Onkel in seinem Buch ausgewiesen hat. Katharina bestärkt mich in dem Entschluss, meine Sprache zu verbessern. Ich lese ihr einen Text vor. Sie nimmt ihn mit einem Kassettenrecorder auf und macht sich Notizen. Anschließend erklärt sie mir die Schwachstellen, spricht mir

Wörter vor, die ich wiederhole. Für die häusliche Übung erhalte ich Karteikarten und eine CD.

Nach unserer Übungsstunde streifen wir durch die Boutiquen und suchen zu ihrer neuen Frisur das passende Outfit. Ich habe mit einem Auge immer die Preisschilder im Blick, aber für Katharina scheint das Geld keine Rolle zu spielen. Sie ist glücklich, jemanden gefunden zu haben, der sie berät. „Weißt du eigentlich, wie lange ich sonst brauche, um mich zu entscheiden? Und von den Sachen, die ich kaufe und dann nicht anziehe, will ich gar nicht reden. Lea, das, was du hier tust, ist eine echte Marktlücke." Ihre Aussage macht mich nachdenklich. Kann man wirklich ein Gewerbe anmelden für Beratung in Kleidungsfragen? Sie lädt mich zum Abschluss zu einem späten Mittagessen ein.

„Hast du dich schon einmal über eine Ausbildung als Imageberaterin oder Modestylistin informiert?"

„Nein, ich wusste gar nicht, dass es da Ausbildungen gibt."

„Schau doch mal im Internet nach."

Ich erzähle ihr von meiner Anzeige wegen Schwarzarbeit. Katharina ist erbost. „Wer macht denn so etwas? Sind deine Kolleginnen neidisch, dass du dir den Rest, den dir das Amt zahlen müsste, auf diese Weise dazu verdienst?"

Ich weiß es einfach nicht. „Martin hat mir geraten, bis nach der Prüfung zu warten. Besser gesagt, er hat es mir untersagt." Ich verziehe den Mund zu einem schiefen Lächeln. „Du bist eine Ausnahme. Wir helfen uns gegenseitig."

„Wirst du es ihm erzählen?"

„Ich möchte ihn mit meinem Hochdeutsch überraschen."

„Du willst es ihm zeigen?"

„Nein, das nicht. Für ihn ist meine Sprache in Ordnung, für Frau Bachmeier nicht. Aber er spricht klar und deutlich, und ich komme mir mit meinem Dialekt nicht ebenbürtig vor."

Katharina horcht auf. „Der Mann gefällt dir, aber du denkst, du hast keine Chance, weil du ..." Sie bricht abrupt ab, überlegt, wie sie es ausdrücken soll.

Ich beende den Satz: „... weil ich nur eine Friseurin bin mit einem sächsischen Dialekt."

„Mein Mann ist von Beruf Maurer und hat auch diesen komischen Dialekt; es hat in unserer Beziehung nie eine Rolle gespielt", sagt sie schlicht.

„Wahrscheinlich hast du Recht. Ich sollte an meiner Aussprache üben, weil ich es möchte, und nicht, um jemanden zu beeindrucken."

Katharina hat mich nicht nur mit neuen Übungen und beruflichen Ideen versorgt, sondern mir auch Stoff zum Nachdenken in Sachen Beziehung gegeben. Sie hat gleichzeitig auch Frau Sanders Theorie von den Bedingungen einer glücklichen Ehe widerlegt.

Für den Sonntag sind meine Hausaufgaben geplant. Ich will auch Alexanders Buch lesen. Meine neue Untermieterin ist am Wochenende nach Hause gefahren. Sie ist für mich wirklich ein Glücksfall. Ich habe meine Wohnung am Wochenende für mich und bekomme die Hälfte der Miete. Natürlich benutze ich nicht ihren Raum. Mein Schlafzimmer mit Bett, Kleiderschrank und einem Sessel ist nicht gerade ein gemütlicher Aufenthaltsraum. Wenn ich abends von der Arbeit komme, macht es mir nichts aus, die letzten Stunden des Tages dort zu verbringen. Ich breite meine Utensilien auf dem Bett aus und setze mich mitten hinein. Aber am Wochenende ist mir nach Raumwechsel. Viel Auswahl habe ich nicht. Es bleibt nur die Küche. Der Esstisch steht vor dem Fenster. Ich kann von hier aus auf den gepflasterten Innenhof und ein winziges Stück Garten mit einem alten knorrigen Apfelbaum blicken. Im Frühjahr verwandelt sich das graue Geäst in eine duftige Blütenwolke.

Der heutige Tag ist grau, regnerisch, kalt und sehr weit von der Blütenwolke entfernt. Deshalb lasse ich die Kerze, die ich zum Frühstück angezündet habe, brennen und schalte noch die kleine Lampe im Fenster ein. Ich koche mir eine Kanne Pfefferminztee und stelle mich auf das Abenteuer Hausaufgaben ein.

Zunächst lese ich Alexanders Brief noch einmal, dann die Aufgaben zur Visualisierung. „Was würdest du gerne tun? Stell es dir vor!" Katharina hat mich auf die Idee gebracht, als Modestylistin zu arbeiten. Das Talent dazu habe ich. Das ist mir an den wenigen Beispielen klar geworden.

Also notiere ich meine Vorstellungen in der Gegenwart, wie mein Onkel es empfohlen hat:

Ich bin Geschäftsfrau, habe drei Angestellte und biete Imageberatung und Modestyling an. Ich berate Leute in puncto Frisuren, beziehe mich auf ihre Ziele und drücke ihnen Faltblätter über weitere Dienstleistungen in die Hand. So kommt es, dass ich pro Woche drei Tage mit Beratung beschäftigt bin. Damit verdiene ich das Dreifache des Friseurgehaltes und bin flexibel. Ich visualisiere meinen neuen Berufszweig. Katharinas Freude und Dankbarkeit sind noch frisch in meiner Erinnerung und machen es für mich leicht, den Faden zu spinnen. Ich sehe mein Geschäft mit goldgerahmten Spiegeln, einer dunkelroten Wand und einem Kristallleuchter vor mir. Ich sehe mich durch den Friseursalon in den Beratungsraum gehen. Den stelle ich mir in Weiß und in Pastelltönen vor, mit einem antiken Schreibtisch und einer Sitzgruppe aus weißem Leder. Ich habe alles bis ins Kleinste beschrieben, und doch fühle ich keine große Begeisterung oder Vorfreude. Irgendetwas stimmt noch nicht.

In der zweiten Aufgabe geht es um einen realen Tag in meinem Leben. Da bleibe ich hängen. Wenn ich aufschreiben würde, was ich mir wirklich wünsche, dann könnte ich es nicht vorlesen, weil Martin eine zentrale Rolle in meinem Leben spielen würde. Ich habe die Konsultation nach Weihnachten und das gemeinsame Kochen vor Augen. Das ist für mich ein realer Tag in meiner Zukunft. Für diesen Aufsatz brauche ich mehrere Anläufe, bestimmt zwanzig Blätter und meinen ganzen Mut. Ich schaffe es dann, aus Martin einen Herrn X zu machen. Mein ideales Leben, mein Traum ist ein Leben mit Herrn X und unseren Kindern in einem schönen Haus mit Garten. Doch verwandelt sich Herr X immer wieder unerlaubt in Martin. Ich bin so in dieser Vision gefangen, dass ich große Schwierigkeiten habe, in die Realität zurückzukehren. Als Nebenprodukt meiner Fantasiereise mache ich mir wieder Sorgen um ihn. Vielleicht ist ihm etwas zugestoßen? Ich werde unruhig bei diesem Gedanken. Deshalb überlege ich, ob ich ihn anrufen soll. Aber was soll ich ihm sagen? Ich bin unruhig, weil du dich nicht meldest? Es steht nirgends, dass er sich bei mir im Laufe des Monats melden muss. Ich könnte Frau Sander anrufen und mich erkundigen. Aber was würde sie denken? Dann kommt mir die Idee, bei Corinna mal vorsichtig und nebenbei nachzufragen, ob sie etwas von ihm gehört hat. Also wähle ich ihre Nummer.

„Oh, dein Anruf ist völlig ungünstig, Lea. Ich warte auf Martins Rückruf. Ich habe morgen mündliche Prüfung, und er hilft mir noch bei einigen Fragen. Wir haben fast jeden Tag telefoniert und uns E-Mails geschrieben. Er ist wirklich ein guter Lehrer und ein toller Mann. Ob er tatsächlich vergeben ist? Und wenn schon. Er kann es sich ja noch mal überlegen."

Nun habe ich im ersten Satz schon mehr erfahren, als ich wissen wollte. „Er ist vergeben, hat er doch gesagt", antworte ich schnippisch, reiße mich aber sofort zusammen. „Schön, dass er dir helfen kann. Ich will dich nicht weiter aufhalten. Viel Glück für die Prüfung."

„Halt! Wolltest du etwas Bestimmtes?"

„Nein, ich wollte nur mal hören, wie du zurecht kommst. Mach's gut!"

Mein Herz schlägt mir bis zum Hals. Ich gehe in der Küche auf und ab. Halblaut fluche ich: „Bei mir erkundigt er sich nicht einmal, wie es mir geht, obwohl ich so eine schwere Grippe hatte, und mit Corinna telefoniert er täglich. Jetzt könnte ich mich beschweren, dass er uns ungleich behandelt." Corinna hat alles: reiche Eltern, eine Modelfigur, den richtigen Bildungsstand und zu allem Luxus noch das richtige Studienfach. Und ich? Nun rutsche ich seit langem einmal wieder in das Loch des Selbstmitleids.

„Warum habt ihr mich allein zurückgelassen? Warum saß ich nicht bei euch im Auto? Warum seid ihr – Oma, Opa, Alexander, Marianne – auch schon so früh gegangen? Ich bin verliebt in einen Mann, der für mich nie infrage kommt, und ich komme damit nicht klar. Ich habe es satt, allein zu sein. Macht doch etwas." Mir laufen die Tränen, ich schluchze und versinke in einen Zustand der Betäubung. Dabei starre ich aus dem Fenster und fühle mich völlig leer. Ich weiß nicht, wie lange diese Phase angehalten hat. Irgendwann taucht der Gedanke auf: Wenn du an Einsamkeit denkst, ziehst du mehr davon an. Denke positiv! Ich erinnere mich an das Gebet, das Alexander uns für diesen Monat gegeben hat, und lese es mehrmals: „*O Gott! Erquicke und erfreue meinen Geist ...* Es ist wie ein Aufstehen, nachdem man gestürzt ist. Die Glieder schmerzen noch, doch man kann wieder weitergehen. Ich habe auch gelesen, dass sich Ängste auflösen, wenn man fünf Dinge sagt, für die man dankbar ist.

„Ich bin dankbar, dass Alexander das Programm für mich entworfen hat.

Ich bin dankbar, dass ich mit Martin arbeiten darf.

Ich bin dankbar, dass ich einmal im Monat nach Hamburg fahren darf.

Ich bin dankbar, dass ich einen neuen Berufszweig für mich entdeckt habe.

Ich bin dankbar, dass ich in der Villa wohnen darf."

Und jetzt geht es mir tatsächlich besser. Ich sehe auf das große Blatt, das ich an die Pinnwand geheftet habe, und lese die Texte laut und langsam. Ich lasse keine negativen Gedanken zu. Und so klettere ich auf diesen Worten wie auf einer Leiter aus dem Loch des Selbstmitleids und der Einsamkeit heraus. „Alles liegt in deiner Hand, Lea. Du trägst die Verantwortung für dein Leben. Du kannst dich jederzeit weiterbilden. Bildung ist nicht nur ein Schein, der bestätigt, dass man das Wissen eines Lehrers wiedergegeben hat. Bildung ist mehr, bedeutet, das eigene Potenzial zu erkennen und zu entwickeln. Bildung ist auch Charakterentwicklung. Glück und Größe des Menschen hängen auch von der Fähigkeit ab, schwierige Probleme zu lösen. Ich werde ein Institut für Persönlichkeitsgestaltung gründen. Ich helfe den Menschen, das Beste aus sich zu machen. Diese äußere Veränderung soll ihnen mehr Selbstvertrauen, mehr Stärke und Durchsetzungskraft verleihen. Das Äußere hat Einfluss auf die innere Befindlichkeit. Alexanders Programm weist mir den Weg. Schau auf das, was du schon gelernt hast, und sei vor allem dankbar, Lea."

Dummerweise habe ich nicht die Bücher mit den Randbemerkungen mitgenommen. Eigentlich wollte ich ja die Textstellen im Zusammenhang lesen. Also nehme ich mir den Hefter mit den Zitaten und Randbemerkungen, den ich als Martins Forschungsarbeit bezeichne, und lese erneut darin. Und dieses Mal verstehe ich die Bedeutung für meinen Onkel besser. Wie funktioniert das? Es ist, als würde man etwas Verschwommenes mit einer neuen Brille klarer sehen. Ist mein Gemütszustand eine Art Brille?

„Stünde die Religion im Einklang mit der Wissenschaft und würden sie miteinander gehen, so würde viel von dem Hass und der Bitternis vergehen, die die menschliche Rasse jetzt ins Elend bringen." (Ausbeutung der Natur, einseitige Entwicklung des Menschen, Krankheit)

Ich ahne, dass Alexander am Ende seines Lebens festgestellt hat, dass Psychologie ohne Religion eine einseitige Sache ist. Er muss sein Lebenswerk als unvollständig empfunden haben. Mir kommt der Gedanke, dass das zehnte Buch diesen Mangel möglicherweise ausgleichen soll. Es geht also vermutlich um mehr, als um eine Versöhnung von Bruder und Schwester. Ich brauche unbedingt die Bücher, mit denen mein Onkel gearbeitet hat, um mehr Klarheit zu gewinnen.

Was weiß Martin darüber? Er soll nicht in den Prozess unserer geistigen Entwicklung eingreifen. Also weiß er, um was es geht. „Euch steht die ganze Bibliothek zur Verfügung", höre ich ihn sagen.

„Gott hat Religion und Wissenschaft gewissermaßen zum Maßstab unseres Verstehens gemacht. Seid achtsam, eine so wunderbare Kraft nicht zu vernachlässigen …

Bringt euren ganzen Glauben in Übereinstimmung mit der Wissenschaft. Es kann keinen Gegensatz geben, weil es nur eine Wahrheit gibt …"

Ich erinnere mich an das, was Frau Schmidt gesagt hat. Mein Onkel staunte darüber, dass er erst am Ende seines Lebens die Wahrheit gefunden hat. War das seine Entdeckung? Ein Atheist begreift, dass Religion eine zweite Quelle der Erkenntnis ist, der er sich zu spät geöffnet hat. Was muss da in ihm vorgegangen sein?

Ende Februar ist der Winter wieder zurückgekehrt. Ich bange wegen der Verspätung des Zuges. Er hält auf freier Strecke.

In der Durchsage heißt es, wegen Behinderungen durch Schneefälle. Keiner weiß, wann es weitergeht. Die ältere Dame, die mir gegenübersitzt, macht sich Sorgen, weil ihre Kinder in Berlin auf dem Bahnhof auf sie warten. Ich biete ihr mein Handy an, um Bescheid zu sagen, was sie dankbar annimmt. Zum Glück fährt der Zug nach zwanzig Minuten weiter. Kurz vor Berlin gehe ich zur Toilette. Als ich zurückkomme, rüstet sich die Dame bereits für den Ausstieg. Ein zusammengefalteter Zettel liegt auf meinem Platz. „Den hat ein junger Mann hingelegt", sagt die Frau. „Es ging so schnell." Ich nehme den Zettel und lese: **BLEIB IN DRESDEN, HAMBURG IST GEFÄHRLICH.**

Ich starre auf die ausgeschnittenen Buchstaben. Soll das eine Drohung sein, oder will mich jemand schützen?

„Was haben Sie denn?", fragt die Frau besorgt. „Wir müssen aussteigen."

„Ja, natürlich." Der Zug fährt in den Bahnhof ein. Auf der anderen Seite wartet noch mein verspäteter Zug nach Hamburg. Ich brauche nicht einmal meinen Mantel zuzuknöpfen. Den Zettel stecke ich in die Manteltasche. Auf der Fahrt versuche ich zu begreifen und logisch zu denken. Ist es vielleicht nur ein schlechter Scherz? Wer droht mir und warum? Ich sehe mich im Abteil um: ältere Leute, die bei diesem Wetter nicht mit dem Auto fahren wollen, Geschäftsleute mit ihren Aktenkoffern, eine Mutter mit zwei Kindern, ein paar Schüler oder Studenten. Niemand kommt mir verdächtig vor. Bewusst gehe ich kurz vor Ankunft zur Toilette, komme aber sofort zurück. Vielleicht legt mir wieder jemand einen Zettel auf den Sitzplatz. Doch es geschieht nichts.

Auf dem Weg zur Villa beobachte ich aufmerksam die anderen Fahrgäste. Am unheimlichsten ist das letzte Stück zu Fuß. Es sind zwei Männer und eine Frau mit mir aus dem Bus gestiegen. Sie nehmen zwar keine Notiz von mir, aber ich gehe trotzdem sehr schnell und komme völlig außer Atem in der Villa an. Frau Schmidt wartet schon. „Na, ein Glück, dass Sie da sind, Lea. Ist alles in Ordnung?"

„Ja", versichere ich. Frau Schmidt werde ich mit diesem Brief nicht beunruhigen, nehme ich mir vor. Corinna sitzt schon in der Küche und isst die Tomatensuppe, die Frau Schmidt für uns gekocht hat. Sie erzählt mir sofort, dass sie mit Martins Hilfe eine Eins in der mündlichen Prüfung bekommen hat und schwärmt von ihm. Ich kann mir das nicht anhören. Hastig esse ich die Suppe und gehe mit einer Tasse Tee nach oben. Obwohl ich noch verärgert bin, dass sich Martin den ganzen Monat nicht gemeldet hat, beschließe ich, ihm den Zettel zu zeigen.

Meine Unterlagen liegen vor mir auf dem kleinen Schreibtisch, doch ich kann mich nicht darauf konzentrieren. Jemand hat mir ein Schlafmittel in den Kaffee getan, das ist hier gewesen, und jemand ist mit meinem Zug gefahren und hat kurz vor Berlin diesen Zettel auf meinen Platz gelegt. Das bedeutet, dass derjenige in Dresden eingestiegen ist und wahrscheinlich weiß, wo ich wohne und arbeite. Aber er hat auch angedeutet, dass ich in Dresden sicher bin. Die Frau von der Steuerfahndung fällt mir noch ein. Bisher hat sich niemand gemeldet. Martins Vermutung scheint zu stimmen. Es kommt mir trotzdem absurd vor. Wer betreibt so einen Aufwand? Wozu?

In vier Monaten ist die Prüfung. Wenn ich am Kommen gehindert werde, verliere ich den Anspruch auf das materielle und geistige Erbe meines Onkels. Ich empfinde plötzlich Wut auf den, der mir mein Erbe nicht gönnt. Ich würde es nicht nur verlieren, sondern gleichzeitig auch keine Antworten auf meine Fragen erhalten. Das zehnte Buch, das meiner Großmutter gewidmet ist, würde vielleicht nie gefunden werden, weil niemand danach sucht. Den Weg meines Onkels zum Glauben könnte ich auch nicht mehr verfolgen. Ich würde bei Marlies weiter arbeiten müssen. Es würde, wenn überhaupt, lange dauern, bis ich mein eigenes Geschäft eröffnen könnte. Und ich würde Martin nicht mehr sehen. Wer hat das Recht, mir das alles zu nehmen? Die Wut treibt mich zur Entschlossenheit, zur Entscheidung. Ich bin bereit, für mein Erbe zu kämpfen. Ich habe einen Anspruch auf dieses Erbe. Ich habe einen Anspruch auf die Beantwortung meiner Fragen, weil sie zu meiner Familie gehören, zu meiner Vergangenheit und zu meiner Zukunft. Nun raffe ich mich auf. Ich empfinde so etwas wie Dringlichkeit. Die wenige Zeit, die ich hier im Haus verbringen darf, soll nicht einfach vertrödelt werden. Ich steige die Treppe hinunter, nehme wahr, dass im Wohnzimmer Licht brennt und der Fernseher läuft. Vermutlich gönnt sich Corinna ein Glas Wein zur bestandenen Prüfung. Ich betrete die Bibliothek und werde sofort von einem Gefühl der Geborgenheit erfasst. Im nächsten Augenblick habe ich wieder eine Szene aus meiner Kindheit vor Augen. Ich sehe mich im Wohnzimmer meiner Eltern. Mein Vater sitzt am Schreibtisch und hält ein Buch hoch: „Haben wir das schon gelesen, Lea?" Ich springe von der Couch auf und hole es mir. Er streicht mir über den Kopf. „Ich muss nur noch die restlichen Blätter korrigieren. Dann können wir loslegen." Ich sehe zu, wie er mit einem roten Stift Zahlen an den Rand der Hefte schreibt. Neben dem Stapel liegt eine Magnettafel mit einer Landkarte. Er erklärt mir: „Ich behandle in der sechsten Klasse Europa. Meine Schüler sollen zu den Ländern die Hauptstädte nennen. Hast du schon gewusst, dass Rom in Frankreich liegt?" Wir lachen. Ich muss etwa neun Jahre alt gewesen sein. „Hier, setz mal die Städte ein", sagt er nebenbei und schiebt mir die Magnettafel zu. In einer Dose liegen die Magnete und die Städtenamen. Ich vervollständige die Karte und Vati staunt über mein Tempo. „Lea, du könntest glatt meinen Unterricht übernehmen."

Die Erinnerung verschwindet so schnell, wie sie gekommen ist. Ich halte mich an der Wand fest, blinzle kurz und befinde mich wieder in Alexanders Bibliothek. Wie ist das möglich, dass ich hier so lebendige Erinnerungen an meinen Vater habe wie noch nie zuvor? Die Bücher. In diesem Raum ist das Wissen zu Hause, hier kann man kommunizieren mit all den Menschen, die diese Bücher geschrieben haben, egal ob sie leben oder bereits verstorben sind. Hier sind sie lebendig, ohne persönlich anwesend zu sein. Hier sind sie verewigt. Auch Alexander ist hier in seinen Büchern verewigt. Darüber bin ich mit ihm verbunden und kann von ihm lernen. Mir fällt ein, dass ich schon das neunte Mal in der Villa bin und diesen Raum kaum genutzt habe. Warum reise ich eigentlich schon nach dem Frühstück ab? Ich könnte auch nachmittags fahren. Darauf bin ich einfach noch nicht gekommen. Wenn ich jedes Mal vier Stunden in der Bibliothek zusätzlich verbracht hätte, dann wären es sechsunddreißig Stunden, also anderthalb Tage gewesen. Das ist ein gutes Beispiel für Zeitgestaltung bzw. Zeitverschwendung. Doch selbst wenn ich zehn Jahre hier wohnen dürfte, würde ich es nicht schaffen, das alles zu lesen. Wenn ich mit Büchern leben will, dann muss ich sie mir selbst zulegen. Ich könnte sie im Internet ersteigern oder gebraucht kaufen. In meinem zukünftigen Leben wird das Lesen wieder eine stärkere Rolle spielen, nehme ich mir vor. Sobald ich es mir finanziell leisten kann und ich meine Wohnung wieder für mich habe, werde ich mir helle Bücherregale ins Wohnzimmer stellen. Vielleicht kann ich mir von der Erbschaft sogar eine Wohnung mit Balkon leisten. Und um das zu bekommen, muss ich für mein Erbe kämpfen und darf mich durch nichts und niemanden einschüchtern lassen.

Die Bücher mit den Randnotizen liegen noch auf dem Schreibtisch. Mein Blick fällt auf das CD-Regal mit den Vorträgen. Ich nehme eine CD über Kreativitätssteigerung heraus und spiele sie ab. Mit der warmen Wolldecke mache ich es mir auf der Couch gemütlich. Ich möchte gleichzeitig lesen und hören. Doch das funktioniert natürlich nicht. Seine Stimme siegt, und ich lerne etwas Neues über Kreativität: Wenn ich sie entwickeln will, muss ich beobachten, verändern, ersetzen und abschaffen. Mein Onkel bezieht sich auf die Arbeit in einem Betrieb. Mir kommen gleich ein paar Ideen für Veränderungen in unserem Geschäft. Ich höre einen Vortrag nach dem anderen, bis mir die Augen zufallen.

Der Weg von der Villa zur Kanzlei ist mir nun so vertraut wie mein Weg von der Wohnung zur Arbeit. Corinna und ich haben schweigend zusammen gefrühstückt. Meine Mitstreiterin ist ein Morgenmuffel und gibt erst nach der zweiten Tasse Kaffee ein paar Worte von sich. Daran habe ich mich inzwischen gewöhnt. Unterwegs schwärmt sie wieder von Martin, wie er sie seelisch aufgebaut hat. Nur deshalb war sie diesmal angstfrei in die Prüfung gegangen. Ich kann das Loblied kaum ertragen.

Angst ist dann auch gleich das Thema in der Konsultation. Martin fragt kurz, ob es mir gut gehe. Ich nicke nur. Corinna versucht es mit einem ausführlichen Erfolgsbericht, doch den unterbricht er auf halber Strecke.

„Wir haben es diesmal mit drei Teilen zu tun", beginnt er. „Was habt ihr über das Thema Angst herausgefunden? Tragen wir mal zusammen."

Corinna berichtet übereifrig: „Von allen krankhaften Zuständen, die sich in unserem Körper widerspiegeln, reicht die Angst am weitesten. Sie ist ein lähmender Eindruck auf das Lebenszentrum, der über das Nervensystem in jedem Teil des menschlichen Körpers Krankheitssymptome auslösen kann. Angst raubt die Originalität, den Mut, die Kühnheit, vernichtet die Individualität und lähmt die Denkprozesse."

Unser Mentor nickt zufrieden und wendet sich mir zu: „Lea, kannst du noch ergänzen?"

„Angst ist immer ein Zeichen von Schwäche und Feigheit. Angst verhindert, dass man im Notfall klug reagieren kann. Sie richtet in unserer Vorstellungskraft katastrophale Schäden an. Es gibt verschiedene Ausdrucksformen wie Sorge, Scheu, Schüchternheit, Eifersucht und Ängstlichkeit. Mit der Angst vor einer drohenden Gefahr kann man nichts Großes leisten."

„Welche persönlichen Ängste erschweren euer Leben?", will er nun wissen.

Corinna antwortet sofort: „Die Angst vor Prüfungen, aber diesmal war es nicht so schlimm wie …"

„Wie äußert sich das?", unterbricht Martin.

„So wie es da steht, es lähmt die Denkprozesse. Ich habe dann alles vergessen."

„Lea, wie sieht es bei dir aus?"

„Ich habe Angst vor Einsamkeit. Das Gefühl kommt von Zeit zu Zeit auf. Dann rutsche ich in ein Loch, fühle mich wie betäubt."

„Was habt ihr jetzt gelernt über den Umgang mit Ängsten? Konntet ihr im Laufe des Monats Erfahrungen machen?"

Wir tragen zusammen:

- Angst lässt sich neutralisieren, indem man sein Denken ändert.

- Glaube statt Angst löst das Gegenteil in unserem Denken aus.

- eine Möglichkeit, damit umzugehen, ist, eine Angstvorstellung zu Ende zu denken.

- fünf Dinge nennen, für die man dankbar ist
- ein Gebet
- die Gedanken auf das richten, was man sich am meisten wünscht.

„Was meint ihr, wie kann ein Gebet die Angst vertreiben?" Ich hebe die Hand, was ich bisher noch gar nicht getan habe, und wundere mich selbst. „Ein Gebet ist die Zwiesprache mit Gott. Das Gefühl, Gott beschützt uns, nimmt die Angst."

Wir sprechen dann über unsere Erfahrungen. Ich gebe zu, dass ich mit dem Gebet und den religiösen Texten aus unserem Programm eine Angstphase überstanden habe. Den Grund für den emotionalen Absturz behalte ich für mich. Corinna erzählt, dass sie bei der Prüfung diesmal gleichgültiger war. Dadurch konnte die lähmende Kraft der Angst nicht zubeißen.

„Woher kam die Gleichgültigkeit?", will Martin wissen. „Ich glaube, es lag daran, dass du das Thema nicht so wichtig genommen hast." Sie zuckt mit den Achseln.

Ich würde es so interpretieren, dass Corinnas Verliebtheit die Angst in Schach gehalten hat.

Als Nächstes sind die Themen Glaube und Visualisierung an der Reihe. Mir kommt es so vor, als würde Martin diesen Komplex ausführlicher als die anderen behandeln. Wir haben zwei Stunden mit den Hausaufgaben verbracht, bevor wir den nächsten Brief lesen.

Zum Umgang mit der Zeit.

Nach der Konsultation nimmt Corinna Martin in Beschlag. Sie hat Fragen zum Referendariat. Er fährt mit uns zur Villa. Mir fällt der Zettel mit der Drohung ein. Es hat sich bisher keine Gelegenheit geboten. Nachdem wir so viel über Angst gesprochen haben – anscheinend hat sie sich bei mir aufgelöst –, fasse ich den Entschluss, ihn nicht damit zu behelligen.

Während er sich mit Corinna im Wohnzimmer unterhält, höre ich mir in der Bibliothek weitere CDs meines Onkels an. Es fällt mir auf, dass bei diesen Vorträgen Gott und Religion keine Rolle spielen. Wieder frage ich mich, wo die Tagebücher und das Manuskript abgeblieben sind und wer mich am

Erben hindern will. Geht es um das Buch? Kennt derjenige den Inhalt und möchte nicht, dass es veröffentlicht wird? Oder gönnt mir jemand meine Erbschaft nicht? Corinna, ihre Eltern vielleicht oder doch jemand von der Stiftung? Die Grübelei lenkt mich von den Vorträgen ab und macht mich müde. Ich beschließe, mir einen Tee zu kochen. Die Küchentür ist nur angelehnt. Ich höre Martin sagen: „Weißt du, was mit Lea los ist? Sie wirkt bedrückt."

„Ach, Martin, hör auf, dir ständig Sorgen um sie zu machen." Corinna gefällt es also nicht, dass er sich um mich sorgt. „Sie ist ein einsames Mädchen und nutzt alle möglichen Tricks, um Aufmerksamkeit zu erhalten. Sie hat Angst vor Einsamkeit, hat sie vorhin gesagt. Es ist ja auch verständlich, wenn man keine Verwandten, keine Freunde und keinen Partner hat. Ich glaube, sie hat es auf dich abgesehen und inszeniert diese Dinge. Du weißt schon, was ich meine, hier ein bisschen Schlafmittel in den Kaffee, da eine kleine Grippe. Man kann auch etwas nehmen, um Fieber zu bekommen. Mal sehen, was als Nächstes passiert."

Ich kann nicht sagen, was mich mehr kränkt. Die Tatsache, dass Corinna so über mich denkt oder Martins Schweigen. Weshalb verteidigt er mich nicht? Wenigstens ein bisschen.

„Und sobald es sich mal nicht um Lea dreht, spielt sie die Bedrückte und holt sich auf diese Weise ihre Aufmerksamkeit", ergänzt meine Mitstreiterin in einem gehässigen Ton.

Er sagt nur: „Gieß schon mal den Tee ein, ich hole Lea." Mit vier schnellen Sprüngen bin ich in der Bibliothek und plumpse in den Sessel. Hastig drücke ich auf die Fernbedienung und stelle den CD-Player an. Da klopft Martin. „Lea, wir haben Tee gekocht." Er bleibt unschlüssig in der Tür stehen.

„Ich bin sehr beschäftigt, mache mir später einen."

„Ist alles in Ordnung?", fragt er zaghaft. Ich ringe mir ein Lächeln ab. „Bestens, ich bin gerade vertieft in die Vorträge meines Onkels. Könnte ich die CDs und ein paar Bücher mit nach Hause nehmen?"

„Es wäre besser, wenn du dich auf das konzentrierst, was dran ist."

Ich reagiere nicht darauf, sondern formuliere meine Frage anders: „Hat jemand etwas dagegen, wenn ich diese Dinge mit nach Hause nehme?"

„Nein, es wäre nur gut, wenn du sie auflistest und Frau Schmidt abhaken lässt. Trotzdem, übertreib es nicht mit dem Lernen."

„Meine Zeit ist begrenzt, ich will sie nur voll ausnutzen." Ich tue, als würde ich mir das Inhaltsverzeichnis durchlesen. Dabei spüre ich, dass er mich forschend ansieht. „Lea, wenn es Probleme gibt ..."

„Danke, aber ich kann meine Probleme selbst lösen." Mein Ton klingt gereizt. Ich sehe ihn an, will mich gerade entschuldigen, da sagt er kühl: „Dann noch einen schönen Abend."

Zehn Minuten später höre ich, dass er das Haus verlässt. Na, das war ja eine kurze Teerunde.

Vielleicht hat er noch etwas vor, vielleicht hat er sich auch über meinen Ton geärgert. Das ist jetzt völlig egal. Wenn hier alle denken, ich würde nach Aufmerksamkeit lechzen und deshalb solche Dramen inszenieren, dann will ich den Kontakt zu diesen Menschen nicht.

An diesem Abend nehme ich mein Abendbrot mit in die Bibliothek. Am nächsten Morgen frühstücke ich vor Corinna.

MÄRZ

Auf dem Weg nach Hause beobachte ich die Menschen um mich herum, suche den Bahnhof nach etwas Verdächtigem ab, ohne zu wissen, was das sein soll. In meiner Wohnung werfe ich mich auf mein Bett, erleichtert und frustriert zugleich. Das Gespräch von Martin und Corinna in der Küche treibt mir die Tränen in die Augen. Ich kann mit Vertrauensbruch und Enttäuschung einfach nicht umgehen, auch wenn ich durch Tom und Angela schon eine gewisse Übung habe.

Die neue Arbeitswoche mit vielen Terminen und neuen Problemen hilft mir, nicht ständig daran denken zu müssen. Jeder zweite Anruf, der jetzt im Geschäft ankommt, ist für mich. „Ich möchte von Lea beraten und umgestylt werden." Ich hätte mich darüber freuen können, wenn es neue Kunden und nicht die Kunden meiner Kolleginnen wären. Marlies hat damit kein Problem. Aber Sarah und Vivien sehen mich mehr und mehr als Bedrohung für ihren Arbeitsplatz. Vivien nimmt kein Blatt vor den Mund. „Lea, du bekommst meine Kundin nur dieses eine Mal. Dann gehört sie wieder mir. Ich schneide die Haare genauso wie du. Du machst hier nur einen Haufen Wirbel, Wirbel um nichts", wirft sie mir am Dienstag an den Kopf, als Frau Weiß den Laden betritt. Ich verteidige mich nicht, denn Streitigkeiten um Kunden sind das Letzte, was ich will. Die Angelegenheit eskaliert dann durch die Kundin selbst. Als sie höchst zufrieden mit ihrer neuen Frisur am Tresen bezahlt, sagt sie: „Lea, geben Sie mir mal gleich einen neuen Termin, ab jetzt nur noch bei Ihnen." Vivien hört es und kommt nach vorn geschossen. „So geht das nicht. Du bist meine Kundin."

Frau Weiß lacht laut. „Ich bin doch nicht dein Eigentum. Der Kunde hat doch wohl immer noch die Wahl. Ansonsten suche ich mir einen anderen Friseur." Das ist das Stichwort für Marlies. Sie eilt herbei, wirft Vivien einen vernichtenden Blick zu und sagt besänftigend: „Natürlich können Sie sich die Friseurin auswählen. Es ist nur so, dass Leas neue Methode ein großes Interesse geweckt hat. Sie hat einen vollen Terminkalender und die Leute müssen lange Wartezeiten einplanen. Doch eigentlich muss man nicht jedes Mal umgestylt werden. Wenn man verwandelt ist, kann man sich doch ganz normal die Haare schneiden lassen. Das können wir alle genauso gut wie Lea." Wie sich das anhört, *wenn man verwandelt ist.* Ich bin doch kein Vampir. Marlies' Getue ist völlig übertrieben. Aber sie hat die Kundin fast überzeugt, als Vivien lospoltert: „Ich bin doch keine Hilfskraft. Ich verzichte auf solche Kunden." Marlies schreit sie wutentbrannt an: „Und ich verzichte auf so eine Mitarbeiterin. Raus!"

Sarah, die am Arbeitsplatz in der Mitte einer älteren Dame die Lockenwickler aufdreht, hält inne und reißt die Augen auf. Ich halte die Luft an. Vivien macht auf dem Absatz kehrt, geht nach hinten und fünf Minuten später hören wir die Hintertür ins Schloss fallen. Marlies entschuldigt sich für das Verhalten ihrer Mitarbeiterin und bekniet die Frau förmlich, dass sie ja wiederkommt. Ich bin so schockiert, dass ich gar nichts sagen kann. Später, als ich ein paar Minuten Luft habe, laufe ich zu Marlies ins Büro und stelle klar, dass ich nicht schuld an Viviens Arbeitslosigkeit sein möchte. Ich bitte Marlies, sie anzurufen und sie zu einem Gespräch einzuladen. Doch meine Chefin ist der Meinung, Vivien müsse sich für ihr Verhalten entschuldigen. Von da an entwickelt sich auch mein Verhältnis zu Sarah rückwärts. Sie muss nun meinetwegen voll arbeiten, und weiß nicht, wohin mit ihrem Sohn. Ein weiterer Grund für unser kühles Verhältnis ist ihr Neid auf meinen Erfolg. Sie wirft ständig Spitzen. Ich kann sie sogar verstehen. Meine Kolleginnen akzeptieren, dass ich einen Meisterbrief habe und dadurch so etwas wie die stellvertretende Chefin bin. Sie akzeptierten aber nicht, dass meine Arbeit wertvoller sein soll als ihre, dass ich als Starfriseur gehandelt werde. Vom Handwerklichen her gibt es auch keine Unterschiede. Ich habe einfach nur die Fähigkeit, zu den Zielen meiner Kunden die passenden Frisuren zu finden.

Wir arbeiten eine Woche auf Hochtouren. Marlies ist auf der Suche nach einer neuen Kraft. Da kreuzt Vivien unerwartet auf und entschuldigt sich. Sie sprechen sich aus. Danach zieht sich Vivien ihren Kittel über und macht weiter, als wäre nichts geschehen. Nur ich bin für sie Luft. Meine Bemühung, trotzdem freundlich zu sein, bringt keine Veränderung. Im Gegenteil. Nach einer weiteren Woche fühle ich mich plötzlich nicht mehr zugehörig. Ich bin zum Außenseiter geworden. Mein Friseursalon, der immer so etwas wie ein Zuhause für mich war, ist nun ein Ort, an dem ich mich nicht mehr wohl fühle. Neid und Angst haben das Gemeinschaftsgefühl geschluckt. Ich bin zu einer Bedrohung für die anderen geworden. Ihr Ansehen und ihr Selbstvertrauen leiden unter den Lobeshymnen der Kunden über mich.

Als ich am Freitagabend nach Hause komme, fühle ich mich total elend. Ich sortiere meine Gedanken und stelle fest, dass ich den Zustand erreicht habe, vor dem ich mich am meisten gefürchtet habe: Das Alleinsein! Es gibt noch einen Unterschied zwischen Einsamkeit und Alleinsein. Einsam kann man auch unter Menschen sein. Aber allein ist man, wenn es niemanden mehr gibt, mit dem man reden kann. Meine Untermieterin ist nach Hause gefahren. Wir haben auch keinen wirklichen Draht zueinander. Mit meiner Logopädin hätte ich reden können. Doch unsere Verbindung ist neu. Außerdem hat sie Familie. Es ist schließlich Freitagabend. Das Bewusstsein, dass da niemand ist, dem ich mein Herz ausschütten kann, lässt mich erschaudern. Martin und Corinna, die mich als einsamen Menschen sehen, der nach Aufmerksamkeit hungert, werde ich keine Bestätigung ihrer Theorie liefern. Frau Schmidt wäre noch eine Gesprächspartnerin, aber sie kann nichts für sich behalten. Nun sitze ich in der Küche, bekomme keinen Bissen herunter und starre apathisch vor mich hin. Ein panisches Gefühl bahnt sich seinen Weg. Ich schnappe nach Luft. Und nun? Wir haben doch gerade darüber gesprochen, welche Möglichkeiten es gibt, mit der Angst umzugehen. Langsam forme ich den ersten Satz: „Ich bin dankbar, dass ich einen Beruf habe, dass mich Alexander als Erbin vorgesehen hat ... Doch diesmal wirkt es nicht. Die Kraft, die mich in das Loch zieht, ist stärker. Ich lasse mich treiben, heule, bis ich mich leer und betäubt fühle. Ich schaffe es nicht einmal, mit meinen Verwandten im Himmel zu schimpfen, sondern sitze nur da und starre ins Leere.

Ich kann mich am nächsten Morgen nicht erinnern, wann ich ins Bett gegangen bin. Meine Augen brennen, mein Hals ist trocken. Nach der ersten Tasse Kaffee erwachen langsam meine Lebensgeister. Ich verspüre einen starken Wunsch nach frischer Luft und verlasse die Wohnung. Erst nach zehn Minuten merke ich, dass ich den Weg zum Friedhof eingeschlagen habe. Es ist ein ungemütlicher Morgen mit Regen, Wind und Temperaturen um fünf Grad. Doch ich bin froh darüber. Ich brauche jetzt eine Abkühlung. In mir brodelt ein Vulkan. Wut. Ich kann den Gefühlsausbruch am Grab meiner Eltern nicht verhindern, nicht kontrollieren und schreie die Worte heraus: „Papa, warum hast du damals nicht besser aufgepasst?! Du bist schuld, dass ich jetzt allein bin. Du hast darauf bestanden, dass ich wegen der Erkältung bei Oma bleibe. Es war nur eine kleine Erkältung mit erhöhter Temperatur. Mama wollte mich mitnehmen. Ich wäre so gerne bei euch gewesen." Ich trete mit voller Wucht gegen die Grabeinfassung, balle die Hände zu Fäusten und muss ein Stück vom Grab weggehen, um mich wieder zu fangen. Einen Augenblick später finde ich mich vor dem Grab meiner Großmutter wieder und schreie: „Und du hast ihn noch bestärkt darin, dass die Fahrt für mich zu anstrengend wird. So eine Scheiße. Ich will nicht allein zurückbleiben." Das Wort *allein* hallt in meinem Kopf nach. Ich erschrecke über meinen Ausbruch, sehe mich um, zum Glück ist niemand zu sehen. Wieder gehe ich zum Grab meiner Eltern. Die Wut verraucht langsam und Trauer macht sich in meinem Inneren breit. Ich setze mich auf die Grabeinfassung und weine. Mir ist hundeelend zumute. Mein ganzer Körper schmerzt. Die Tränen laufen wie ein Sturzbach. Dann bemerke ich, dass ich jämmerlich friere und am ganzen Körper zittere. Ich bin nicht fähig aufzustehen. Es ist wie eine große Erschütterung, wie ein Erdbeben oder ein starkes Gewitter. Es hört von allein auf. Schwankend und völlig entkräftet schleiche ich wieder zum Grab meiner Großmutter. Dort wird mir bewusst, dass ich all die Jahre die Wut auf meinen Vater verdrängt habe. Und mit dieser Verdrängung habe ich auch die Kindheitserinnerungen an ihn in einem entlegenen Winkel meines Bewusstseins abgelegt. Der Aufenthalt in Alexanders Bibliothek hat die Erinnerungen zurückgeholt und diese Wut wie einen Gefangenen freigelassen. „Oma, du hättest mich damals zu Alexander bringen sollen. Marianne hätte mir geholfen, das Trauma zu verarbeiten, und mit Alexanders Hilfe hätte ich eine vernünftige Ausbildung gemacht, meine Lebensaufgabe gefunden. Dein verdammter Stolz, deine festgefahrene Meinung, dass man keine Therapie braucht, wenn man gläubig ist, das hat mich siebzehn Jahre meines Lebens gekostet. Ich war gefangen in der Wut auf meinen Vater, ohne es zu wissen." Ich flüstere am Schluss, weil mich diese Erkenntnis schockiert. Jetzt verstehe ich auch Martins Satz am Tag der Beerdigung, dass ein Psychologe etwas gegen meine Puddingbeine hätte tun können. Er hätte mir nicht die Hoffnung auf ein Leben nach dem Tod geben können. Aber mit ihm hätte ich die Wut herausgeholt, hätte die Trauer bearbeitet und dann weiterleben können. „Ach, Oma, Alexander hat dir angeboten, nach Hamburg zu ziehen, dir bei meiner Erziehung zu helfen. Die Grenzen waren offen. Es war theoretisch möglich. Warum konntet ihr die Grenzen in euren Köpfen nicht niederreißen? Mein Leben wäre ganz anders verlaufen." Für einen Moment habe ich ein Bild vor Augen, wie anders es hätte sein können. Marianne und Alexander wären meine Pflegeeltern geworden, die Villa mein Zuhause. Ich hätte das Abitur gemacht, vielleicht Psychologie oder Pädagogik studiert und vielleicht sogar das Institut übernommen. Bei dieser Vorstellung durchfluten mich Wärme und Wohlbehagen. Dann ist das Bild verschwunden. Ich starre auf den kalten Grabstein, auf dem der Name *Inge Sommerfeld* eingraviert ist.

Mir fällt der letzte Satz des Briefes von Alexander an Oma ein: „Es ist gut, dass du Lea aufgezogen hast. Der Glaube an Gott ist wichtiger als Bücherwissen." Er stimmt mich versöhnlich. Vielleicht hätte ich den Verlust meiner Eltern mit Hilfe von Alexander bearbeitet, aber wer weiß, wo ich ohne religiöse Erziehung gelandet wäre. Vielleicht wäre ich jetzt auch so launisch und verwöhnt wie Corinna.

Zu Hause lege ich mich ins Bett und schlafe drei Stunden. Danach fühle ich mich von einer zentnerschweren Last befreit. Ich bin auf dem Wege, den Tod meiner Eltern zu verarbeiten, diese unsichtbaren Bindungen abzustreifen. Ich fühle mich freier. Ein neues Leben wartet auf mich. Und dieses Leben will ich auf der Grundlage von Alexanders System der Persönlichkeitsentfaltung aufbauen.

Meine aktuelle Aufgabe *Umgang mit der Zeit* hat etwas mit der Zeiteinteilung, aber auch mit dem Zusammenspiel von Vergangenheit, Gegenwart und Zukunft in meinem Leben zu tun. Wie hat Alexander in seinem Brief gesagt: *Integration der drei Zeitdimensionen bedeutet, mit der Vergangenheit Frieden zu schließen, in der Gegenwart gelassen zu leben und kleine Schritte für die Zukunft zu planen. Fixierungen bringen Krankheit. Wer nur in der Gegenwart lebt, lebt im Stress, Wer nur in der Vergangenheit lebt, wird depressiv. Wer nur in der Zukunft lebt, kann sich in Träumerei verlieren oder in Angstzuständen versinken.*

Ich habe mit der Vergangenheit Frieden geschlossen. Es ist fast unheimlich, dass ich jeden Monat die Theorie zu den Problemen bekomme, die ich zu bewältigen habe. Mir ist, als hätte mein Onkel meine Zukunft vorausgesehen und mir die theoretischen Grundlagen passend dazu geliefert.

In den nächsten beiden Wochen erledige ich meine Arbeit, spreche wenig und akzeptiere die kühle Atmosphäre im Geschäft. Es ist mir alles nicht mehr so wichtig, weder die Arbeit noch der Erfolg, noch die Atmosphäre des Friseursalons. Ich sehe ihn nicht länger als meine Heimat. Eigentlich ist er immer nur eine Art Mutterersatz gewesen. Doch nun habe ich am Samstag auf dem Friedhof das unsichtbare Band gelöst, so als würde man einem Hund die Leine abnehmen. Ich bin frei. Doch kann ich mit der neu gewonnenen Freiheit noch nicht viel anfangen. Das Bild mit dem Hund ist ein guter Vergleich. Die Leine ist weg, aber der Hund hält sich noch in der Nähe seines Herrchens auf. Ich weiß nur, dass der Schlüssel zu meinem neuen Leben in Alexanders Programm steckt. Diese Erkenntnis verleiht mir neue Kräfte und motiviert mich. Ich nehme mir vor, noch systematischer zu arbeiten, alles aufzusaugen, was ich bekommen kann, und in der Villa jede freie Minute in der Bibliothek zu verbringen.

Gern hätte ich Martin vom gelösten Knoten erzählt. Doch der Gedanke an das Gespräch in der Küche hält mich jedes Mal zurück, wenn er mich anruft und sich nach meinem Befinden erkundigt. Er hat gemerkt, dass mit mir etwas nicht stimmt. Ich hätte mich über seine Fürsorge gefreut, wenn er mich bei den absurden Behauptungen von Corinna verteidigt hätte. Aber so gehe ich davon aus, dass er auch so denkt wie sie. Vielleicht hält er mich sogar für psychisch krank, für therapiebedürftig? Ich werde ihm zeigen, dass ich allein zurechtkomme und nicht *nach Aufmerksamkeit lechze*.

Meine Abende verbringe ich mit meiner neuesten Hausaufgabe. Ich muss über solche Fragen nachdenken wie: *Kommst du mit deiner Zeit aus, oder empfindest du Hetze oder Langeweile? Was fängst du mit deiner freien Zeit an? Warum ist Stress gefährlich für die Partnerschaft? Welche problematischen Persönlichkeitsaspekte werden unter Zeitdruck bei dir freigesetzt?*

Es geht um Zeitplanung, Tagesplanung, Monatsplanung, Jahresplanung, Lebensbalance. Das Zitat gibt mir Rätsel auf. ***Jede Zeit hat ihr eigenes Problem, jede Seele ihre besondere Sehnsucht. Das Heilmittel, dessen die Welt in ihren gegenwärtigen Nöten bedarf, kann nicht das gleiche sein, das ein späteres Zeitalter erfordern mag. Befasst euch gründlich mit den Nöten der Zeit, in der ihr lebt, und legt den Schwerpunkt eurer Überlegungen auf ihre Bedürfnisse und Forderungen.***

Welches Problem hat unsere Zeit? Welche besondere Sehnsucht hat die Seele? Welche Bedürfnisse, welche Forderungen gibt es?

Spontan würde ich sagen, es fehlt dem heutigen Menschen an Glauben, an einem Sinn im Leben und an Orientierung. Er steht sich selbst mit seiner pessimistischen Haltung im Wege, ist blind gegenüber seinem Potenzial. Trotz Handy und Internet haben wir eine Kommunikationskrise. Das habe ich in Alexanders Buch gelesen. Ich muss an Kundinnen denken, die sich darüber beschweren, dass sie mit ihren Männern und ihren Kindern nicht vernünftig reden können.

Ich nehme mir vor, den Blick für die Nöte der Zeit zu schärfen.

Ende März ist das Wetter in Hamburg regnerisch und sehr windig. Ich trage meinen Wintermantel und ärgere mich, dass ich nicht die Regenjacke angezogen habe. Deshalb beeile ich mich, vom Bahnsteig zur S-Bahn zu kommen. Es scheint, als wären heute mehr Menschen unterwegs als sonst. Alle haben es sehr eilig. Es ist ja auch verständlich. Bei diesem ungemütlichen Wetter möchte jeder zu Hause im warmen Wohnzimmer sitzen. Ich fahre zwar nicht nach Hause, aber kann es kaum erwarten, in die Villa, in die Bibliothek zu kommen. Heute werde ich lesen, nehme ich mir fest vor. Unruhig trete ich von einem Fuß auf den anderen. Wo bleibt die S-Bahn nur? Ich gehe einen Schritt nach vorn, um nach ihr Ausschau zu halten. Plötzlich spüre ich einen heftigen Stoß. Ich taumele in Richtung Schienen und rudere mit den Armen. Es sind nur Bruchteile von Sekunden. Kurz bevor ich das Gleichgewicht verliere, packt mich ein Bär von einem Mann am Arm und zieht mich von der Kante weg. „Mensch Mädchen, wie kannst du denn so dicht an die Bahnsteigkante gehen? Alles in Ordnung?" Ich starre ihn nur an und nicke. Was war denn das? Der Schock sitzt mir in allen Gliedern. Ich schaue mich um, suche den, der mich gestoßen hat. Doch die S-Bahn fährt gerade ein und die Mensche drängen immer dichter zusammen. Erst als ich im Bus sitze, überlege ich, was eigentlich passiert ist. Jemand hat mich gestoßen. Das ist so klar wie die Sonne am Himmel. Absichtlich? Der Unbekannte hat mich ja gewarnt, dass es in Hamburg gefährlich wird. Aber das ist ja völliger Unsinn, was ich da denke. Sicherlich hat es jemand sehr eilig gehabt, und ich stand zufällig im Weg. Was man sich alles einbilden kann. Ich gebe mich mit dieser Erklärung zufrieden und schicke dem starken Mann stille Dankbekundungen hinterher. Doch bleibt der Schock im Körper haften.

Corinna ist noch nicht da, als ich in der Villa ankomme. Frau Schmidt meint, dass ich sehr blass aussähe. Als ich mich auf dem Küchenstuhl mit einer Tasse Tee niederlasse, beginnt meine Hand so heftig zu zittern, dass ich Tee verschütte. „Was ist denn los mit Ihnen?", fragt Frau Schmidt ganz entsetzt. „Hoffentlich nicht wieder so ein Virus." Ich wollte eigentlich nicht darüber reden, doch nun erzähle ich ihr, dass ich fast unter die S-Bahn geraten wäre. „Wenn der große, kräftige Mann mich nicht zurückgezogen hätte, wäre es jetzt vorbei." Diese Erkenntnis trifft mich wie ein Schlag. Ich heule los und kann mich gar nicht wieder beruhigen. Frau Schmidt läuft hilflos um mich herum, will Martin informieren. Ich untersage es ihr und begründe es damit, dass er schon genug Aufregung mit mir gehabt hat. Sie holt mir aus ihrer Hausapotheke Baldriantropfen und empfiehlt mir ein Lavendelbad. Ich befolge ihren Rat. Zum ersten Mal genieße ich den Luxus dieses Bades hier im Haus. Beruhigende Musik, brennende Kerzen und das Lavendel-Duft-Bad lassen mich wieder zur Ruhe kommen. Ich habe Frau Schmidt eingeschärft, Corinna nichts zu sagen. Sie würde wahrscheinlich behaupten, ich wäre absichtlich an den Bahnsteig gegangen, um Aufmerksamkeit zu erregen. Im Übrigen ist mir immer noch nicht danach, mit Corinna zu reden. Ich schiebe Müdigkeit vor, als sie gut gelaunt in mein Zimmer tritt.

In der Kanzlei werden wir heute von Frau Sander in Empfang genommen. Ich freue mich sehr, sie wiederzusehen. Das beruht anscheinend auf Gegenseitigkeit. Die fünf Tage, die ich bei ihr verbringen durfte, haben doch eine gewisse Vertrautheit zwischen uns geschaffen. Sie umarmt mich herzlich. „Lea, unser Haus war eigenartig leer, nachdem Sie abgereist waren. Ich habe Sie richtig vermisst."

„Wirklich? Ich habe mich sehr wohlgefühlt bei Ihnen." Corinna fügt etwas neidisch hinzu: „Na, du hattest ja auch gar keine andere Wahl in deinem Zustand."

„Doch, das Krankenhaus wäre die Alternative gewesen." Martin betritt den Empfangsbereich, hat den letzten Satz mitbekommen und fragt gleich: „Schon wieder jemand krank?"

„Nein, nein, wir werten nur die letzte Krankengeschichte aus", gebe ich Auskunft.

„Aha. Hat dir meine Mutter erzählt, dass sie auch krank war nach deiner Abreise?"

„Habe ich Sie etwa doch angesteckt?" Sie hatte es am Telefon nicht erwähnt.

Martin schmunzelt. „Sie war seelisch krank, brauchte einen Psychologen."

Frau Sander lacht. „Wie gut, dass wir einen in der Familie haben."

Er wirft mir einen zärtlichen Blick zu. „Lea, ist dir klar, dass du eine große Wirkung auf Menschen ausübst, du hast eine besondere Anziehung." Er sagt es leise, aber voller Bewunderung und ... liebevoll. Mein aufgebauter Schutzwall – ich will nichts mehr mit dir zu tun haben – stürzt ein wie ein Kartenhaus. Ich kann ihm nicht mehr böse sein, nicht wenn er mich *so* ansieht und *so* etwas sagt. Frau Sander räuspert sich und fragt vorsichtig: „Ich soll schöne Grüße von Christine bestellen. Sie lädt Sie herzlich zur Geburtstagsfeier ein. Anna wird heute fünf und möchte viele Gäste haben." Sie sieht Corinna und mich nur kurz an, dafür ihren Sohn etwas länger, als würde er entscheiden, wohin wir nach der Konsultation gehen dürfen. „Habt ihr Lust auf Familienfeier?", fragt er locker. Es macht ihm diesmal offenbar nichts aus.

„Eigentlich möchte ich endlich die Bücher mit den Randbemerkungen ..."

„Das kannst du abends noch machen", fällt mir Martin ins Wort. „Wenn du nicht mitkommst, wird Christine dir das schwer verübeln." Da nun auch noch Frau Sander auf mich einredet, sage ich zu.

Wir haben unsere Zeitpläne erstellt und die Fragen schriftlich beantwortet. „Ich habe Fragen zum Zitat", sage ich sofort. Martin schlägt vor, es noch einmal gemeinsam zu lesen und unsere Gedanken zusammenzutragen.

„Jede Zeit hat ihr eigenes Problem, jede Seele ihre besondere Sehnsucht. Das Heilmittel, dessen die Welt in ihren gegenwärtigen Nöten bedarf, kann nicht das gleiche sein, das ein späteres Zeitalter erfordern mag. Befasst euch gründlich mit den Nöten der Zeit, in der ihr lebt, und legt den Schwerpunkt eurer Überlegungen auf ihre Bedürfnisse und Forderungen."

„Wie siehst du diese Aussage, Corinna?"

Sie schlägt ihren Hefter auf. „Wir sollen uns mit den Nöten der Zeit beschäftigen, steht hier. Ich habe eine Liste an Problemen der Zeit erstellt: Krisen, Negativität der Menschen, Ängste, Zerfall der Familien, Partnerschaftsprobleme …"

Martin sieht mich an. „Lea, willst du noch ergänzen?"

„Ich zähle Suchterkrankungen, die Zunahme psychischer Krankheiten, Kommunikationsprobleme, Zunahme von Gewalt und Ungerechtigkeit in der Bezahlung der Berufe hinzu. Die Schere zwischen Armut und Reichtum klafft immer mehr auseinander."

„Habt ihr eine Idee, was ihr tun könnt, um diese Zustände zu verändern?"

Corinna sagt voller Stolz: „Ich werde mich für Gerechtigkeit einsetzen, wenn ich Anwältin bin."

Mir erscheint mein Friseurberuf sehr ungeeignet, um die Welt zu verändern. „Haare schneiden lindert wohl kaum die Nöte der Zeit", sage ich etwas abfällig.

„Es ist eine wichtige Dienstleistung", entgegnet Martin. „Stell dir mal vor, wie wir alle aussehen würden, wenn es keine Friseure gäbe." Ich muss lachen und es fällt mir auf, dass ich in diesem Monat kaum gelacht habe.

„Vielleicht müssen wir noch etwas tiefer graben. Was würdet ihr denn verändern, wenn ihr die Macht oder die Möglichkeit dazu hättet?", will unser Mentor wissen.

„Ich würde härtere Strafen einführen", sagt Corinna. „Da wird eine Frau überfahren, und der Täter bekommt eine Bewährungsstrafe. Was ist denn das?"

„Vielleicht solltest du lieber Staatsanwältin oder Richterin werden", wendet Martin ein.

Mein Ton ist nicht gerade freundlich als ich sage: „Das ist doch keine Lösung, die Strafen verschärfen, vielleicht noch mehr Gefängnisse bauen oder die psychiatrischen Kliniken aufstocken. Wenn ich die Macht hätte, würde ich mehr Wert auf die Erziehung legen, es darf erst gar nicht so weit kommen, dass Menschen gewalttätig werden. Die Frage lautet doch wohl: Unter welchen Voraussetzungen ist ein friedliches Zusammenleben möglich?"

„Toller Gedanke, Lea", lobt Martin. „Was denkt ihr, wie sollte eine bessere Erziehung aussehen?"

Corinna bemerkt: „Man muss die Schulen besser ausstatten und kleinere Klassen bilden, mehr Technik einsetzen."

„Wäre ein Aspekt", schiebt Martin bedächtig ein.

Ich kann mich gar nicht mit ihren Vorschlägen anfreunden. Sie kommt mir weltfremd vor. „Das finde ich zweitrangig. Ein positives Menschenbild ist die Grundlage für eine bessere Erziehung. Wenn man den Menschen als ein Bergwerk an Edelsteinen sieht, geht man anders mit ihm um. Dann wird Schule nicht länger eine Einrichtung sein, in der das Wissen in die jungen Menschen hineingestopft wird, sondern man beginnt etwas herauszuholen, Fähigkeiten und Talente zu entwickeln.

Bildung allein nützt nichts. Der Mensch braucht eine charakterliche Erziehung und klare Ziele, dann erst ist Bildung möglich." Ich zögere einen Moment, bevor ich die Vision, die mir nun in den Kopf steigt, formuliere: „In meiner Schule würden die Zensuren keine Rolle spielen. Man arbeitet zusammen und bringt das ein, was man einbringen kann. Man nimmt aufeinander Rücksicht und geht ehrlich und offen miteinander um. Das Konkurrenzdenken ist schädlich, und ich könnte mir vorstellen, dass das auch die Gewalt schürt." Ich muss an meine Kolleginnen denken. Sie sind neidisch, weil alle zu mir wollen. Wir müssen zusammenarbeiten, wird mir klar.

„Lea, ist noch was?" Martin sieht mich forschend an. „Nein, ich musste gerade an etwas denken." Aber ich will es nicht preisgeben, weil ich damit Corinnas Ansicht über mich bestätigen würde. Meine Augen werden feucht, und ich sehe zur Seite.

„Ich finde deinen Ansatz sehr interessant." Martin wirkt beeindruckt. Er hat mir wohl diese Antwort nicht zugetraut? Ich bin ja auch nur eine Friseurin.

Er sagt sehr nachdenklich: „Wenn man weiß, dass jede Seele eine besondere Sehnsucht hat und jede Zeit ihr eigenes Problem, dann wird es klar, dass die alten Erziehungsmethoden in der heutigen Zeit nicht mehr funktionieren. Eltern machen den Fehler, ihre Kinder so zu erziehen, wie sie selbst erzogen wurden und beachten zu wenig die Bedürfnisse ihrer Kinder. Probleme entstehen da, wo die Dimension der Zeit nicht berücksichtigt wird. Es kommt zu Fixierungen, Abwehr und Indifferenz." Wir bauen weiter an der Vision eines neuen Schulsystems, kommen zu dem Schluss, dass sich die Rolle des Lehrers verändern muss. Er würde in Zukunft ein Lernbegleiter sein. Die Schüler müssten die Verantwortung für ihren Lernprozess selbst übernehmen. Dafür sind natürlich kleinere Klassen nötig. Und das alles muss auf einem positiven Menschenbild fußen. Ich bin am Ende überrascht, dass alle Vorschläge – selbst Corinnas Ideen, die mir am Anfang gar nicht gefallen haben – in unserem imaginären Schulsystem einen Platz finden. Es macht vor allem Spaß, Luftschlösser zu bauen. Ich hätte noch stundenlang weitermachen können. Doch wir haben ja heute noch etwas vor.

Martin verteilt die neuen Briefe und ich lese:

„Liebe Lea,
Du lebst ja nun mal nicht allein auf dieser Welt. Der Mensch ist ein soziales Wesen, dass eigentlich nur zwei Aufgaben hat: Mit sich und anderen richtig umzugehen. Im nächsten Kapitel geht es um den Umgang mit anderen Menschen.
Man darf in jedem Menschen nur das sehen, was des Lobes würdig ist. Wenn man so handelt, kann man der ganzen Menschheit Freund sein. Betrachten wir die Menschen jedoch vom Standpunkt ihrer Fehler aus, dann ist es eine äußerst schwierige Aufgabe, mit ihnen Freundschaft zu pflegen ... so sollten wir, wenn wir unseren Blick auf andere Menschen richten, das sehen, worin sie sich auszeichnen, nicht das, worin sie versagen.
Wir müssen andere Menschen nicht nur in der Form annehmen, wie sie gegenwärtig sind, wir müssen in ihnen zugleich das sehen, was sie werden können, sonst behindern wir sie in ihrem Verwandlungsprozess und halten sie von ihrer Selbstverwirklichung ab. Um Beziehungen von tiefem inneren Gehalt zu anderen Menschen zu schaffen, müssen wir zugleich zu den unbekannten Möglichkeiten in ihnen ja sagen, denn dieses Jasagen ist gleichzeitig eine wichtige Quelle ihres Mutes zur Selbstverwirklichung ...
Liebe Grüße, Dein Alexander.

In diesem Kapitel sollen wir lernen, wie man mit schwierigen Menschen umgeht, wie man ein dynamisches Team schafft, wie man aufrichtige Anerkennung gibt und wie man effektiv kommuniziert. Ich kann es kaum fassen. Wieder passt das Thema zu meinem aktuellen Problem.

Was hattest du erwartet?, frage ich mich, als wir vor einem supermodernen Eigenheim mit ausgefallener Architektur und viel Glas stehen. Das jedenfalls nicht. Martins Schwester nimmt uns an der gläsernen Haustür in Empfang. Zunächst bin ich überrascht, dass wir uns wirklich irgendwie ähnlich sind; Größe, Figur, Haarfarbe. Sie hat aber braune Augen wie Martin. Ihre Haare sind schulterlang. Als ich mich vorstelle, lacht sie. „Lea, wir kennen uns doch von der Beerdigung. Da hattest du deine Haare noch anders." Dann macht sie ein schuldbewusstes Gesicht, anscheinend, weil sie bei dem Wort Beerdigung gelacht hat.

„Ich glaube, auf der Beerdigung habe ich niemanden wahrgenommen", entschuldige ich mich. Christine führt uns in das offene Wohnzimmer. Die ganze Breite ist verglast und gibt den Blick auf einen wunderschönen Garten frei. Aus der Größe der Bäume und Sträucher schließe ich, dass das Haus gerade erst fertig geworden ist. Ich stehe nur sprachlos da, blicke dann vorsichtig nach links und entdecke eine moderne Sitzecke in einem leuchtenden Rot. Auf der rechten Seite befindet sich der Essbereich mit einem gedeckten Geburtstagstisch für zwölf Personen. Dahinter liegt die offene Designerküche mit Tresen und Barhocker. Wenn die Villa schon der absolute Kontrast zu meiner Zwei-Zimmer-Wohnung ist, dann ist das hier eine andere Welt, die für mich unerreichbar ist. Die Gefühle, die ich jetzt empfinde, sind neu und verwirrend, eine Mischung aus Neid, Wut und Reue. Ich bereue, dass ich einen Beruf ergriffen habe, der zum Leben zu wenig und zum Sterben noch zu viel abwirft. Ich erkenne, dass ich das Thema Geldverdienen bei meiner Berufswahl nicht bedacht habe. Und es hat nie jemand mit mir darüber gesprochen. Ich werde noch einmal wütend auf meine Oma, auf ihre Glaubenssätze. Ständig hat sie mir eingeredet, Geld macht nicht glücklich, und viel zu haben sei eine Art moralischer Fehltritt.

„Gefällt es dir?", fragt Martin. Ich sehe ihn an und merke, dass er mich genau beobachtet. „Gefallen? Das ist wohl nicht das richtige Wort. Ich kann im Moment gar nicht begreifen, das es so etwas überhaupt gibt."

„Das ist nur am Anfang. Wir sehen es als völlig normal an, und es gibt auch ein paar Nachteile", versucht Christine die Wirkung ihrer Traumvilla zu relativieren. Sie zeigt nach oben auf die Galerie. „Die Kinder turnen am Geländer herum. Ich habe immer Angst, dass doch mal eins herunterstürzt." Ich murmele nur ein „Hm", denn mein Blick ist auf die eindrucksvolle Galerie mit Bücherregalen, Schreibtisch und Relaxliege gerichtet. Die Treppe nach oben ist gut versteckt. Ich bemerke sie erst, als ein großer kräftiger Mann plötzlich neben mir steht.

„Da seid ihr ja." Aus der Art und Weise, wie er uns begrüßt, merke ich, dass wir ihm vertraut sind.

Martin macht uns bekannt: „Bernd war zwar auch auf der Beerdigung, aber Lea ging es an diesem Tag nicht besonders." Ich zucke entschuldigend mit den Schultern.

„Ich bin also der Hausherr und der Vater dieser wilden Kinder." Er wirft sich den zweijährigen Johannes über die Schulter, und dieser kreischt auf. Der Mann, den ich auf Ende dreißig schätze, ist mir auf den ersten Blick sympathisch. Vor allem kommt er mir „normal" vor, nicht intellektuell. Martin hat etwas Vornehmes an sich, so wie seine Mutter. Sein Schwager wirkt wie ein Kumpel, groß, robust und gutmütig. Er passt eher zu seinem Schwiegervater. „Lea, ich hätte dich fast mit Christine verwechselt", sagt er augenzwinkernd.

„Da hätte ich schon aufgepasst", antwortet Martin schmunzelnd, bevor mir etwas dazu einfällt.

Christine lacht. „Wir sollten uns mal die gleichen Kleider kaufen und eine große Sonnenbrille aufsetzen, Lea. Dann müsste ich mir noch die Haare kürzen lassen. Ich wette, man würde uns für Schwestern halten." Ich empfinde ein kurzes Glücksgefühl bei der Vorstellung, eine Schwester zu haben.

Christine und ihre Mutter führen uns durchs Haus. Die Männer bleiben bei den Kindern. Man merkt Frau Sander an, dass sie sehr stolz auf ihre Tochter ist. „Es ist ja nicht einfach für Christine, Haus, Kinder und Beruf unter einen Hut zu bringen. Als Zahnärztin ist sie sehr gefordert. Aber ich bin ja auch noch da, und sie hat eine Haushälterin."

„Zahnärztin bist du schon", sagt Corinna mit Bewunderung. „Ich dachte, du wärst in unserem Alter."

„Ich bin zweiunddreißig, habe mich gut gehalten", sagt sie lachend, „aber so groß ist ja der Abstand zwischen uns auch nicht."

„Trotzdem, in dem Alter so ein Haus?" Corinna will es genau wissen, wie man das macht. „Bernd ist auch Zahnarzt. Wir haben eine Gemeinschaftspraxis." Ich wusste es schon von Frau Sander. Wieder habe ich das Gefühl, im Leben die falschen Entscheidungen getroffen zu haben. Dann höre ich meine Oma sagen: „Eher geht ein Kamel durch ein Nadelöhr, als dass ein Reicher in den Himmel kommt." So ein Blödsinn, Oma. Was hast du mir da nur eingeredet.

„Was sagen Sie zu dem Schlafzimmer, Lea?" Frau Sander sieht mich erwartungsvoll an. Wie soll es anders sein? Das Schlafzimmer hat ebenfalls eine verglaste Fläche und zusätzlich einen Balkon. Zwei Schiebetüren mit chinesischem Muster sind gleichzeitig wirkungsvolle Bilder im Raum. Die eine

Tür führt in einen begehbaren Kleiderschrank, die andere in ein Bad mit Whirlpool. Mir wird fast schwindlig von so viel Luxus. Langsam gehen mir die Worte aus. Deshalb sage ich nur: „Ich bin einfach sprachlos."

Corinna hat es mit dem Vergleichen. „Meine Mutter hat auch einen begehbaren Kleiderschrank. Mein Vater wollte keinen Whirpool. Meine Freundin hat auch die volle Glasfläche im Schlafzimmer." Mir geht ihr Gerede auf die Nerven. „Mein Traum ist eine Wohnung über zwei Etagen mit Galerie. Vielleicht kann ich mir von der Erbschaft so etwas kaufen." Mutter und Tochter nicken nur. Wenn man nicht weiß, ob und was man erbt, ist das Thema schnell erledigt.

Wir besichtigen noch die Kinderzimmer, ein zweites Schlafzimmer und die Galerie. Unten angekommen, schwärmt Corinna: „Martin, das ist ja ein Traum."

Er setzt gerade seinen Neffen in den Hochstuhl. Dann dreht er sich um. „Und wie findest du es, Lea?"

„Ich glaube, ich werde neidisch", rutscht mir heraus. Ich drücke mir die Hand auf den Bauch, denn ich habe das Gefühl, mein Magen würde sich umdrehen. Die anderen lachen. Auch ich versuche es lustig zu nehmen. Martin zuckt nur mit den Schultern und meint lässig: „Mir persönlich gefällt die Villa von Alexander besser. Das Alte hat Charakter. Aber wenn du so ein Haus haben willst, dann setze es auf deine Wunschliste."

Jetzt werde ich richtig wütend. „Willst du mich verklapsen? Du weißt genau, dass ich mit meinem Beruf nicht mal eine Eigentumswohnung zustande bringe."

Seine Mutter fällt mir ins Wort: „Lea, dann sollten Sie sich nach einem reichen Mann umsehen." Sie sagt es spaßig. Es ist gut gemeint. Wahrscheinlich ist ihr Leben so gelaufen. Sie hat einen Rechtsanwalt geheiratet. Aber für mich ist diese Bemerkung ein Katalysator. Der schlaue Kommentar von Corinna –

„Geld ist doch nicht alles, Lea" – bringt dann das Fass zum Überlaufen.

„Das kannst auch nur du sagen, weil du dir noch nie Gedanken darum machen musstest", schreie ich sie an. Tränen schießen mir in die Augen. Ich stürze in den Vorraum und verschwinde in der Gästetoilette. Vor Scham hätte ich in die Toilette kriechen können. Was ist nur los mit mir? Geld ist mir doch wirklich nicht wichtig. Ich liebe meinen Beruf und freue mich auf meine Kunden. Ich bin doch zufrieden gewesen, bevor Onkel Alexander mit seinem Persönlichkeitstraining mein Leben durcheinander gebracht hat. Nichts stimmt mehr, meine guten Vorsätze, meine Lebensanschauungen, meine Erziehung. Irgendwie war vorher alles einfacher. Ich höre Martin sagen: „Selbsterkenntnis kann auch schmerzhaft sein." Welche Selbsterkenntnis denn? Dass ich nicht genug gelernt, kein Abitur gemacht und nicht studiert habe. Ist das wirklich die Selbsterkenntnis daraus? Es ist jedenfalls albern, hier bei diesen Leuten durchzudrehen, nur weil sie so ein schönes Haus haben. Ich schäme mich und spiele mit dem Gedanken, nach Hause zu fahren und nie wiederzukommen. Es ist früher Nachmittag. Ich würde noch einen Zug nach Dresden bekommen. Bloß niemandem mehr unter die Augen treten. Da erinnere ich mich: **Glück und Größe, Rang und Stufe ... schwierige Probleme zu lösen...** „Was macht man, wenn man sich daneben benommen hat?", höre ich meine Oma sagen. „Man entschuldigt sich", lautet die Antwort dazu, die ich schon hundert Mal in meinem Leben gesagt habe. Als ich nach einiger Überwindung die Tür öffne, stoße ich auf drei weitere Fünfjährige, die gerade gekommen sind. Christine wechselt mit den Müttern ein paar Worte im Flur. Anna nimmt ihre Geschenke entgegen und geht mit ihren Gästen ins Wohnzimmer. Die anderen sitzen am Tisch und unterhalten sich. Bernd schenkt Kakao ein. Anna wickelt die Geschenke aus. Ich komme mir jetzt selbst wie ein Kind vor, das sich irgendwo ausgebockt hat und nun wieder in die Familie zurückkehrt. Es ist mir recht, dass keiner von mir Notiz nimmt. Also brauche ich mich nicht zu entschuldigen. Christine zieht mich mit in die Küche. „Lea, kannst du mal Kaffee einschenken?" Sie zeigt auf die Kanne. „Geht's wieder?"

„Ich weiß gar nicht, was mit mir los war? Ich hatte es plötzlich satt … arm zu sein." Sie nimmt mich spontan in die Arme. „Alexanders Training hat es in sich. Manchmal gefällt uns das nicht, was da hochkommt."

„Hast du auch mit ihm gearbeitet?"

„Klar, meinst du, ich würde das hier alles schaffen ohne Ziele, ohne meine Stärken und Schwächen zu kennen, ohne zu wissen, wo ich abgeben kann und wo ich selbst übernehmen muss. Weißt du, ich bin eher der chaotische Typ. Martin ist der Strukturierte in unserer Familie. Er musste dafür andere Dinge lernen, sich durchzusetzen zum Beispiel. Das ist mir nie schwergefallen." Christine lächelt und streicht mir über den Arm. „Es lohnt sich wirklich durchzuhalten, auch wenn man manchmal alles hinwerfen könnte."

Ihre Worte, ihre Ehrlichkeit und Natürlichkeit haben etwas Tröstliches. Ich lasse mich auf Kindergeburtstag ein. Johannes hängt wie eine Klette an mir, nur weil ich bei ihm mit einem Abzählreim einen Lachanfall ausgelöst habe.

Martin beaufsichtigt die Spiele, die Anna selbstbewusst bestimmt. Stolz verteilt sie die Preise. Corinna schnattert die ganze Zeit über mit Frau Sander. Mit einem Ohr bekomme ich mit, dass sie über Corinnas Prüfungsthemen sprechen, die ja für mich zu schwer zu verstehen sind. Aber Frau Sander hat ja auch viele Jahre in der Kanzlei mitgearbeitet, war die rechte Hand ihres Mannes. Sie hat ihren Beruf aufgegeben, als die Enkelkinder kamen.

Zum Abendbrot gibt es Spaghetti und Tomatensoße. Anna hat es sich gewünscht. Nicht nur die Kinder, sondern auch die Erwachsenen essen mit großem Genuss. Gegen sieben werden die Kinder abgeholt. Die Feier ist zu Ende. Martins Eltern sind mit ihrem eigenen Wagen gefahren, kommen aber trotzdem mit zur Villa.

Frau Schmidt ruft schon beim Öffnen der Tür: „Ich wusste nicht, ob ich etwas zu essen machen soll."

„Wir sind im wahrsten Sinne genudelt", antworte ich lachend. Beim Betreten der großen Diele muss ich an Martins Worte denken. „Mir persönlich gefällt die Villa von Alexander besser. Das Alte hat Charakter." Er hat Recht. Wenn ich die Wahl hätte, würde ich mich auch für die Villa entscheiden. Ich fühle mich hier geborgener. Sie kommt mir auch gar nicht mehr so riesig vor wie am Anfang.

„Sie sehen so glücklich aus, Lea", sagt Frau Schmidt und strahlt mich an. „Dann war wohl das Wochenende doch noch schön für Sie, wo doch alles so schlimm …" Sie stockt und beißt sich auf die Unterlippe, sieht wie ein verschrecktes Kind erst Martin und dann mich an.

„Was war denn los, Lea?", fragt er ruhig, aber voller Spannung.

„Ach, nichts weiter, ich bin nur auf dem Bahnhof gestolpert."

„Gestolpert?", flüstert Frau Schmidt. „Sie wurden doch gestoßen, Lea." Ehe ich mich versehe, packt Martin mich an den Schultern: „Verdammt, Lea, sag mir sofort, was los war!"

In seinen Augen sehe ich blankes Entsetzen. Es ist ihm offenbar völlig egal, dass Corinna, seine Eltern und Frau Schmidt daneben stehen.

Ich schlucke, bevor ich spreche: „Ich stand am Bahnsteig, wartete auf die S-Bahn und habe mich vorgebeugt, um nach der Bahn zu sehen. Da bekam ich einen heftigen Stoß und verlor das Gleichgewicht. Ein großer starker Mann hat mich gepackt und zurückgezogen ... Mehr war nicht." Martin starrt mich an. „Mir ist nichts passiert", füge ich unnötiger Weise hinzu.

„Mehr war nicht?" wiederholt er verdächtig leise. „Warum hast du mir das nicht erzählt?"

„Weil ich niemanden mit meinen Problemen belasten möchte und ich keine Aufmerksamkeit erregen will", sage ich überdeutlich.

„Belasten", wiederholt er mit zusammengekniffenen Augen. Seine Hände packen mich fester. „Du hättest tot sein können. Das war ein Mordversuch. Begreift du das nicht?!", schreit er.

„Und was, bitte schön, hättest du dagegen tun können?", brülle ich zurück und schiebe seine Hände von meinen Schultern. Oh, Gott. Ich merke, wie alle ringsherum die Luft anhalten. Corinna stammelt: „Aber so etwas würden meine Eltern nie tun."

„Nein, natürlich nicht, das denkt doch niemand", beruhigt sie Herr Sander. Martin muss an die frische Luft. Wir stehen hilflos und verwirrt in der Eingangshalle. Frau Schmidt schiebt uns ins Wohnzimmer. Dort setzen wir uns um den Esstisch herum. Sanders sind fassungslos. Ich kann die Fragen in ihren Augen lesen: Was geht hier vor? Warum? Als Martin ein paar Minuten später zurückkommt, klingt das, was er sagt, nicht nach einem Rat, sondern nach einem Befehl: „Lea, ich bringe dich morgen zum Bahnhof! Wenn du dich verfolgt fühlst, dann rufst du sofort die Polizei und mich bitte an. Ich möchte über alles informiert sein. Und auch wenn nichts passiert, werden wir täglich telefonieren. Und wehe, jemand sagt nur ein Wort von ungleicher Behandlung." Er wirft erst Corinna einen finsteren Blick zu und dann seinem Vater. Nun sieht er mich an. „Und du kommst bitte nicht noch einmal auf die

Idee, mich zu schonen oder dich über mein Verantwortungsgefühl lustig zu machen."

Das war es also, was ihn gekränkt hat. Deshalb war er auf Distanz gegangen. Deshalb hatte er mich im Februar nicht angerufen. Dabei war diese Bemerkung als Spaß gedacht. Ich wollte doch nur, dass er Urlaub macht.

Ich bringe nur ein Nicken zustande. Martin läuft im Wohnzimmer auf und ab. War es wirklich so ernst? Wollte mich tatsächlich jemand umbringen? Ich kann und will es nicht wahrhaben. Es dauert ein paar Minuten, bis er ruhiger wird. Niemand sagt ein Wort. Man hört nur Martins Schritte im Raum und die Uhr ticken. „Vielleicht sollten wir zur Polizei gehen", schlägt Rudolf Sander vor.

„Wir können es nicht beweisen", sagt Martin müde und bleibt stehen. „Weder die Schlaftabletten noch diese Sache sind nachweisbar."

„Ich habe noch einen Zettel bekommen", sage ich kläglich und hole ihn aus der Tasche.

„Wann?", schreit Martin.

„Letzten Monat."

Er fällt auf den Stuhl und schüttelt den Kopf: „Lea, ich verstehe dich nicht."

„Du verstehst mich nicht?", fahre ich ihn an. „Wie würdest du dich denn verhalten, wenn du hörst, dass man dir unterstellt, diese Dinge selbst zu inszenieren, um damit Aufmerksamkeit zu erhaschen. Ich weiß, dass ich mir keine Schlaftabletten in den Kaffee getan und mir kein künstliches Fieber zugelegt habe. Und auch diesen verdammten Zettel habe ich nicht selbst geschrieben. Ich pfeife auf eure Aufmerksamkeit." Meine Stimme droht sich zu überschlagen.

„Ich habe das nie gedacht", sagt er ruhig.

„Du hast mich aber auch nicht verteidigt, als Corinna das behauptet hat."

Er runzelt die Stirn. „Zu solchen absurden Behauptungen habe ich nichts zu sagen. Außerdem ist es üble Nachrede, wenn ich in deiner Abwesenheit über dich rede." Ich kann nur staunen. So habe ich sein Verhalten nicht interpretiert.

„Und du hast an der Tür gelauscht, das macht man auch nicht", fährt mich Corinna an.

„Ich wollte mir einen Tee machen, die Tür war offen." Ich winke ab, habe keine Lust für weitere Erklärungen und fühle mich plötzlich kraftlos. „Vielleicht sollte ich doch aufgeben. Alexanders Programm hat mir mehr gebracht, als ich mir vorgestellt habe. Wegen des Geldes werde ich nicht mein Leben aufs Spiel setzen", sage ich müde und wende mich an Martin: „Und du bist mich los und damit befreit von dieser Verantwortung." Ich verlasse den Raum und steige die Treppe hinauf. Martin folgt mir. „Lea, warte." Er holt mich vor meiner Zimmertür ein. Wir stehen uns gegenüber. Er zieht mich in seine Arme. Ich spüre seinen schnellen Atem. „Lea, wir werden nicht aufgeben", sagt er sanft, aber entschlossen. Und es ist das Wörtchen „wir", das mir die Tränen in die Augen treibt und mich schluchzen lässt. Ich bin nicht allein. Da ist jemand, der zu mir hält. Martin hält zu mir. In diesem Moment ist mir alles andere völlig egal. „Wir geben nicht auf, weil es ungerecht ist, dass dir jemand dein Erbe streitig machen will", bekräftigt er, löst die Umarmung und sieht mich an. „Aber es ist gefährlich weiterzumachen. Ich muss zugeben, dass ich mit der Situation überfordert bin, denn ich weiß nicht, wie ich dich schützen kann. Das hat dein Onkel wohl nicht bedacht, als er den Plan entworfen hat." Ich trockne mir die Tränen. Er nimmt mich wieder in die Arme. Es ist, als ob wir uns gegenseitig stützen. Er war derjenige, der bisher alles im Griff gehabt hat, der pedantisch genau die Anweisungen meines Onkels ausgeführt hat und der jetzt hilflos wirkt, weil die Angelegenheit aus dem Ruder läuft. Diese Gedanken verleihen mir neue Kräfte und lassen meine Entschlossenheit zurückkehren. Wir hören Frau Schmidt in der Küche hantieren. Sie kocht Tee. Ich löse mich von ihm. „Vielleicht haben die anderen eine Idee", sage ich aufmunternd.

„Ja, lass uns beraten." Er nimmt meine Hand und zieht mich die Treppe hinunter. Frau Schmidt kommt mit dem Tablett aus der Küche. Martin nimmt es ihr ab. Corinna und Sanders sitzen immer noch still und betroffen auf ihren Plätzen. Ich verteile die Tassen und Martin schenkt Tee ein. Er hat sich wieder gefangen, und ich fühle mich gestärkt und zuversichtlich. „Was meint ihr, wer hat ein Interesse daran, dass Lea ihr Erbe verliert?", fragt er als Einleitung.

Doch ob wir nun die Frage nach links oder rechts wälzen, es kommt keine plausible Antwort heraus. Es fehlt das Motiv. Corinnas Eltern würden meinen Teil der Erbschaft nicht bekommen. Der Leiter der Stiftung ist zwar an dem Geld interessiert, aber nicht zu dem Preis, dass er den Erben tötet. Von den Mitarbeitern des Institutes hat niemand etwas von dem Geld. Die einzige Erklärung, die es gibt, ist, dass es mit dem zehnten Buch zu tun hat. Aber da wir nichts Genaues über den Inhalt wissen und auch keine Ahnung haben, wo es sein könnte, landen wir wieder in einer Sackgasse. Trotzdem ist es ein unglaublicher Trost für mich, dass sich alle um mich sorgen. Ich frage mich nun, ob an Corinnas Behauptung nicht doch ein Körnchen Wahrheit ist. Hungere ich nach Aufmerksamkeit?

Martin bringt mich am nächsten Morgen zum Bahnhof. Corinna ist schon eine Stunde früher gefahren. So habe ich die Gelegenheit, mit ihm allein zu reden und etwas klarzustellen. „Ich habe mich nicht über dein Verantwortungsbewusstsein lustig gemacht, ich wollte nur, dass du deinen Urlaub nicht meinetwegen absagst."

„Ach ja?" Er sieht geradeaus, lächelt kurz.

Es fällt mir nicht leicht, das zu sagen, aber ich bringe es heraus: „Ich habe deinen Anruf und deine Fürsorge vermisst … Dein Verantwortungsbewusstsein hat mir gefehlt … sehr."

Er sieht mich kurz an und lacht. „Und warum hast *du* mich nicht angerufen?"

„Ich wollte …"

„… mich nicht belasten", beendet er den Satz und schmunzelt.

„Ja, du hattest Urlaub."

Er zieht die Luft tief ein. „Dann muss ich hier auch etwas klarstellen. Ich hätte mich gefreut, wenn du mich im Urlaub mit einem Telefonat belastet hättest. Unsere Gespräche haben mir sehr gefehlt."

„Dafür hast du doch täglich mit Corinna telefoniert."

„Was, wer sagt das denn? Corinna hat mich zweimal angerufen … wegen ihrer Prüfung, Öffentliches Recht. Das habe ich gleich an meinen Freund weitergereicht."

Er sieht mich von der Seite an. „Warst du eifersüchtig?"

Ich druckse herum. „Nein", lüge ich und rutsche unruhig auf meinem Sitz hin und her. „Ich fand es nur ungerecht, dass du dich nicht mal nach meinem Befinden erkundigst, wo ich doch eine schwere Grippe hatte, aber jeden Tag mit Corinna … Vergiss es. Das ist albern."

„Ich war bestens informiert über deinen Gesundheitszustand durch meine Mutter. Ansonsten hätte ich mich gemeldet, obwohl ich tatsächlich leicht gekränkt war." Er zuckt mit den Schultern. „Wir haben uns wohl beide etwas kindisch benommen. Was lernen wir daraus, Lea?"

„Wir müssen miteinander reden, uns vertrauen."

Er nickt. „Das ist jetzt nötiger als je zu vor."

„Ich konnte mir nicht vorstellen, dass mich jemand absichtlich gestoßen hat." Das Wort töten bringe ich nicht über die Lippen.

„Es ist aber nun mal eine Tatsache, dass jemand dir ein Schlafmittel in den Kaffee getan hat, dass dich jemand gestoßen und dir diesen Zettel geschrieben hat. Wir wissen nicht, warum, aber wir können die Sache nicht leugnen oder herunterspielen. Um die Polizei einzuschalten, reicht es nicht. Ich vermute, unser Unbekannter möchte genau das vermeiden. Es soll nicht nach Straftat aussehen. Er benutzt Alexanders Festlegungen, um dich loszuwerden, so ganz nebenbei und zufällig."

„Das habe ich auch schon gedacht. Pistole oder Messer scheinen nicht seinem Stil zu entsprechen. Vielleicht kommt das kurz vor der Prüfung zum Einsatz, wenn es ihm bis dahin nicht gelungen ist, mich aus dem Verkehr zu ziehen", sage ich in einem humorvollen Ton, als würde es mich nichts angehen.

„Lea, das ist nicht witzig." Martin wirft mir einen entsetzten Blick zu. „Wenn du mit der Straßenbahn zur Arbeit fährst …" Nun lasse ich eine Dusche mit guten Ratschlägen über mich ergehen. Ich komme mir vor wie ein Schulkind bei seiner ersten Reise. „Bleib nicht allein im Abteil, halte Abstand vom Bahnsteig. Ruf an, wenn du angekommen bist …"

Ich mache mir am Ende einen Spaß draus, küsse ihn zum Abschied auf die Wange und sage: „Jawohl, Papa."

Er reißt entsetzt die Augen auf. „Ich bin doch nicht dein Papa."

„Was bist du dann?"

„Alles andere, nur nicht dein Papa."

Auf der Heimfahrt frage ich mich, was „alles andere" für ihn bedeutet.

APRIL

Der Umgang mit schwierigen Menschen ist mein zu bewältigender Stoff in der Theorie, genauso wie in der Praxis. Theoretisch weiß ich bald, worauf es ankommt. Unfreundliche Menschen soll man freundlich behandeln. Aber das weiß ich schon von meiner Oma. Doch einiges ist völlig neu. Zum Beispiel, dass diese Welt ein Echo unserer Stimmungen ist. Wenn wir auf andere Menschen Vorurteile, Böswilligkeit und Verachtung projizieren, bekommen wir genau das zurück. Es kommt darauf an, wie ich im Herzen denke. Mein Herz ist mein Unterbewusstsein. Wie ich denke und empfinde, so bin ich. Im Umgang mit schwierigen Menschen kommt es darauf an, ihre negative Energie nicht in Form von Ablehnung zu spiegeln. Der richtige Umgang mit schwierigen Menschen ist also, deren Argumente anzunehmen und mit ihnen gemeinsam an einer Lösung zu arbeiten. Ich muss an meine Kolleginnen denken. Nicht Rückzug, wie ich es bisher getan habe, ist der Weg, sondern ihre Argumente annehmen. Sie haben Angst, dass ihnen die Kunden davonlaufen. Ich brauche mir nur vorzustellen, wie es mir gehen würde, wenn Vivien die Erfolgskanone wäre. Ich würde genauso reagieren. Das ist völlig menschlich.

Ich fasse den Entschluss, mit meinen Kolleginnen zu reden. Am Mittwochmorgen bietet sich eine Gelegenheit. Wieder hat eine Kundin von Vivien sich bei mir zum Umstylen angemeldet. Vivien hat den ganzen Vormittag nicht viel zu tun. Marlies droht ihr Kurzarbeit an. Als die Kundin kommt, spüre ich förmlich Viviens böse Blicke auf meinem Rücken. Und genau in diesem Moment habe ich eine Idee. „Einen kleinen Moment bitte, ich bin gleich so weit.", sage ich zur Kundin und schnappe mir Vivien. „Kommst du mal kurz mit nach hinten?" Ich warte nicht auf ihr Einverständnis, sondern schiebe sie in Marlies' Büro. Unsere Chefin beendet gerade ein Telefonat und fühlt sich von uns gestört. „Was gibt es denn?", fragt sie ärgerlich.

„Wir müssen etwas besprechen. Ich habe keine Lust, eure Arbeit mitzumachen", sagte ich entschlossen. „Vivien kann genauso gut schneiden wie ich. Ab jetzt herrscht Arbeitsteilung. Der Kunde kann bei uns einen Termin machen, aber nicht mehr bei dir oder mir, sondern in unserem Geschäft. Wenn er eine Beratung will, bekommt er eine. Das übernehme ich. Und dann übernimmt einer von euch die Frisur. Auf diese Weise kann ich mir etwas mehr Zeit für die Beratung nehmen, und Marlies könnte Geld dafür verlangen. So bekommen wir auch mehr Leute unter, und alle sind ausgelastet." Vivien sieht mich sprachlos an. Marlies erhebt sich von ihrem Stuhl und geht stirnrunzelnd in dem kleinen Zimmer hin und her. „Das ist sehr gut, Lea. Da hätte ich schon selbst drauf kommen können. Wir müssen die Organisation umstellen. Was denkst du, kommst du mit zwanzig Minuten für die Beratung aus? Dann könntest du in einer Stunde drei Kunden beraten."

„Eine halbe Stunde wäre besser. So kann ich gründlich recherchieren, nach Zielen und Hintergründen fragen und Beispiele aus Zeitschriften geben. Die Sache bekommt dadurch auch mehr Bedeutung."

„Ja, du hast Recht. An dieser Stelle dürfen wir nicht sparen. Außerdem könntest du noch ein Make-up anbieten und Tipps für Kleidung geben. Wer hier umgestylt werden will, muss das auch zu seiner vollen Zufriedenheit bekommen. Und nun geht an die Arbeit. Ich überlege mir einen entsprechenden Zeitplan."

Ich fasse zusammen: „Zuerst werde ich die Kundin beraten. Du hörst zu und dann übernimmst du."

„Und wenn sie das nicht will?", fragt Vivien skeptisch.

„Sie wird es wollen", entgegne ich zuversichtlich.

Und so war es dann auch. Ich staune selbst über mich, mit welcher Sicherheit ich der Frau unser neues Konzept vorstelle. „Wir haben eine riesige Nachfrage. Viele Menschen wollen zielgerecht umgestylt werden. Darum haben wir ein neues Konzept entwickelt. Mein Part ist die Beratung, ein Vorher-Nachher-Bild, der Vorschlag für die Frisur, Schminke und Tipps für die Kleidung. Eine von den Kolleginnen übernimmt die ausgewählte Frisur." Die Frau hat kein Problem damit, und mein Verhältnis zu Vivien verbessert sich schlagartig. Als Sarah gegen Mittag kommt, staunt sie nur. Wir sind wieder ein Team.

Ich erzähle Martin am Abend davon und ernte Bewunderung für mein schnelles, weises Handeln, wie er es bezeichnet. „Ich habe ja eigentlich nur Alexanders Methode, wie man mit schwierigen Menschen umgeht, angewendet."

„Aber genau darum geht es doch. Theoretisch kann man viel verstehen. Wenn das Wissen nicht in die praktische Anwendung führt, ist es wertlos."

„Martin, es ist fast unheimlich, aber ich habe das Gefühl, dass Alexander vorausgesehen hat, welche Probleme auf mich zukommen. Danach hat er die theoretischen Grundlagen ausgewählt. Letzten Monat ging es um die Integration der Zeitdimensionen. Da habe ich Frieden mit der Vergangenheit geschlossen. Das war nur möglich, weil ich mit meiner Angst vor dem Alleinsein konfrontiert wurde. Meine Kolleginnen waren wütend auf mich, weil ich ihnen die Kunden weggenommen habe. Corinna unterstellte mir, Aufmerksamkeit erregen zu wollen und du hast mich nicht verteidigt. Also dachte ich, du siehst es genauso wie sie. Ich wollte mit euch nichts mehr zu tun haben. Ich war allein. Niemand war da, der mich auffangen konnte. Im Nachhinein weiß ich, dass das gut war, ansonsten wäre ich nicht zum Friedhof gegangen. Die Wut auf meinen Vater wäre nicht hochgekommen. Ich habe ihm all die Jahre die Schuld an dem Unfall gegeben. Es war mir nicht bewusst." Es fällt mir leicht, Martin gegenüber meine Gefühle zu beschreiben, die tiefe Trauer, den körperlichen Schmerz und dann diesen Frieden, das Gefühl, ein Band durchschnitten zu haben. Er staunt über diese Selbsttherapie.

„Normalerweise braucht man dafür einen Therapeuten, einen lebendigen. Aber offenbar können auch Tote Therapeuten sein. Das ist mir neu", sagt er voller Bewunderung.

Unser tägliches Telefonat, das ja wegen meiner Sicherheit stattfindet, wird für mich zum Höhepunkt des Tages. Wir besprechen jeden Satz des Briefes ausführlich:

Wir müssen andere Menschen nicht nur in der Form annehmen, wie sie gegenwärtig sind, wir müssen in ihnen zugleich das sehen, was sie werden können ... „Wie mache ich das, Martin? Wie sehe ich, was andere werden können? Es interessiert mich brennend."

„Der Schlüssel zu dieser Sichtweise ist das Menschenbild. Der Grundsatz, dass der Mensch ein Bergwerk an Edelsteinen ist, muss dir in Fleisch und Blut übergehen. Daraus erwachsen Achtung, Liebe und Glaube", lautet seine Antwort. „Ich habe dabei Alexander vor Augen. Das Geheimnis seines Erfolges war die Liebe zum Menschen, sein Respekt dem anderen gegenüber und der Glaube an das Potenzial des anderen."

Um Beziehungen von tiefem inneren Gehalt zu anderen Menschen zu schaffen, müssen wir zugleich zu den unbekannten Möglichkeiten in ihnen ja sagen, denn dieses Jasagen ist gleichzeitig eine wichtige Quelle ihres Mutes zur Selbstverwirklichung ...

Dieser Satz wird zu meinem Morgengebet. Ich will es unbedingt ausprobieren. Was verändert sich, wenn ich es bewusst beachte?

Ob Kunde oder Kollegin, ich sage mir bei jeder Begegnung: „Auch du bist ein Bergwerk, reich an Edelsteinen. Ich glaube an dich. Wir sind alle Geschöpfe Gottes, aus dem Ton der Liebe geformt. Wir tragen die Eigenschaften Gottes in uns." Natürlich sage ich es nie laut. Es geht auch nicht um das einzelne Wort, sondern um die Einstellung. Ich merke bald, dass sich das Klima verändert. Wir gehen höflicher und freundlicher miteinander um, auch offener und ehrlicher. Unser neues Konzept funktioniert. Ich komme allerdings später als gewöhnlich nach Hause. Mit dem zweiten Teil der Beratung, Schminke und Kleidung, muss ich warten, bis die anderen mit der Frisur fertig sind. Dadurch bin ich die Letzte im Geschäft. Aber dafür habe ich zwischendurch Leerlauf und kann nebenbei lernen.

Der April tobt seine Launen aus. Mal hole ich den Sommermantel aus dem Schrank, mal die Winterjacke. Mein Geburtstag rückt heran. Er fällt diesmal auf einen Sonntag. Zunächst will ich Sarah und Vivien einladen. Doch die haben schon andere Verpflichtungen. Auch meine Untermieterin ist zu ihren Eltern gefahren, um den Geburtstag ihrer Mutter mit vorzubereiten. Dann beschließe ich, den Tag zu ignorieren. Doch das kann ich auch nicht. Seit meinem zehnten Geburtstag gehe ich an diesem Tag oder spätestens am darauffolgenden Wochenende auf den Friedhof und besuche meine Eltern. Nach Omas Tod bin ich allein gegangen, weil Tom nichts mit Friedhof zu tun haben wollte. Doch zu dem anschließenden traditionellen Zoobesuch ließ er sich überreden. Nun gibt es keinen Tom mehr, den ich überreden kann.

Am Samstag arbeite ich bis Mittag, mache im Anschluss einen Stadtbummel und erledige ein paar Einkäufe. Am Nachmittag putze ich meine Wohnung und bügele Wäsche. Den Abend verbringe ich mit meinen Hausaufgaben. Ich bleibe lange auf, um länger schlafen zu können. Ein verschlafener Tag ist nur ein halber Tag. Doch es kommt anders als geplant. Das Handy läutet schon um acht Uhr. Mein erster Gratulant ist Corinna. „Ich wollte die Erste sein", begründet sie freudig ihren frühen Anruf.

„Ist dir auch gelungen. Ich hatte vor, den Tag zu verschlafen."

„Das wollte ich verhindern." Ich wundere mich über Corinnas Mitgefühl. Das hätte ich ihr gar nicht zugetraut. Im nächsten Moment erinnere ich mich: Wir sollen im anderen sehen, was er sein könnte. Wie auf Knopfdruck wechsele ich zu einer positiven Einstellung über; Bergwerk ... Geschöpf Gottes ... aus dem Ton der Liebe geformt ... Wir lachen und plaudern über Geburtstage im Allgemeinen. Corinna ist eine Woche vor mir achtundzwanzig geworden.

„Martin hat mir einen tollen Strauß geschickt, das heißt, die Kanzlei Sander hat mir einen tollen Strauß geschickt, bunt und schön, aber leider keine Rosen. Das wäre dann vielleicht ein Signal gewesen, dass ich ihm etwas bedeute", sagt Corinna leicht enttäuscht. Sie hofft noch immer, obwohl sie weiß, dass es eine Frau in seinem Leben gibt. Unser Gespräch dauert zwanzig Minuten. Ich koche nebenbei Kaffee und decke mir den Frühstückstisch nun doch etwas prunkvoller als sonst, mit einer künstlichen Rose, einem Kristallkerzenständer von meiner Oma und einer Serviette mit Rosenmuster. Ich habe gerade den Hörer hingelegt, als es wieder klingelt. „Hier ist Tante Hanna. Lea, alles Gute zum Geburtstag. Was machst du denn heute? Bist du allein? Wir wollten ja eigentlich kommen und dich überraschen. So ein verlängertes Wochenende in Dresden haben wir seit langem geplant. Du hättest uns zeigen können, wo Alexander geboren ist. Und das wollten wir mit deinem Geburtstag verbinden, damit du nicht allein feiern musst. Doch nun ist bei Wilfried in der Firma etwas dazwischengekommen."

Ich spüre die Panik und die Erleichterung gleichzeitig. „Das ist ja ein netter Gedanke, aber ihr hättet mich gar nicht angetroffen. Ich bin heute unterwegs, mit Freundinnen." Diese kleine Notlüge halte ich für angebracht, um Hannas Mitleid zu besänftigen.

„Na, dann bist du ja zum Glück nicht allein. Wie kommst du denn mit dem Studium voran? Verstehst du den Stoff? Kannst du ihn dir merken?"

„Ja, es geht ganz gut."

„Ich meine, als Friseurin bist du ja nicht ans Studieren gewöhnt wie Corinna. Vielleicht könntet ihr mal zusammen lernen, euch treffen. Schließlich wäre es doch schade, wenn du einen Teil des Erbes nicht bekommst."

Hanna macht sich also Sorgen um *mein* Erbe. „Danke, Tante Hanna, dass du dir Gedanken machst, aber ich komme klar. Ich habe zwar nicht studiert, aber die Meisterprüfung war auch kein Zuckerlecken. Und die Aufgaben, die Alexander ausgesucht hat, sind auf unsere Gehirnkapazität zugeschnitten." Ich bin froh, dass noch jemand bei Hanna in der Leitung ist und sie unser Gespräch beenden muss. Irgendwie kann ich Corinna verstehen. Ihre Mutter mischt sich in alles ein. Sie ist lästig und wertet andere ab. Sie ist Gift für mein Selbstwertgefühl. Im Grunde macht sie das Gegenteil von dem, was ich gerade ausprobiere. Ich frage mich, wie mein Verhältnis zu meinen Eltern wäre, wenn sie noch leben würden. Vielleicht wäre ich genauso genervt von den gutgemeinten Ratschlägen.

Ich schaffe es, eine Scheibe Toast mit Marmelade zu essen. Da klingelt es an der Tür. Ein Bote drückt mir gleichzeitig einen Blumenstrauß und den Lieferschein zur Unterschrift in die Hand. „Alles Gute zum Geburtstag wünscht Ihnen, liebe Frau Sommerfeld, die Kanzlei Sander", steht auf der kleinen

Karte. Ich registriere dann, dass es Rosen sind, Rosen in vier Farben. Ich frage mich, ob Martin die bewusst bestellt oder der Verkäufer im Blumenladen diese Entscheidung getroffen hat.

Wieder klingelt das Handy. Frau Schmidt gratuliert und verspricht, zu unserem nächsten Besuch eine Torte zu backen. Sie erzählt mir von ihren Schmerzen in der Hüfte, vom neuen Gärtner, der nicht sorgsam genug arbeitet, von ihrer Schwester, die gerade im Krankenhaus liegt, und dann ist wieder eine halbe Stunde vergangen. Ich gieße mir eine zweite Tasse Kaffee ein. Inzwischen ist es halb zehn. Der Rosenstrauß leistet mir bei meinem neuen Frühstücksversuch Gesellschaft. Ich betrachte jede einzelne Blüte und schnuppere daran. Langsam entspanne ich mich, schiebe meine Lieblings-CD ins Laufwerk und stelle sie nach zehn Sekunden wieder aus, weil das Handy erneut klingelt. Martin. Ich kann nichts gegen dieses laute Herzklopfen tun, das sich beim Klang seiner Stimme wie von selbst einstellt. „Danke für die schönen Rosen", sage ich freudig, nachdem er mir alles Mögliche gewünscht hat. Nun will ich es doch wissen. „Woher weißt du, dass ich Rosen mag?"

„Ich habe dir die Blumen geschickt, die ich selbst am liebsten habe", antwortet er halb lachend. „Was machst du heute, Lea?"

„Ich gehe auf den Friedhof und besuche meine Lieben." Ich muss ihn wohl mit dieser Antwort überrascht haben, denn er schweigt eine Weile. „Bist du noch dran?" frage ich.

„Ja, ja. Es ist nur so … ungewöhnlich, den Geburtstag auf dem Friedhof zu verbringen."

„Ich gehe seit siebzehn Jahren an meinem Geburtstag auf den Friedhof und bedanke mich bei meinen Eltern, dass sie mir das Leben geschenkt haben. Das war Omas Idee."

Wieder ist er eine Weile still, bevor er antwortet: „Ich habe mich noch nie bei meinen Eltern bedankt, dass sie mir das Leben geschenkt haben."

„Vielleicht hätte ich das auch nicht getan, wenn sie am Leben wären. Man kann das Wertvollste erst schätzen, wenn man es nicht mehr hat." Mir ist der Satz so herausgerutscht. Ich bemerke den Kloß in meinem Hals und versuche ihn herunterzuschlucken.

„Ja, da hast du Recht."

Wie aufgezogen plappere ich weiter: „Dann werde ich wie jedes Jahr in den Zoo gehen. Dort gibt es ein Café, wo ich immer ein Stück Nusstorte esse. Danach fahre ich nach Hause und backe eine Käsetorte mit Kirschen für meine Kolleginnen. Die gebe ich dann morgen aus." Ich habe zu schnell gesprochen, und meine gespielte Heiterkeit klingt selbst in meinen Ohren unecht.

„Ist alles in Ordnung, Lea?"

„Ja, es ist so wie immer, nur diesmal gibt es keinen Tom und keine Angela, die mit in den Zoo kommen. Das ist komisch."

„Wenn ich jetzt losfahre, wäre ich in fünf Stunden …"

„Nein", schreie ich, „dann schlafen die Tiere schon." Wir lachen.

„Warum gehst du zur Abwechslung nicht mal ins Kino?", sagt er locker.

„Darauf bin ich noch gar nicht gekommen. Das ist es. Warum Traditionen fortsetzen, die mich traurig machen?"

„Die Idee mit dem Friedhof finde ich … erstaunlich, ungewöhnlich, aber bemerkenswert. Deine Oma ist eine kluge Frau gewesen. Heute habe ich wieder etwas von dir gelernt, Lea. Wenn du in ein Loch stürzen solltest, ruf mich an."

Damit verabschieden wir uns. Ich sitze stumm da und gehe unser Gespräch Satz für Satz noch einmal durch, versuche zwischen den Zeilen zu lesen und verbiete mir, irgendwelche Fantasien hineinzuprojizieren. Martin hat den Auftrag, sich um mich zu kümmern. Er ist ein Mensch, der sich um andere sorgt. Deshalb hat ihn Alexander beauftragt, mehr ist nicht. Aber warum hat er Corinna keine Rosen geschickt?

Mein Geburtstag entwickelt sich zu einem Tag des Telefons. Meine Kolleginnen rufen nacheinander an, dann einige Kundinnen und Frau Sander. Auch Helene Bachmeier gratuliert, was mich sehr überrascht. Sie fragt nach, wie ich den Tag verbringe, und auch ihr erzähle ich von meinem Friedhofsbesuch. Sie ist genauso beeindruckt wie Martin.

Gegen elf Uhr verteile ich auf jedem Grab eine Rose, Martins Rosen. Nach meinem Gefühlschaos im vergangenen Monat dienen die Blumen als Entschuldigung für mein schlechtes Benehmen. Ich spreche einen stummen Dank an meine Eltern aus und spüre dabei deutlich die Veränderung. Ich habe sie losgelassen und fühle mich freier. Auch ist die übliche Traurigkeit nicht mehr vorhanden. Ich murmele leise: „Ihr seid tot und ich werde jetzt mein eigenständiges Leben führen."

Eine männliche Stimme sagt leise: „Hast du auch deine Eltern besucht?"

Ich zucke zusammen und drehe mich schnell um. Ein junger Mann, etwa in meinem Alter, kommt auf mich zu. Er ist groß und schlaksig. Seine lockigen, braunen Haare können einen Schnitt gebrauchen.

„Ja, das sind meine Eltern."

„Er liest die Grabinschrift. „Seit fast achtzehn Jahren bist du schon Waise."

„Ja, ich war damals zehn", erkläre ich."

„Ich habe meine Eltern mit zwanzig verloren. Das ist jetzt zehn Jahre her."

„Auch durch einen Unfall?", frage ich. Er nickt. „Dann haben wir ja ein ähnliches Schicksal."

„Marc Andersen." Er streckt mir seine Hand entgegen und ich ergreife sie.

„Lea Sommerfeld."

„Kommst du regelmäßig hierher? Ich habe dich nämlich noch nie hier gesehen."

„Meistens an besonderen Tagen."

„Und was ist heute für ein besonderer Tag?", hakt er nach.

„Zufällig mein Geburtstag."

„Du wirst also heute achtundzwanzig. Herzlichen Glückwunsch." Er streckt mir noch einmal die Hand entgegen.

Es ist angenehm, sich mit Marc zu unterhalten. Bis zum Eingangstor des Friedhofs weiß ich, dass er noch eine ältere Schwester hat, als Assistenzarzt in der Uniklinik arbeitet und nur selten zum Friedhof kommt. Ich habe ihm von meinem Geburtstagsritual erzählt. Wir reden noch kurz am Eingangstor, dann will ich mich verabschieden, doch er ignoriert meine Hand. „Hast du etwas dagegen, wenn ich dich in den Zoo begleite? Mir ist jetzt nach Zoo."

Irgendetwas lässt mich einen Moment zögern, doch dann stimme ich zu. Allerdings kommen mir zwischendurch immer Bedenken, ob es klug gewesen ist zuzustimmen. Es ärgert mich, dass dieser Unbekannte, der mich am Erben hindern will, einen misstrauischen Menschen aus mir gemacht hat. Unter anderen Umständen wäre ich viel unbeschwerter mit meinem neuen Bekannten umgegangen. Marc ist ein netter junger Mann, der mein Schicksal teilt und mich auf meinem Spaziergang begleitet. Als er erfährt, dass ich Friseurin bin, will er gleich einen Termin machen. Ich gebe ihm die Visitenkarte mit der Geschäftsadresse. Zum Glück kommt er nicht auf die Idee, mich nach Hause zu begleiten. Er hat noch eine andere Verabredung, und unsere Wege trennen sich nach dem Zoobesuch. „Lea, gibst du mir deine Telefonnummer?" Wieder zögere ich. Dann schreibe ich sie auf die Visitenkarte. Warum eigentlich nicht? Ich soll Kontakte zu anderen Menschen knüpfen. Mein Bekanntenkreis ist so spärlich, dass es höchste

Zeit wird, etwas zu unternehmen. Ich muss daran denken, dass es in zwei Monaten keinen Martin und keine Corinna mehr geben wird und dass mein Verhältnis zu meinen Kolleginnen auch Schwankungen unterliegt. Außerdem habe ich keinen Freund mehr und keine beste Freundin. Warum soll ich nicht die Bekanntschaft eines netten jungen Mannes machen? Ich habe ihm nichts von Hamburg erzählt, nur erwähnt, dass ich eine Art Weiterbildung mache.

Zu Hause backe ich den geplanten Kuchen. Als ich ihn gerade im Ofen habe, meldet sich Christine. „Alles Gute zum Geburtstag und ein vollständiges Erbe wünsche ich dir, Lea. Martin hat mir eben erzählt, dass du Geburtstag hast. Er ist gerade hier mit einer Freundin … Au, verdammt, Johannes, lass meine Haare los." Bei dem Wort Freundin merke ich, wie meine Knie weich werden und mein Herz wieder rast, diesmal aber nicht aus Freude. „Warte, er will dich noch mal sprechen."

„Hallo, Lea, wie war dein Tag?"

„Es war ein wunderschöner Tag. Und bei dir?" Er antwortet nicht. Ich höre, dass es hinter ihm leiser wird. Er verlässt wohl den Raum. „So, jetzt können wir reden. Warst du auf dem Friedhof?"

„Ja, und ich habe einen jungen Mann kennen gelernt", platze ich heraus. „Er hat seine Eltern vor zehn Jahren verloren. Wir haben ein ähnliches Schicksal. Er hat mich in den Zoo begleitet und mich zum Kaffeetrinken eingeladen."

„Das ist nicht dein Ernst", sagt er ärgerlich.

„Doch", antworte ich trotzig.

„Man wollte dich gerade vor den Zug stoßen. Da draußen läuft jemand herum, der dich am Erben hindern will. Und du gehst einfach mal so mit einem wildfremden Mann spazieren."

„Kannst du dir nicht vorstellen, dass sich ein Mann einfach nur für mich als Frau interessiert?"

„Natürlich kann ich das, ich müsste ja blind sein, wenn ich es nicht könnte."

„Wie darf ich das verstehen?"

„Lea, du bist eine hübsche und attraktive Frau."

„Oh", sage ich nur. „Das hast du noch nie gesagt."

„Ich bin dein Mentor und habe dir andere Dinge zu sagen."

„Ja, natürlich. Doch jetzt finde ich, gehst du zu weit. Du kannst mir nicht vorschreiben, mit wem ich Kaffee trinken gehe. Es geht mich ja auch nichts an, dass du mit deiner Freundin zu Christine fährst." Jetzt ist es heraus. Jetzt ist es mir bewusst. Ich bin eifersüchtig.

„Welche Freundin denn?", fragt er irritiert. „Meinst du Simone? Nein, das ist Christines Freundin, die bei mir in der Nachbarschaft wohnt und mich gebeten hat, sie mitzunehmen, wenn ich meine Schwester besuche." Ich höre ihn seufzen. „Simone ist glücklich verheiratet und hat einen fünfjährigen Sohn, der heute mit seinem Vater zu einem Fußballspiel gefahren ist."

Am liebsten wäre ich im Erdboden versunken. Wenn er es bisher nicht bemerkt hat, dann muss er spätestens jetzt wissen, dass ich in ihn verliebt bin. Ich will nicht so abgefertigt werden wie Helene. Mir fehlen die Worte, die Ausreden. „Ach so", bringe ich nur heraus.

Er atmet tief durch, bevor er sagt: „Lea, wir müssen uns auf unsere Aufgaben konzentrieren. Deine Sicherheit steht an erster Stelle. Es macht mich fast krank, dass ich so weit weg bin und nichts tun kann. Und wenn ich weiß, dass du mit fremden Männern durch den Zoo läufst …"

„Aber ich soll doch im anderen sehen, was er sein könnte. Wenn ich jeden, der mir begegnet, als eine Bedrohung sehe, widerspricht das dem, was mein Onkel mir gerade vermittelt hat."

„Ja, da hast du recht. Doch da nun gewisse Dinge passiert sind, müssen wir vorsichtig sein, getreu dem alten Spruch: Vertrauen ist gut, Kontrolle ist besser. Also, wie heißt er? Wie hießen seine Eltern? Wo arbeitet er? Hast du das Grab seiner Eltern gesehen? Hast du seine Handynummer? Weiß er, wo du wohnst? Weiß er vom Erbe?"

„Ich habe seine Handynummer nicht, nur er meine. Ich habe das Grab seiner Eltern nicht gesehen. Er weiß, in welcher Gegend ich wohne, kennt aber meine Adresse nicht ..." Plötzlich komme ich mir ziemlich naiv vor. Und doch kann ich nicht glauben, dass der freundliche Marc derjenige sein soll, der mir mein Erbe missgönnt. Was hätte er davon?

„Ich überprüfe das. Es wäre besser, wenn du diese Bekanntschaft auf Eis legst, bis ich weiß, ob der Mann sauber ist. Lea, ich habe gehofft, du wartest bis nach der Prüfung mit einer neuen Beziehung." Es klingt nach Enttäuschung. Wenn der Mann, den ich liebe, vergeben ist, muss ich mich doch anderweitig umsehen, ist meine stumme Begründung. Ich sage aber: „Du brauchst dir keine Sorgen zu machen. Ich lasse mich nicht von meinem Programm ablenken."

„Darüber mache ich mir keine Sorgen, eher, dass du an den Falschen gerätst."

Es klingelt an meiner Wohnungstür. „Wer kommt denn nun?", stöhne ich.

„Frag erst, wer da ist!" Martin ist gleich in Alarmbereitschaft.

„Es ist Tom."

„Gib ihm zehn Minuten, um zu gratulieren, sich zu entschuldigen und wieder zu verschwinden. Ich rufe in zehn Minuten wieder an." Plötzlich ist meine Stimmung auf dem Höhepunkt.

„Wer gibt mir jetzt diesen Rat, der Mentor oder der Psychologe?"

„Den Rat gebe ich dir als Mann."

Ich öffne die Tür. Tom steht ganz betreten da und sagt kläglich: „Ich, wir wollen dir zum Geburtstag gratulieren. Alles Gute." Er überreicht mir einen Marmorkuchen, den Angela gebacken hat. „Danke", sage ich und bringe ein gequältes Lächeln zustande.

„Bist du wieder auf dem Friedhof gewesen?", fragt er zögerlich.

„Ja, wie jedes Jahr, und dann war ich im Zoo. Ich habe einen jungen Mann kennen gelernt, der mich begleitet hat."

Er nickt. Ich verharre in der Tür. „Kann ich nicht kurz reinkommen. Muss ja nicht jeder mitbekommen, was wir uns zu sagen haben." Er sieht nach links und rechts, als erwarte er die neugierigen Blicke der Nachbarn.

„Wir haben uns nichts mehr zu sagen", antworte ich ruhig. Ich gehe zur Seite und lasse ihn eintreten. „Wie kommst du denn mit der Miete klar?", will er wissen.

„Ich habe eine Untermieterin." Er nickt und sieht sich um. Ich bringe den Kuchen in die Küche. Er folgt mir.

„Ich wollte dir sagen, es tut mir leid, dass ich dich so verletzt habe. Ich hatte nicht den Mut, es dir gleich zu sagen. Wir haben gedacht, du verkraftest es nicht. Wir hatten Angst um dich."

„Diese Rücksicht war völlig unnötig. Ich komme wunderbar ohne euch klar, außerdem gibt es etliche neue Kontakte durch Hamburg. Das Telefon hat heute ununterbrochen geklingelt."

„Da bin ich ja froh. Vielleicht können wir Freunde bleiben. Angela leidet sehr darunter, dass sie dich nicht mehr als Freundin hat."

„Angela hat ja jetzt dich." Es klingt ein bisschen gereizt, aber ich bin noch nicht in Versöhnungsstimmung. „So eine Enttäuschung kann man nicht so leicht wegstecken. Ihr habt mich ein ganzes Jahr lang betrogen. Wie soll ich da wieder

Vertrauen haben?" Tom sieht beschämt nach unten. Mir kommt das jüngste Zitat in den Sinn: *Man darf in jedem Menschen nur das sehen, was des Lobes würdig ist. Wenn man so handelt, kann man der ganzen Menschheit Freund sein ... so sollten wir, wenn wir unseren Blick auf andere Menschen richten, das sehen, worin sie sich auszeichnen, nicht das, worin sie versagen.*
Bilder tauchen auf: Tom, wie er mir hilft, Omas Wohnung auszuräumen, wie er mich ermutigt, meinen Meister zu machen, wie er unsere Waschmaschine repariert. Ich habe plötzlich die guten Seiten von Tom vor Augen. Es ist wie eine Spontanheilung. Die Verletzungen und Enttäuschungen, die Wut und das, was immer noch an Gefühlen da war, wenn ich an Angela und Tom denke, sind plötzlich wie weggewischt. Mir wird mit einem Mal klar, dass die beiden wirklich unter der Situation gelitten haben. Was wäre aus mir geworden, wenn Hamburg nicht dazwischen gekommen wäre? Vielleicht hätte ich mir tatsächlich das Leben genommen? Plötzlich tun sie mir leid. „Danke, dass du gekommen bist, Tom. Schönen Gruß an Angela und die Kinder." Mein Ton ist weicher und freundlicher. Tom sieht mich verwundert und etwas skeptisch an. Ich gehe vor in den Flur. Da klingelt mein Handy. Ich weiß, dass es Martin ist.

„Ja, bitte", sage ich.

„Ist er weg?" Ich muss mir ein Lachen verkneifen.

„Danke für die Glückwünsche, Martin. Mein Besuch will gerade gehen. Kleinen Moment, ich will ihn nur noch zur Tür bringen." Ich öffne die Wohnungstür und rufe ihm noch einmal zu: „Danke für den Topfkuchen und schöne Grüße." Tom sieht richtig verdattert aus. Hat er meine Veränderung bemerkt?

„Hat er sich etwa mit einem Topfkuchen entschuldigt?", fragt Martin entsetzt. Ich muss laut lachen. „Ja, mit einem Marmorkuchen, den seine Freundin gebacken hat."

„Ein bisschen mehr hätte er sich schon einfallen lassen können."

„Das war schon viel für Toms Verhältnisse. Oh, Martin, ich bin drüber weg. Das Zitat ist mir durch den Kopf gespukt, und dann war er mir ... egal. Er tat mir sogar leid."

„Das ist gut so. Wenn du eine neue Beziehung eingehst, musst du frei sein von alten Verletzungen, Misstrauen und so weiter."

„Fehlt mir nur noch der Mann."

„Der muss sich gedulden bis nach der Prüfung. Verliebtheit lenkt nämlich ab."

„Und wer rät mir das jetzt, der Mann, der Mentor oder der Psychologe?"

„Der Mentor, der möchte nämlich, dass du dein vollständiges Erbe bekommst."

„Ach so. Sag mal, bekommst du heute nicht Probleme mit der Gleichberechtigung, wir haben schon dreimal telefoniert, und Corinna hast du zum Geburtstag nur einmal angerufen. Wenn das jemand mitbekommt ..."

Ich höre ein leises Lachen. „Langsam ist es mir egal, wer hier was mitbekommt. Das meiste habt ihr unter meiner Regie gelernt. Ein neuer Mentor könnte keinen Schaden mehr anrichten."

„Hanna hat sich Sorgen gemacht, dass ich den Stoff nicht verstehe, weil ich nicht ans Studieren gewöhnt bin, und mir empfohlen, mit Corinna zu lernen."

Er lacht schallend. „Du erwartest hoffentlich von mir keinen Kommentar dazu."

„Dein Lachen hat schon alles erklärt."

Mein neuer Bekannter ruft in dieser Woche zweimal an und will sich mit mir für das Wochenende verabreden. Ich erkläre ihm, dass ich zu einer Weiterbildung fahre, sage aber nichts Genaueres. Martin hat mir ja eingeschärft, dass ich die Beziehung auf Eis legen soll, bis er ihn überprüft hat. Was wird Marc dazu sagen, wenn ich ihm das später einmal gestehe?

Der gesamte Monat und auch die Fahrt nach Hamburg verlaufen ohne besondere Vorkommnisse. Ich habe mich wohl doch geirrt. Der Stoß auf dem Bahnsteig war ein unglücklicher Zufall. Aber der Zettel?

Der Zug fährt in den Hauptbahnhof ein, und mein Herz beginnt schneller zu schlagen. Ich weiß, dass mich Martin diesmal abholt. Beim Aussteigen entdecke ich ihn sofort. Ich winke ihm zu. Er kommt mir mit schnellen Schritten entgegen. Für einen Augenblick wünsche ich mir, er würde auf mich zustürzen und mich leidenschaftlich küssen. Unsere Blicke treffen sich. Er lächelt. Aber es sieht nicht so aus, als ob er sich vor Sehnsucht nach mir verzehrt. ‚Hör auf mit diesen Erwartungen!', befehle ich mir. Martin trägt einen dunkelgrauen Anzug, ein weißes Hemd und eine zweifarbige Krawatte, seine Berufskleidung. Diesmal fühle ich mich in dem grünen Kleid und dem hellen Sommermantel, Sachen, die ich auch von meiner Kundin geerbt habe, ebenbürtig gekleidet. „Hallo Martin", sage ich zuerst und strecke ihm den Arm entgegen. Er umarmt mich. „Bin ich froh, dass du heil angekommen bist", flüstert er mir ins Ohr.

„Keine besonderen Vorkommnisse", flüstere ich zurück.

Auf dem Weg zum Parkplatz erzählt er mir, dass Corinna mit ihrem neuen Auto – das Geschenk zum Geburtstag und zum Staatsexamen von ihren Eltern – kommen würde. Unterwegs erfahre ich, was die Überprüfung von Marc gebracht hat: „Es gibt tatsächlich einen Marc Andersen in der Uni-Klinik.

Die Friedhofsleitung hat die Angaben zu den Eltern bestätigt. Sie sind vor zehn Jahren bei einem Autounfall ums Leben gekommen. Ich bin wohl mal wieder zu misstrauisch gewesen."

„Nun ja, es hätte ja auch anders sein können, und ich hatte ja auch ab und zu ein komisches Gefühl."

„Gefällt dir der Mann?"

„Er ist nett. Wir haben das gleiche Schicksal. Das verbindet."

„Versucht er, die Bekanntschaft zu vertiefen?"

„Ja", sage ich sicher.

„Er hat also die Absicht, mehr daraus zu machen. Würde dir das gefallen?"

„Es würde mir gefallen, wenn ich einfach ein paar Kontakte mehr hätte. Zweimal komme ich noch hierher, und dann war es das. Ich muss mich darauf einstellen, dass mein Leben ohne dich, ohne Frau Schmidt und ohne Corinna weitergeht." Bei diesem Gedanken fühle ich mich elend. Ich wende den Kopf zur Seite und schlucke ein paarmal, um den Tränenausbruch zu verhindern.

„Sehe ich anders. Wenn die Prüfung vorbei ist, beginnt dein neues Leben. Du bekommst deine Erbschaft und kannst endlich dein eigenes Institut eröffnen."

„Das will ich ja auch, aber das Kapitel Hamburg ist beendet. Ich habe mich daran gewöhnt, hierher zu fahren. *Du* wirst mir fehlen, Martin." Es ist mir so herausgerutscht. Es ist wieder so ein Schritt, den man als Frau nicht zuerst tun sollte.

„Dann soll wohl Marc Andersen so eine Art Ersatz für mich sein?"

„Nein, das ist er ganz bestimmt nicht."

„Das tröstet mich." Er sieht mich kurz von der Seite an. „Lea, ich habe nicht die Absicht, aus deinem Leben zu verschwinden."

„Es wird aber so kommen. Deiner zukünftigen Frau wird es sicher nicht recht sein, wenn wir telefonieren oder uns besuchen."

„Sie hat kein Problem damit, da bin ich ganz sicher." Über sein Gesicht huscht ein geheimnisvolles Lächeln. Ich bin mir da nicht so sicher und überlege, wie unsere Verbindung zukünftig aussehen würde. Ein Telefonat zum Geburtstag. *Liebling, eine gute Freundin von mir hat Geburtstag ... Was hältst du davon, wenn wir Lea in Dresden besuchen?* Nein, das würde ich nicht wollen, nicht ertragen. Dann wäre es wahrscheinlich wirklich besser, die Verbindung abzubrechen.

„Ach, Lea", ich zucke zusammen. Martin hat es nicht bemerkt. „Wäre es trotzdem möglich, diesen Marc noch ein bisschen auf Eis zu legen? Er scheint zwar die Wahrheit zu sagen, aber es wäre mir lieber, wenn du ihn vorläufig nicht triffst."

„Der besorgte Mentor?"

„Ja."

Ich stöhne auf. „Andere Gründe hast du nicht?"

„Doch, aber deine Sicherheit ist der Hauptgrund."

Ich seufze und halte es für besser, das Thema zu wechseln: „Wenn ich die Prüfung bestehe, bin ich dann eine gute Partie?"

Er grinst. „Anwaltsgeheimnis." Ich habe auch nicht erwartet, dass er irgendeine Andeutung in Zahlenform macht. „Außerdem ist eine Frau, die aus Zwieback ein Festmahl zaubern kann, auf jeden Fall eine gute Partie." Ich sehe ihn fragend an. „Es hat mich total beeindruckt, dass du den Zwieback auf einem Kristallteller serviert hast."

„Ach ja? Hatte ich das? Was du alles siehst? ... Und wenn ich versage, ist das doch eigentlich auch eine gute Tat."

„Im Grunde schon, dann profitieren andere davon, die begabten Sportler, Studenten, Manager, die kein Geld haben, um ein solches Training zu finanzieren."

„Sind die eigentlich schon namentlich festgehalten? Gibt es da eine Liste?", fällt mir spontan ein.

„Das habe ich alles schon kontrolliert und überprüfen lassen, Miss Marple."

Wir lachen. Ich habe das Gefühl, dass wir seit Ewigkeiten befreundet sind, dass wir einfach zusammengehören. Bei dem Gedanken beiße ich mir auf die Unterlippe. Ich muss meine Fantasien im Zaum halten. Das Loch, in das ich am Ende unweigerlich fallen werde, wird sowieso recht tief sein.

Frau Schmidt erwartet uns schon ungeduldig. Sie ist inzwischen für mich eine Ersatzoma, auch wenn sie keine Geheimnisse für sich behalten kann. Sie drückt mich bei der Begrüßung fest an sich. „Geht es Ihnen gut, Lea?"

„Bestens, ich darf bloß nicht daran denken, dass ich nur noch zweimal hierher kommen darf." Frau Schmidt bekommt feuchte Augen. „Ich auch nicht. Was soll dann hier werden?"

Martin kommentiert unsere sentimentale Anwandlung mit einem Kopfschütteln und einem Schmunzeln. „Es beginnt ein neuer Lebensabschnitt, Frau Schmidt", sagt er zuversichtlich und sieht mich an. „Schließlich kannst du ja nicht ewig zur Konsultation kommen."

Frau Schmidt hat heute im Esszimmer gedeckt. Neben der Suppenterrine steht die Geburtstagstorte, eine Schwarzwälderkirschtorte mit einer Achtundzwanzig aus Schokoladencreme. „Das ist ja ein Glück, dass wir beide achtundzwanzig geworden sind."

„Das habe ich auch gedacht", gibt sie lachend zu.

Und Martin meint amüsiert: „Ansonsten hättet ihr ganz schön alt ausgesehen, mit einer 2728."

„Haben Sie die selbst gebacken, Frau Schmidt?", will ich wissen.

„Ja, sicher, ich habe mal in einer Konditorei gearbeitet", berichtet sie stolz.

„Wann hast *du* eigentlich Geburtstag, Martin?"

„Schon vorbei."

„Wann?"

„Im Dezember."

„Bist du etwa ein Christkind?" Er lacht.

„Nein, das haben meine Eltern nicht geschafft, zum Glück. Ich habe immer zweimal Geschenke bekommen."

„Er hat am zehnten", flüstert mir Frau Schmidt zu.

„Man darf Ihnen aber auch gar nichts erzählen, Frau Schmidt", sagt er gespielt entrüstet.

„Ich habe dir gar nicht gratuliert, aber ich habe ein Geschenk für dich." Ich springe auf und laufe nach oben.

„Nein, Lea, ich will kein Geschenk!" ruft er mir nach.

Ich nehme aus meiner Handtasche das Säckchen mit den Edelsteinen. Es soll ein Andenken an seine Arbeit als Mentor sein.

„Herzlichen Glückwunsch nachträglich zum Geburtstag", sage ich locker und gebe ihm das nicht eingewickelte Geschenk."

„Lea, das ist nicht nötig, danke, aber ..." Ich habe ihn noch nie so verlegen erlebt. „Ich habe doch auch kein Geschenk für dich."

„Die Rosen hat dann wohl der liebe Gott geschickt."

„Die verwelken doch."

„Nein, ich habe sie getrocknet, die meisten jedenfalls." Bis auf die drei, die ich auf die Gräber gelegt habe, füge ich in Gedanken hinzu.

„Nun sehen Sie doch mal nach, was in dem Säckchen ist." Frau Schmidt wird ganz kribbelig. Er öffnet den Faden behutsam und lässt die Edelsteine in die Hand gleiten. Ich erkläre sofort: „Das ist ein Rosenquarz, der braune heißt Tigerauge, der grüne Jade, diese hier sind Jaspis, Achat, Karneol ... Bei den anderen muss ich nachsehen. Sie haben heilende Kräfte, aber ich sehe sie symbolisch, mehr als Anker oder als Andenken, weil du unsere Edelsteine ans Licht beförderst. Du hast also keine Chance, mich zu vergessen." Ich sage es in einem scherzhaften Ton, doch bei dem Gedanken an Abschied werden meine Augen sofort wieder feucht, und ich muss mich wegdrehen. Er spielt mit den Steinen in der Hand. „Danke, Lea, das ist eine tolle Idee, aber ich werde dich mit oder ohne Steine nicht vergessen." Wir setzen uns an den Esstisch und warten. „Wo bleibt Corinna eigentlich? Sie wollte doch um acht hier sein", sagt Frau Schmidt mit einer besorgten Miene.

„Es ist Freitag, da ist einiges los auf den Straßen", antwortet Martin gelassen.

Ich nehme mein Handy und wähle Corinnas Nummer. Doch es meldet sich nur die Mailbox.

Wir beginnen mit dem Essen. Frau Schmidt trägt uns die Suppe auf. Doch meine Unruhe nimmt zu. Zwischendurch versuche ich es noch einmal. Wieder geht sie nicht ran. Martin hat die Nummer ihrer Eltern parat. Wegners versichern, dass Corinna unterwegs ist und eigentlich schon da sein müsste. Es vergehen weitere zehn Minuten. Wir essen gerade Geburtstagstorte, da klingelt mein Handy. Eine völlig aufgelöste Corinna erklärt mir heulend: „Lea, ich hatte einen Unfall, bin auf ein anderes Auto aufgefahren. Es ist keinem etwas passiert, auch den Kindern nicht, nur die Fahrzeuge sind hin. Es ist nur dumm, weil ich vorher noch ein Glas Wein bei meiner Freundin getrunken habe … Sie bringen mich ins Krankenhaus zur Blutentnahme. Könnte Martin mich … Ach, lass, ich nehme mir ein Taxi." Sie legt sofort auf, lässt mir keine Zeit, Fragen zu stellen. Ich berichte den anderen. Auch sage ich, dass sie gefragt hat, ob Martin sie abholen würde.

„Das arme Mädchen", jammert Frau Schmidt. Mir tut sie zwar auch irgendwie leid, aber gleichzeitig könnte ich sie durchschütteln. Warum muss sie denn Wein trinken, wenn sie

Auto fahren will? Und dann noch die erste längere Fahrt mit dem neuen Auto. Das kann ich überhaupt nicht nachvollziehen. Martin sagt nichts, sieht nur düster geradeaus.

„Sie will sich ein Taxi nehmen", wiederhole ich und denke, er wird jeden Moment aufspringen und sie abholen. Da er aber keine Anstalten macht und ich die Antwort unbedingt wissen will, frage ich ihn, als Frau Schmidt außer Hörweite ist. „Hättest du *mich* abgeholt, wenn ich an ihrer Stelle gewesen wäre?"

„Du hättest nicht vor der Fahrt Wein getrunken. Ich habe ein Problem mit Menschen, die andere durch ihr Verhalten in Gefahr bringen."

Corinna fährt eine Stunde später mit dem Polizeiwagen vor. Wir stehen zu dritt an der Tür und nehmen sie in Empfang. Sie schämt sich und sieht ziemlich fertig aus. „Was ist mit dem Wagen?", erkundigt sich Martin beim Polizisten. „Der wurde abgeschleppt, den kann sie vergessen. Die junge Dame hat großes Glück gehabt, dass die Familie, deren Auto sie außerdem noch zu Schrott gefahren hat, nicht verletzt ist. Trotzdem wird es teuer. Ab 0,5 Promille kann sie mit sieben Punkten, Geld- oder Freiheitsstrafe, Schadensersatz und Entzug der Fahrerlaubnis rechnen."

Corinna stürzt nach oben. Ich gehe ihr nach. Sie liegt auf dem Bett und schluchzt laut. Ich setze mich auf die Bettkante und streichele sie. Nach einer Weile beruhigt sie sich und setzt sich auf. „Ich hasse dieses Leben", sagt sie leise.

„Was?"

„Ich hasse dieses Leben, die Prüfungen, das Studium, meine nervtötenden Eltern. Ich will keine Rechtsanwältin sein", bricht es aus ihr heraus.

„Du hast gerade dein Staatsexamen gemacht. Es ist dein Traum, Anwältin zu werden", rede ich auf sie ein.

Sie heult auf. „Ich will das alles überhaupt nicht, meine Eltern wollen das. Ich war immer eine folgsame Tochter, aber jetzt kann ich nicht mehr." Ich bin völlig platt. Corinna will gar nicht Anwältin sein. „Und nun hätte ich um ein Haar noch eine ganze Familie auf dem Gewissen. Das wollte ich doch nicht. Lea, du musst mir helfen. Ich weiß nicht, was ich machen soll."

Martin wartet in der Bibliothek. Er blättert in einem Buch und erhebt sich, als ich eintrete. „Wir müssen Corinna helfen. Sie will gar nicht Anwältin werden", sage ich ruhig.

„Na endlich", lautet seine Antwort, die mich total überrascht. Er hat es die ganze Zeit gewusst.

Wir reden die halbe Nacht. Martin leitet das Gespräch ein mit den Worten: „Was willst du wirklich, Corinna? Wir können deine Lebensaufgabe nur herausfinden, wenn du ehrlich bist."

Nach ihrer Fähigkeitsanalyse stellt sich heraus, dass sie das Zeug zu einer Modedesignerin hat. Sie zeigt uns eine Mappe voller Skizzen und wunderschöner Ideen. Jetzt erfahre ich auch, dass diese Mappe im Nachtschrank liegengeblieben war und sie nicht wollte, dass Frau Schmidt sie entdeckt. Niemand sollte erfahren, dass sie heimlich ihre eigene Mode entwirft, aus Angst, ausgelacht zu werden.

Martin verspricht ihr, einen Kontakt zu seinem Schulfreund, der in der Modebranche tätig ist, herzustellen.

Am nächsten Tag finde ich unser neues Thema wieder passend zur Situation. Wir haben die halbe Nacht beraten. Nun gibt uns Alexander im richtigen Moment die theoretische Grundlage.

Das Erhabenste Wesen spricht. Der Himmel göttlicher Weisheit wird von zwei Leuchten erhellt: Beratung und Erbarmen. Haltet Rat miteinander in allen Angelegenheiten;

denn Beratung ist die Lampe der Führung, die den Weg weist, und die Quelle des Verstehens.

In diesem Kapitel geht es um die fünf Schritte der Beratung oder der Konfliktlösung, um aktives Zuhören, darum, wie man ein dynamisches Team schafft und was eine Führungspersönlichkeit ausmacht.

Es ist wieder eine geballte Ladung Stoff, verbunden mit praktischen Anweisungen, die man nicht genug üben kann.
Corinna ist nun endlich bereit, sich auf Alexanders Programm einzulassen. Sie hat zwar immer die Theorie brav auswendig gelernt, doch die praktischen Übungen nicht ernst genommen. Bei den weisen Sprüchen, wie sie die Religionstexte nennt, hat sie sich völlig gesperrt. Die kamen ihr wie eine Drohung ihrer Mutter vor. Ich empfinde das überhaupt nicht so und staune, welche unterschiedlichen Wirkungen diese Texte ausüben. Martin schlägt ihr vor, das Training noch einmal von vorn zu starten und jede Übung zu wiederholen. Er gibt ehrlich zu, dass er nicht sicher ist, ob sie das Versäumte wirklich bis zur Prüfung nachholen kann. Denn die praktischen Übungen brauchen ihre Zeit, bis sie Wirkung zeigen.

Aber vielleicht ist mit den richtigen Zielen auch ein schnelleres Tempo möglich.

MAI

Am Mittwoch in der ersten Maiwoche hat Marc einen Termin zum Haareschneiden bei mir. Sein wilder Lockenkopf hat es bitter nötig. Er umarmt mich zur Begrüßung, tut, als wären wir schon Jahre befreundet und meint: „Wenn du keine Zeit für mich hast, dann bleibt mir wohl nichts weiter übrig, als jede Woche zum Friseur zu gehen." Wir lachen. Vivien kommt hinter ihrem Arbeitsplatz hervor und begutachtet meinen Bekannten. Sie nickt mir unmerklich zu. Das soll wohl heißen: Nicht schlecht, Lea. Dann mischt sie sich in unser Gespräch ein: „Wenn sie nicht mehr nach Hamburg fahren muss, hat sie bestimmt mehr Zeit." Verdammt, denke ich, das soll er gar nicht wissen. Marc lacht. „Also in Hamburg treibst du dich herum. Muss man nach Hamburg fahren, um eine Weiterbildung zu machen?" Vivien antwortet wieder für mich, und ich bin echt sauer. „Wenn man erben will, ja."

„Vivien, das ist meine Angelegenheit. Ich möchte nicht, dass du darüber sprichst", weise ich sie zurecht.

„Sorry", sagt sie schnell und bekommt einen roten Kopf. Nun wäre es blöd, die Sache nicht zu erklären. „Mein verstorbener Onkel war Psychologe und wollte, dass wir – seine andere Großnichte und ich – sein Konzept kennen lernen."

„Klingt ja spannend. Der Mann ist tot und unterrichtet jetzt vom Himmel aus."

„Nicht ganz. Das Programm hat er zu Lebzeiten für uns entwickelt. Wir holen uns monatlich die Aufgaben von seinem Rechtsanwalt ab."

„Ihr müsst extra nach Hamburg fahren, um an die Aufgaben zu kommen?", fragt er verwundert.

„Ja, es gibt bestimmte Bedingungen, an die wir uns halten müssen. So, und nun sag mir mal, wie ich deine Haare schneiden soll."

„Lea, das überlasse ich dir. Schneide sie so, dass ich dir gefalle. Vielleicht hast du ja dann doch Zeit für mich. Ich kann dir auch beim Lernen helfen. Abfragen, Befragen, Hinterfragen, Nachfragen, das sind alles Spezialitäten von mir."

„Ich lerne lieber allein", wehre ich lachend ab. Marc ist wirklich nett, aber er ist eben nicht Martin. Vielleicht würden sich meine Gefühle für ihn ändern, wenn es keine Konsultation und keinen Martin mehr gäbe.

Wenigstens hat er nicht nachgefragt, ob es auch Geld zu erben gibt. Das macht ihn gleich sympathischer. Beim Bezahlen sagt er ernst: „Lea, ich freue mich, wenn du erbst, aber du musst keine Angst haben, dass ich vielleicht nur scharf auf dein Erbe bin. Ich habe selbst genug. Ich interessiere mich nur für dich. Du spukst seit unserer Begegnung Tag und Nacht durch meinen Kopf. Ich träume von dir." Er beugt sich über den Tresen und gibt mir einen Kuss auf den Mund. „Gewöhne dich schon mal daran." Darauf bin ich nicht gefasst gewesen. Ein freudiger Schreck durchflutet meinen Körper.

Marc ruft mich in den folgenden zwei Wochen fast täglich an. Ich verspreche ihm, dass ich ab Juli über eine Beziehung nachdenken werde. Inzwischen halte ich es auch für absurd, ihn als jemand zu verdächtigen, der mich am Erben hindern will. In unseren kurzen Telefonaten spreche ich über die behandelten Themen und werde immer offener. Sein Interesse für Psychologie ist groß. Marc überlegt, ob er noch eine psychotherapeutische Ausbildung machen sollte. Er arbeitet als Internist und weiß, dass viele Krankheiten psychische Ursachen haben. Er besorgt sich die Bücher meines Onkels. Obwohl er *auf Eis liegt*, tritt er nach und nach in mein Leben.

Es ist das Wochenende mitten im Monat. Ich habe gerade den Kühlschrank ausgewischt und meine Einkäufe eingeräumt. Die Stühle stehen auf dem Tisch, damit ich die Küche wischen kann. Das Radio läuft. Im Takt zu einem uralten Hit tanzt mein Schrubber durch die Küche. Da klingelt es an der Tür. Ich stelle das Radio leiser. Ohne zu öffnen frage ich, wer da ist. Es ist Marc. Für ein paar Sekunden weiß ich nicht, was ich tun soll. Die Tür nicht zu öffnen, wäre sehr unhöflich. Also mache ich zögerlich auf. Er grinst mich an. „Ich kann nicht bis Juli warten, um dich wiederzusehen. Das ist doch albern, Lea. Nur weil du ein Fernstudium machst, musst du doch nicht auf einen Freund verzichten."

„Ich habe jetzt keine Zeit, um Freundschaften zu pflegen."

„Ich will dir doch nicht die Zeit rauben, sondern mit dir zusammen sein und dir beim Lernen helfen." Es klingt so ehrlich. Ich kann ihn nicht in der Tür stehen lassen.

„Na, dann komm rein. Mein einziger Aufenthaltsraum ist die Küche", entschuldige ich mich. „Das Wohnzimmer ist untervermietet."

„Das ist doch egal", wehrt er ab. Er hilft mir, die Stühle herunterzustellen und sieht sich im Raum um. Sein Blick bleibt bei der Übersicht, die ich letzte Woche neu geschrieben habe, hängen. Neben dem Zitat steht die entsprechende Aufgabe. Er liest sich alles durch und sagt dann: „Du hast die Seiten vertauscht." Ich stelle die Kaffeemaschine an und drehe mich um. „Wie meinst du das?"

„Diese allgemeingültigen Aussagen oder Weisheiten sind sprachliche Bilder und sprechen die rechte Gehirnhälfte an. Und diese Übungen hier beeinflussen die linke Seite." Ich nehme das Blatt ab und halte es vor meinen Körper.

„Dann machen wir es eben so. Jetzt sind die Weisheiten rechts und die Aufgaben links."

„Klar, so kannst du es auch sehen", meint er lässig.

„Wie kommst du darauf?"

„Das Gehirn des Menschen hat mich schon immer fasziniert. Die linke Seite ist für Sprache, Lesen, Rechnen, Ratio-Logik, Konzentration, Wissenschaften, Zeitempfinden und Systematik zuständig und die rechte für Bildersprache, Intuition, Kreativität, Spontaneität, Neugier, Kunst, Tanz, Musik, Ganzheitlichkeit, Zusammenhänge und Raumempfinden. Wenn ich dich sehe, wird meine rechte Gehirnhälfte ziemlich stark beansprucht und nicht nur die." Er macht einen Schritt auf mich zu. „Moment", stoppe ich. „Wissenschaft gehört zur linken Gehirnhälfte und Religion zur rechten?"

„Ja, Religion ist für Weltbilder und Weltanschauungen zuständig."

„Was würde dieses Zitat für dich bedeuten?" Ich nehme den Hefter mit den Randbemerkungen und lese: *„Religion und Wissenschaft sind zwei Flügel, auf denen sich die menschliche Geisteskraft zur Höhe erheben und mit denen die menschliche Seele Fortschritte machen kann. Mit einem Flügel allein kann man unmöglich fliegen. Wenn jemand versuchen wollte, nur mit dem Flügel der Religion zu fliegen, so würde er rasch in den Sumpf des Aberglaubens stürzen, während er anderseits nur mit dem Flügel der Wissenschaft auch keinen Fortschritt machen, sondern in den hoffnungslosen Morast des Materialismus fallen würde."*

„Ganzheitlich lernen", sagt er sofort. „In unserer westlichen Welt wird meist die linke Gehirnhälfte stärker gefordert als die rechte. Aber kreative Denkleistungen können nur entstehen, wenn beide Hemisphären des Großhirns gut zusammenarbeiten."

„Und wie sieht das praktisch aus?"

„Das logische, analytische Denken der linken Seite muss sich mit der rechten Seite, die kreativ ist, neue Ideen entwickelt und Zusammenhänge erkennt, verbinden."

„Ich will mehr über die Gehirnhälften wissen, ihre Verbindung, ihre Einseitigkeit und so weiter."

„Und da hat doch glatt meine rechte Gehirnhälfte eine kreative Idee. Wir gehen etwas essen und danach, falls ich deinen Wissensdurst befriedigen konnte und du eine Pause zum Verarbeiten brauchst, könnten wir ins Kino gehen."

Ich zögere, aber die Idee gefällt mir besser, als mit ihm in der Küche vor der Schlafzimmertür zu sitzen. „Also gut, ich brauche noch fünf Minuten, um mich ausgehfertig zu machen." Dann verschwinde ich im Bad. Ich putze mir gerade die Zähne, als mein Handy klingelt. Marc geht einfach ran. Das kann nicht wahr sein.

„Lea ist gerade im Bad. Sie macht sich schön. Wir wollen ausgehen", höre ich ihn lässig sagen und schaffe es gerade noch, ihm das Handy aus der Hand zu reißen, bevor er das Telefonat beendet.

„Ja, bitte", rufe ich.

„Ich will euch nicht stören", sagt Martin kühl.

„Martin, du störst nicht, warte." Ich laufe ins Schlafzimmer, schließe die Tür und flüstere: „Ich habe ihn nicht eingeladen, aber ich konnte ihn auch nicht vor der Tür stehen lassen."

„Lea, ich dachte, es wäre klar, dass du keine Verabredung mit ihm eingehst und dass du ihn schon gar nicht in deine Wohnung lässt. Deine Mitbewohnerin ist am Wochenende nicht da. Die Überprüfung hat zwar seine Angaben bestätigt, aber ..."

„Dein Misstrauen ist völlig unbegründet. Ich kenne Marc inzwischen ein bisschen besser. Wir haben täglich telefoniert. Er hat sich die Bücher meines Onkels besorgt und interessiert sich dafür. Marc hat mir die Augen geöffnet, was das Programm angeht. Ich habe einen Schnellkurs über die Aufgaben der linken und rechten Gehirnhälfte bekommen. Meinst du, jemand, der mir gefährlich werden könnte, würde sich extra auf meine Fragen vorbereiten?"

„Er scheint dir ja schon sehr ans Herz gewachsen zu sein."

„Wir haben doch nur eine freundschaftliche Verbindung", sage ich trotzig. „Und weißt du was, es ist ein schönes Gefühl für eine Frau, wenn ein Mann sich für sie interessiert, ihr ein paar nette Worte sagt. Das hebt nämlich auch das Selbstwertgefühl."

„Ich habe nicht gedacht, dass du das brauchst."

„Das braucht jede Frau. Und deshalb nehme ich Marcs Einladung jetzt an und gehe mit ihm essen und dann ins Kino."

„Na, dann viel Spaß", sagt er in scharfem Ton und legt auf.

Wie soll ich Spaß haben, wenn er ihn mir mit seinem Ton verdirbt? Steckt hinter seiner Fürsorge mehr als sein Verantwortungsgefühl? Ist Martin vielleicht eifersüchtig? Aber dann könnte er ja wenigstens eine Andeutung machen. Ich gehe in die Küche zurück und sage wütend: „Marc, ich möchte nicht, dass du an mein Handy gehst."

„Okay, Entschuldigung. Kommt nicht wieder vor." Dann grinst er spöttisch. „Es war trotzdem sehr aufschlussreich. Da gibt es wohl noch einen Verehrer und der dürfte ziemlich durcheinander sein, weil ich in deiner Wohnung bin."

„Da irrst du dich. Martin ist mein Mentor. Er fühlt sich für mich verantwortlich, weil er es meinem Onkel versprochen hat."

„Und er ist sauer, wenn ein anderer Mann an dein Handy geht. Findest du nicht, dass das ein komisches Verantwortungsgefühl ist? Aber mir ist es sehr recht, wenn es sich *nur* um Verantwortung handelt. Denn ich habe vor, eine zentrale Rolle in deinem Leben zu spielen." Er springt auf und macht eine galante Bewegung. Dann nimmt er meine Hand: „Kommen Sie, schöne Frau."

Ich kann den Abend mit Marc doch genießen. Er ist charmant und witzig und tritt mit der richtigen Mischung aus Interesse und Höflichkeit auf. Ich lerne einiges über die Funktionsweise des Gehirns. Zum Abschied gibt er mir vor der Haustür einen Kuss auf die Wange und sagt: „Ich kann warten, bis du so weit bist, denn ich weiß, dass es sich lohnt."

In meiner Wohnung schreibe ich Martin eine SMS: BIN WIEDER HEIL ANGEKOMMEN; ALLEIN.

Unsere Telefonate fallen in der nächsten Woche kurz und förmlich aus und haben immer dasselbe Muster: „Keine besonderen Vorkommnisse." Dann folgen noch zwei, drei Sätze zum Tagesablauf, mehr nicht. Ich sehne mich nach einem richtigen Gespräch, schaffe es aber auch nicht, den Anfang zu machen. Dafür ruft mich Corinna fast täglich an und will meine Erfahrungen zu den einzelnen Kapiteln wissen. Sie steht unter ziemlichem Druck und hat Angst, nicht alles zu schaffen. Jetzt braucht sie nämlich ihr Erbe, um die Strafe und die Schulden zu bezahlen und um finanziell unabhängig von ihren Eltern zu sein. Corinna kommt mir wie Dornröschen vor, nur hat sie nicht der Prinz wachgeküsst, sondern der Autounfall.

Am Samstag vor der Konsultation bin ich mit Katharina verabredet. Wir üben eine Stunde an meiner Aussprache, dann ziehen wir wieder durch die Boutiquen und kaufen Sommerkleidung ein. Zum Abschluss lädt sie mich zum Chinesen ein. Als wir das Essen bestellt haben, erkundigt sie sich nach dem neuesten Programmpunkt: „Fass mal zusammen, worum es diesmal geht." Bedeutungsvoll fügt sie hinzu. „In Hochdeutsch, bitte."

„Es geht um Beratung, um fünf Stufen der Konfliktlösung." Ich zähle auf: „erstens Zuhören, zweitens Fragen stellen, drittens Ermutigen, viertens Problem lösen und fünftens Zielerweiterung."

„Und was musst du da konkret machen?"

„Bisher waren wir hauptsächlich mit uns selbst beschäftigt. Wenn aber Menschen aufeinandertreffen, kommt es zu Missverständnissen, Problemen und Konflikten. Ich soll die fünf Stufen der Konfliktlösung auswendig lernen und an Beispielen üben. Gelegenheiten gibt es genug. Alle meine Kunden haben Probleme."

Katharina lacht. „Meine auch."

Ich zähle auf: „Die eine ärgert sich über ihren Sohn, die andere hat Streit mit ihrem Mann, die dritte lässt sich von ihren Eltern bevormunden. Und obwohl die Theorie neu für mich ist, ist mir die Praxis sehr vertraut. Ich bin unbewusst so vorgegangen."

„Du bist eben die Großnichte eines Psychologen."

Und ich ergänze: „Erbgut lässt sich durch keine Grenze aufhalten." Wir lachen. „Ich habe immer meinen Kunden zugehört, dann gezielt Fragen gestellt, versucht, das Positive an der Situation zu sehen und schließlich gemeinsam mit ihnen nach einer Lösung gesucht. Den fünften Punkt kann ich noch mehr ausbauen, Zielerweiterung. ‚Was würden Sie tun, wenn Sie gesund wären und mehr Zeit und Kraft hätten?'... oder so."

„Also ich merke schon, ob vererbt oder nicht. Konfliktlösung liegt dir im Blut."

„Mein Onkel hat die Konflikte der ganzen Welt gelöst, aber nicht den mit seiner Schwester. Er hat es zum Schluss zwar noch versucht, aber meine Großmutter hat seinen Brief nicht mehr gelesen." Das Essen wird auf Wärmeplatten abgestellt, der Reis in einer Schüssel serviert. Wir warten, bis der Kellner gegangen ist. Dann spreche ich weiter: „Und jetzt geht es mir so mit Martin. Obwohl wir uns vorgenommen haben, ehrlich miteinander umzugehen, klingen unsere Telefonate so wie die Auskunft der Telekom, und nur, weil ich Marc in meine Wohnung gelassen habe und mit ihm ausgegangen bin."

„Klingt nach Eifersucht."

„Schön wär's." Ich erzähle Katharina nun von dem Unbekannten, der mich am pünktlichen Erscheinen hindern will. Meine Offenheit erstaunt mich selbst. Was hat sich da alles in einem halben Jahr angestaut? Mir fehlt eindeutig eine beste Freundin zum Reden. Ich spreche auch über meine Gefühle für Martin. Das habe ich noch keinem anderen erzählt. Katharina ist eine gute Zuhörerin. Sie sagt nach einer Weile: „Ich kann dir aus Erfahrung nur sagen, in Sachen Liebe darfst du keine Kompromisse eingehen. Marc als Lückenbüßer zu benutzen, ist nicht die Lösung. Das geht nicht gut. Du solltest mit Martin offen sprechen und ihm sagen, was du für ihn empfindest. Das passt sogar in dein Programm."

„Nein, das kann ich nicht und es ist zwecklos. Es gibt eine Frau in seinem Leben. Er ist mein Mentor. Ich kann ihm nicht sagen, dass ich ihn liebe. Das geht auch völlig gegen meine Erziehung. Oma hat mir eingeschärft, dass der Mann den ersten Schritt tun muss. ‚Lea, es gibt Dinge, die ändern sich nie'", kopiere ich den Tonfall meiner Großmutter.

„Wenn ich so gedacht hätte, wäre ich heute noch nicht verheiratet."

„Du hast den ersten Schritt gemacht?" Ich muss wohl komisch geguckt haben, denn Katharina lacht laut los.

„Ich habe dafür gesorgt, dass Stefan mich nicht übersieht." Sie winkt ab. „Aber zu dir. Nach dem, was du mir erzählt hast, benimmt er sich wie ein gekränkter Liebhaber. Selbst wenn es eine Frau in seinem Leben gibt, könnte er sich ja trotzdem in dich verliebt haben und zweifelt nun. Wenn von dir keinerlei Zeichen ausgehen und du dich noch mit diesem Marc verabredest, glaubt er vielleicht, keine Chance zu haben und heiratet am Ende noch die falsche Frau."

So habe ich es noch nicht gesehen. Den Gedanken werde ich nicht wieder los. Als er abends anruft und seine obligatorische Frage nach meinem Befinden stellt, sage ich schnell:

„Wann kann ich dich mal etwas länger sprechen? Es geht um die Hausaufgabe."

„Ja, dann frag."

„Wenn es einen Konflikt zwischen zwei Menschen gibt, dann soll man doch zuhören und versuchen, dessen Sichtweise zu verstehen."

„Ja."

„Und wenn der andere seine Sichtweise nicht erzählen will, was mache ich dann?"

„Dann solltest du vielleicht höflich sagen, dass du das Gefühl hast, es gäbe ein Problem zu klären."

„Gut. Dann frage ich dich jetzt: Welches Problem hast du mit mir, dass du so kühl wie ein Anrufbeantworter mit mir sprichst?"

Er lacht leise. „Jetzt hat der Lehrer seinen Meister gefunden. Die Antwort ist ganz einfach. Du möchtest nicht, dass ich mich in dein Leben einmische. Also ziehe ich mich zurück. Da gibt es jetzt einen Mann, dem du vertraust. Du bist also nicht mehr allein. Damit nimmt er mir sogar ein Stück Verantwortung ab."

„Es ist also die Verantwortung, die dich so in Rage gebracht hat?"

„Es ist die Sorge um dich, die mich in Rage gebracht hat. Da läuft jemand herum, der dich am Erben hindern will, und du lässt einen fremden Mann in deine Wohnung. Du hast mir nichts von eurer schnell wachsenden Beziehung erzählt und meine Anweisungen völlig ignoriert."

„Also bist du ärgerlich, weil ich nicht das getan habe, was du anweist ... Kommen wir zu Phase drei. Ich bin eine erwachsene Frau, selbständig und unabhängig. Ich habe mein Leben bisher ganz gut gemeistert und meine Entscheidungen selbst getroffen. Ich kann auf mich aufpassen und ich kann Menschen ganz gut einschätzen."

„Das kannst du nicht."

„Moment, wir sind in Phase drei, hier wird ermutigt." Ich höre ihn tief atmen.

„Also Phase vier", sagt er barsch. „Kommen wir zur Lösung. Was schlägst du vor?"

„Die Gespräche mit dir bedeuten mir sehr viel. Die Kurzfassungen sind eher kränkend, missachtend, klingen nach lästiger Pflicht. Die möchte ich nicht mehr."

„Verstehe, dann werde ich dich einmal in der Woche anrufen, wie Corinna. So haben wir auch die gewünschte gleichberechtigte Behandlung." Seine Sachlichkeit macht mich wütend. Ich hätte mir einen anderen Vorschlag gewünscht. Zum Beispiel: Lea, mir fehlt etwas, wenn ich dich nicht anrufen kann, oder so ähnlich. Und ich hätte ihm gerne dasselbe gesagt. Aber gut, dann eben nicht. Ich nehme mich zusammen und sage entschlossen: „Gut, dann telefonieren wir einmal pro Woche. Wenn etwas Außergewöhnliches sein sollte, informiere ich dich. Das heißt, wenn es dich noch interessiert, da doch Marc jetzt die Verantwortung für dich übernommen hat."

„Vielleicht sollten wir den Begriff *außergewöhnlich* noch klären. Wenn dich jemand am Kommen hindern will, möchte ich benachrichtigt werden. Etwas anderes geht mich nichts an."

„Dann hatten wir jetzt wohl für diese Woche unser ausführliches Telefonat, denn nächste Woche bin ich ja in Hamburg."

„Ja, das sehe ich auch so." Er legt auf. Wir sind im Grunde kein Stück weiter. Ist er gekränkt, weil ich ohne ihn zurechtkomme oder weil es Marc gibt? Vielleicht doch Eifersucht? Oder leidet er unter einem Helfersyndrom? Braucht er es, den Ton anzugeben? Habe ich ihn so falsch eingeschätzt?

Ich schaffe es zwar, mich auf die Probleme und Konflikte meiner Kunden zu konzentrieren, sie auszuwerten, doch bleibt das unbefriedigende Gefühl, dass ich meine eigenen Konflikte nicht lösen kann.

Die Woche vergeht schnell. Es gibt keine außergewöhnlichen Vorkommnisse, über die ich meinen Mentor hätte informieren müssen. Marc will sich für Dienstag mit mir verabreden. Doch da habe ich eine Freitagskundin nach Feierabend bestellt. Danach ist mir nicht mehr nach Verabredung. Der Versuch, am Donnerstag mit mir auszugehen, scheitert ebenfalls. Marlies hat Geburtstag und lädt uns nach der Arbeit zum Griechen ein. Am Mittwoch hat Marc Nachtdienst. Wir telefonieren nur kurz.

Und schon ist wieder Freitag.

Die Straßenbahn ist an diesem Morgen überfüllt. Ich achte nicht darauf, wer mit mir einsteigt. Der junge Mann wäre mir auch nicht aufgefallen, wenn nicht jemand in der Bahn plötzlich gesagt hätte: „Die Fahrkarten bitte." Der etwa Dreißigjährige mit schwarzen längeren Haaren, einem Kinnbart und einer riesigen Sonnenbrille holt das Portmonee heraus und durchsucht die einzelnen Fächer. „Entschuldigung, ich halte den Verkehr auf", murmelt er undeutlich. Die Bahn hält, die Tür öffnet sich, und ehe sich der Kontrolleur versieht, ist der junge Mann herausgesprungen und davongelaufen. Die Leute in der Bahn sind empört, einige schütteln den Kopf, manche lächeln amüsiert.

Ich erzähle den Vorfall meiner ersten Kundin. Sie gesteht mir, dass sie einmal in einer ähnlichen Situation gewesen ist und ihre Monatskarte vergessen hat. „Ich bin auch panisch davongelaufen", erzählt sie und lacht jetzt darüber.

Im Spiegel habe ich unser Schaufenster im Blick. Plötzlich entdecke ich den Mann aus der Straßenbahn. Er sieht sich das Schaufenster an. „Da ist er", flüstere ich. „Hoffentlich will er sich nicht die Haare schneiden lassen und dann ohne Bezahlung türmen." Doch als ich mich umdrehe, ist er verschwunden. Ein ungutes Gefühl bleibt zurück. Werde ich beobachtet? Doch da er nicht wieder am Schaufenster auftaucht, vergesse ich ihn. Ich denke an Hamburg, an Martin, an unsere sparsame Kommunikation und daran, dass es die letzte Konsultation vor der Prüfung ist. Dieser Gedanke erfüllt mich wieder mit Wehmut. Vielleicht ist diese Distanz die beste Lösung. Dann würde der Abschied nicht ganz so schmerzlich werden.

Kurz vor zwei gehe ich nach hinten, hole meine Sachen und verabschiede mich. Die Straßenbahn zum Bahnhof fährt fünf Minuten entfernt von hier in einer Parallelstraße ab. So brauche ich nicht umzusteigen. Als die Ampel grünes Licht zeigt, gehe ich mit einer kleinen Gruppe Passanten über die Straße. Drüben verteilt sich die Menge. Ich laufe bis zur nächsten Kreuzung und will in die Parallelstraße einbiegen. Plötzlich zerrt jemand an meiner Handtasche. Ich schreie sofort um Hilfe. Es ist der junge Mann aus der Straßenbahn. Die anderen schauen nur gebannt zu. Alles geht sehr schnell. Der Mann ist stärker als ich. Er reißt mir die Tasche aus der Hand und gibt mir einen kräftigen Stoß. Ich taumele, falle hin und schlage mit dem Kopf auf der Bordsteinkante auf. Alles dreht sich, und ich muss wohl für kurze Zeit das Bewusstsein verloren haben. Als ich zu mir komme, trifft gerade der Notarztwagen ein, kurz danach die Polizei. Man bringt mich ins Krankenhaus. Ich protestiere heftig, will zum Bahnhof, erkläre, dass ich nach Hamburg müsse, doch niemand interessiert sich dafür. „Sie haben eine Gehirnerschütterung, junge Frau", sagt der Arzt unfreundlich. „Das muss untersucht werden. Sie können froh sein, wenn es nicht mehr ist."

Völlig verzweifelt lasse ich die Untersuchungen über mich ergehen. Irgendwie hoffe ich immer noch, dass ich den Nachtzug oder den Frühzug nehmen kann. Ich will nicht wahrhaben, dass ich meine vorletzte Fahrt nach Hamburg nicht antreten kann und damit mein Erbe verliere. Das darf einfach nicht wahr sein. Man bringt mich in ein Zweibett-Zimmer. Das andere Bett ist leer. Ich versuche, klar zu denken, die Möglichkeiten abzuschätzen. Und dann fällt mir Marc ein. Vielleicht kann er mir helfen. Er arbeitet auf der inneren Station. Es ist kurz nach vier. Ich klingele nach der Schwester. Sie kommt sofort. „Schwester, ich bin eine Bekannte von Dr. Marc Andersen. Er arbeitet auf der inneren Station. Können Sie ihm bitte Bescheid geben, dass ich hier bin."

„Mal sehen, ob er noch da ist", sagt sie freundlich. Sie kehrt mit der Nachricht zurück, dass Dr. Andersen in ein paar Minuten kommen würde. Die Minuten werden zur Ewigkeit. Morgen ist Samstag, denke ich. Vielleicht kann mich Marc mit dem Auto nach Hamburg bringen. Damit würde er wirklich Pluspunkte bei mir sammeln. Wenn es ihm ernst mit mir ist, macht er das auch. Ich schöpfe neue Hoffnung.

Endlich geht die Tür auf. Ein kleiner schmächtiger Mann mit Brille und Halbglatze betritt mein Zimmer. „Sie wollen mich sprechen, Frau Sommerfeld?", fragt er freundlich.

„Ich will Marc Andersen sprechen. Er ist ein Bekannter von mir."

„Ich bin Marc Andersen, aber ich kenne Sie nicht." Mir wird schwindlig. Ich muss wohl wieder in Ohnmacht gefallen sein. Als ich zu mir komme, stehen Arzt und Schwester an meinem Bett und hantieren an mir herum. Ich habe nicht die Kraft, alles zu erklären.

„Sie sind wirklich Dr. Andersen?"

„Ja, seit zweiunddreißig Jahren", sagt er einfühlsam.

„Haben Sie Ihre Eltern vor zehn Jahren verloren?"

„Ja, das stimmt." Ich berichtete kurz über meine Begegnung mit dem anderen Marc.

„Sie sollten zur Polizei gehen", rät er mir. Ich winke nur ab. Der Doktor wünscht mir gute Besserung. Ich habe nicht die Kraft, ihm von Hamburg und meiner Erbschaft zu erzählen. Die Enttäuschung, dass man mich wieder belogen hat, dass ich mich so habe täuschen lassen, ist ein zusätzlicher Schock, der mir die letzten Kräfte raubt. Ich bin unfähig zu denken, eine Entscheidung zu treffen und verharre in einem apathischen Zustand. Gegen sechs kommt ein Arzt, der die Gehirnerschütterung bestätigt. „Wir behalten Sie zur Beobachtung zwei Tage hier", verkündet er mit absoluter Sicherheit. Noch einmal nehme ich alle Kräfte zusammen und versuche zu erklären, dass ich unbedingt heute noch nach Hamburg fahren muss. Aber es funktioniert nicht. Die Worte kleben in meinem Mund und kommen nur lückenhaft und unzusammenhängend heraus. Der Arzt tut meinen Erklärungsversuch mit einem Lächeln ab. „Frau Sommerfeld, wenn sich in Ihrem Kopf ein Blutgerinnsel löst, dann ist es vorbei, auch mit Hamburg."

Ich schaffe es nicht, ihm zu erklären, dass es auch ohne Blutgerinnsel mit Hamburg vorbei ist. Die nächste halbe Stunde heule ich. Die Schwester bringt mir eine Beruhigungstablette und will meine Tasche auspacken. Sie wundert sich, dass ich überhaupt eine Tasche dabei habe. Daraufhin erzähle ich ihr den Grund. Die Frau ist Mitte dreißig, etwas korpulent und hat eine mitfühlende Art. Endlich hört mir jemand zu und zeigt Verständnis.

„Wollen Sie nicht jemanden benachrichtigen?", fragt sie mitleidvoll.

„Oh ja, ich muss Martin und Frau Schmidt informieren." Zuerst rufe ich Martin an. Dummerweise erreiche ich nur die Mailbox. Als ich seine Stimme auf dem Anrufbeantworter höre, beginne ich schon zu schluchzen: „Martin, ich bin hier in der Uni-Klinik. Jemand hat mich überfallen, mir meine Handtasche weggenommen. Ich bin hingefallen und habe eine Gehirnerschütterung. Die Ärzte wollen, dass ich zur Beobachtung zwei Tage hier bleibe. Und Marc Andersen ist nicht Marc Andersen. Du hattest Recht. Was soll ich denn jetzt machen?" Ich drücke auf den Hörer. Dann rufe ich noch Frau Schmidt an. Die Nachricht ist kurz: „Frau Schmidt, ich kann nicht kommen. Ich liege mit einer Gehirnerschütterung in der Uni-Klinik. Ich habe Martin noch nicht erreicht."

Die Schwester nimmt mir das Telefon aus der Hand. „Das müssen Sie ausstellen. Handy ist nicht erlaubt. Sie dürfen sich nicht so aufregen, Frau Sommerfeld. Nehmen Sie das hier. Sie reicht mir eine Tablette und hält mir ein Glas Wasser hin. Ich lehne ab. „Ich kann doch jetzt nicht schlafen." Ich verspreche ihr, mich ohne Arznei zu beruhigen. Nun liege ich regungslos da, starre an die Decke und atmete langsam und tief durch. In meinem Kopf hämmert es wie wild. Es ist vorbei, alles ist vorbei. Der ganze Aufwand war umsonst. Nein, denke ich im nächsten Moment. Ich habe so viel gelernt und begriffen, wie noch nie in meinem Leben. Das kann mir niemand nehmen. Jetzt verstehe ich Alexanders Anweisung: Erst Reife, dann Reichtum. Sein Konzept ist wertvoller als eine Millionenerbschaft, weil man mit diesem Konzept zu einem erfolgreiches Leben findet, sich selbst erkennt und seine Berufung entdeckt. Ja, ich bin in diesem Jahr gereift, erkenne ich nun, und im nächsten Moment lasse ich mein Erbe, von dem ich die Höhe gar nicht kenne, los. Andere Menschen werden davon profitieren, so wie ich es getan habe. Ich erinnere mich daran, dass die Stiftung die Arbeit von Marianne und Alexander fortsetzt. Allmählich werde ich ruhiger und die Kopfschmerzen lassen nach. Es muss etwa eine halbe Stunde vergangen sein, als die freundliche Schwester wieder in mein Zimmer kommt. „Dr. Sander", sagt sie lächelnd und gibt mir das Telefon.

„Lea, wie geht es dir?", fragt er voller Panik.

„Martin, es ist vorbei, mein Erbe geht an die Stiftung."

„Nein, wir geben nicht auf. Wie fühlst du dich?"

„Ich habe noch Kopfschmerzen, der Schreck steckt mir in den Gliedern, ich bin erschöpft, aber ansonsten geht es."

„Kannst du dir vorstellen, Auto zu fahren, ich meine, gefahren zu werden?"

„Ja, aber die Ärzte haben mir Angst gemacht."

„Du sollst doch nur unter ärztlicher Beobachtung bleiben. Habe ich das richtig verstanden?"

„Ja, so hat man es mir gesagt."

„Pass auf, ich lasse mir jetzt den Arzt geben und das Risiko noch einmal erklären. Du musst dann selbst entscheiden, ob du dieses Risiko eingehen willst. Wenn ich entscheide und dir etwas passiert, dann würde ich mir das nie …" Er bricht ab und atmet schwer.

„Martin, ich traue mir die Fahrt zu, aber ein Taxi …"

„Ich hole dich, wenn du es willst. Aber vorher muss ich den Arzt sprechen."

Die Schwester nimmt das Telefon entgegen. Ich sage ihr, dass Dr. Sander einen Arzt sprechen möchte. Ich glaube der Doktortitel hilft, die Angelegenheit zu beschleunigen. Sie nickt und beeilt sich. Jetzt sitze ich aufrecht in meinem Bett, voller Hoffnung und voller Spannung, was kommen wird. Die Zeit kriecht dahin. Nach zwanzig Minuten betritt ein Arzt, ein anderer als vorher, mein Zimmer. Er ist mir sympathischer. „Ich bin Dr. Werner. Ihr Freund hat mir erklärt, dass Sie morgen um elf einen dringenden Termin haben und dass für Sie viel auf dem Spiel steht. Ich habe ihm gesagt, dass es besser wäre, wenn Sie noch zwei Tage unter ärztlicher Beobachtung blieben. Er hat gemeint, dass das kein Problem sei. Er würde einen Arzt mitbringen, der Sie begleitet." Mir bleibt vor Staunen der Mund offen stehen. „Dann kann ich jetzt gehen?"

„Nein, nein, Sie werden hier abgeholt. Ich habe Nachtdienst und mache jetzt Ihre Papiere fertig. Sie müssen mir unterschreiben, dass Sie auf eigene Verantwortung entlassen werden. Dr. Sander holt Sie hier ab."

Ich hätte dem Mann vor Freude um den Hals fallen können. „Das ist ja …"

„Es ist trotzdem ein Risiko, schonen Sie sich auf jeden Fall."

Morgens um vier werde ich von der Schwester geweckt. Ich liege fertig angezogen auf meinem Bett. Der Arzt kommt. Ihm folgen Martin und – ich traue erst meinen Augen nicht – Christine. Martin sieht müde aus. Er stürzt auf mich zu. „Oh Gott, Lea, es tut mir so leid."

„Danke, dass du, dass ihr gekommen seid. Du hattest Recht, Martin. Der Mann, der mich auf dem Friedhof angesprochen hat, ist nicht Marc Andersen. Ich habe den echten Dr. Andersen vorhin kennen gelernt."

„Darüber reden wir später. Du darfst dich nicht aufregen. Wir sind jetzt da und nehmen dich mit. Es wird alles gut." Ich bin unendlich erleichtert.

Dr. Werner mustert mich, dann Christine. „Sie hätten mir doch gleich sagen können, dass Ihre Schwester Ärztin ist." Wir lachen und Martin stellt klar: „Das ist *meine* Schwester."

Die Lehne des Beifahrersitzes ist weit nach hinten geklappt und mit einem dicken Kissen ausgepolstert. Martin setzt sich auf die Rückbank. Christine übernimmt das Steuer. „In zwei Stunden löse ich dich ab", sagt er gähnend.

„Schlaf erst mal", befiehlt sie sanft.

Sie sieht zu mir rüber. „Er ist die ganze Strecke gefahren, ist wie ein Wilder gerast."

„Ich bin nur zügig gefahren", korrigiert er.

„Gib es ruhig zu, du wolltest dich möglichst schnell davon überzeugen, dass es Lea gut geht."

„Okay, du hast mich durchschaut, genau das wollte ich", sagt er lässig.

Sie grinst mich an. „Mein Bruder und sein Verantwortungsgefühl." Er kneift ihr von hinten in den Arm. Sie schreit kurz auf und lacht. „Du bist schuld, wenn ich von der Fahrbahn abkomme."

„Du bist der Fahrer."

„Der Mann hat immer das letzte Wort und weiß alles besser, nur weil er drei Jahre älter ist."

„Ich hätte gerne einen Bruder, der mich bevormundet, der alles besser weiß", sage ich seufzend.

„Wirklich? Soll ich ihn dir mal ausborgen? Ich wette, nach einer gewissen Zeit ..." Sie hält inne. „Ach Unsinn, du hast ja Recht. Es ist toll, einen großen Bruder zu haben, und meiner ist ein besonderes Exemplar, man kann ihm alles anvertrauen, er gibt tolle Ratschläge, ist verständnisvoll und großzügig. Und wenn er nicht mein Bruder wäre, dann hätte ich ihn ... geheiratet." Christine macht eine bedeutungsvolle Pause.

Er murmelt von hinten: „Ich bin mir nicht sicher, ob ich dich genommen hätte. Du bist mir nämlich zu anstrengend."

Ich schweige dazu. Je mehr die beiden sich auf die Schippe nehmen, desto trauriger werde ich. Was habe ich nur alles verpasst im Leben?

Christine muss meine Traurigkeit gespürt haben. „Ruh dich aus, kleine Schwester", sagt sie sanft.

Das hört sich richtig gut an. Angela und ich waren auch einmal wie Schwestern, aber eben doch keine richtigen, ansonsten hätte sie mir Tom nicht weggenommen. Ich verdränge meine düsteren Gedanken und sehe Christine an. „Weiß der Arzt, dass du Zahnärztin bist?"

Sie grinst: „Deine Kombinationsgabe funktioniert ja noch. Keine Angst, wenn du die Augen verdrehst, weiß ich, was zu tun ist."

„Was denn?"

„Den Notarzt rufen."

Die Fahrt mit Christine tut mir gut. Ich bin hellwach. Bis auf die leichten Kopfschmerzen geht es mir gut. Martin schläft fest. Christine erzählt mir, dass sie mit ihrem Mann nach dem Anruf von Martin gewürfelt hat, wer von ihnen mitfährt. „Wir sind ja beide *nur* Zahnärzte", erklärt sie mir augenzwinkernd. „Eigentlich hatte Bernd gewonnen. Doch dann hat sich mein Schwesterherz gemeldet. Außerdem dachten wir daran, dass dir übel werden könnte. Dann wäre es besser, wenn dich eine Frau zur Toilette begleitet." Ich überlege, was Christine mit Schwesterherz meint, und frage nach.

„Ich bin in letzter Zeit nicht dazu gekommen, mich mit meinem Bruder mal unter vier Augen zu unterhalten, du weißt schon, über neue Bekanntschaften und so."

„Und hat er dir seine Geheimnisse anvertraut?", frage ich möglichst beiläufig.

„Eben nicht, aber da ist jemand. Das hat er zugegeben. Und so wie er sich diesmal verhält, scheint es etwas Ernstes zu sein. Du weißt nicht zufällig, in wen mein Bruder verliebt ist?"

„Nein", sage ich nur und bin einfach traurig, dass es eine Frau in seinem Leben gibt. Gleichzeitig wundere ich mich, dass er sogar vor seiner Schwester so ein Geheimnis um seine Zukünftige macht. Vielleicht ist sie noch verheiratet, und er will warten, bis sie geschieden ist. Frau Sander hat doch gesagt, es müssten noch einige Dinge zwischen ihnen geklärt werden. Was gibt es zu klären, wenn man schon so weit ist, dass man heiraten will? Mir fällt kein Grund dazu ein.

Wir frühstücken in einer Autobahnraststätte. Martin fährt den Rest der Strecke wieder, entschieden langsamer als auf der Hinfahrt, wie Christine einschätzt. Um es loszuwerden, frage ich: „Willst du mir keinen Vortrag halten über meine Menschenkenntnis?"

Er wirft mir einen mitleidigen Blick zu. „Ich streue kein Salz in die Wunde."

„Jedenfalls hattest du Recht, und ich habe mich getäuscht."

„Es wäre mir lieber, ich hätte in dieser Sache Unrecht gehabt." Er streichelt meine Hand.

„Martin, unser angespanntes Verhältnis hat mich sehr belastet."

„Nicht jetzt, Lea. Ruh dich aus. Wir reden später darüber."

Den Rest der Fahrt schlafe ich. Wir kommen gegen zehn Uhr in der Kanzlei an. Ich werde mit meinem Kissen und einer Decke auf die Couch im Büro platziert. Wir warten gespannt, wer heute von der Stiftungsleitung kommt und ob eventuell noch jemand zusätzlich erscheint. Man sieht Martin jetzt die Strapazen der Nacht an.

„Willst du den anderen sagen, was geschehen ist?", fragt Christine.

„Ja, ich will sehen, wie sie darauf reagieren."

„Kann dir jemand einen Vorwurf machen, dass du Lea abgeholt hast?"

„Nein. Alexander hat mir nicht verboten, in Krisensituationen einzugreifen. Im Gegenteil, ich musste ihm versprechen, mich um Lea zu kümmern."

Christine bleibt als ärztlicher Beobachter neben mir im Sessel sitzen. Sie wirkt müde und nachdenklich.

Ich höre vom Flur aus Stimmen, Corinna, Frau Schulze und dann Martins Worte: „Überzeuge dich selbst, dass Lea da ist." Es wird kurz geklopft und sofort die Tür geöffnet. Helene stürzt herein. „Lea, das ist ja furchtbar. Geht es dir einigermaßen? Wie bist du eigentlich hergekommen?"

Ich rappele mich hoch. „Es geht so", antworte ich.

„Christine und ich haben sie geholt." Martin sagt es bedeutungsvoll und sieht Helene dabei gespannt an. Sie lächelt etwas gequält. „Dann hast du ja zwei Schutzengel gehabt. Es wäre jammerschade um dein Erbe, so kurz vor der Prüfung. Ihr Mitgefühl klingt echt, echter geht es nicht. Soll das gespielt sein? Sie wendet sich an Martin: „Alexander wäre sehr stolz auf dich. Es gibt wirklich niemanden, der mehr Einsatz zeigt als du." Dann sieht sie Christine an: „Dein Bruder ist der geborene Problemlöser." Christine sagt nichts dazu und erwidert auch nicht das Lächeln. Sie wirkt eher wie ein Raubtier, das bereit ist, jeden Augenblick sein Junges zu verteidigen. „Gute Besserung, Lea", wünscht Helene und tätschelt mir die Hand. Sie bietet uns wieder einen schwungvollen Abgang. Es stellt sich heraus, dass der Vertreter der Stiftung verhindert ist und Helene gebeten hat, für ihn nach dem Rechten zu sehen und die Anwesenheit zu bestätigen.

Die Konsultation findet diesmal im Büro statt. Corinna sitzt in einem der Sessel, Martin im anderen und ich liege auf der Couch. Christine schläft nebenan. Martin hält das Versprechen, das er dem Arzt gegeben hat.

Wir beantworten die Fragen: „Was macht eine Führungspersönlichkeit aus? Was sind aus eurer Sicht die wichtigsten Eigenschaften?"

Corinna liest ihre umfangreichen Abhandlungen mit Hingabe und Begeisterung vor. Ich habe sie noch nie so erlebt. „Große Führungspersönlichkeiten bündeln ihre Anstrengungen. Sie haben häufig Schwierigkeiten durchgemacht und überwunden."

Ich ergänze: „Große Führungspersönlichkeiten haben eine Vision und glauben daran, dass sie sie umsetzen können. Sie halten einer Krise stand und handeln angemessen in Problemsituationen." Unsere Lieblingspunkte haben etwas mit unserer Situation zu tun, stelle ich fest.

Zur Auswertung der Hausaufgabe gehören die Erfahrungen mit den fünf Stufen der Konfliktlösung. Martin hält sich nur kurz bei den Beispielen auf und geht dann zum letzten Brief über:

Nachdem Er die Welt und alles, was darin lebt und webt, erschaffen hatte, wünschte Er durch das unmittelbare Wirken Seines unumschränkten, höchsten Willens, dem Menschen die einzigartige Auszeichnung und Fähigkeit zu ver-

leihen, Ihn zu erkennen und zu lieben, eine Fähigkeit, die notwendigerweise als der gesamten Schöpfung zugrunde liegender schöpferischer Antrieb und Hauptzweck anzusehen ist.

Liebe Lea,
mein letztes Thema ist eine Art Zusammenfassung, Man hätte damit auch als Grundlage beginnen können. Du willst vielleicht wissen, warum ich euer Programm so und nicht anders aufgebaut habe. Ich habe mir die Frage gestellt: Was haben alle Menschen gemeinsam? Die Antwort, die ich dazu gefunden habe, lautet: Alle Menschen haben zwei Grundfähigkeiten, die Erkenntnisfähigkeit und die Liebesfähigkeit. Es gilt, diese beiden Fähigkeiten im Laufe des Lebens zu entwickeln. Ein geistiger Mensch ist jemand, der Gott erkennt und liebt und seine Erkenntnis- und Liebesfähigkeit im Dienst an der Menschheit entwickelt. Unreife ist für mich, wenn jemand die Erkenntnisfähigkeit blockiert oder auf andere lieblos reagiert.
Übrigens, alle anderen Tugenden können als eine Kombination dieser Grundfähigkeiten gesehen werden.
Überleg dir, wie die beiden Fähigkeiten zusammenwirken, und suche Beispiele, wie sie sich blockieren. Dieses Wissen darüber wird dein Verständnis für die Bedeutung des Programms erweitern. Im Anhang findest du ein paar Literaturangaben.
Liebe Grüße, dein Alexander.

Wir gehen nur kurz auf das Zitat ein. Martin hält es für besser, dass wir zunächst die theoretischen Grundlagen studieren. Die heutige Konsultation sollen wir für Fragen nutzen. Corinna hat viele, ich nur wenige. Es kommt zu einem Wechselspiel, einer stellt die Frage, der andere beantwortet sie. Wenn wir stecken bleiben, hakt Martin nach. Gibt es zum Thema mehrere Unklarheiten, verweist er auf die Literatur.

Gegen halb zwei, etwas früher als sonst, beendet Martin die Konsultation mit der Anordnung: „Lea muss unter ärztlicher Aufsicht bleiben. Sie fährt mit zu Christine und bleibt dort über Nacht."

„Nein", protestiere ich. „Ich will Christine nicht länger zur Last liegen. Mir geht es besser. Ich fahre zur Villa. Frau Schmidt und Corinna sind auch noch da und können einen Arzt rufen, wenn sich in meinem Kopf etwas tun sollte."

Christine steht plötzlich im Zimmer und sagt: „Mehr kann ich auch nicht tun, aber ich würde mich freuen, wenn du mit zu uns nach Hause kommst."

„Danke für das Angebot, aber du hast genug für mich getan. Ich bleibe heute in der Villa, und morgen fahre ich mit dem Zug …Verdammt, meine Fahrkarte war im Portmonee." Ich setze mich abrupt auf, worauf ein stechender Schmerz durch meinen Kopf jagt. Reflexartig kneife ich die Augen zusammen und drücke meine Hände auf den Kopf. Martin ist mit einem Sprung bei mir. „Lea, was ist?" Langsam klingt der Schmerz ab. „Es ist wieder vorbei. Ich muss mich vorsichtiger bewegen."

Christine schiebt ihn zur Seite und kontrolliert meine Augen. „Du brauchst Ruhe, Lea. Du bist in Alexanders Haus wirklich am besten aufgehoben. Ich komme heute Abend noch einmal vorbei."

„Wir müssen überlegen, wie es weitergehen soll", sagt Martin mehr zu seiner Schwester als zu mir.

„Sprich mit Vater", schlägt sie vor. Er nickt zustimmend.

In der Villa müssen wir zunächst eine aufgelöste Frau Schmidt beruhigen. Dann lege ich mich ins Bett und schlafe bis zum Abend. Ein leises Klopfen weckt mich. Corinna steckt vorsichtig den Kopf durch die Tür und flüstert: „Bist du wach?"

„Jetzt schon", sage ich und setze mich vorsichtig auf.

„Frau Schmidt hat das Abendbrot fertig und lässt fragen, ob du herunterkommen willst, oder ob ich dir etwas hochbringen soll."

Ich rappele mich vorsichtig hoch. Wieder zieht dieser stechende Schmerz durch meinen Kopf. „Ich komme runter, einen Moment noch."

Corinna geht voraus. Ich steige vorsichtig aus dem Bett und gehe ins Bad. Der Blick in den Spiegel erschreckt mich. Ich sehe noch leichenblass und elend aus. Mein Kopf fühlt sich an, als hätte ich eine Nacht durchgezecht. Ich inspiziere den Arzneischrank und nehme ein Aspirin. Dann gehe ich langsam nach unten. Frau Schmidt hat im Esszimmer gedeckt. Ein Strauß rosa Pfingstrosen, silberne Kerzenständer mit weißen Kerzen und rosafarbene Servietten schmücken den Tisch. Sie will auf ihre Art etwas Gutes für mich tun. Es wartet eine warme Mahlzeit auf uns: Kartoffeln, Mischgemüse und Rouladen. Das habe ich lange nicht mehr gegessen. Genauer gesagt, das letzte Mal bei meiner Oma. Obwohl ich nicht viel essen kann, koste ich von allem ein bisschen. Frau Schmidt hat wohl vergessen, dass Corinna Vegetarierin ist. Sie wundert sich, dass ich nur eine halbe Roulade esse und Corinna ihre gar nicht anrührt.

Gegen sieben Uhr klingelt es an der Haustür. Martin. Zunächst muss er sich eine Beschwerde anhören, weil wir das gute Essen kaum angerührt haben.

„Das können wir sofort ändern, Frau Schmidt. Ich liebe Rouladen", sagt er beim Eintreten ins Esszimmer. Er nimmt von Corinna kaum Notiz, sondern betrachtet mich von allen Seiten, als wäre ich ein Ausstellungsstück in einem Museum. „Du bist immer noch sehr blass", stellt er nach seiner gründlichen Musterung fest.

„Es geht mir aber bis auf die Kopfschmerzen gut. Habe schon eine Tablette genommen. Komm, iss was, damit Frau Schmidt nicht umsonst gekocht hat. Es schmeckt richtig gut."

Er füllt sich Kartoffeln und Gemüse auf, nimmt sich meine halbe und Corinnas ganze Roulade und isst genüsslich. Es macht richtig Freude, ihm zuzusehen. Frau Schmidt will gerade nachfüllen, als es wieder an der Tür klingelt. „Meine Eltern", erklärt Martin kauend. „Krisensitzung." Auch Christine ist mitgekommen.

„Kopfschmerzen?", fragt sie.

„Ja, ich habe aber schon ein Aspirin genommen."

„Hier ist etwas Stärkeres." Sie nimmt mein Glas und füllt Wasser hinein. Ich schiebe die Tablette, die sie mir reicht, gehorsam in den Mund und spüle sie herunter.

Martin beeilt sich beim Essen. „Lea, fühlst du dich in der Lage, mit uns zu beraten?", fragt er kauend. In seinem Ton liegt Dringlichkeit. Ich nicke vorsichtig.

Christine sieht sich um und ordnet an: „Wir setzen uns da drüben hin. Lea legt sich auf die Couch. Corinna, holst du bitte ihr Kissen von oben?" Frau Schmidt will abräumen, muss aber alles stehen und liegen lassen und sich zu uns setzen.

Martin ergreift das Wort: „Ich habe mit meinen Eltern und Christine schon beraten und möchte dir einen Vorschlag machen, Lea. Du bleibst in den nächsten vier Wochen bis zur Prüfung hier in Hamburg. Du lässt dich krankschreiben. Entweder du ziehst zu meinen Eltern, oder ich ziehe hier ein und du in meine Wohnung."

„Lea, ich würde mich freuen, wenn Sie wieder zu uns kommen", sagt Frau Sander schnell.

„Aber ich kann Sie doch nicht einen ganzen Monat belasten."

„Sie sind keine Last für mich."

„Oder du ziehst eben in meine Wohnung", schlägt Martin wiederholt vor.

„Du willst mich einen Monat in deiner Wohnung einsperren?", frage ich ungläubig.

Christine lacht. „Glaub mir, Lea, es gibt Schlimmeres als Martins Wohnung. Balkon, herrlicher Ausblick, zwei Etagen, es ist nicht das schlechteste Gefängnis."

Martin wirft ihr einen warnenden Blick zu und sagt streng: „Du kannst nicht zurück nach Dresden, das ist zu gefährlich. Derjenige, der dich bestohlen hat, weiß, wo du wohnst und wo du arbeitest. Er kennt deinen Tagesablauf."

„Martin, ich muss zurück. Meine Papiere sind gestohlen worden. Ich brauche einen neuen Ausweis und eine EC-Karte. Außerdem kann ich meine Kolleginnen nicht hängen lassen, nicht vier Wochen lang. Mein Terminkalender ist übervoll."

„Lea, das ist alles nicht wichtig. Es geht jetzt um deine Sicherheit."

„Welcher Arzt schreibt mich denn vier Wochen krank?"

„Ach, da fällt uns schon was ein", sagt Christine augenzwinkernd.

Corinna räuspert sich, bevor sie spricht: „Warum hat man es immer auf Lea abgesehen und nicht auf mich? Ich bin doch auch eine Erbin." Es hört sich fast so an, als ob Corinna traurig ist, weil sie nicht verfolgt und niedergeschlagen wurde.

„Der Unterschied zwischen uns ist mein Interesse an diesem zehnten Buch", fällt mir dazu nur ein.

„Und wenn ich nun überall erzähle, dass ich mich auch für das zehnte Buch interessiere, werde ich dann auch verfolgt?"

Diese Frage haben wir uns noch nicht gestellt. Für einen Moment sind wir sprachlos. Martin sagt dann: „Gute Frage, aber wir werden das jetzt nicht ausprobieren. Es genügt, dass wir uns um Lea sorgen müssen."

Rudolf Sander sinniert. „Jemand möchte nicht, dass Lea erbt. Das geht am leichtesten, wenn er sie hindert, pünktlich zur Konsultation zu kommen. Diese Möglichkeit hat er nur, weil Alexander die Bedingungen so festgelegt hat. Dahinter steckt Alexanders Pünktlichkeitssinn. Dass jemand diese Verordnung nutzen könnte, um eine der Erbinnen aus dem Verkehr zu ziehen, hat er sich bestimmt nicht vorstellen können. Ich denke nur, wenn er es bedacht hätte, dann wäre der Zusatz gekommen: Das Erbe wird ihnen nicht aberkannt, wenn sie sich unverschuldet verspäten. Es gibt doch auch die Festlegung, wenn die Gleichberechtigung nicht gewährleistet ist ..."

„... muss der Mentor ausgewechselt werden.", beendet Martin den Satz.

Rudolf Sander spinnt den Faden weiter: „Daraus müsste sich doch etwas ableiten lassen. Wenn wir die Regeln, die Alexander aufgestellt hat, nehmen und zeigen, was er damit beabsichtigt hat, und seine Klausel für Ungerechtigkeit auf diese Situation übertragen ..."

„Vergiss es, Vater. Wenn wir es schaffen sollten, eine Parallele herzustellen, dann müssten alle damit einverstanden sein. Und diese Zustimmung werden wir nicht bekommen."

„Möller und Helene", sagt Christine und zieht eine Grimasse.

Mir kommt ein anderer Gedanke: „Vielleicht erfahren wir etwas über meinen neuen Bekannten. Er weiß nicht, dass ich den echten Marc Andersen kennengelernt habe. Wenn er mich anruft und sich mit mir verabreden will, dann könnte ich ..."

„Nein, das wirst du auf keinen Fall tun", unterbricht Martin im Befehlston.

Rudolf Sander stoppt seinen Sohn mit Handzeichen. „Der Gedanke ist gar nicht schlecht. Dieser falsche Marc kann nicht wissen, dass Lea im Krankenhaus den richtigen getroffen hat."

„Höchstens, wenn der richtige Marc mit ihm unter einer Decke steckt", wendet Christine ein.

„Nein, das glaube ich nicht, der Mann war völlig ahnungslos. Da bin ich mir sicher."

Corinna schiebt ein: „Der Mann, der dir die Tasche gestohlen hat, könnte das dein Marc gewesen sein, verkleidet?"

„Er war kleiner, voller, hatte schwarze Haare und einen Kinnbart."

Rudolf Sander kommt auf seinen Vorschlag zurück: „Gehen wir mal davon aus, dass der falsche Marc sich die Identität gestohlen hat. Vielleicht war er mal im Krankenhaus und hatte ein längeres Gespräch mit dem echten Marc Andersen. Wenn Mister X Lea anruft, kann sie ihm erzählen, was passiert ist. Dann wird sie erwähnen, dass ihr erst auf dem Weg nach Hamburg eingefallen ist, dass ihr neuer Bekannter Arzt ist. Da er an einer Beziehung interessiert ist oder so tut, als wäre er interessiert, wird er sie bestimmt sehen wollen. Lea müsste einen öffentlichen Ort wählen. So könnte die Polizei den Mann festnehmen."

Martin springt auf. „Sie hat in vier Wochen Prüfung. Ich möchte nicht, dass sie als Lockvogel ein Risiko eingeht. Wenn der Kerl bewaffnet ist oder ein Messer bei sich trägt, dann nützt ihr die Polizei in der Nähe auch nichts."

„Das Risiko ist nicht so groß, als wenn der Mann weiter frei herumläuft. Er könnte ihr jederzeit in der Straßenbahn, vor dem Friseursalon oder zu Hause auflauern. Eine gezielte Aktion halte ich für besser, als vier Wochen diese Ungewissheit. Wie will sich denn Lea auf die Prüfung vorbereiten, wenn sie nur in Angst und Schrecken lebt?" Ich finde die Argumentation von Martins Vater sehr logisch. Der Mann wirkt besonnen, betrachtet die Angelegenheit objektiv, ist nicht so emotional beteiligt wie Martin.

„Außerdem erhoffe ich mir von dem falschen Marc den eigentlichen Auftraggeber. Denn Marc selbst kann ja wohl kein Interesse an meinem Erbe haben", ergänze ich.

Christine geht im Wohnzimmer auf und ab und bleibt dann abrupt stehen: „Man hat Lea erst am pünktlichen Erscheinen hindern wollen, nachdem sie sich auf die Suche nach dem zehnten Buch gemacht hat. Was kann in diesem Buch stehen, dass jemand einen solchen Aufwand betreibt?"

Martin antwortet: „Nach den Randbemerkungen in seinen Recherchen zu urteilen, geht es um den Zusammenhang von Wissenschaft und Religion und um seinen Weg zum Glauben. Aber das kann ja wohl niemandem schaden?" Wir stecken wieder in einer Sackgasse und schweigen einen Moment.

Christine kommt ein anderer Gedanke: „Warum soll sich Lea den ganzen Monat verstecken, wenn der Täter nur freitags oder nur samstags zuschlägt? So war es jedenfalls bisher. Er will sie nur am pünktlichen Erscheinen hindern."

„Ja, genau so ist es", stimme ich ihr zu. „Also, ich werde einfach meine Gewohnheiten am Freitag ändern, statt nachmittags schon früher fahren, statt Straßenbahn mit dem Taxi. Es gibt in unserem Geschäft einen Hinterausgang. Da könnte ich ins Taxi steigen. Wenn ich mich noch verkleide – Perücke und Brille –, erkennt er mich gar nicht."

„Lea, das ist hier kein Kindergeburtstag", schleudert mir Martin entgegen. „Der Stoß vor die S-Bahn war ein Mordversuch. Das kannst du nicht herunterspielen. Was ist, wenn der Mann dich schon am Mittwoch oder Donnerstag außer Gefecht setzt? Er steht jetzt unter erheblichem Druck. Die Prüfung ist in vier Wochen."

„Dann geht er das Risiko ein, dass ich bis Samstag wieder fit bin."

Christine lacht. „Die Idee ist doch gar nicht schlecht. Jetzt, wo wir wissen, dass es jemanden gibt, der sie verfolgt, und wir das Muster kennen, kann sie ihn doch austricksen."

„Meine Güte, begreifst du denn nicht, dass das kein Versteckspiel ist? Lea kann nicht einfach mal so ihr Leben aufs

Spiel setzen", brüllt er seine Schwester an, und alle zucken zusammen. Christine macht das anscheinend nichts aus. Sie tätschelt ihm die Hand und sagt in einem versöhnlichen Ton: „Wir müssen Ruhe bewahren, Martin. Wenn ich das richtig verstanden habe, bekommt Lea nach der Prüfung je nach Prüfungsergebnis ihr Erbe, also eine gewisse Summe. Dann fährt sie nach Hause. Wenn sie bis dahin das Manuskript nicht gefunden hat, kann sie es nicht mehr finden, jedenfalls nicht im Haus. Die Villa wird doch sicherlich verkauft und das Geld der Stiftung vermacht."

„Ich vermute es auch, aber ich kenne die Bestimmungen nicht", sagt Martin etwas ruhiger.

Nun meldet sich Frau Sander, die bisher nur zugehört hat. „Man will Lea an dieser Prüfung hindern. Vielleicht befindet sich das Manuskript in den Prüfungsunterlagen. Oder es gibt dort einen Hinweis darauf, wo es sich befindet. Wenn es im Haus wäre, hätte man hier vielleicht schon gesucht, wäre eingebrochen."

Frau Schmidt erinnert sich: „Ich hatte kurz nach der Beerdigung das Gefühl, dass jemand nachts im Haus war. Da war ein Lichtschein in der Küche, wie von einer Taschenlampe."

„Das haben Sie mir gar nicht erzählt", fährt Martin sie an.

„Aber mir. Ich habe auch nichts weiter drauf gegeben", nehme ich Frau Schmidt in Schutz.

Kläglich fügt sie hinzu: „Ich habe das ganze Haus am nächsten Tag abgesucht und nichts gefunden."

Frau Sander fasst nun zusammen: „Also, wie es aussieht, hat jemand im Haus nach dem Buch gesucht und nichts gefunden. Wenn es sich in den Prüfungsunterlagen befindet, dann müsste unser Fremder auch ein Interesse haben, Corinna von der Prüfung fernzuhalten, damit es erst gar nicht zu einer Prüfung kommt." Daran hat noch niemand gedacht, und jetzt scheint es, als wären wir auf dem falschen Weg.

„Eine Möglichkeit wäre noch, dass unser Unbekannter weiß, dass der Hinweis zum Buch in Leas Unterlagen steckt", wendet Martin ein. Dann ist absolute Stille. Wir sind mit unseren Spekulationen am Ende.

Plötzlich sagt Frau Schmidt: „Vielleicht ist das Manuskript ja auf dem Dachboden. Ich komme da nicht mehr hoch. Aber Dr. Hoffmann hat mal einen Karton hoch gehievt, bevor er alles sortiert und weggeworfen hat."

„Was?" Martin springt auf. „Warum haben Sie mir das nicht schon früher erzählt, Frau Schmidt?" Er ist in höchster Alarmbereitschaft.

„Ich habe es ... vergessen", sagt sie schuldbewusst. „In der Abstellkammer ist ein Stock, mit dem lässt sich die Luke öffnen." Martin kehrt wenige Minuten später mit einer riesigen Kiste zurück. „Da ist noch jede Menge Zeug, das durchgesehen werden muss, Dekosachen, alte Ordner und kleine Möbelstücke. Mir war nicht klar, dass das Haus noch einen großen Boden hat. Man sieht die Öffnung nur, wenn man genau hinschaut." Er holt aus dem Karton zwei gerahmte Hochzeitsbilder von Marianne und Alexander heraus. „Hier sind sie, die Tagebücher, schwarz-rote Hefte im A5-Format, aber kein Manuskript." Er blättert die Hefte durch. „Das muss ich mir in Ruhe ansehen."

„Ich auch", fordere ich aufgeregt.

„Na, dann macht euch mal einen schönen Abend mit Alexanders Tagebüchern. Vielleicht findet ihr ja einen Hinweis auf den Täter", sagt Christine mit einem Blick auf die Uhr. „Ich muss nach Hause. Nimm die Tabletten bei Bedarf, Lea."

Auch Rudolf und Monika Sander verabschieden sich in der Hoffnung, dass wir über die Tagebücher eine Spur zum Täter finden. Frau Schmidt kann endlich den Tisch abräumen. Corinna hilft ihr und verzieht sich dann nach oben.

Es ist nun absolut still. Martin liest wie gebannt in einem der Bücher. Ich sitze jetzt im Schneidersitz auf der Couch und versuche krampfhaft, die Schrift von Alexander zu entziffern. Es geht um Religion. Ich komme nur mühsam voran. Nach einer Weile melden sich die Kopfschmerzen wieder. Möglichst unauffällig versuche ich eine von den Tabletten zu nehmen. Doch Martin merkt es. „Es ist genug für heute, Lea. Du musst dich ausruhen. Ich komme morgen früh, gegen zehn. Dann machen wir weiter. Du hast ja die letzte Nacht nicht hier geschlafen. Also kannst du noch eine Nacht bleiben." Es ist mir recht so. Ich bringe ihn zur Tür, um abzuschließen. Er hält meine Hand eine Weile fest und sagt leise: „Wir finden heraus, wer dafür verantwortlich ist. Ich gebe nicht eher Ruhe."

Dieser Zwischenfall, so unangenehm er auch war, hat unsere Verbindung wieder gefestigt. Die eisige Wand ist geschmolzen, das namenlose Problem hat sich in Luft aufgelöst. So kann es also auch gehen. Statt fünf Stufen der Konfliktlösung braucht man nur ein richtiges Problem, und dann sind die anderen Dinge unwichtig. Martins Besorgnis tut mir gut, obwohl ich ja eigentlich eine selbständig denkende und handelnde Frau bin.

Ich habe tief und fest geschlafen und irgendetwas mit Tagebüchern geträumt. Langsam steige ich aus dem Bett und öffne die Balkontür. Meine Kopfschmerzen haben sich verzogen. Im ersten Moment ist mir nur etwas schwindlig. Vorsichtig öffne ich die Balkontür und trete barfuß hinaus. Mein Gott, ist das schön hier. Die Morgensonne taucht den Garten in ein eigentümliches Licht. Er kommt mir vor wie eine Theaterbühne, die für eine bestimmte Szene vorbereitet ist. Mir ist nur noch nicht klar, um welche Szene in diesem Stück, das Alexander inszeniert hat, es sich handelt. Ist es schon die Schlussszene? Wenn man mich an der Prüfung hindern würde, dann wäre sie es. Ich habe mich in dieses Haus verliebt – und in meinen Mentor.

Nach der Prüfung werde ich eine gewisse Zeit benötigen, bis die Gefühle ausklingen und zu einer schwachen, aber schönen Erinnerung verblassen. Alles, was keine Nahrung bekommt, stirbt ab. Mein Ersatz, Marc Andersen, ist bereits für mich gestorben. Doch hinterlässt er einen bitteren Nachgeschmack. Es wird eine Weile dauern, bis ich einem Mann wieder vertrauen kann. Und ich bin mir auch sicher, dass ich jeden anderen mit Martin vergleichen werde. Ich seufze und kehre in die Gegenwart zurück. Diesen Ausblick und diese Stimmung müsste man konservieren können. Ich werde wenigstens ein paar Fotos machen. Die Vorstellung des Abschieds erzeugt ein dumpfes Hämmern in meinem Kopf. Zum Glück bin ich spät dran und habe keine Zeit mehr für düstere Gedanken. Martin wird in einer halben Stunde kommen.
In der Küche ist der Frühstückstisch gedeckt. Corinna trinkt im Stehen ihren Kaffee aus. „Mach's gut Lea, gute Besserung. Mein Taxi ist da", ruft sie mir zu. Frau Schmidt setzt sich zu mir. Ich trinke Kaffee und esse sogar zwei Brötchen. Heute Morgen habe ich richtig Hunger.

Martin ist auf die Minute pünktlich und trinkt noch eine Tasse Kaffee zur Gesellschaft mit. Schnell räumen wir den Tisch ab und wechseln ins Wohnzimmer. Wir machen da weiter, wo wir am Vortag aufgehört haben. Ich gestehe ihm, dass ich die Schrift von Alexander kaum lesen kann. Er nimmt mir mein Buch aus der Hand und liest laut:

„Nie hätte ich gedacht, dass mich das Interesse für Religion wie ein Fieber packen könnte. Ich, Alexander Hoffmann, Psychologe, Erfolgstrainer, Wissenschaftler, finde zum Ende meines Lebens den Glauben an Gott. Bei allen Erfolgsgeschichten, die ich gehört und geschrieben habe, ist nichts mit dieser Geschichte vergleichbar. Nie habe ich in meinem Leben eine

solche Bewusstseinserweiterung erlebt wie bei diesem geistigen Abenteuer. Ich wünschte, ich hätte dreißig Jahre früher gewusst, was ich jetzt weiß. Meine Arbeit als Psychologe hätte eine andere Richtung genommen.

Nach Mariannes Tod habe ich zufällig eine Aussage von Wernher von Braun gefunden, die er auf einer Tagung der Nobelpreisträger in Lindau, 1971, gemacht hat: **In unserer modernen Welt scheinen viele Menschen zu glauben, die Wissenschaft habe religiöse Gedanken unzeitgemäß gemacht und man müsse sie daher als überholt betrachten. Die Wissenschaft hält jedoch gerade für den religiösen Skeptiker eine große Überraschung bereit: Sie sagt eindeutig, dass in unserer Welt nichts – nicht einmal das kleinste Partikelchen – verschwinden kann, ohne eine diskrete Spur zu hinterlassen. Denken Sie einmal einen Augenblick darüber nach, und Ihre Gedanken über Sterblichkeit und Unsterblichkeit werden nie mehr die gleichen sein. Die moderne Wissenschaft sagt, dass nichts spurlos verschwinden kann. Die Wissenschaft kennt keine totale Auflösung oder Vertilgung. Alles, was sie kennt, ist Verwandlung. Wenn Gott dieses fundamentale Gesetz auch auf das unbedeutendste Teilchen seines grenzenlosen Universums anwendet, ist es dann nicht nur vernünftig, zu vermuten, dass dieser göttliche Grundsatz auch auf sein Meisterstück, die menschliche Seele, Anwendung findet? Alles, was mich die Wissenschaft lehrt – und nicht aufhört mich zu lehren – bestärkt mich in meinem Glauben an die Fortsetzung unserer geistigen Existenz im Leben nach dem Tode. Denn nichts verschwindet, ohne eine Spur zu hinterlassen, und Vergehen ist nur Verwandlung.**

‚Wo ist Marianne?', habe ich mich danach gefragt. Diese Aussage ist eine Tür zu einer neuen Forschungsarbeit, eine Tür zu einem neuen Interessengebiet, eine Tür zu Gott. Ich beginne meine Forschung mit den Fragen zum Leben nach

dem Tod. Ich bin von der Bibel ausgegangen und habe dann die Schriften anderer Religionen studiert. Für mich wichtige Aussagen habe ich herausgeschrieben.

Nun zu deiner Frage über die Seele des Menschen und ihr Fortleben nach dem Tode. Wisse wahrlich, dass die Seele nach ihrer Trennung vom Leibe weiter fortschreitet, bis sie die Gegenwart Gottes erreicht, in einem Zustand und einer Beschaffenheit, die weder der Lauf der Zeiten und Jahrhunderte noch der Wechsel und Wandel dieser Welt ändern können ...

Diese Texte geben mir nicht nur neues Wissen, sondern vor allem Trost und Hoffnung. Jede Faser meines Körpers ist von diesen Aussagen durchdrungen. Ich spüre also Verwandlung und frage mich, wie das möglich ist."

Martin liest weitere Zitate und die Kommentare von Alexander dazu. Ebenso, wie er uns aufgefordert hat, zu den Texten einen Kommentar zu schreiben, hat er es selbst getan. Manchmal sind es drei bis vier Seiten zu einem Zitat. Als Martin innehält, habe ich zu tun, meine Stimme zu finden. „Alexander kommt mir vor wie jemand, der sein ganzes Leben nur in diesem Haus verbracht und noch keinen Schritt nach draußen gesetzt hat. Er hat nicht einmal geahnt, dass es außerhalb dieses Hauses noch eine Welt gibt", sage ich halb krächzend.

Martin spinnt diesen Faden weiter: „Erst als seine Frau das Haus verlässt, beginnt er zu ahnen, dass sie irgendwo da draußen ist, denn das Band zu ihr ist nicht wirklich durchtrennt. Er begibt sich auf die Suche nach dieser Welt. Die Religionsschriften weisen ihm den Weg, bestätigen seine Ahnung nach und nach."

Ich fahre fort: „Er bekommt ein neues Verständnis für Religion, muss erkennen, dass seine Vorurteile darin begründet waren, dass er nicht zwischen Religion, Glaube und religiöse Institution unterschieden hat."

Martin liest ein passendes Zitat und die Erläuterung dazu vor:

„Religion ist eine Arznei, deren Bestimmung es ist zu heilen, die aber falsch angewandt auch Schaden anrichten kann. Ziel der Religion ist die Wandlung des Menschen zu einem vollkommenen Wesen und die Wandlung der Gesellschaft zu einer gerechten Gesellschaft. Wenn Religion aber Fanatismus und Bigotterie zutage fördert, dann wird sie zur Ursache für Streit, Gewalt, Hass, Terror und Krieg. (Udo Schaefer)

Ich habe die Religion immer aus einer entarteten Perspektive gesehen. Habe dabei übersehen, dass sie Großes geleistet hat. Sie hat Antworten auf die existenziellen Fragen des Lebens gegeben, den Weg zu einem glücklichen Leben gewiesen, moralische Orientierung geboten, war die Ursache für ein neues Denken und die Entwicklung glanzvoller Kulturen.

Am Ende meines Lebens ist mir klar, dass der Mensch für seine Erkenntnis beides braucht, Religion und Wissenschaft. Ohne den Schatz von Wissen und Weisheiten, den die Lehren der Weltreligionen beinhalten, bleibt die Menschheit orientierungslos und wird den Herausforderungen einer globalen Welt nicht gewachsen sein.

Meine Zeit hier auf Erden geht zu Ende. Ich hoffe, wenigstens mit meinem letzten Buch einen Anstoß zu geben für die Zusammenarbeit von Religion und Wissenschaft. Ich hoffe, andere werden fortsetzen, was ich begonnen habe. Das Feld ist groß, die Zeit drängt. Ohne ein gemeinsames Ethos wird die Menschheit nicht überleben können."

Der Bogen, den Alexander geschlagen hat, kommt mir riesengroß vor. Von unserem persönlichen Programm – Übungen zur Selbsterkenntnis und Zitate aus den Religionsschriften –

zu einem gemeinsamen Menschheitsethos, das ist zu viel, um es gleich zu begreifen. Ich verstehe aber, dass alles miteinander verbunden ist. Und da ist noch etwas anderes. Das Eintauchen in die Zitate, in Alexanders Gedanken dazu, gemischt mit unseren eigenen Erkenntnissen, verwandelt auch uns. Mir ist jedes Zeitgefühl abhanden gekommen. Obwohl Martin im Sessel sitzt und ich mit angezogenen Beinen auf der Couch, ist es, als würden wir uns immer näher kommen und zu einer einzigen Person verschmelzen. Jeder ist Teil des anderen. Wir kommentieren die Aussagen, ergänzen, erweitern, weben neue Gedankenfäden und verschmelzen zu einer Einheit. Wir wollen einfach nicht zum Schluss kommen. Die Trennung am Ende des Tages fällt uns entsetzlich schwer. Martin rafft sich mit aller Kraft auf. „Lea, wir müssen jetzt Schluss machen. Du brauchst noch Ruhe."

„Ich habe genau das bekommen, was ich brauche", bemerke ich glücklich, und damit meine ich nicht die stärker werdenden Kopfschmerzen. Wir haben immer noch keinen Hinweis auf einen Täter oder auf den Grund für die Behinderungsaktionen gefunden. Trotzdem erscheint die Bedrohung kleiner, ja unwichtiger geworden zu sein.

Martin holt mich am nächsten Morgen von der Villa ab und bringt mich zum Bahnhof. Im Auto drückt er mir stillschweigend zweihundert Euro und eine Fahrkarte in die Hand. Als ich etwas dazu sagen will, schneidet er mir in sanftem Ton das Wort ab: „Geld annehmen oder hier bleiben, eine andere Wahl hast du nicht." Ich nicke und bedanke mich. Unsere Fahrt verläuft schweigsam. Und trotzdem hat sich an dem Gefühl von gestern Abend für mich nichts geändert. Wir sind uns so nah wie nie zuvor. Ich fühle mich stark, gesund und völlig ruhig. Der gestrige Tag hat unsere Beziehung auf eine neue Ebene gehoben, hat den vergangenen Ereignissen eine neue Bedeutung gegeben. Ich kann dem Mann, der mich beraubt hat, in gewisser Weise sogar dankbar sein. Ohne ihn hätte keine Krisensitzung stattgefunden, ohne ihn hätte sich Frau Schmidt nicht an die Kiste auf dem Dachboden erinnert, ohne ihn hätten wir nicht die Tagebücher von Alexander gefunden, ohne ihn hätten wir nicht diese Gespräche geführt und zu einer neuen Qualität unserer Beziehung gefunden. ‚Was für eine Qualität ist das nun?', frage ich mich. Wenn mir bisher der Unterschied zwischen Verliebtheit und Liebe nicht bekannt war, dann ist er es jetzt. Hier ist jetzt Liebe entstanden, eine Liebe, deren Gesicht für mich neu ist. Sie gibt mir Ruhe, Sicherheit und ein Gefühl von Einheit. Ich bin nicht mehr allein auf der Welt. Egal, ob sich unsere Wege trennen werden oder nicht, ob es in Martins Leben eine Frau, oder in meinem Leben einen anderen Mann geben wird, das wird unserer Verbindung nichts anhaben können. Sie steht über beruflichen Qualifikationen, über gesellschaftlichen Schichten, über Reichtum und Armut, ja sogar über dem Tod. Mir wird plötzlich klar, dass wir durch ein geistiges Band miteinander verbunden sind. Wie man einen Faden mit einem Spinnrad spinnt, so haben wir durch das Lesen in Alexanders Tagebüchern einen geistigen Faden gesponnen und uns darin eingewickelt. Sich mit Religion zu beschäftigen weckt Liebe, gibt Mut und Kraft, schätze ich ein. Ich bin mir sicher, dass Martin es genauso empfindet. Kurz bevor wir den Parkplatz erreichen, sagt er: „Lea, jetzt weiß ich, was eine geistige Verbindung zwischen Mann und Frau ist. Das hat mich schon lange beschäftigt."

„Und bei mir ist die Angst verschwunden", bemerke ich.

„Sie hat sich verkleinert, aber wir dürfen trotzdem nicht leichtfertig sein."

Wir steigen aus dem Auto. Martin nimmt meine Tasche und greift nach meiner Hand. Es erscheint mir völlig normal, Hand in Hand zum Bahnsteig zu gehen. Beim Verabschieden küsst er mich auf die Stirn und hält mich lange in seinen Armen. Er verzichtet auf gute Ratschläge und Befürchtungen, sondern sagt lediglich: „Wenn sich dieser Marc melden sollte, rufst du mich an. Wir beraten dann, was zu tun ist." Mir fällt das Zitat ein. ***Beratung ist die Lampe der Führung, die den Weg weist, und die Quelle des Verstehens.***

JUNI

Meine Kolleginnen bestürmen mich am Dienstag, schaudern, als ich die Ereignisse des Freitags schildere. Mir ist dabei so zumute, als würde ich einen Film erzählen, der nichts mit mir zu tun hat. Marlies sagt voller Bewunderung: „Du bleibst ja enorm cool dabei. Bist du sicher, dass mit deinem Kopf alles in Ordnung ist?" Ich versichere ihr lachend, dass er in Ordnung sei.

Die Tagebücher hat Martin mit den Worten an sich genommen: „Ich lese sie noch einmal. Du konzentrierst dich auf die Prüfung. Danach gehören sie dir." Obwohl ich gern darin gelesen hätte, weiß ich, dass sein Vorschlag vernünftig und richtig ist.

Am Mittwochnachmittag wird mein anhaltender Höhenflug unsanft unterbrochen. In der Mittagspause klingelt mein Handy. Es ist Marc. „Hallo, Lea, ich wollte mal hören, wie deine Fahrt nach Hamburg war?"

Ich bin zu überrascht, um gleich die richtigen Worte zu finden. „Oh, dein Anruf ist leider ein bisschen ungünstig. Kann ich dich nachher zurückrufen? Es gibt einiges zu erzählen."

„Ich melde mich nach Feierabend. Da kannst du ausführlich berichten", schlägt er vor und fügt dann mit zärtlicher Stimme hinzu: „Ich habe dich vermisst, Lea."

„Wirklich?" Mehr bekomme ich nicht heraus.

Als erstes informiere ich Martin.

„Unser Freund weiß also nicht, dass du Bescheid weißt", schlussfolgert er.

„Sieht so aus."

„Wie hast du reagiert?"

„Ich habe gesagt, dass ich jetzt keine Zeit habe. Er ruft nach Feierabend an."

„Sehr gut."

„Wenn wir nachher telefonieren, werde ich sagen, dass mir jemand meine Tasche gestohlen hat ... so wie dein Vater es vorgeschlagen hat."

„Vielleicht will er dich gleich besuchen und nach dir sehen. Lea, du weißt, dass ich die Idee des Lockvogels nicht besonders schätze. Aber inzwischen ist mir auch klar, dass wir nur auf diesem Weg herausfinden können, wer hinter allem steckt."

„Ja, du meinst, ich kann ihn in meine Wohnung ..."

„Moment, du wirst ihn nicht allein treffen. Ich habe mich mit dem Privatdetektiv, den Alexander damals beauftragt hat, in Verbindung gesetzt. Der Mann heißt Otto Schuster. Wenn sich unser Marc ankündigt, wirst du ihn informieren. Notiere dir die Nummer und speichere sie in dein Handy ein." Ich tue, was er sagt. „Die Verabredung musst du so treffen, dass Schuster vorher da ist."

„Verstehe. Der Mann kostet doch bestimmt Geld."

„Darüber musst du dir keine Gedanken machen. Ich bin sein Auftraggeber."

„Ich zahle dir das zurück, wenn ich erbe."

Er stöhnt auf. „Willst du noch einen Vertrag mit mir abschließen, bevor du Schuster anrufst?"

„Okay, wir reden später darüber."

Marc meldet sich, als ich gerade die Haustür öffne. Ich erzähle ihm, was passiert ist, und staune selbst, wie gut ich lügen kann. „Und erst auf der Fahrt nach Hamburg ist mir eingefallen, dass du Arzt bist."

„Wir sehen uns zu selten. Das sollten wir schleunigst ändern", sagt er geheimnisvoll.

„Wenn meine Prüfung vorbei ist, habe ich Zeit für dich", verspreche ich in einem lockeren Ton. „Ich habe abends immer noch Kopfschmerzen und muss mich ausruhen. Außerdem sind da noch die Prüfungsvorbereitungen."

„Und ich könnte eine echte Hilfe für dich sein, wenn du mich lassen würdest. Übrigens, auch ein Kranker oder ein Student muss irgendwann etwas essen. Was hältst du davon, wenn ich dich am Freitag zum Essen einlade?"

Ich zögere bewusst, dann sage ich: „Also gut, überredet. Wann und wo treffen wir uns?"

„Ich hole dich vom Geschäft ab, lass dich überraschen."

Mein Bedarf an Überraschungen ist eigentlich gedeckt, füge ich still hinzu. Als nächstes informiere ich Herrn Schuster, dann Martin. Unser Plan ist schnell geschmiedet. Herr Schuster will am Freitag kurz vor sechs in den Laden kommen, um sich angeblich die Haare schneiden zu lassen. Wenn mein Marc auftaucht, wird er ihn stellen. Wir sind uns einig, dass wir meine Kolleginnen informieren müssen.

Am Donnerstagabend sage ich kurz vor Feierabend. „Ich muss etwas mit euch besprechen, jetzt, sofort." Mein Ton lässt keinen Aufschub zu. Wir gehen nach hinten ins Büro. Ich erzähle den Teil meiner Geschichte, den ich bisher ausgelassen habe, die Geschichte vom falschen Marc.

Vivien und Sarah sind sprachlos. Marlies sorgt sich, dass etwas zu Bruch gehen oder Marc bewaffnet sein könnte. Ich gebe die Anweisungen des Detektivs weiter: „Wenn Marc den Laden betritt, geht ihr nacheinander nach hinten." Obwohl die anderen beiden cool tun, sehe ich in ihren Augen Angst.

Nach einer unruhigen Nacht stehe ich am Freitag früher als gewöhnlich auf. Immer wieder gehe ich die Szene durch, die sich heute im Geschäft abspielen wird.

Marc betritt den Laden. Herr Schuster sitzt vor dem Spiegel. Ich tue so, als wäre ich gleich fertig. „Setz dich, Marc", fordere ich ihn auf. Die Frauen gehen nach hinten. Ich nehme Herrn Schuster den Umhang ab und bringe ihn weg. Herr Schuster überwältigt Marc und legt ihm Handschellen an. Ich rufe die Polizei.

Es klingt einfach und simpel. Heute Abend weiß ich, wer mir mein Erbe nicht gönnt, und der Spuk ist vorbei.

Obwohl ich den letzten Satz im Laufe des Tages immer wiederhole, kann ich die Nervosität nicht abschütteln. Ständig sehe ich in den Spiegel, der das Geschehen auf der Straße wiedergibt. Heute ist ein Tag, an dem zur Abwechslung mal wieder jeder seine eigenen Kunden hat, kein Umstylen, keine Teamarbeit. Der Vormittag läuft genau nach Plan. Am Nachmittag gibt es Verschiebungen. Viviens Kundin kommt eine halbe Stunde zu spät. Dadurch muss die nächste Dame warten. Wir haben uns alle beeilt, damit kein Kunde um achtzehn Uhr mehr im Laden ist. Doch Vivien wird nicht pünktlich fertig. Ich kassiere meine Kundin ab. Da betritt ein Mann – Mitte vierzig, sportlicher Typ – den Laden. Ich erinnere mich sofort, dass ich ihm schon einmal seine braunen dichten Haare geschnitten und mein Leben erzählt habe. „Wir kennen uns bereits, Frau Sommerfeld", sagt er freundlich und setzt sich auf den Platz vor dem Spiegel mit dem Straßenblick. Vivien ist auf der gegenüberliegenden Seite beim Föhnen und sieht nur ab und zu um die Ecke. Marlies putzt die anderen Arbeitsplätze. Sarah fegt Haare zusammen. Ich schneide Herrn Schuster die Spitzen, damit es echt aussieht. Wir sind sehr schweigsam, nur Viviens nervige Kundin redet unaufhörlich. Die Dame ist Anfang sechzig und erzählt die ganze Zeit über von ihren Krankheiten. Die Nierensteine und die Gallenblase wurden kürzlich entfernt. Sie gibt damit an, dass das Krankenhaus ihr zweites Zuhause geworden ist. Endlich ist sie fertig und Vivien kann abkassieren. Sarah geht am Tresen vorbei und ruft mir zu: „Lea, dein Dr. Andersen kommt." Die Kundin fährt herum: „Dr. Andersen ist Ihr Freund?" Zu spät begreife ich, dass die Frau den richtigen Dr. Andersen kennt. Klar, das

Krankenhaus ist ihr zweites Zuhause. Die Tür geht auf, und mein falscher Marc ruft freudig: „Hallo, die Damen!"
„Das ist aber nicht Dr. Andersen", platzt die Frau heraus. Marc starrt die Dame an, schnappt nach Luft und spurtet davon. Herr Schuster reißt sich den Umhang ab und stürzt ihm nach. Ich hätte in die Tischkante beißen können. So viel Pech kann man doch gar nicht haben. Da verspätet sich eine Kundin, und die letzte kennt ausgerechnet den echten Marc Andersen. Wenn Sarah den Namen nicht genannt hätte, wäre es gut gegangen.

Zehn Minuten später kehrt Herr Schuster völlig außer Atem und kopfschüttelnd zurück. Marc ist verschwunden, die Aktion misslungen. Wir sind fassungslos, enttäuscht und wütend. Jeder schiebt dem anderen die Schuld zu. Marlies ist allerdings froh, dass ihr Laden heil geblieben und niemandem etwas passiert ist. Herr Schuster ruft Martin an. Nach dem Gespräch verkündet der Mann: „Lea, ich werde Sie jetzt täglich zur Arbeit bringen und abends wieder abholen."

Ich komme mir vor wie ein Minister oder ein Popstar. Vor meiner Haustür bekommt es niemand mit, dass ich abgeholt werde, aber im Laden schon. Meine Chefin betrachtet das Ganze mit gemischten Gefühlen. Sie sorgt sich zwar auch um mich, aber vor allem hat sie Angst um ihren Laden. Es könnte jemand Amokläufer spielen, schießen oder eine Bombe werfen. Und sie hat vor allem Angst, dass die Kunden wegbleiben könnten. Deshalb hat sie uns zu absolutem Schweigen verurteilt und gleichzeitig zu größter Aufmerksamkeit. Doch es geschieht nichts Außergewöhnliches. Im Laufe der Woche legt sich die Anspannung. Täglich telefoniere ich mit Martin. Wir legen vorher die Zeit fest, zehn Minuten oder eine Viertelstunde. Martin will mich nicht vom Lernen abhalten. Ich soll lediglich die Gelegenheit haben, Fragen zu stellen und die Vorkommnisse des Tages zu schildern.

Die letzte Hausaufgabe empfinde ich als besonders wichtig, denn hier geht es darum, den Wert des Programms zu begreifen. Nachdem ich die Literatur dazu gelesen habe, weiß ich: Die Erkenntnisfähigkeit gehört zur linken Gehirnhälfte, die Liebesfähigkeit zur rechten. Zur Erkenntnisfähigkeit gehören Lernen und Lehren, zur Liebesfähigkeit, Lieben und Geliebtwerden. Das Lernen lieben ist ein positives Beispiel für das Zusammenspiel beider Grundfähigkeiten. Ein weiteres positives Beispiel ist der Glaube. Glaube bedeutet eine gefühlsmäßige Bindung (Liebe) an etwas Unbekanntes, von dem ich etwas mehr erfahren will (Erkenntnisfähigkeit). Auch das Vorurteil ist ein Zusammenspiel der Grundfähigkeiten, allerdings eine negative Form. Ein Vorurteil ist ein Hingezogensein, also eine gefühlsmäßige Bindung (Liebe) an eine Unwahrheit, die ich für wahr halte (falsche Erkenntnis). Handlungen, die auf dieser Haltung beruhen, sind schädlich. Das Vorurteil im persönlichen Bereich stellt eine Sperre gegen die eigenen Anlagen dar. Die Liebesfähigkeit wird benutzt, um die Erkenntnisfähigkeit zu behindern. Neurosen und Psychosen sind Formen dieses Konflikttypus. Auf der gesellschaftlichen Ebene führt das Vorurteil zu Ungerechtigkeit, von der Diskriminierung bis zur Gewalt.

Langsam dämmert es bei mir. Das Programm – von dem wir am Anfang annahmen, das es auf uns persönlich zugeschnitten ist – ist etwas Universelles. Wissenschaft entspricht der linken Gehirnhälfte und Religion der rechten. Beide sind Ausdrucksformen der Erkenntnis- und Liebesfähigkeit auf der gesellschaftlichen Ebene. Hier schließt sich also der Kreis.

Aus meiner Erfahrung mit den Tagebüchern kann ich sagen, Religionstexte geben nicht nur Orientierung und einen Sinn im Leben, sondern fördern auch Glauben und Mut und können somit die Angst in Grenzen halten.

Als ich Martin am Samstag von meinen Erkenntnissen berichte, wird mir im Gespräch noch bewusst, dass Glaube und Mut die Gewähr für die Weiterentwicklung der Grundfähigkeiten bilden. Religion ist also kein Hobby für Leute, die Langeweile haben – das hatte mein Onkel früher einmal zu seiner Schwester gesagt –, sondern ist die Basis, um die Edelsteine des Menschen ans Licht zu fördern. Was muss das für eine Erkenntnis für jemand gewesen sein, der Religion zuvor abgelehnt hat?

Nach unserem ausführlichen Gedankenaustausch, der mich wieder in himmlische Gefilde katapultiert, gilt es noch eine praktische Angelegenheit zu klären. „Martin, ich halte die Maßnahme mit Otto Schuster für Geldverschwendung. Du kannst seinen Einsatz auf den Notfall begrenzen. Wenn ich mich bedroht fühle, rufe ich ihn an. Ich glaube nicht, dass sich Marc noch einmal sehen lässt. Da er entlarvt ist, kann er nicht einfach mal kurz in der Straßenbahn erscheinen oder im Laden. Ich würde sofort die Polizei rufen."

„Mir wäre es lieber, wenn Herr Schuster dich weiterhin fährt. Es würde mich beruhigen. Außerdem hat sich der Täter immer kurz vor der Konsultation gemeldet. Darum denke ich, je näher der Termin rückt, desto größer ist die Gefahr für dich. Ich will dir keine Angst machen. Aber wir müssen das einplanen."

Ich stöhne auf. „Hoffentlich erbe ich wenigstens so viel, dass ich dir das Geld für den Privatdetektiv zurückgeben kann."

Er lacht. „Mach dir darüber keine Sorgen."

„Ich mache nicht gerne Schulden."

„Du hast keine Schulden."

„Doch. Du kannst mir nicht einen Privatdetektiv schenken."

„Den habe ich nicht dir, sondern mir geschenkt, damit ich halbwegs schlafen kann."

„Siehst du, du kannst deine Besorgnis auch nicht einfach so abstellen, genauso wie ich meine Prägung, keine Schulden zu machen."

„Ach Lea", sagt er müde. „Wir diskutieren das später aus. Was wirst du heute noch machen?"

„Ich hätte Lust auf einen Spaziergang."

„Gute Idee. Ruf Herrn Schuster an und mach mit ihm einen Spaziergang."

Ich stöhne wieder und murmele: „Das kostet zusätzlich."

„Macht nichts."

Aber das ganze Wochenende in der Wohnung sitzen – wir haben schließlich Juni –, das ist kaum auszuhalten. Mir fällt Katharina ein. Ich möchte meine Aussprache vor der Prüfung noch einmal kontrollieren lassen. So wie ich die Situation einschätze, ist ihr Mann dabei, die obere Etage auszubauen. Vielleicht hat sie ja zufällig Zeit. Ich wähle ihre Nummer. Sie meldet sich nach dem zweiten Klingeln. Katharina freut sich über meinen Anruf, denn ich liege mit meiner Vermutung richtig. Im Hintergrund höre ich die Bohrmaschine. Sie sucht sich ein ruhigeres Plätzchen, und wir reden. „Wie kommst du zurecht?", will sie wissen. „Ich übe täglich, aber weiß nicht, ob es noch funktioniert, wenn die Aufregung dazukommt."

„Hast du nicht Lust herzukommen? Ich kann hier sowieso nicht viel machen. Nina ist bei einer Freundin."

„Oh, gerne", sage ich sofort, denn nun habe ich einen Grund, die Wohnung zu verlassen. Doch als ich das Telefonat beendet habe, weiß ich nicht, was ich tun soll. Es ist geradezu albern, Herrn Schuster am Wochenende anzurufen, damit er mich zu meiner Logopädin fährt. Außerdem will ich nicht, dass Martin davon etwas erfährt. Herr Schuster wird die Fahrt sicher auf die Abrechnung setzen. Die Straßenbahn hält fast vor Katharinas Tür. Also, was soll schon passieren. Von hier aus bis zur Straßenbahn sind es fünf Minuten. Gerade habe ich festgestellt, dass Glaube und Mut die Angst in Grenzen halten. ***Nach dem Maße eures Glaubens werden euch Kräfte und Segnungen zuteil,*** fällt mir ein. „Ich glaube, dass Gott mich sicher zu Katharina führt", sage ich mit Festigkeit, packe meine Unterlagen zusammen und verlasse die Wohnung. Vor dem Haus sehe ich mich vorsichtig um. Die Autos, die auf der anderen Straßenseite parken, sind leer. Ein junges Paar geht an mir vorbei. Ich folge ihnen. Hinter mir ist eine ältere Dame. Ein Stück weiter vorn sehe ich zwei Jugendliche. Das Paar vor mir biegt rechts ab. Die Jugendlichen gehen den Weg zur Straßenbahnhaltestelle und überqueren die nächste Straße. Ich will ihnen folgen, doch plötzlich schießt ein Wagen aus der Seitenstraße. Ich muss zurückspringen, um nicht überfahren zu werden. Die Tür wird aufgerissen und jemand springt aus dem Auto, der Mann, der mir die Tasche gestohlen hat. Für Bruchteile von Sekunden bin ich wie gelähmt. Erst als er versucht, mich ins Auto zu zerren, kann ich reagieren. Ich schreie um Hilfe. Die Jugendlichen drehen sich um und sind sofort zur Stelle. Sie ziehen mich zurück. Der Mann lässt los, das Auto rast mit offener Tür um die Ecke, und dann sind sie weg. Ich muss mich auf den Bordstein setzen und tief durchatmen. „Danke", bringe ich hervor.

„Was wollten die denn von dir?", fragt der größere von den beiden Jungen.

„Die wollen mich am Erben hindern", erkläre ich geschockt. Sie verstehen es natürlich nicht und sehen mich nur ungläubig an.

„Wo willst du denn hin?"

„Zur Haltestelle." Die beiden weichen mir nicht von der Seite, bis ich in der Straßenbahn bin. Ich bedanke mich mehrmals und winke ihnen noch aus der fahrenden Bahn zu. Dann rufe ich Katharina an und bitte sie, mich von der Haltestelle abzuholen. Ich komme also wohlbehalten bei ihr an. Mein

Gebet ist erhört worden. Waren diese Jungen meine Schutzengel? Trotzdem sitzt der Schreck in jeder Zelle meines Körpers. Ich zittere leicht. Es ist also noch nicht vorbei.

„Lea, das ist etwas für die Polizei. Hast du dir die Namen der Jungen geben lassen? Die sind Zeugen gewesen", sagt Katharina, nachdem ich alles erzählt habe. Stefan hat seine Bohrmaschine zur Seite gelegt und fragt: „Was ist mit der Autonummer? Hast du die notiert?"

„Nein, weder die Namen noch die Nummer. Es ging alles so schnell."

„Dann kann die Polizei auch nichts machen", schätzt er ein. Wir sitzen in der Küche, trinken Kaffee und überlegen, was zu tun ist. Sie bieten mir an, bei ihnen zu übernachten. Aber das will ich zunächst nicht. Ich habe plötzlich Angst, dass ich andere mit in Gefahr bringen könnte. Wir entscheiden, dass ich Herrn Schuster informieren muss. Der wird ja schließlich für meine Sicherheit bezahlt. Inzwischen ist mir auch klar, wie unvorsichtig ich gewesen bin. „Das ist echt dämlich, was ich da gemacht habe. Martin darf das nicht erfahren", sage ich beim Wählen der Nummer.

Katharina schüttelt den Kopf. „Ich hätte dich doch abgeholt, wenn du mir das gleich am Telefon erzählt hättest." Auf einmal sind die Sprachübungen völlig unwichtig. Ob ich in Hochdeutsch oder im sächsischen Dialekt mein Erbe verliere, ist ja auch wirklich egal. Ich erkläre Herrn Schuster, was passiert ist. Dann muss ich das Telefon ein Stück weghalten, weil der Mann laut schreit: „Sind Sie denn verrückt geworden?"

Ich warte, bis er mit seiner Moralpredigt fertig ist. „Holen Sie mich nun ab oder nicht?", fahre ich ihn an.

„Bleiben Sie im Haus, bis ich komme."

Katharina bittet den Detektiv herein und bietet ihm Kaffee an. „Mädchen, das bringen Sie aber Ihrem Freund bei. Der

Mann reißt mir den Kopf ab. Was haben Sie sich nur dabei gedacht?"

„Nun ist es aber gut, Herr Schuster", mischt sich Katharina ein. „Lea hat längst erkannt, dass es ein Fehler war. Die Frage ist doch nun: Wie sicher ist sie in ihrer Wohnung? Könnte sie von dort entführt werden? Sollte sie nicht lieber bei uns bleiben? Der Prüfungstermin rückt näher."

Herr Schuster überlegt. „Da ist was dran. Weder die Wohnung noch der Friseursalon sind ein sicherer Ort."

„Ich möchte euch nicht zur Last fallen."

„Lea, du bist am Wochenende allein in deiner Wohnung. Wenn wenigstens deine Untermieterin da wäre ..."

Ich winke ab. „Ob mit oder ohne Untermieterin, das kommt auf dasselbe heraus. Dieses zarte Persönchen könnte auch nichts ausrichten."

„Bleib wenigstens bis Montag früh", fleht mich Katharina an. Auch Stefan redet auf mich ein. Also fahre ich mit Herrn Schuster nach Hause, packe ein paar Sachen zusammen und komme wieder zurück. Ich beziehe das Kinderzimmer von Nina. Nachdem ich mich eingerichtet habe, rufe ich schweren Herzens Martin an. „Ich muss dir was sagen", beginne ich zaghaft.

„Leg auf, Lea, ich rufe zurück", antwortet er hektisch. Ihm ist wohl sofort klar, dass etwas passiert ist.

Ein paar Sekunden später gestehe ich: „Martin, ich bin jetzt hier bei Katharina. Sie ist Logopädin, ich nehme Sprachunterricht, weil mein Dialekt eine Katastrophe ist, wie Helene es formuliert hat. Es sollte eigentlich eine Überraschung werden. Aber ich muss dir etwas erzählen ..."

Er lässt mich reden, gibt lediglich ein paar Geräusche von sich. Ich hätte zu gerne sein Gesicht gesehen. Meine Erklärungen werden immer schneller und enden mit den Worten: „Ich bleibe das Wochenende bei Katharina, weil meine Untermieterin nicht da ist." Nun bin ich auf alles Mögliche gefasst, auf eine Moralpredigt, auf einen Wutausbruch, weil ich mich nicht an unsere Absprachen gehalten habe, aber nicht auf diesen Satz:

„Lea, komm zu mir."

„Was? Wie?", stammele ich.

„Komm nach Hamburg, kündige oder nimm unbezahlten Urlaub oder lass dich krankschreiben, aber komm her. Ich bringe dich sicher unter."

Ich schlucke. Sein Ton ist flehend. Seine Besorgnis rührt mich zutiefst. „Martin, weißt du, wie gerne ich das tun würde? Aber ich kann Marlies und die anderen nicht hängen lassen. Wir arbeiten im Team. Ich berate, die anderen schneiden. Wenn ich ausfalle, ist das ganze Konzept hin. Der Terminkalender ist voll."

Er stöhnt. „Man wollte dich entführen und hätte dich sicher nicht zum Beraten in den Salon gebracht."

„Ja, ich weiß. Falls noch mal etwas … komme ich."

„Hoffentlich ist es dann nicht zu spät." Obwohl er sich Sorgen macht, kommt er mir ruhiger vor als sonst.

„Liest du noch in den Tagebüchern?", will ich wissen.

„Ja, sie tun mir gut, geben mir Ruhe und haben mich daran erinnert, dass ich noch etwas für dich tun kann. Beten." Ich kann gar nichts dazu sagen, bin einfach nur gerührt.

Am Montagabend erzähle ich meiner Untermieterin von dem Entführungsversuch und schlage ihr vor, aus Sicherheitsgründen für die nächsten zwei Wochen auszuziehen. Sie lacht über meinen Vorschlag. „Lea, ich bin der perfekte Bodygard. Ich habe einen schwarzen Gürtel im Judo."

„Du?", frage ich total überrascht. Diese schmächtige, unscheinbare Frau eine Judomeisterin? Ich habe also nicht nur einen Privatdetektiv, sondern auch eine Untermieterin als Bodygard zur Verfügung. Es ist sehr beruhigend, und ich kann mich gleich viel besser auf meine Aufgaben konzentrieren.

Mit dem Wiederholen der Prüfungskomplexe ziehe ich eine Jahresbilanz. Zu jedem Kapitel kann ich die Ereignisse und Erkenntnisse einordnen. Ich habe das Gefühl, dass alles, was geschehen ist, einen Sinn hatte.

Jemand, der kurz vor der Prüfung steht und vielleicht noch von einem Unbekannten davon abgehalten wird, pünktlich zu erscheinen, sollte wenigstens etwas nervös sein, sage ich mir drei Tage vorher. Doch ich bin es nicht. Meine Papiere sind wieder vollständig, meine Fahrkarte ist gelöst. Martin hat nebenbei im Institut und beim Stiftungsrat durchblicken lassen, dass wir Alexanders Tagebücher gefunden hätten und dass darin sein Weg zum Glauben an Gott beschrieben sei. Damit würde ich mich zufriedengeben. Das wäre das Eigentliche, wonach ich gesucht hätte. Es entspricht fast der Wahrheit.

Wir haben uns darauf geeinigt, dass ich am Freitag früher fahre. Obwohl an diesem Morgen der Strom ausfällt und meine Kundin nicht fertig wird, lässt Marlies mich gehen. Meine Kolleginnen haben Instruktionen erhalten für den Fall, dass jemand nach mir fragt: Ich erledige einen Weg und bin dann bis 14 Uhr wieder im Laden.

Als weitere Vorsichtsmaßnahme habe ich mich verkleidet. Die dunkle Langhaarperücke und eine modische Sonnenbrille, Schuhe mit hohen Absätzen und ein elegantes enggeschnittenes Kostüm sind nicht das, was ich sonst trage.

Ich komme unbeschadet gegen 18 Uhr in Hamburg an. Es freut mich, dass nicht einmal Martin und Corinna mich auf dem Bahnsteig erkennen. Als ich direkt vor ihnen stehe und die Sonnenbrille abnehme, weiten sich ihre Augen vor Überraschung. Und im gleichen Augenblick stelle ich fest, wie die Anspannung, die mir gar nicht bewusst gewesen ist, wie ein

Mantel von mir abfällt. Ich fühle mich in Sicherheit. Martin nimmt mir die Tasche ab. Corinna hat einen Koffer mit Rollen und zieht ihn selbst. Wir verlassen den Bahnhof und gehen zum Auto. Martin öffnet die Beifahrertür und sagt: „Lea, bitte." Ich soll mich also zu ihm nach vorne setzen. Ein Blick zu Corinna sagt mir, dass ihr diese Fassung nicht recht ist.

Martin lenkt den BMW in Richtung Umgehungsstraße und kann dort beschleunigen. Wir plaudern im lockeren Ton. Ich erzähle von meiner äußeren Verwandlung, von der Auswahl der Perücken. „Die rote war ein bisschen zu auf …", sage ich noch und halte abrupt inne. Irgendetwas stimmt nicht mit dem Wagen. Er rutscht auf die linke Bahn und dann wieder zurück. Ich drücke meine Hände in den Sitz und die Füße gegen ein imaginäres Bremspedal. Martin drosselt das Tempo und bekommt den Wagen wieder unter Kontrolle. Er fährt auf den Standstreifen, hält und läuft um das Auto herum.

„Ich habe einen Platten", stellt er sachlich fest, doch ich sehe ihm an, dass er es nicht für einen Zufall hält.

„Hat jemand in der Zeit, als du auf dem Bahnsteig …" Ich breche ab, weil ich den Gedanken nicht zu Ende denken will.

„Das werden wir gleich wissen", sagt er mit düsterem Blick. „Die Werkstatt ist in der Nähe. Bis dahin kommen wir noch."

In langsamem Tempo mit eingeschalteter Warnblinkanlage verlassen wir bei der nächsten Ausfahrt die Schnellstraße. Ein paar Minuten später wissen wir, dass ein riesiger Nagel den Reifen beschädigt hat. Selbst der Werkstattleiter hält es für unmöglich, dass der Nagel zufällig in den Reifen geraten ist. Betroffen warten wir in der gläsernen Eingangshalle des Autohauses, bis das Rad gewechselt ist. Martin besteht auf eine Überprüfung des Fahrzeugs. Erst dann fahren wir weiter. Christine ruft ihren Bruder an. Wir hören über die Freisprechanlage mit. Sie wünscht uns Glück für die Prüfung. Martin erzählt von unserem kleinen Umweg und beendet das Telefonat mit den Worten: „Ich werde heute in der Villa übernachten."

Mir läuft ein kalter Schauer über den Rücken. Rechnet er tatsächlich damit, dass jemand in die Villa eindringt, mich entführt oder so? Ich habe mich bisher immer sicher in diesem Haus gefühlt, und nun soll ich meine beiden letzten Nächte hier in Angst verbringen? Dieser Gedanke gefällt mir überhaupt nicht. „Ich hole mir nur ein paar Sachen", sagt Martin, als er vor der Villa hält. Doch kommt er noch kurz mit ins Haus, um Frau Schmidt zu begrüßen. Er muss mir angesehen haben, dass ich mir Sorgen mache, denn er fügt hinzu: „Ich bin gleich zurück. Das Auto ist jetzt okay, entspann dich."

Wir bringen die Taschen auf unsere Zimmer. Ich nehme meine Perücke ab und tausche das Kostüm gegen Jeans und T-Shirt. Dann komme ich zurück und helfe Frau Schmidt, den Tisch zu decken. Sie hat für uns einen griechischen Salat zubereitet, Kräuterbaguette aufgebacken und eine Käseplatte hergerichtet. Wieder geht mir durch den Kopf, dass ich das zum letzten Mal erlebe. Ich unterdrücke die aufsteigenden Tränen. Frau Schmidt plaudert über das Wetter, über die Nachbarin, aber ich höre nicht zu. Jede Minute sehe ich auf die Uhr und sehne Martin herbei. Hier geht es nicht mehr nur um mich. Diesmal hat der Unbekannte das Leben von anderen Personen aufs Spiel gesetzt. Ich sorge mich um Martin und begreife, wie er sich die ganze Zeit über gefühlt haben muss, ohnmächtig. Ist er jetzt in Gefahr, wenn er in meiner Nähe ist? Sind vielleicht auch Corinna und Frau Schmidt in Gefahr? Wozu ist der Täter fähig, und vor allem, warum?

„Lea, könnten Sie die Getränke aus dem Keller holen? Sie stehen dort kühler als hier oben, aber die Treppe macht mir zu schaffen." Frau Schmidt drückt mir einen Korb in die Hand. Als ich zurückkomme, klingelt es. Ich springe sofort zur Sprechanlage. Martin ist zurück. Welche Erleichterung. Er lächelt, als ich ihm die Tür öffne. „Die fremde Dame ist wohl schon gegangen?" Ich verstehe nicht, was er meint. Er berührt mein Haar. „Diese brünette junge Dame, die vorhin noch hier war." Jetzt begreife ich und lache.

„Hat sie dir besser gefallen?"

„Mir gefallen beide."

In dieser lockeren Art geht es weiter. Martin will keine düsteren Stimmungen aufkommen lassen. Frau Schmidt leistet uns beim Abendbrot Gesellschaft. Es klingelt wieder und Martin geht öffnen. Kurz darauf steht Bernd Brauer in der Küche und sagt lässig: „Kann ich heute hier übernachten?"

„Hat dich Christine rausgeworfen?", erkundigt sich Martin grinsend.

„Rausgeprügelt, mein Lieber."

„Diese Frau kann ziemlich brutal sein …"

„… wenn sie sich um ihren Bruder sorgt", beendet Bernd den Satz mit einem Schmunzeln.

„Um mich?"

„Sie meint, du brauchst vielleicht Hilfe, wenn es zum Kampf …" Er bricht ab, als er unsere verängstigten Gesichter sieht. „Sollte ein Scherz sein. Es ist ja nur eine Vorsichtsmaßnahme. Also, wo soll ich schlafen, vor der Tür, vor der Treppe oder vielleicht sicherheitshalber bei Lea im Bett?"

„Du kannst die Couch in der Bibliothek haben. Ich ziehe ins Wohnzimmer", bietet Martin mit einem Schmunzeln an.

„So langweilig habe ich es mir gar nicht vorgestellt." Seine Enttäuschung ist gespielt, hellt aber die Stimmung auf.

Bernd isst den restlichen Salat und das letzte Stück Baguette. Corinna hält es nicht mehr lange auf dem Stuhl aus. Sie ist ein einziges Nervenbündel. Ihr fällt plötzlich ein, dass sie noch ein Kapitel in Alexanders Buch nachlesen muss. Es ist gegen neun und draußen noch hell, eigentlich ein idealer Sommerabend, um zu grillen und auf der Terrasse zu sitzen.

Doch uns ist nicht danach. Martin und Bernd bereiten ihr Nachtlager vor. Ich öffne die Terrassentür im Wohnzimmer, trete hinaus und sehe in diesen traumhaften Garten. Die Blumen, die die Terrasse einrahmen, versprühen Düfte und vermischen sich mit dem Duft von gegrilltem Fleisch. Die Nachbarn unterhalten sich im Garten. Man hört nur Stimmen und leise Musik. Ich nehme mir vor, morgen hier alles zu fotografieren. Wehmut mischt sich mit Dankbarkeit. Als jemand hinter mich tritt, weiß ich, dass es Martin ist. Ich rieche sein Rasierwasser. Ohne mich umzudrehen, sage ich: „Das ist ein wunderschöner Ausblick."

„Du bist wunderschön", sagt er leise. Verwundert drehe ich mich um. Was hat er gesagt?

„Lea, du strahlst eine unglaubliche Ruhe, Sicherheit und Stärke aus."

„Wirklich?"

Er stellt sich neben mich und greift nach meiner Hand. Schlagartig verstärken sich alle Gefühle, die ich für diesen Mann empfinde: Verbundenheit, Einheit, Sehnsucht, Verlangen, Liebe. Es ist nicht leicht, dieses plötzliche Feuer unter Kontrolle zu halten. Ich atme tief durch, bevor ich sage: „Martin, ich habe keine Angst vor diesem Menschen da draußen, der mir mein Erbe nicht gönnt. Ich habe nicht einmal Angst vor der Prüfung. Ich habe nur Angst vor der Leere, die danach kommt, vor dem Loch, in das ich fallen werde, wenn es zu Ende ist. Ich kann den Gedanken an Abschied nicht ertragen."

„Jeder Abschied ist ein Anfang. Dieses Jahr war nur die Ouvertüre zu deinem Leben. Das Material ist bereitgestellt. Du hast bisher auf Sparflamme gelebt, warst dir deiner Fähigkeiten und Möglichkeiten nicht bewusst."

„Ich hatte auch nicht die Mittel, um etwas zu verändern", werfe ich ein und muss an meinen Traum denken, mein eigenes Haarstudio in der Innenstadt, elftausend Euro Startkapital.

„Sicher gibt es auch äußere Hindernisse, aber die sind nichts im Vergleich zu den inneren. Du hast vieles erkennen und alte Muster durchbrechen können. Du fällst in kein Loch. Nach der Prüfung wird eine Tür aufgehen, und du wirst bekommen, was du dir immer gewünscht hast."

„Woher willst du das wissen?"

Er lächelt. „Ich bin dein Mentor."

„Was ich erreicht und erkannt habe, habe ich dir zu verdanken."

„Nicht mir. Alexander hat dir dieses Training zum Geschenk gemacht. Ich bin nur der Übermittler, der Bote."

„Und du hast dafür gesorgt, dass ich es bis zum Ende durchziehen konnte. Ohne deine Hilfe wäre ich auf halber Strecke ausgeschieden." Ich hebe unsere verschlungenen Hände hoch und lege sie an meine Wange. „Danke für alles", sage ich schlicht.

Er zieht meine Hand an seinen Mund und küsst sie. „Ich habe sehr viel von dir gelernt. Ich danke dir, Lea." Wir sehen beide in den Garten. Er verstärkt den Druck seiner Hand kurz, lässt sie los und dreht sich zu mir um. Nun legt er seine Hände auf meine Schultern und sieht mich mit einer Zärtlichkeit an, die mir Gänsehaut bereitet. „Es ist jetzt nicht der Zeitpunkt, über die Zukunft zu reden. Du musst dich auf den Abschluss konzentrieren. Das Wissen, die Erkenntnisse, die Erfahrungen eines Jahres müssen morgen präsent sein. Es geht nicht um das Geld, das du erben wirst. Es geht darum, dass du ein Zeugnis für Alexanders Lebenswerk ablegst. Du bist das Zeugnis." Ich schlucke und nicke. „Ich weiß." Wir kommen uns näher. Seine Stirn liegt kurz auf meiner. Ich schließe für einen Moment die Augen. Seine Lippen berühren kurz meine Lippen. Ich sehne mich so nach einem Kuss. Doch er löst sich abrupt von mir und zieht die Luft hörbar ein. „Morgen um diese Zeit kann ich dir das sagen, was ich bisher nicht sagen konnte." Da ist sicher

einiges zu sagen, doch am liebsten wäre mir eine Liebeserklärung. Schnell schiebe ich den Gedanken beiseite. Bloß keine Erwartungen.
Es klopft. „Kann ich euch mal stören", fragt Bernd zögerlich. Wir drehen uns zu ihm um. „Corinna richtet da gerade ein Chaos in der Bibliothek an, weil sie ein bestimmtes Buch sucht und nicht findet."

„Oh, nein", schreie ich und eile zu ihr. Corinna zieht wahllos Bücher aus den Regalen und wirft sie auf den Boden. „Wo zum Teufel ist dieses Buch über das Unterbewusstsein?", kreischt sie. Ich gehe zum Regal, in dem sich Alexanders Bücher befinden und ziehe es heraus. „Hier."

„Ach, Lea, ich kann nicht mehr. Ich habe eine wahnsinnige Angst vor dieser Prüfung. Ich glaube, ich bin nicht gut vorbereitet, habe alles vergessen. Dabei verfolgt mich niemand und bedroht mein Leben. Wo nimmst du nur die Ruhe her?"

„Vielleicht fehlt mir für Angst einfach die Energie." Ich nehme sie spontan in die Arme. Sie bricht schluchzend in Tränen aus.

„Wollen wir noch einmal in Ruhe die Kapitel durchgehen?", frage ich. Sie ist sofort einverstanden. Dann arbeiten wir noch drei Stunden mit einem sicheren Gefühl, weil da unten zwei Männer sind, die auf uns aufpassen.

Fast enttäuscht, dass die Nacht ruhig und ohne besondere Vorkommnisse verlaufen ist, treffen wir uns am nächsten Morgen um halb neun zum Frühstück. Martin wirkt leicht nervös. Obwohl der Anzug seine Berufsbekleidung ist, erinnert er jetzt an ein besonderes Ereignis, an Prüfung, und erzeugt auch bei mir leichte Nervosität. „Ich treffe mich mit Helene Bachmeier und Wolfgang Möller um zehn in der Bank, um die Prüfungsfragen aus dem Schließfach zu nehmen", erklärt er. Wir nicken stumm. „Wenn du schon mal hier bist, Bernd, könntest du Lea und Corinna ins Institut bringen. Das halte ich für sicherer, als ein Taxi zu rufen. Man weiß ja nie, wer da im Taxi sitzt. Die Gefahr ist erst vorbei, wenn die beiden im Institut sind. Davon gehe ich jedenfalls aus."

Corinna zittern die Hände, als sie ihre Kaffeetasse an den Mund führt. „Oh Gott, ich schaffe das nicht."

„Du hast Jura studiert und dein erstes Staatsexamen bestanden", erinnert Martin sie streng.

„Mit Beruhigungstabletten."

„Wie wäre es mit Bachblüten, Notfalltropfen? Christines Idee", meldet sich Bernd. Seine lässige Art hat etwas Beruhigendes und ist ein Ausgleich zu Martins Nervosität.

Frau Schmidt kommt in die Küche und ruft: „Die brauche ich auch. Ich bin völlig durcheinander und nervös."

„Haben Sie heute auch Prüfung, Frau Schmidt?", fragt Martin amüsiert.

Sie winkt ab. „Mir ist so, als hätte ich eine." Die lustige Einlage entspannt uns etwas. Nach dem Frühstück gehen Corinna und ich nach oben, um uns fertig zu machen. Ich ziehe ein zweiteiliges rotes Kleid an, auch ein ausrangiertes Stück meiner Kundin. Es sitzt hervorragend, hat eine gute Qualität und steht mir wirklich gut. Es ist die Art Kleidung, die zu fast allen Anlässen passt. Man kann damit zur Arbeit gehen oder auch ins Theater, zur Geburtstagsfeier oder eben zur Prüfung. Dazu wähle ich weiße Sandalen und eine weiße Perlenkette. Nachdem ich mich sorgfältig geschminkt habe, nehme ich meine Tasche und klopfe an Corinnas Tür. „Komme gleich", ruft sie mit nervöser Stimme. Ich gehe die Treppe hinunter. Bernd wartet in der Diele und macht einen nachdenklichen Eindruck.

„Donnerwetter, Lea, Du siehst aus, als wärst du die Vorsitzende der Prüfungskommission."

„Vielleicht sehen die anderen das auch so und lassen mich die Fragen stellen." Wir lachen.
„Bachblüten gefällig?" Er hält die Tropfen hoch.
„Ja", ruft Corinna von oben und kommt schnell die Treppe heruntergerannt. Sie hat sich für einen weißen Hosenanzug mit einem schwarzen Top und schwarzen Sandalen entschieden. Wir öffnen beide den Mund und lassen uns von Bernd die Tropfen verabreichen. Dann verabschieden wir uns von einer nervösen Frau Schmidt.

Das Institut, ein zweistöckiges rechteckiges Gebäude, strahlt eine ruhige Eleganz aus. Im hell gefliesten Eingangsbereich befinden sich zwei Sitzgruppen aus schwarzem Leder und ein paar Stehtische. Drei große Palmen geben dem Raum ein mediterranes Flair. Rechts hinter Glas sieht man eine Cafeteria. Auf der linken Seite ist eine Flügeltür geöffnet und gibt den Blick in einen Raum mit grüner Konzertbestuhlung für etwa achtzig Personen frei. An der Stirnseite ist eine weiße Leinwand befestigt. Davor stehen ein Pult und ein Ablagetisch. Ein terrakottafarbener Teppichboden und hellgelbe Wände sorgen für eine warme Atmosphäre. Meine Augen wandern zur nächsten Flügeltür, die geschlossen ist. Was verbirgt sich dahinter? Bernd schlägt vor, in der Sitzecke Platz zu nehmen. Schweigend mustere ich jeden sichtbaren Winkel der Empfangshalle. Ich frage mich, ob Bachmeiers das Institut weiterführen werden oder ob Alexander sich noch etwas anderes überlegt hat. Hinter der Cafeteria führt eine offene Steintreppe mit einem schlichten Geländer aus schwarzen Stäben ins Obergeschoss. Wir hören von oben Stimmen. Helene und Klaus Bachmeier, gefolgt von Martin, kommen die Treppe herunter.

„Ihr seid ja überpünktlich", höre ich Helene schon auf der Treppe sagen. Sie trägt einen rosafarbenen Anzug – kurzärmliges Oberteil, weitgeschnittene Hose. Ihr volles schweres Haar hat sie aufgesteckt. Klaus Bachmeier ist mit einem hellen Anzug und hellblauem Hemd bekleidet. Man merkt an ihrem Auftreten, dass sie die Leiter des Institutes, die Hausherren sind. Die Tür des geschlossenen Raumes wird von innen geöffnet. Eine kleine rundliche Frau geht auf Helene zu. „Frau Bachmeier, der Prüfungsraum ist fertig. Wollen Sie sich vergewissern, ob es so in Ordnung ist?" Helene wirft einen Blick in den Raum und sagt dann streng: „Warum haben Sie mit Topfblumen dekoriert, Frau Hermann?"

„Ich dachte, die Topfblumen halten länger." An der Art, wie die Frau spricht, erkenne ich, dass sie vor Helene Angst oder zumindest großen Respekt hat.

„Ich habe von einem üppigen Gesteck gesprochen und nicht von Töpfen. Aber nun lassen wir es so."

Wir werden in den Raum geführt, der nur halb so groß ist wie der andere nebenan. Er ist in blaugrünen Tönen gehalten. An der Vorderfront ist eine Tischreihe mit acht Stühlen aufgestellt. In zwei Metern Entfernung stehen zwei Tische mit je einem Stuhl. Das sind unsere Plätze. Sie sind so weit voneinander entfernt, dass wir nicht abschreiben oder uns austauschen können. Die anderen Stühle sind seitlich gestapelt. Wir setzen uns und warten auf das, was da kommen wird. Bernd hebt zum Abschied die Hände mit gedrückten Daumen.

Die Mitglieder des Stiftungsrates treten ein, begrüßen uns freundlich und nehmen ihre Plätze ein. Martin sitzt rechts außen, daneben die Bachmeiers. Beim Anblick dieser acht Personen wird mir etwas mulmig zumute. Ein Blick zu Corinna verrät mir, dass sie trotz der Bachblüten kurz vor einem Nervenzusammenbruch steht.

Helene erhebt sich. „Liebe Corinna, liebe Lea, liebe Freunde, wir sind hier zusammengekommen, um Alexanders letzten Willen auszuführen. Es war sein Wunsch, dass seine Großnichten sein geistiges Lebenswerk kennen lernen, bevor sie sein materielles Erbe antreten dürfen. Auch wissen wir, dass ihr Prüfungsergebnis die Höhe der Erbschaft bestimmt. Niemand von uns kennt die Prüfungsfragen oder die Bewertungsrichtlinien. Wir haben die Unterlagen gerade aus dem Bankschließfach geholt und sind genauso gespannt wie ihr. Wie ich Alexander einschätze, ist alles eindeutig geregelt. Ich öffne nun den Umschlag, auf dem das Wort Prüfung steht." Sie zeigt auf das Siegel, das beweisen soll, dass es unmöglich war, diesen Umschlag vorher zu öffnen. Helene holt mehrere kleine beschriftete Umschläge heraus und verteilt sie an uns und an die Prüfungskommission. Ich sehe, dass noch weitere Umschläge auf ihrem Platz liegen. Drei davon schiebt sie zu Martin.

Es ist ein sehr erregender, spannender Moment, als ich den Umschlag öffne. Rasch verschaffe ich mir einen Überblick über die Fragen. Dabei legt sich meine Aufregung. Ich blicke kurz zu Martin, der auf ein Signal von uns wartet, und nicke unmerklich.

Die Prüfungsfragen sind in drei Schwerpunkte aufgeteilt. Im ersten wird Theorie abgefragt. Im zweiten geht es um praktische Erfahrungen. Und im dritten Teil – das ist eine Überraschung – werden Fragen zu religiösen Aussagen gestellt. *Welches Menschenbild entnehmt ihr aus den Zitaten in euren Unterlagen? Warum hat Gott den Menschen erschaffen? Was ist die höchste Stufe des Menschen? Worin liegen sein Glück und seine Größe? ...*

Wir haben zwei Stunden Zeit für die Beantwortung der Fragen. Ich beginne mit dem ersten Kapitel: *Welche Bedeutung haben Ziele für das Unterbewusstsein? Nenne zwölf Erfolgsregeln! Erkläre die Funktionsweise des Unterbewusstseins! Wie erstellt man ein positives Lebensskript? Was macht eine charismatische Persönlichkeit aus? Wie entwickle ich Charisma? ...*

Es ist mir alles vertraut, ich bin vorbereitet. Aber hier geht es auch darum, präzise zu formulieren und nichts zu vergessen. Es wird mir noch einmal verdeutlicht, dass Alexander ein strenger Lehrer war. Fachwissen und Erfahrung gehörten für ihn zusammen. Und in diesem Programm gehört noch etwas anderes dazu, geistiges Wissen. Die Antworten schießen mir durch den Kopf: Der Mensch ist ein Bergwerk, reich an Edelsteinen von unschätzbarem Wert. Er ist mit den göttlichen Eigenschaften ausgestattet ... er wurde erschaffen, um Gott erkennen und lieben zu lernen. Die höchste Stufe des Menschen ist Dienstbarkeit. Seine Größe liegt in edlen Vorsätzen, hohen Entschlüssen, einem hervorragenden Charakter und der Fähigkeit, schwierige Probleme zu lösen ...

Wie gut, dass ich die Zitate auswendig kann, mich so intensiv damit auseinandergesetzt habe, denn ich habe sie nicht extra für die Prüfung gelernt. Ich schreibe gerade den letzten Satz, als Helene sagt: „Ihr müsst langsam zum Schluss kommen." Corinna sieht mich panisch an. Martin hebt fragend den Kopf. Ich habe alle Fragen soweit beantwortet und nicke leicht. Die praktischen Erfahrungen hätte ich gerne noch einmal überarbeitet. Aber es gibt keine Minute Verlängerung. Helene sammelt unsere Blätter ein. Wir dürfen Pause machen. Die Sekretärin des Institutes hat Kaffee und einen kleinen Imbiss für alle vorbereitet. Ich bin viel zu aufgeregt, um etwas zu essen. Die Pause kommt mir länger als die Prüfung vor. Corinna jammert, dass sie mit den religiösen Fragen gar nichts anfangen konnte. „Wo stand denn, was die höchste Stufe des Menschen ist?", fragt sie verzweifelt.

„Die höchste Stufe ist Dienstbarkeit. Es wurde in einigen Zitaten erwähnt."

„Und warum hat Gott den Menschen erschaffen?"

„Der Mensch soll Gott erkennen und lieben lernen. Das stand in der letzten Hausaufgabe."
„Oh, nein, so ein Mist. Ich kann damit nichts anfangen. Mich hat das doch nie interessiert. Es war doch freiwillig."
Sie hat sich zwar meine Erfahrungen in Bezug auf die praktischen Übungen angehört, aber von den religiösen Erfahrungen wollte sie nichts wissen.

Wir werden nach vierzig Minuten in den Raum zurückgeholt. Helene will jetzt unsere sprachlichen und rhetorischen Fähigkeiten überprüfen. Corinna soll einem Mandanten, der Schmuck gestohlen hat, raten, sich selbst zu stellen, und ich soll jemanden überzeugen, seine Frisur zu verändern. Nach der Vorbereitungszeit von zehn Minuten bittet Helene Corinna nach vorn, und mich schickt sie vor die Tür. Es sollen wohl wieder gleiche Bedingungen für beide herrschen. Nach zehn Minuten wechseln wir. Ich stelle einen Stuhl vor mich hin, trete dahinter und tue, als würde ich in den Spiegel sehen. Dann finde ich es komisch, dass ich zu einer unsichtbaren Frau reden soll. „Helene, ist es erlaubt, dass sich hier jemand hinsetzt?"

Sie sieht die anderen an und nickt. Ich bitte die einzige Frau aus dem Stiftungsrat, auf meinem Stuhl Platz zu nehmen. Sie ist ein echter Fall von grauer Maus: graue Haare, schulterlang, gerader Pony, ungeschminkt. Ich frage nach ihrem Namen und stelle die berühmte Frage, die ich in den letzten Wochen und Monaten jeder Kundin gestellt habe, die eine Veränderung wollte. „Wie möchten Sie von anderen Menschen gesehen werden?" Ich muss ihr auf die Sprünge helfen. „Welche Ziele haben Sie? Man kann seine Haare so tragen, dass man streng oder konservativ, romantisch oder sportlich, elegant oder ausgefallen wirkt." Ich tue, als würde ich in ihr Spiegelbild sehen. „Sportlich, elegant", sagt sie. Ich sehe ein Lächeln von der Seite. „Gut, dann empfehle ich Ihnen eine Kurzhaarfrisur, durchgestuft, mit schrägem Pony und einer mittelblonden Tönung."

„Ich war früher aber dunkel", protestiert die Dame. Ich begründe die Farbe mit ihren bernsteinfarbenen Augen und ihrer blassen Hautfarbe. „Das Dunklere würde ich vorschlagen, wenn Sie sich für den konservativen Typen entscheiden. Es hängt von Ihrem Ziel ab", begründe ich. Von der Seite sehe ich, wie Martin sich entspannt zurücklehnt und lächelt. Die Kundin bringt noch mehrere Einwände vor, die ich sofort entkräfte. Ich sehe sie bildlich vor mir. Helene unterbricht mich. „Lea, ich möchte dich davor bewahren, die Aufgabe falsch zu lösen. Du sollst die Kundin von einer neuen Frisur überzeugen."

„Das mache ich doch", protestiere ich etwas zu heftig, weil ich sofort begreife, worauf sie hinaus will. „Ich kann ihr doch nicht einfach eine Frisur überstülpen. Ich muss doch ihr Ziel kennen."

„Du sollst sie überzeugen, ohne sie zu fragen, was sie will", fährt mich Helene an.

Wie ein Blitz schnellt Martins Hand nach oben.

„Einspruch, Lea hat Recht. Alexander ging es nie darum, irgendwelchen Leuten etwas aufzuschwatzen, sondern den Menschen immer zu helfen, ihre Ziele zu finden und sie zu erreichen. Indem sie sie fragt, hilft sie der Kundin zu erkennen, was sie will."

Die anderen nicken zustimmend. Meine Aufgabe ist beendet. Helene sieht mich feindselig an.

Hoffentlich sind wir bald fertig. Die nächste Aufgabe ist, die Bedeutung der Autosuggestion zu erklären und ein Beispiel mit voller Kraft und voller Überzeugung vorzutragen.

Das fällt mir sehr leicht. Ich schreibe sie vorsichtshalber auf. Dann werde ich auch schon nach vorn geholt. Meine Stimme gefällt mir selbst, als ich sage: „Ich bin fest entschlossen, eine erfolgreiche Geschäftsfrau zu werden ..." Auch merke ich jetzt, dass die aufwändigen Stimmübungen schon Früchte tragen. Mein Dialekt ist kaum noch zu hören. Jedenfalls empfinde ich es so. Die dritte Aufgabe ist ein Plädoyer für Alexanders Programm. Was ist die Besonderheit? Was hat es mir gebracht? Warum würde ich es anderen empfehlen?

Wir bekommen eine Viertelstunde für die Vorbereitung. Das erscheint mir sehr knapp. Ich erinnere mich an den Aufbau einer Rede, an die Wichtigkeit des ersten Satzes, weil man damit die Aufmerksamkeit der Zuhörer gewinnen muss. Ich grübele an diesem Einführungssatz. Dann gefällt er mir endlich. Da ich über diese Fragen schon nachgedacht habe, ist es nach dem Eröffnungssatz nicht mehr schwer. Ich bin wieder die erste, was mich wundert. Corinna muss den Raum verlassen. Ich spreche vom Platz aus:

„Alexander hat am Ende seines Lebens eine interessante Entdeckung gemacht. Wissenschaft ohne Religion landet im Materialismus, Religion ohne Wissenschaft im Aberglauben." Ich gehe nun auf die beiden Grundfähigkeiten des Menschen ein, wie sie zusammenarbeiten, wie sie sich blockieren und welche Auswirkungen das auf den Einzelnen und die Gesellschaft hat. Ich erläuterte die Aufgaben der Religionstexte und den Unterschied zum psychologischen Konzept.

„Alexander hat also die Aufgabe der Religion, das geistige Potenzial des Menschen zu entfalten und zu kanalisieren, neu entdeckt."

„Wieso muss das Potenzial des Menschen kanalisiert werden?", unterbricht Helene.

Ich bin selbst überrascht, dass ich diesen Begriff gewählt habe und brauche einen Moment, um darauf antworten zu können. „Ein Mensch, der die Rhetorik beherrscht, kann seine Fähigkeiten verwenden, um Macht auf andere auszuüben, um sie zu manipulieren. Die Religion gibt die Richtung, den sinnvollen Einsatz dieser Fähigkeiten vor." Ich habe gar nicht bedacht, dass Rhetorik Helenes Fachgebiet ist.

„Willst du etwa behaupten, ich habe meine Fähigkeiten bisher falsch genutzt?" Helene sagt es mit einem mitleidigen Lächeln.

„Eine Beurteilung steht mir nicht zu. Das muss jeder für sich selbst prüfen." Diese Antwort hat sie wohl nicht erwartet. Jedenfalls verwandelt sich ihr Lächeln wieder in einen feindseligen Gesichtsausdruck. „Was hat dir also das Programm gegeben?"

„Das Programm hat mir nicht nur Selbsterkenntnis gebracht und mir geholfen, meine Fähigkeiten zu entdecken, sondern es hat mir auch ein neues Menschenbild, einen Daseinssinn und eine Orientierung gegeben", lautet mein letzter Satz.

Ich darf Platz nehmen und Corinnas Abschlussrede hören. Sie hatte länger Zeit für die Vorbereitung. Ich bin gespannt auf ihre Einschätzung.

„Das Besondere an diesem Programm ist, dass es für uns speziell entwickelt worden ist. Alexander hat Schwerpunkte herausgesucht, die er für wichtig hielt. Er ging von den persönlichkeitsbezogenen Zielen aus, über Erfolgsregeln, über das Wissen und die Wirkungsweise des Unterbewusstseins bis hin zu einer charismatischen Persönlichkeit. Die Aufgaben stärkten mein Selbstbewusstsein, machten mir bewusst, dass ich auf einem falschen Weg war und zeigten mir meine Lebensaufgabe. Ich möchte in der Modebranche tätig sein." Die Anwesenden horchen auf. Herr Bachmeier fragt: „Was haben Ihnen diese religiösen Texte gegeben?"

„Nicht viel. Ich habe keinen Bezug zu irgendwelchen Religionen. Natürlich habe ich mir ein paar Gedanken gemacht und sie auch notiert, wie es vorgeschlagen war." Herr Bachmeier nickt.

Mir wird in diesem Moment klar, dass wir beide zwar am selben Programm gearbeitet haben, aber zu völlig unterschiedlichen Erkenntnissen gekommen sind. Corinna ist eingleisig gefahren, hat sich nicht auf das Zusammenspiel von Religion und Wissenschaft eingelassen. Ihre Abschlussrede kommt mir oberflächlich, ungenau, ja sogar wertlos vor. Obwohl ich es nicht in Worte fassen kann, wird mir in diesem Augenblick der Qualitätssprung zwischen Alexandres altem und neuem Konzept bewusst.

Die Prüfung ist zu Ende. Wir warten im Eingangsbereich auf das Ergebnis. Es vergeht eine weitere halbe Stunde.

Helene ruft uns herein und verkündet wie ein Richter den Urteilsspruch: „Alexander wollte anscheinend nichts dem Zufall überlassen. Er hat auch klar angegeben, wie viele Punkte für jede Antwort zu vergeben sind. Kleine Unstimmigkeiten, was die mündlichen Aufgaben betrifft, haben wir über die Beratung geklärt. So kann ich verlesen, dass Corinna Wegner dreiundachtzig Punkte erreicht hat. Das entspricht der Note ‚gut'. Lea Sommerfeld hat die volle Punktzahl und mit ‚sehr gut' abgeschlossen. Herzlichen Glückwunsch zur bestandenen Prüfung."

Ich kann es gar nicht glauben. Ich habe diese Prüfung mit „Eins" bestanden. Die anderen applaudieren. Corinna sagt laut: „Ich finde es nicht richtig, dass man mir eine Zwei gibt, nur weil ich mich nicht für Religion interessiere."

Helene lächelt süß. „Wir haben die Bewertungsmaßstäbe nicht festgelegt. Alexander hat den Antworten zu den religiösen Sachverhalten einen hohen Stellenwert beigemessen. Die Fragen waren so gestellt, dass man sie klar beantworten kann, egal wie man zur Religion steht. Wir haben nicht deinen Glauben an Gott bewertet, Corinna. Du kannst froh sein, dass es noch eine Zwei geworden ist." Corinna nimmt mit düsterer Miene Platz.

Martin erhebt sich und sagt: „Meine Aufgabe ist es nun, die Bedingungen der Erbschaft mit den Prüfungsergebnissen zu verbinden." Er hebt einen Umschlag mit Siegel hoch, öffnet ihn bedächtig und verliest die Anordnungen:

„Ihr Lieben,
jetzt habt ihr also die Prüfung überstanden. Ich hatte ja schon in meinem Testament klargestellt, dass mein geistiges Erbe mit dem materiellen verbunden ist. Mein Barvermögen beträgt etwa achthunderttausend Euro. Den genauen Kontostand nennt euch Martin. Es wird in zwei Hälften geteilt. Mir war es wichtig, dass jeder von euch unabhängig für sein Erbe arbeitet. Die Regelung ist ganz einfach. Wer die Prüfung nicht bestanden hat, bekommt auch kein Geld. Wer mit vier abgeschlossen hat – und ich gehe davon aus, dass derjenige mein System halbwegs verstanden hat – bekommt fünfzigtausend. Bei einer drei gibt es einhunderttausend, bei der zwei zweihunderttausend und bei der eins vierhunderttausend.
Es dürfte nicht schwer sein, den Betrag in die vorbereiteten Formulare einzutragen. Sollten die vierhunderttausend pro Person nicht ausgeschöpft werden, geht der Rest an die Stiftung, wie schon festgelegt.

Martin legt das Blatt zur Seite und sieht uns beide an. „Herzlichen Glückwunsch zum Erbe." Corinna verzieht den Mund. Ich bin einfach nur sprachlos. Mit vierhunderttausend habe ich absolut nicht gerechnet.

Martin nimmt ein weiteres Blatt und liest:
„Die Einnahmen aus meinen Büchern gehen an die Stiftung, bis auf das letzte Buch. Das Buch zehn ist noch nicht veröffentlicht. Es gehört Lea und ich habe es ihrer Großmutter, meiner Schwester Inge, gewidmet. Lea, bitte kümmere dich um die Veröffentlichung. Die Einnahmen daraus gehören dir. Martin, ich bitte dich, sie zu unterstützen."

Jetzt brenne ich förmlich vor Neugier und rufe dazwischen: "Wo ist denn das Buch? Ich hab es doch schon überall gesucht."
"Lea, Moment bitte", sagt Martin ruhig. Ich habe nicht gemerkt, dass ich aufgesprungen bin. Gehorsam setze ich mich wieder. Er liest weiter:
"Nun wollt ihr sicher wissen, was mit meinem Haus geschehen soll. Dazu habe ich zwei Fragen an meine Nichten. Nur wer die Prüfung bestanden hat, hat das Recht die Fragen zu beantworten:
Was würdest du mit dem Haus anfangen, wenn du es geschenkt bekämst?"

Wir bekommen noch einmal zehn Minuten, um die Frage schriftlich zu beantworten. Ich habe den Gedanken, was mit dem Haus werden wird, immer verdrängt. Vielleicht bin ich auch davon ausgegangen, dass es verkauft wird. Solange das Haus da ist, ist mein Onkel, ist Familie präsent. Ich fühle mich wohl in dem Haus, es ist mein Zuhause geworden. Frau Schmidt ist meine Ersatzgroßmutter, und nun blitzen Bilder aus meiner Kindheit auf. Bilder von der Villa in Dresden mischen sich mit den Bildern von Alexanders Haus, verschmelzen zu einem, zu meinem Zuhause.

Ich beantworte die Fragen innerhalb von fünf Minuten. Diesmal habe ich das Gefühl, mein Unterbewusstsein oder mein Bauchgefühl diktiert mir die Antwort. Wir geben die Zettel ab. Corinnas Antwort wird zuerst vorgelesen:
"Wenn man mir dieses Haus schenken würde, dann würde ich einen würdigen Käufer suchen und es verkaufen. Ich bin nicht der Typ für Haus und Garten. Ich möchte in der Innenstadt zwischen Geschäften und Kultureinrichtungen leben."

Die Anwesenden lauschen gespannt unseren Antworten. Martin nimmt meinen Zettel und liest:

„Dieses Haus ist ein Zuhause für mich geworden. Es ist ein Ort, an dem man arbeiten, leben und Kinder großziehen sollte. Es ist ein Haus zum Feiern, ein Ort für Gespräche und eine Leseinsel. Ein solches Zuhause könnte ich nicht verkaufen. Das Geld ersetzt nicht die Werte und Möglichkeiten, die es bietet. Also, wenn man mir das Haus schenken würde, wäre ich nicht fähig es zu verkaufen, sondern würde darin wohnen wollen."

Ich merke, dass Martin schwer schluckt. Es ist sehr still im Raum. Alle Augen sind auf mich gerichtet. Er räuspert sich. „Jetzt kommt die zweite Frage", sagt er mit gewichtigem Ton. *„Wärst du bereit, dein geerbtes Geld gegen das Haus einzutauschen? Die Bedingung ist, dass du darin wohnen musst und dass das Anwesen in den nächsten zwanzig Jahren nicht verkauft werden darf."*

Nun bin ich in der Zwickmühle. Ich brauche das Erbe für meine Selbständigkeit. Von einem Haus allein kann ich nicht satt werden. Und von einem Friseurgehalt kann ich das Haus nicht unterhalten. Mein Kopf ist plötzlich wie leergepustet. Ich versuche klar zu denken. So schwer es mir fällt, aber mein Erbe gegen das Haus eintauschen, das ist völlig unmöglich. Ich sitze vor meinem Zettel und will meinen logischen Entschluss notieren. Aber meine Hand scheint mir nicht zu gehorchen, als wäre die Verbindung zwischen Kopf und Hand unterbrochen, oder als würde ein anderer meine Hand führen und ich hätte keine Gewalt darüber. Ich sehe mich schreiben. *Ja, ich bin bereit, das Geld, das ich geerbt habe, gegen das Haus einzutauschen.*

Dann gebe ich ohne nachzudenken den Zettel ab. Corinna hat kurz vor mir abgegeben. Martin liest zunächst ihre Antwort vor. Sie ist nicht bereit, das Geld gegen das Haus einzutauschen. Sie braucht das Erbe, um ihre Schulden zu begleichen und sich eine Existenz aufzubauen. Sie kann das Haus wirklich nicht gebrauchen. Aber bei mir ist es ja nicht anders. Ich will mein eigenes Institut errichten. Was habe ich getan? Ich habe mein Erbe an die Stiftung weitergegeben und mich für ein Haus entschieden, das ich liebe, das ich in den nächsten zwanzig Jahren nicht verkaufen darf, das ich aber gar nicht unterhalten kann. Mein Mund ist trocken. Panik steigt in mir auf. Ich will dazwischen rufen: „Halt, stopp! Ich muss noch einmal nachdenken." Doch kommen mir die Worte nicht über die Lippen.

Ich sehe, wie Martin das Blatt hebt und höre ihn bedeutungsvoll sagen: „Dann wollen wir das Geheimnis mal lüften." Sein Ton verändert sich. Er spricht tiefer, und es wirkt wieder, als würde Alexander direkt zu uns sprechen. Ich fröstele kurz.

„Ihr Lieben,
leider kann man nichts mitnehmen, wenn man in die andere Welt geht, aber mein Haus liegt mir doch sehr am Herzen. Es war ein Ort, an dem ich sehr glücklich mit meiner Frau gelebt habe, ein Ort, an dem ich gearbeitet, geschrieben und gelesen habe. Leider waren uns keine Kinder vergönnt. Die gehören auch in ein solches Haus. Weil ich immer so beschäftigt war, gab es auch nicht viele Feste, auch ein Versäumnis, das der nächste Besitzer nachholen sollte. Ein Haus lebt durch die Menschen, die ein- und ausgehen.
Das ist mein letzter Wille: Wenn eine meiner Großnichten bereit ist, das Haus gegen das Geld, das sie gerade geerbt hat, einzutauschen, dann bin ich sicher, dass sie es nur tut, weil sie meine Wertvorstellungen teilt und weil ihr ein Heim wichtiger ist als das Geld.
Sollten beide den gleichen Wunsch haben, bekommt die mit dem besseren Prüfungsergebnis das Haus. Ihr materielles Opfer ist größer. Sollten beide das gleiche Ergebnis haben und an dem Haus interessiert sein, müsste das Los entscheiden.

Sollten beide Frauen nicht an dem Haus interessiert sein, es also verkaufen wollen, dann vererbe ich es meinem Freund, Schüler und Lehrer Martin Sander." Martin stoppt, als er seinen Namen liest. Er wird blass und hält die Luft an. Helene springt zur Hilfe. „Martin, soll ich weiterlesen?" Er schüttelt den Kopf, atmet tief durch und liest den Rest vor: *„Es ist mein letzter Wille, dass in diesem Haus Menschen wohnen, die meine Wertvorstellungen teilen. Martin, du warst für mich der Sohn, den ich nie hatte, und es wäre mir wichtig, dass du das Erbe annimmst, wenn meine Nichten die Bedingungen nicht erfüllen."*

Es ist nun absolute Stille im Raum. Ich kann es kaum noch vor Spannung aushalten. Wem gehört jetzt das Haus? Welche Bedingungen soll derjenige erfüllen? Es ist Martins Vater, der sich zu Wort meldet und die Dinge noch einmal sachlich auseinanderpflückt. Martin sammelt sich und sagt dann in seiner geschäftsmäßigen Art: „Jetzt verstehe ich, warum er wollte, dass ihr jeden Monat ein Wochenende in der Villa übernachtet. Hier ist noch ein Zusatz. Oh! *‚Du kannst das geerbte Geld behalten. Einen Teil davon brauchst du für die Erbschaftssteuer.'* Da alles schriftlich festgehalten ist, können wir sagen, dass Lea in den Werten mit ihrem Onkel übereinstimmt und die Bedingungen erfüllt."

„Und was ist mit dir?", frage ich sofort.

„Er ist nur als Ersatz vorgesehen", antwortet Helene lachend. Es klingt nach Schadenfreude.

Martin kommt um den Tisch herum und umarmt mich. „Es ist dein Haus und dein Geld. Ich freue mich für dich." Danach umarmt er Corinna: „Ich gratuliere dir zu deinem Erbe."

Helene übergibt uns Blumensträuße. Nun stürmen auch die anderen auf uns zu und gratulieren. Es herrscht Freude. Schließlich hat die Stiftung an diesem Tag zweihunderttausend Euro kassiert und bekommt die Einnahmen aus den Büchern. Man sagt mir mehrmals, dass ich eine würdige Erbin sei.

Martin unterbricht die Unterhaltungen, indem er dazwischen ruft: „Wartet, hier ist noch ein letzter Brief. Der betrifft das Institut." Die Anwesenden bleiben auf ihren Plätzen stehen. Er öffnet den Umschlag eilig und liest:

„Lieber Martin,
die Frage der Institutsleitung ist noch nicht geklärt. Ich möchte dich bitten, eine Sache in Ordnung zu bringen, die ich bisher aufgeschoben habe, aus gutem Grund. In diesem Umschlag befinden sich ein USB-Stick mit dem neuen Manuskript und die Beweise, dass Klaus Bachmeier Geld unterschlagen …" Martin hält an, reißt die Augen auf. Er ist völlig überrascht, starrt auf den Brief. Wieder herrscht absolute Stille, aber diesmal wird sie von einem Schock begleitet. Es ist nicht zu fassen. Klaus Bachmeier, der Leiter des Institutes, hat Geld unterschlagen. Der Mann, der mir gerade eben zum Erbe gratuliert hat. Er steht nur einen halben Meter entfernt. Ich kann ihn nur aus dem Augenwinkel sehen und wage nicht, meinen Kopf zur Seite zu drehen. Dennoch nehme ich eine fast unmerkliche Handbewegung wahr. Dann werde ich grob am Arm gepackt und zur Seite gerissen. Es dauert einige Sekunden, bis ich registriere, dass er mir eine Messerklinge an den Hals hält. Die Anwesenden schrecken auf. „Wenn dir an Lea etwas liegt, dann gib Helene die Unterlagen!", faucht er.

Martin springt auf. „Lass sie los! Du steckst also hinter den Anschlägen."

„Ich habe nichts getan", sagt er lässig. Martin macht eine Bewegung, will anscheinend auf uns zukommen. „Bleib, wo du bist, die anderen auch! Helene, nimm die Unterlagen und komm!" Sein Ton duldet keinen Widerspruch. Helene geht zum Tisch, nimmt den Umschlag und weicht vorsichtig zurück. Ihr Gesicht spiegelt eine Mischung aus Überraschung und Angst wider. Bachmeier drückt immer noch das Messer an meinen Hals und zieht mich mit sich. Seine Hand zittert leicht. Er steht unter großem Druck und wirkt zu allem entschlossen. „Wenn wir in Sicherheit sind, lasse ich sie frei. Keine Polizei, ansonsten wirst du, lieber Martin, erfahren, wie es ist, wenn man einen geliebten Menschen verliert." Er weiß von der Affäre, wird mir klar. Aus seinen Worten spricht purer Hass. Die Tür fällt ins Schloss, und er schiebt mich jetzt hektisch durch die Eingangshalle. Das Messer funkelt vor meinen Augen. Draußen auf dem Parkplatz ist niemand zu sehen. „Wer ist Marc Andersen?", will ich wissen.

„Ein Arzt in der Dresdner Uniklinik", sagt er höhnisch lachend.

„Wer war der Mann, der mich auf dem Friedhof angesprochen hat?"

„Halt den Mund", faucht Helene. Wir gehen zu dem schwarzen Mercedes, der in der Mitte zwischen anderen Fahrzeugen steht. „Ein Verwandter, der immer knapp bei Kasse ist und einfach nichts auf die Reihe kriegt. Und seine Freunde sind auch nicht besser", sagt er müde

„Warum ich und nicht Corinna?"

„Weil du seine Hoffnung warst. Dich hat er für die Leitung des Institutes vorgesehen, nicht uns. Das ist sehr verletzend, nach allem, was wir für das Institut getan haben. Und nur, weil ich ein paarmal nicht über die Bücher abgerechnet habe." Bachmeier lacht hämisch. „Er hat doch tatsächlich geglaubt, nach diesem Schnellkurs kannst du das Institut übernehmen. Sein Glaube an das Potenzial des Menschen war wirklich unerschütterlich."

Helene zischt. „Hör auf! Du belastest dich selbst." Mich kann sie nicht einschüchtern. „Woher wissen Sie das?"

„Kranke Menschen fantasieren im Schlaf."

„Sie waren also gar nicht an dem Buch interessiert?"

„Die Datei habe ich rechtzeitig gelöscht. Glaub mir, es ist besser so. Es schadet nur dem Ansehen des Institutes, stellt alles in Frage, was wir bisher geleistet haben."

„Es war die Quintessenz seines Lebens."

Bachmeier lacht. Wir sind nur wenige Schritte vom Auto entfernt. Das Messer berührt jetzt meinen Hals. Ich schlucke schwer. Da werden plötzlich die Türen des Golfs, der direkt neben dem Mercedes steht, aufgerissen. Wegners springen aus dem Auto. Hanna stürzt auf mich zu und plappert aufgeregt: „Seid ihr schon fertig? Ist alles gutgegangen? Habt ihr euer Erbe? Wie viel ist es?" Ich finde dieses Geplappere zum ersten Mal angenehm. Helene setzt sich auf den Fahrersitz, beachtet Wegners gar nicht. Bachmeier ist für einen Moment abgelenkt, weiß nicht, wie er reagieren soll. Als er hektisch die hintere Tür öffnen will, lässt er das Messer ein Stück sinken. Ich schlage ohne zu überlegen gegen seinen Arm und renne weg. Das Messer fällt klirrend zu Boden. Helene ruft panisch: „Steig ein!" Dann höre ich quietschende Reifen. Ich drehe mich nicht um, laufe zur Eingangstür, reiße sie auf und stolpere Martin in die Arme.

„Oh Gott, Lea, ist alles in Ordnung?" Er drückt mich fest an sich.

„Sie haben ... das ... Manuskript", stammele ich atemlos. Die anderen stürzen hinterher, rennen uns fast um. Herr Möller packt Martin am Arm und schreit: „Komm, die kriegen wir noch!"

Ich spüre, dass Martin mit sich kämpft, ob er bleiben oder mitfahren soll. Dann lässt er mich los und rennt Herrn Möller nach. „Vater bringt dich nach Hause", ruft er im Laufen und dreht sich noch mehrmals um. Mir ist einen Augenblick schwindlig. Die Worte hallen in meinem Kopf nach. „Vater bringt dich nach Hause." Das klingt, als wäre er auch mein Vater. Herr Sander legt sanft den Arm um mich. Er wirkt äußerlich ruhig. Doch seine Miene ist düster. „Lea, hat er dir etwas getan?", fragt er fürsorglich und sieht auf die Stelle an meinem Hals, die das Messer gestreift hat.

Ich schüttele den Kopf. „Bachmeier hat mich als seine Konkurrenz gesehen, so ein Unsinn. Er hat die Datei mit dem Manuskript gelöscht, weil es angeblich die bisherige Arbeit des Institutes in Frage stellt."

Herr Sander schüttelt fassungslos den Kopf. „Er kannte wohl den Inhalt. Vielleicht hat er es bei seinen häufigen Besuchen in der Villa gelesen, oder im Institut. Ich weiß, dass Alexander den Laptop öfter vergessen hat. Er konnte sich nicht daran gewöhnen, einen transportablen Computer zu haben."

Ich kann förmlich sehen, wie sich bei Herrn Sander die Puzzleteile zusammensetzen. „Die fehlenden Unterlagen in den Abrechnungen ergeben jetzt auch einen Sinn. Alexander hat sie für den großen Moment der Überführung zurückgehalten. Sie lagen sicher im Banksafe."

Wegners stürzen in die Halle. Corinna rennt ihren Eltern heulend entgegen und umarmt sie. „Was ist denn hier los?", ruft ihre Mutter mit kreischender Stimme. „Was ist mit deinem Erbe? Warum haben es Bachmeiers so eilig, und das Messer …? Bist du verletzt, Kind?" Hanna heult auf, und Corinna schluchzt laut. Man könnte denken, Corinna war die Geisel. Herr Sander schiebt mich nach draußen, weg von der Hysterie der Wegners, und öffnet mir die Beifahrertür. Er fährt langsam an. „Ob Martin es schafft, sie einzuholen?", frage ich nach einer Weile.

„Das ist nicht wichtig, Lea. Hauptsache, dir ist nichts passiert." Mir fällt jetzt erst auf, dass er mich duzt. Es klingt so normal, so richtig und gibt mir ein Gefühl von Geborgenheit. So viele Gedanken schießen mir durch den Kopf. Wenn ich jetzt bei Bachmeiers im Auto sitzen würde, wohin würden sie mich bringen? Hätte ich vielleicht doch mitfahren sollen, um das Manuskript zu retten? Ich bin feige davongelaufen. Kurz kommt mir auch der Gedanke, dass mir jetzt die Villa gehört und ich ein richtiges Zuhause habe. Dann sage ich versunken: „Ob Martin mir böse ist, dass ich die Villa geerbt habe? Er liebt dieses Haus auch." Herr Sander sieht mich von der Seite an. Dann lacht er schallend. Es verwirrt mich. Wie kann er jetzt lachen?

„Ach, Lea, du weist immer noch nicht, was mit meinem Sohn los ist? Aber da halte ich mich raus." Es klingt geheimnisvoll. Ich schaffe es jetzt nicht, weiter darüber nachzudenken, weil mir die Gedanken nur so durch den Kopf fliegen. Ich habe vierhunderttausend Euro geerbt und kann mir locker ein eigenes Haarstudio, ja sogar ein Institut aufbauen. Ich werde nach Hamburg ziehen. Es ist einfach nicht fassbar.

Wir biegen in die Einfahrt der Villa, meiner Villa. Ich steige aus dem Auto und bleibe vor dem Haus stehen, wie damals am Tag vor der Beerdigung. Diesmal steht nicht Martin neben mir, sondern sein Vater. Er legt wieder den Arm schützend um mich und geht mit mir die Treppe hinauf. Frau Schmidt öffnet. Bevor sie etwas sagen kann, falle ich ihr schon in die Arme.

„Kochen Sie ihr einen Beruhigungstee und schließen Sie alles ab, Frau Schmidt", sagt Herr Sander behutsam. „Ich muss noch etwas erledigen. Wir kommen nachher vorbei." Ich bekomme Gänsehaut. Rechnet er damit, dass die Bachmeiers hier noch einmal aufkreuzen?

In der Küche erzähle ich Frau Schmidt in der Reihenfolge Geiselnahme, Prüfung, Erbe, was geschehen ist. Sie sieht mich fassungslos an. „Lea, dann wirst du jetzt immer hierbleiben? Das ist aber schön. Das hätte doch Dr. Hoffmann gleich so festlegen können. Es wäre doch viel einfacher gewesen."

Ich muss lachen. „Das sollte es ja gerade nicht sein. Erst Reife, dann Reichtum, hat er beschlossen. Was meinen Sie, Frau Schmidt? Bin ich jetzt reif?"

„Für mich warst du immer schon reif, viel reifer als …"

Mein Handy klingelt und mein Herz rast. Ich sehe, dass es Martin ist. Er spricht aufgeregt: „Lea, die Polizei hat Bachmeiers am Bahnhof festgenommen. Aber die Unterlagen sind weg. Sie müssen sie unterwegs entsorgt haben. Wir können ihnen nichts nachweisen, und das Buch ist damit …", ich höre ihn tief durchatmen, „wahrscheinlich verloren."

„Oh", sage ich nur.

„Aber das Wichtigste ist doch, dass dir nichts passiert ist."

„Vielleicht hätte ich nicht weglaufen, sondern das Manuskript retten sollen."

„Das Weglaufen war die beste Idee, die du je hattest. Ich muss nur noch meine Aussage machen, dann komme ich zu dir."

Ich weiß nicht, welcher Knopf da gedrückt wurde. Ob es die Worte waren „dann komme ich zu dir", oder ob mir schließlich klar wurde, was eigentlich passiert ist. Ich breche jedenfalls in Tränen aus und kann mich gar nicht mehr beruhigen. Frau Schmidt nimmt mich in die Arme und wiegt mich wie ein kleines Kind. „Mir gehört jetzt dieses Haus", sage ich, als ich mich endlich beruhigt, meine Tränen abgewischt und die Nase geputzt habe. „Ich kann das gar nicht glauben."

„Ich auch nicht." Frau Schmidt weint und lacht gleichzeitig.

Bewusst gehe ich nun von Raum zu Raum und mache mir klar, dass jedes Zimmer, jedes Möbelstück mein Eigentum ist. Ich sehe im Wohnzimmer aus dem Fenster und denke, dass ich diesen Ausblick und diesen Garten jetzt immer haben werde. Mitten in der Bibliothek bleibe ich stehen und drehe mich einmal um meine Achse. Dann fällt mein Blick auf die neun Bücher von Alexander. Sie liegen auf dem Couchtisch. Ich weiß nun, es wird kein zehntes mehr geben. Die Quintessenz des Lebens von Alexander Hoffmann ist weggeworfen und liegt irgendwo in einem Müllcontainer. Doch dann schießt ein

Gedanke wie ein Blitz durch meinen Kopf: Nein. Die Quintessenz ist die Erkenntnis, dass Wissenschaft und Religion eine Einheit bilden. Das Programm, das Alexander für uns entwickelt hat, ist ein erster Versuch, diese beiden Bereiche zu verbinden und für die Entfaltung des menschlichen Potenzials zu nutzen. Das Programm ist die Quintessenz. Wie hatte Martin gesagt: „Es geht darum, dass du Zeugnis für Alexanders Lebenswerk ablegst. Du bist das Zeugnis."

Und in diesem Moment fällt es mir wie Schuppen von den Augen. Ich erkenne meine Lebensaufgabe.

Wie in Trance gehe ich nach oben ins Schlafzimmer. Ich weiß eigentlich gar nicht, warum ich es tue und was ich da will. Ich gehe zum Bücherregal, greife absichtslos hinein und öffne das Buch. Ich glaube meinen Augen nicht zu trauen. Da steht es, das Zitat von den Edelsteinen. Es ist die Bestätigung. Die Worte sind dick unterstrichen und an der Seite mit einem Ausrufezeichen gekennzeichnet. Das Buch heißt *Ährenlese*, der Name des Autors lautet *Bahá'u'lláh*. Ich probiere die Aussprache.

Da höre ich jemanden die Treppe heraufkommen. Es klopft und Martin tritt ein. Er sieht erschöpft aus. „Tut mir leid, Lea. Ich hätte dir gerne das Manuskript gebracht." Er bleibt an der Tür stehen, sieht mir fest in die Augen. „Es gibt auch keine Beweise mehr für die Unterschlagung. Aber für die Geiselnahme kriegen wir ihn dran. Eigentlich wollten sie nach Amerika auswandern und haben mir deshalb heute früh die Kündigung überreicht."

„Ich dachte, sie wollten unbedingt Leiter des Institutes bleiben."

„Die Pläne haben sich wohl kurzfristig geändert."

„Mich hat er als Bedrohung, als Konkurrenz gesehen, deshalb wollte er mich am Kommen hindern. Als er das zugab, fand ich es geradezu absurd. Ich musste das erst verarbeiten."

Martin sagt versunken: „Wir lagen die ganze Zeit falsch. Das Buch ist gar nicht das Motiv gewesen. In Alexanders letzten Brief, den Bachmeier unterbrochen hat, steht nicht nur, dass ich Bachmeiers entlassen und die Unterlagen der Polizei übergeben soll, sondern auch, dass er sich wünscht, dass du das Institut übernimmst."

Ich kann nur staunen. „Niemand ist darauf gekommen, dass Alexander mich als Leiterin des Institutes vorbereiten wollte. Es hat mir niemand zugetraut. Das ist ja auch völlig verrückt bei meinem Bildungsstand."

„Du irrst dich, ich habe es dir zugetraut und diese Absicht vermutet. Ich bin nur nicht darauf gekommen, dass Bachmeier davon Kenntnis haben könnte und dich deshalb loswerden wollte. Ich hatte Helene in Verdacht. Für Alexander spielte nicht dein Bildungsstand die Rolle – Bücherwissen kann man nachholen –, sondern deine religiöse Erziehung. Er kannte ja die Einstellungen seiner Schwester, und was er früher abgelehnt hat, begann er am Ende seines Lebens zu schätzen. Außerdem waren dein Großvater und dein Vater Lehrer von Beruf. Ich denke, Alexander hat dich und deine Stärken besser gekannt, als du glaubst. Er brauchte nicht lange, um einen Menschen einzuschätzen. Du hast ihm doch verraten, dass der Friseurberuf so interessant ist, weil die Kunden dir ihre Probleme anvertrauen. Einem Psychologen vertrauen die Menschen auch ihre Probleme an. Er schneidet nur keine Haare dabei." Ich muss laut lachen.

„Martin, vorhin in der Bibliothek ist mir etwas klar geworden. Die Quintessenz aus Alexanders Leben ist gar nicht verloren. Das Programm ist sein Vermächtnis."

„Mehr noch, du trägst die Quintessenz in dir. Bruder und Schwester sind bestimmt mit dem Ergebnis ihrer Erziehung sehr zufrieden."

Wir lächeln und gehen einen Schritt aufeinander zu. „Ich habe das Zitat gefunden." Ich hebe das Buch hoch. Er nickt zufrieden.

„Wer ist Bahá'u'lláh?"

„Der Stifter der Bahá'í-Religion, der jüngsten Weltreligion."

„Hat Alexander alle Zitate aus der Bahá'í-Religion?"

„Fast alle."

„Warum hat er die Quelle nicht angegeben?"

„Erstens solltet ihr euch selbst auf die Suche begeben. Und zweitens war er der Meinung, dass *die unterschiedlichen Namen schon viel Verwirrung gestiftet haben.* Er wollte nicht, dass ihr Vorurteile entwickelt, wenn ihr einen fremden Namen lest. Ihr solltet die Kraft des schöpferischen Wortes Gottes erleben. *Wer es erlebt, macht sich automatisch auf die Suche nach der Quelle,* war seine Meinung. Die Bibliothek stand euch beiden zur Verfügung. Er hat die Bedingungen geschaffen. Alles andere war eure Sache."

„Ich bin bisher noch nicht dazu gekommen, die Bücher zu lesen. Es kam immer etwas dazwischen."

„Du hast dich auf die religiösen Aussagen eingelassen und sie als Orientierung in deinem Alltag eingebaut, so hat er es sich vorgestellt. Und jetzt hast du Zeit, dein Wissen zu vertiefen."

„Jetzt habe ich Zeit das zu tun, was ich *wirklich* will. Mir ist in der Bibliothek förmlich ein Licht aufgegangen." Wir gehen wieder einen Schritt aufeinander zu. Es ist, als wäre eine magnetische Kraft im Spiel, die uns zieht. „Ich möchte die Arbeit von Alexander fortsetzen. Ich werde Psychologie studieren und mich mit Religion beschäftigen. Es überrascht mich selbst, weil ich ja eigentlich mein eigenes Haarstudio, mein Institut haben wollte. Und ich tue es nicht, weil Alexander es wollte. Ich tue es, weil es das ist, was *ich* wirklich will. Vielleicht unterstützt mich Alexander aus dem Himmel bei dieser Aufgabe." Ich sehe nach oben.

Martin kommt noch zwei Schritte auf mich zu, und steht nun direkt vor mir. Seine Augen sehen mich voller Zärtlichkeit an. „Das macht er sicher. Aber hier unten stehen dir auch ein paar Helfer zur Verfügung, ich, zum Beispiel. Ich kann dich abhören oder ein paar Recherchen übernehmen. Einen Haushalt kann ich auch führen. Kochen kannst du besser, aber … was soll's, es gibt ja Kochbücher und Frau Schmidt. Und die Kinder kann ich auch übernehmen. Ich glaube, ich werde ein ganz guter Vater."

Ich höre, was er sagt und doch glaube ich, meinen Ohren nicht zu trauen. Ich starre ihn nur an, kann nicht darauf reagieren. Er schmunzelt. „Ich glaube, ich muss mein Dornröschen erst einmal wachküssen." Er nimmt mein Gesicht in seine Hände und legt vorsichtig seine Lippen auf meinen Mund. Da erst legt sich in meinem Kopf ein Schalter um und ich begreife, dass er mich auch liebt. Ich schlinge die Arme um seinen Hals, und nun ist es, als würde sich die Welt überschlagen. Der Boden unter meinen Füßen verschwindet. Alles dreht sich. Es ist wie Fliegen und Stürzen gleichzeitig oder abwechselnd. Es ist das, was ich mir immer gewünscht habe. Als das Erdbeben in meinem Inneren vorüber ist, unsere Lippen sich lösen und mein Verstand wieder arbeitet, frage ich: „Aber du wolltest doch heiraten?"

Er grinst. „Mhm, will ich immer noch. Ich habe gerade die Frau geküsst, die ich liebe und die ich heiraten will." Mein Magen verknotet sich und meine Beine werden weich.

„Die unbekannte Frau war, bin ich?" Er nickt. „Aber du hast doch zu Helene gesagt, dass du in keine von uns verliebt bist."

„Ach, Lea, was ich an dem Abend gesagt habe, diente nur deinem Schutz. Wenn sie gewusst hätte, was du mir bedeutest, hätte sie wieder irgendwelche Intrigen gesponnen. Ich wusste ja nicht, welchen Einfluss sie auf die Prüfung hat. Deshalb musste ich die Distanz zu dir wahren. Außerdem hat mir Alexander Abstand eingeschärft. Ein ganzes Jahr kann ziemlich lang sein, wenn man die richtige Frau gefunden hat und es ihr nicht sagen darf. Glaub mir, das war meine Prüfung."

„Ich habe mich so nach einem Zeichen von dir gesehnt."

„Ich weiß."

„Alles schien dagegen zu sprechen. Deine Bemerkung Helene gegenüber, die Betonung deiner Verantwortung für mich und deine Mutter. Sie hat von einem besonderen Anspruch geredet, den du hast, und meinte damit den Bildungsstand."

„Meine Mutter muss da etwas falsch verstanden haben. Mein besonderer Anspruch ist eine geistige Beziehung zu meiner Frau. In meiner Partnerschaft müssen Werte, der Sinn des Lebens und Gott eine Rolle spielen. Wir haben es erlebt, als wir die Tagebücher gelesen haben. Ich habe noch nie eine solche Einheit mit einem Menschen empfunden, wie mit dir, Lea."

„Und wenn nun Marc Andersen echt gewesen wäre und ich mich in ihn verliebt ...?"

Er unterbricht den Satz, indem er mich küsst. „Den Faden werden wir jetzt nicht weiterspinnen, Liebling", murmelt er leise.

„Und warum hattest du so stark abgenommen im Dezember?"

„Was *du* alles wissen willst ... Ich glaubte, dich schon verloren zu haben, bevor wir überhaupt eine Chance hatten zusammenzukommen. Deine SMS hat mir sozusagen die Hoffnung wiedergegeben."

„Darum?"

Er bejaht. „Ich konnte nichts mehr essen, bis du mir das Zitat geschickt hast."

„Eigentlich hatte ich es dir geschrieben, damit du dich mit deiner Mutter versöhnst, weil Frau Schmidt gesagt hat, ihr hättet euch zerstritten."

Er lacht und streichelt zärtlich meine Wange. „Oh, wie gut, dass ich das anders interpretiert habe. Manchmal haben Missverständnisse auch ihr Gutes."

„*Die beste Art, Gott zu danken, ist, einander zu lieben*", sage ich bedeutungsvoll.

„Ja, mit diesen Worten fing Alexanders Suche an", fasst Martin zusammen. „Mit diesen Worten begann deine Auseinandersetzung mit Religion. Und mit diesen Worten hast du mir wieder die Hoffnung gegeben. Ein einziger Satz hat das Leben von drei Menschen verändert. Ich denke, wir sollten diesen Spruch rahmen und aufhängen, vielleicht hier in unserem Schlafzimmer." Er zeigt auf die Wand mit den Familienbildern.

„Jetzt weiß ich, weshalb dein Vater gelacht hat, als ich gefragt habe, ob du mir böse bist, weil ich die Villa geerbt habe?"

„Er wusste, dass ich da sein werde, wo du bist. Ach, übrigens, mir fällt noch ein Spruch ein, den eine angehende Psychologin sich in ihr Arbeitszimmer hängen sollte. Er zeigt mit dem Kopf Richtung Buch und zieht etwas aus der Tasche. Es ist der kleine Beutel mit den Edelsteinen. Er öffnet ihn. „Da wir deine Edelsteine nun ans Licht befördert haben, jedenfalls ein paar davon, und du die Absicht hast, anderen zu helfen, ihre zu entdecken, sollte man das auch sichtbar machen. Er zieht eine Kette heraus. Die Steine, die ich ihm geschenkt habe, sind auf einer Goldkette aufgereiht. Jeder Stein ist von kleinen Goldkugeln eingeschlossen. „Oh, ist das schön", sage ich staunend. Martin legt mir die Kette um den Hals. „Da gehören sie hin."

„Danke", murmele ich, und unsere Lippen treffen sich wieder zu einem Kuss.

Von unten hören wir Stimmen. „Die Familie ist gekommen, viel zu früh", flüstert er. Kurz darauf klopft es. Christine steckt ihren Kopf durch die Tür. Wir halten uns weiter umschlungen. Es gibt keinen Grund mehr, unsere Liebe zu verheimlichen. „Alles klar bei euch?" Sie grinst. „Wie es aussieht, seid ihr ja schon ein Stück vorangekommen."

„Sie weiß es", wird mir klar.

„Mhm. Sie kennt mich zu gut", murmelt er, und dann sagt er laut zu Christine: „Du störst." Schwester und Bruder grinsen sich an.

„Wir wollen mit euch feiern. Es gibt ja wohl gleich mehrere Gründe."

„Lea, willst du diese vorlaute Frau wirklich zu deiner Schwägerin nehmen?"

„Na klar will sie", ruft Christine sofort.

„Ich habe Lea gefragt." Ich lache und gebe ihm einen Kuss.

„Ja, ich will, ich will *dich*, *diese* Schwägerin, und den Rest da unten. Oh, Martin, ich habe heute so viel geschenkt bekommen, aber das ist die Krönung." Ich muss tief durchatmen, bevor ich es aussprechen kann:

„Ich habe wieder eine Familie."

Marita Schröder
Das Rezept

Erschienen 2005
Bahá'i-Verlag

ISBN 3-87037-401-2

Taschenbuch
384 Seiten
Preis 13,80 €

Der Chirurg Dr. Andreas Walkow verliert seinen besten Freund Max ausgerechnet bei einer Routine-Operation, die er selbst durchgeführt hat. Von Schuldgefühlen geplagt und vom Verlust des Freundes getroffen, zweifelt er an sich und dem Leben. Durch Zufall kommt er mit einem Kollegen – einem Bahá'í – ins Gespräch, der als Einziger in der Lage ist, ihm Hoffnung und einen Sinn in Max' Tod zu vermitteln. Woher nimmt dieser Kollege seine Zuversicht und positive Lebenshaltung? Wieso hat er auf die wichtigsten Lebensfragen so klare Antworten? Für Dr. Walkow beginnt eine schwere Zeit der Suche – der Suche nach Sinn, Antworten – und Liebe, die er bei der Lehrerin Victoria findet. Doch auch diese Liebe ist nicht frei von Hindernissen…

Marita Schröder
Die Waage

Erschienen 2007
MP-Schröder Verlag
Zerbst/Anhalt

ISBN 3-9811-5730-7

Taschenbuch
395 Seiten
Preis 14,80 €

Dr. Andreas Walkow und seine Frau Victoria führen eine harmonische und ausgeglichene Ehe. Besonderen Wert legen sie auf die Einheit der Familie und auf die liebevolle Erziehung ihrer vier Kinder. Für Freunde und Bekannte sind sie Stütze und Vorbild. Woher kommt das? Was ist an ihnen so besonders? Die Antworten sind in den Prinzipien der Bahá'í-Religion zu finden. Andreas und Victoria praktizieren Beratung als Methode der Konfliktlösung. Das Gebet ist fester Bestandteil ihres täglichen Lebens. Ihre Partnerschaft sehen sie als Lebensaufgabe. Doch das Leben ist voll von unerwarteten Ereignissen und Schwierigkeiten, die ihnen ihre Grenzen aufzeigen und die auch zur Bewährungsprobe für ihre Beziehung werden. Und da sind Menschen um sie herum, die ebenfalls ihr Päckchen zu tragen haben und lebenswichtige Entscheidungen treffen müssen. Auf interessante Weise beeinflusst der Maßstab, den die Familie Walkow ihnen vorlebt, die Entscheidungen dieser Menschen und so kommt doch alles anders…

Marita Schröder
Der Auftrag

Erschienen 2009
MP-Schröder Verlag
Zerbst/Anhalt

ISBN 3-9811-5731-4

Taschenbuch
473 Seiten
Preis 14,80 €

Lisa Farien ist alleinerziehende Mutter von zwei Söhnen im Alter von vierzehn und sechzehn Jahren. Nach einigen Schicksalsschlägen hat sie in den normalen Alltag zurückgefunden. Da treten fast gleichzeitig zwei Männer in ihr Leben. Matthias Mahlberg, der Lehrer ihres Sohnes, erscheint auf dem ersten Blick als perfekter Ehemann und Vater. Bei einem Gesprächsabend der Familie Walkow lernt sie den afrikanischen Arzt, Ahmad Al-Mardi, kennen. Aus dem anfänglichen E-Mail-Austausch entwickelt sich eine Liebesbeziehung, die sie vorerst geheim halten. Als Ahmad überfallen und schwer verletzt wird, scheint sich ein traumatisches Erlebnis aus Lisas Kindheit zu wiederholen. Sie setzt alles daran, die Täter zu finden. Doch ahnt sie nicht, dass Menschen, die ihr nahestehen, etwas mit dem Überfall zu tun haben...